Dina Glouberman

Der Hund, die Möhre, der Samowar und das Fischerboot

SERIE PIPER WEGE ZUR GANZHEIT
Band 2079

Zu diesem Buch

Wer nach dem Münchhausenprinzip vorgehen will – sich am eigenen Schopf aus dem Sumpf ziehen –, hat in den inneren Bildern den besten Verbündeten. Die Botschaft von Dina Glouberman: Wenn wir unser Unterbewußtsein bitten, ein Problem zu lösen, antwortet es mit einem Bild, mit Tagträumen, Phantasien, Erinnerungen. Wie man die Kraft der Imagination produktiv nutzt, wie sie als eine Art Selbsttherapie funktioniert, erklärt die Autorin anschaulich und mit viel Humor. Dabei versteht sie, gerade auch jene zu ermutigen, die meinen, sie hätten keine inneren Bilder.

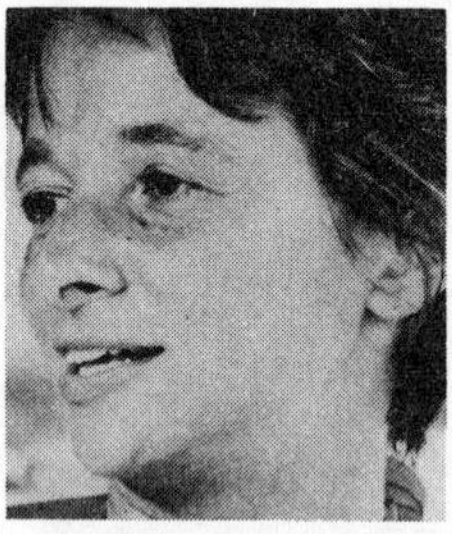

Dina Glouberman, aufgewachsen in New York City. Lehrte bis 1989 am Polytechnikum von Kingston Surrey/England, wo sie auch ihr Programm »Vision for Change« entwickelte. Neben ihrer psychotherapeutischen Praxis veranstaltet sie zahlreiche Seminare und Workshops zur Bildarbeit.

Dina Glouberman

DER HUND, DIE MÖHRE, DER SAMOWAR UND DAS FISCHERBOOT

Die Heilkraft der inneren Bilder

Aus dem Englischen von
Michael Schmidt

Piper
München Zürich

Wege zur Ganzheit
Herausgegeben von Helmut Milz
und Matthias Varga von Kibéd

In der Reihe Serie Piper Wege zur Ganzheit
liegen außerdem vor:
Robert O. Becker, Der Funke des Lebens (2002)
Alan W. Watts, Weisheit des ungesicherten Weges (2071)
Joseph Campbell, Der Flug der Wildgans (2076)
Helmut Milz, Mit Kopf, Hand, Fuß, Bauch und Herz (2077)
Idries Shah, Magie des Ostens (2078)
Tonius Timmermann, Die Musik des Menschen (2089)

Die Originalausgabe erschien 1989 unter dem Titel
»Life Choices and Life Changes through Imagework«
bei Unwin Hyman Ltd., London

ISBN 3-492-12079-2
Deutsche Erstausgabe
Oktober 1994

Umschlag: Federico Luci
Satz: Jos. C. Huber, Dießen
Druck und Bindung: Clausen & Bosse, Leck
Printed in Germany

Inhalt

DRITTER TEIL: DIE PRAXIS DER BILDARBEIT – WEITERFÜHRENDE ÜBUNGEN

VIERTER TEIL: DEN EIGENEN WEG FINDEN

Vorwort

Wir leben in einer Kultur, in der wir eher für das geschätzt werden, was wir aus der Sicht der anderen leisten, als für unsere eigenen Visionen. Wie die meisten Menschen habe ich einen Großteil meines Lebens damit verbracht, wie ein Hamster im Laufrad eines Käfigs herumzurennen, um den eigenen und den fremden Erwartungen gerecht zu werden, die mein Leben bestimmten. Hin und wieder habe ich dem Laufrad einen Tritt verpaßt oder an den Stäben meines Käfigs gerüttelt, was mich letztlich nur aufgehalten hat: Am Ende habe ich doch wieder das Rad bestiegen und bin noch schneller gelaufen, um die verlorene Zeit wettzumachen. Und ob ich nun etwas tat, was ich wirklich wollte, oder etwas, was ich nicht wollte – innerlich lief es immer auf das gleiche hinaus: Selbst meine kreativsten Wunschvorstellungen verwandelten sich in Erwartungshaltungen, die mich letztlich nur belasteten.

Und dabei habe ich wirklich eine ganze Menge unternommen. Im Lauf der letzten zehn Jahre habe ich zusammen mit meinem Mann zwei Gesundheitsferienzentren und ein Trainingsinstitut auf einer griechischen Insel gegründet und geleitet, bin einem Fulltime-Job als Dozentin nachgegangen, habe eine psychotherapeutische Praxis eingerichtet, Kurse über Bildarbeit gehalten und zwei Kinder mit aufgezogen. Und das alles bei meinem nicht gerade großen Organisationstalent. Doch so sehr ich mich auch mühte, nie schien ich wirklich mitzukommen. Und je aufregender mein Leben für andere zu sein schien, desto elender fühlte ich mich.

So kam ich darauf, aus der Bildarbeit meine Methode zu machen, mit deren Hilfe ich wieder aufleben und mich weiterentwickeln konnte. Als ich entdeckte, wie stark innere Bilder wirken können, begann ich damit, alle Visualisierungstechniken, die ich nur finden oder neu erfinden konnte, täglich anzuwenden. Auf diese Weise nahm ich Verbindung zu meiner Innenwelt auf, und mit dieser für mich so überaus wichtigen Arbeit suchte ich nicht nur innere Ruhe zu finden, mich zu sammeln, meine Wunden zu heilen, meine Beziehungen zu anderen Menschen zu verbessern, gesund zu werden und zu bleiben und Verbindung zu meinem inneren Selbst aufzunehmen. Mehr noch: Ich konnte nun auch alle

meine Aktivitäten besser planen, effizienter und konsequenter arbeiten, mich besser darstellen und ganz allgemein innere Quellen erschließen, von deren Vorhandensein ich bisher keine Ahnung gehabt hatte.

Zunächst wollte ich einfach nur in meinem Käfig glücklicher sein. Und das gelang mir auch: Menschen, die mich lange nicht gesehen hatten, sagten mir, ich sähe jünger und dynamischer aus als vor zehn Jahren. Aber während ich mit allen Erwartungen in meinem Leben immer effizienter und selbstsicherer umgehen konnte, entdeckte ich auch, daß ich eine ganz eigene Sicht auf die Welt hatte, eine eigene Vorstellung vom Sinn des Lebens und eigene Prioritäten. Im Grunde war ich dabei, meine persönliche Vision zu entwickeln. Auf einmal erkannte ich, daß ich mich in einem Käfig befand. Ich öffnete seine Tür, trat hinaus und ging meinen eigenen Lebensweg. Im Grunde sind die äußeren Dinge in meinem Leben gar nicht so viel anders als früher, aber heute suche ich mir meinen Weg aus und freue mich auf alle Überraschungen, die mir begegnen werden. Vielen Menschen mag die Art und Weise, wie ich Bilder gebrauche und wie ich andere lehre, sie zu gebrauchen, seltsam, verschroben, verrückt oder einfach unpraktisch vorkommen. Für mich hingegen gehört die Abkehr von der Bilderwelt – ebenso wie das Versäumnis, unsere Kinder im Einüben der Einbildungskraft zu unterweisen – zu den Absonderlichkeiten des High-Tech-Zeitalters. Denn die bildliche Vorstellung ist ebenso natürlich wie das Denken in Worten. Sie war in jeder uns bekannten alten Kultur von zentraler Bedeutung; sie ist die erste «Sprache» des Kindes, und sie wird auch – zumindest von einigen kreativen und effizient arbeitenden Menschen – in jedem

Berufs- und Geschäftszweig, der mir einfällt, erfolgreich angewandt.

Heute könnte ich nicht mehr in die Welt zurückkehren, in der ich gelebt habe, ehe ich meine inneren Bilder umzusetzen verstand – genausowenig wie ich in eine Welt ohne Worte zurückkehren könnte. Bilder und Worte zusammengenommen machen die Art und Weise aus, wie ich heute mein Leben führe und einrichte. Und da ich von Natur eher in Worten als in Bildern denke, ja sogar außerstande bin, farbige Bilder vor mein geistiges Auge zu holen, bin ich davon überzeugt, wenn *mir* das schon gelingt, so kann jeder Mensch seine inneren Bilder wirken lassen.

Für den von mir erarbeiteten Selbsthilfeprozeß habe ich ganz bewußt einen neuen Begriff geprägt: «Bildarbeit». In dem üblicherweise verwendeten Begriff «Visualisierung» schwingt die Vorstellung einer rein optischen bildlichen Vorstellung mit, und damit haben viele Menschen, auch ich, große Mühe. Bilder kann man nicht nur sehen, sondern auch mit allen anderen Sinnen erfahren – man kann sie fühlen, hören, riechen und sogar schmekken. Darüber hinaus werden inzwischen mit dem Begriff «Visualisierung» Dinge assoziiert, die mit meiner Methode nicht unbedingt etwas zu tun haben. Der Begriff «Bildarbeit» hingegen beschreibt genau das, was ich tue: *mit Bildern arbeiten.*

Ich habe dieses Buch – zu meiner Überraschung – mit großem Vergnügen geschrieben. Ich hoffe, daß ich damit einige meiner hart erarbeiteten Einsichten der vergangenen Jahre vermitteln und mehr Menschen ermutigen kann, ihren eigenen, einzigartigen Lebensweg zu finden und ihn auch mit Lust zu gehen, indem ich ihnen das verlorene Erbe der Bildersprache vor Augen führe und sie anrege, es sich wiederzuholen.

Einführung: Der Hund, die Möhre und der Samowar

Im vergangenen Sommer hockte ich eines Nachmittags mit Alice, einer Kollegin, auf einem Felsen am Ufer des Ägäischen Meers und plauderte mit ihr über unsere Arbeit. Als Alice mich bat, ihr etwas über meine Bildarbeit zu erzählen, bot ich ihr an, ihr das an einem praktischen Beispiel zu demonstrieren. Ich forderte sie auf, sich bildlich vorzustellen, was sie selbst darstelle oder was sie in diesem Augenblick ihres Lebens unbedingt wissen wolle. Vor ihrem geistigen Auge, so berichtete sie mir, tauchte ein Bild von einem Baum im Herbst auf, der noch voller Früchte war, während sich einige Blätter bereits verfärbten. Der Baum rief ein ehrfurchtgebietendes Gefühl hervor, ein gutes, tiefes, uraltes Gefühl. Ich fragte sie nach der Lebensgeschichte dieses Baums, und sie erinnerte sich an die Zeit, als sie noch ein ganz junger Baum gewesen war, viel biegsamer und im Wind schwankend.

Ich fragte, was dann mit dem Baum geschah. «Ich muß einen Duft entwickeln», sagte Alice, «so daß die Bienen kommen und mich befruchten.» Und dann lachte sie und fiel über mich her, denn ihr war plötzlich etwas bewußt geworden: Während sie sich vorstellte, ein mystisches Wesen in mittleren Jahren zu sein, wollte sie in Wirklichkeit den Duft ihrer Weiblichkeit entwickeln, einen Partner finden und Kinder haben. Dieses ganze Erlebnis dauerte nur ein paar Augenblicke, aber als ich an jenem Abend Alice beim Tanzen zusah, war ihre ganze Körpersprache so anders, die einer jungen Frau. Alice hatte gerade die Macht der Einbildungskraft am eigenen Leib verspürt.

Ein Leben wählen

Die Einbildungskraft ist der Grund unseres Daseins. Was auch immer wir in unserem Leben zustande bringen – ein Omelett, ein multinationales Unternehmen oder eine Romanze –, zunächst ist es nur ein Bild in unserer Vorstellung. Tief verwurzelte Symbole, die uns nicht unbedingt bewußt sind, formen unsere Gedanken, Gefühle, Haltungen und Handlungen. Es ist durchaus möglich, daß wir unser Leben führen, ohne jemals diese inneren Bilder oder Programme zu ergründen, aber dann bleiben uns nur sehr wenige Möglichkeiten der Auswahl, wer wir sind und wohin wir gehen.

Bildarbeit ist im weitesten Sinn eine Methode, die Visionen, die unser Leben leiten, zu erschließen, zu erkunden und zu ändern. Sie ermöglicht es uns, unsere persönliche Vision zu entwickeln – die Fähigkeit also, unsere gegenwärtige Situation zu verstehen und die Zukunft, die uns am besten entspricht, auszumachen und herbeizuführen. Man kann diese Methode auf jeden Lebensaspekt anwenden: vom Selbstbild bis zur Selbstdarstellung, von persönlichen Beziehungen bis zum Beruf, von der Gesundheit bis zu kreativen Problemlösungen. All dies stützt sich auf diese einzigartige Gabe des Menschen, sich – oft unbewußt – ein Bild oder Modell davon zu entwerfen, wie die Dinge sind und wie sie sein sollten und könnten.

Meist wählen wir unser Leben eher so, wie wir uns ein neues Kleidungsstück aussuchen. Uns steht nur eine begrenzte Auswahl an Größen, Marken und Moden zur Verfügung, die sich jedes Jahr ein wenig ändern und von Konfektionären entworfen werden, die dabei kaum an unsere individuellen Bedürfnisse denken. Wir nehmen das, was uns irgendwie das Richtige zu sein scheint, wobei wir uns von nicht hinterfragten Bildern leiten lassen, die uns Mode oder Gewohnheit anbieten. Manchmal überlassen wir es sogar jemand anderem, für uns etwas auszusuchen. Und wenn wir wirklich einmal nichts finden, meinen wir entweder, es liege an unserer unmöglichen Figur, oder versuchen verzweifelt, uns irgendeinem Kleidungsstück anzupassen, ziehen es immer wieder an, so lange, bis es uns paßt und sich vertraut anfühlt (auch wenn es uns vielleicht niemals wirklich paßt) – oder wir halten zielstrebig und sehnsüchtig nach einem anderen Stück Ausschau, bis etwas endlich richtig sitzt.

Bildarbeit zielt darauf ab, daß Sie sich eine «maßgeschneiderte» Existenz schaffen – ein Leben, das Ihnen «wie angegossen paßt», und zwar so, wie Sie sind, nicht wie Sie meinen, sein zu müssen. Ein Leben, in dem Sie sich wohl fühlen, das Ihnen «gut steht», Ihre natürlichen Gaben voll zur Geltung bringt und Ihnen Ihren ganz besonderen Platz in der Welt verschafft.

Arbeit mit inneren Bildern ist wie Yoga eine Möglichkeit, im tiefsten und weitesten Sinne des Wortes gesund zu werden und zu bleiben. Und wie Yoga verlangt sie ein bißchen Training und Übung. Sie müssen weder besonders begabt sein, innere Bilder sehen zu können, noch erfordert Bildarbeit eine Bereitschaft zu «positivem Denken» oder proklamiert sonst ein bestimmtes Glaubenssystem. Auch wenn wir nur gelegentlich mit Bildern arbeiten, ist das bereits erhellend, aber wenn wir sie regelmäßig anwenden, fühlen wir uns wahrhaft wie verwandelt, sind auf Dauer mit uns im reinen, eins mit uns selbst wie mit dem Universum und voll verantwortlich für unser Leben.

Dieses Buch will dazu anleiten, Bildarbeit als Instrument zur Selbsthilfe im Alltag zu nutzen. Es ist sowohl für den Menschen geeignet, der sein eigenes Potential entwickeln will, als auch für erfahrene Psychotherapeuten, Berater, auch Unternehmensberater, die nach neuen Wegen Ausschau halten, wie sie ihren Patienten oder Klienten dabei helfen können, ihr Leben zu meistern und zu verändern.

Warum Bilder?

Wozu brauchen wir Bilder? Warum genügen nicht Worte? Aus dem einfachen Grunde, weil Worte wie Bilder beide ganz natürliche, aber sehr unterschiedliche Denkweisen darstellen. Nach allem, was wir über schöpferische Denker, erfolgreiche Unternehmer, gesunde, glückliche Menschen überhaupt wissen, ist es wichtig, sich beider Fähigkeiten zu bedienen. Worte sind unsere gesellschaftlich strukturierte Art, logisch, analytisch und pragmatisch zu denken und effizient mit anderen zu kommunizieren. Bilder sind unsere ganz und gar persönliche Eigenart, intuitiv, ganzheitlich und metaphorisch zu denken und effizient mit uns selbst zu kommunizieren. Indem wir lernen, beide Möglichkeiten gemeinsam zu nutzen, können wir Einbildungskraft und Logik zusammenbringen und die Kluft zwischen innerer und äußerer Wirklichkeit überbrücken, um gleichermaßen effizient und kreativ in der Welt wie harmonisch und friedvoll in uns selbst zu leben.

Während die Wörtersprache in der Schule betont gefördert und tagtäglich weiterentwickelt wird, erfährt die Sprache der Bilder leider das Schattendasein einer vergessenen Kunst und wird bei der herkömmlichen Erziehung und Ausbildung fast vollständig vernachlässigt. Selten sind in den Lehrplänen unserer heutigen Schulen Themen und Zeiten vorgesehen, in denen die Heranwachsenden üben könnten, sich selbst besser zu verstehen und mit sich selbst umzugehen. Wäre es anders, wäre dieses Buch überflüssig.

Kann ich das auch?
(Es ist so leicht, wie vom Baum zu fallen)

Viele Menschen meinen, sich nicht einmal Bilder vorstellen zu können, geschweige denn, sie bewußt zu produzieren. Die übliche Verwendung des Begriffs «Visualisierung» zur Beschreibung der Erforschung innerer Bilder vertieft diesen Zweifel noch, scheint damit doch eine Art inneres Sehen gemeint zu sein. Auch aus diesem Grund verwende ich lieber das Wort «Bildarbeit» als «Visualisierung». Jeder kann Bilder schaffen, die für ihn funktionieren – so wie jeder träumen kann –, und mit einiger Übung wird es immer besser funktionieren. Die Zweifel kommen daher, daß jeder von uns es ein bißchen anders macht.

Wenn man Sie auffordert, eine Rose zu beschreiben, «sehen» Sie die Rose zwar vielleicht nicht unbedingt, aber das Bild davon kommt Ihnen irgendwie in den «Sinn» – zum Teil visuell, aber vielleicht eher als Geruch, Berührung, Klang, sogar Geschmack oder als eine Kombination dieser Sinnesempfindungen. Mit ziemlicher Sicherheit werden Sie sagen können, welche Farbe die Rose hat, auch wenn Sie die Farbe eigentlich nicht «sehen». In jedem Fall werden Sie ihren Duft riechen oder das Schnappen der Schere beim Durchschneiden des Stengels hören oder die Blütenblätter fühlen können. Bei den vielen Kursen über Bildarbeit, die ich in den vergangenen Jahren abgehalten habe, kam fast durchweg heraus, daß zwar jeder schon einmal Bilderlebnisse hatte, aber etwa 20 Prozent der Befragten konnten keine lebendigen Bilder sehen. Zu diesen 20 Prozent gehöre zufällig auch ich.

Stellen Sie sich vor, ich halte einen Pfirsich in meiner Hand, einen großen, reifen, saftigen, pelzigen, ungewaschenen Pfirsich. Jetzt reiche ich Ihnen den Pfirsich. Welche Farbe hat er? Können Sie mit dem Daumen hineindrücken und fühlen, wie weich er ist? Mögen Sie dieses pelzige Gefühl? Riechen Sie ihn. Wie fühlen Sie sich bei diesem Geruch? Vielleicht wäre es gut, ihn zu waschen. Sie drehen den Wasserhahn auf – er quietscht. Hören Sie es? Sie waschen den Pfirsich und spüren, wie Ihnen das kalte Wasser über die Hände läuft. Sie drehen den Wasserhahn zu – und wieder quietscht er. Der Pfirsich fühlt sich nun glatt und feucht an. Sie haben eine unwiderstehliche Lust, ihn zu probieren. Sie führen ihn zum Mund und beißen ein Stück ab, und der Saft läuft Ihnen die Mundwinkel hinunter...

Wenn Sie nicht völlig abgeschaltet haben, dann haben Sie jetzt Bilder hervorgerufen. Aber vielleicht mögen Sie ja auch keine Pfirsiche. Dann stellen Sie sich doch einmal Ihr Schlafzimmer vor und wie Sie hineingehen. Oder erinnern Sie sich an das Haus, in dem Sie als Kind gelebt hatten, und sehen es sich genau an. Machen Sie an einem Herbsttag einen Waldspaziergang und spüren Sie, wie das Laub unter Ihren Füßen raschelt. Hören Sie im Geiste Ihre Lieblingsmusik. Gehen Sie Ski fahren, Schlittschuh laufen oder schwimmen. Oder fallen Sie von einem Baum...

Es ist so leicht, Bilder zu erzeugen, denn es ist eine ganz normale, natürliche Art des Denkens. Kinder beherrschen sie bereits lange bevor sie sprechen können. Um mit Bildern arbeiten zu können, müssen wir Erwachsenen erneut die passive Bereitschaft entwickeln, uns auf Bilder einzustimmen, die uns leiten, sowie die aktive Gabe, andere, neue Bilder zu schaffen, die unsere Gesundheit, unsere Zufriedenheit und unsere Kreativität fördern.

Wodurch unterscheidet sich das alles von Tagträumerei? Während diese nichts weiter als eine unbeschwerte Flucht aus dem Alltag ist, die Sehnsucht, irgendwo anders, irgendwer anderer oder irgend etwas anderes zu sein, ist Bildarbeit eine konzentrierte, bewußte Tätigkeit, die die alltägliche Wirklichkeit gerade erhellen und verbessern soll. Im Unterschied zur Tagträumerei können wir bei der Bildarbeit noch so tief in die Welt der Einbildungskraft eintauchen – immer werden wir beschenkt in unsere Alltagswelt zurückkehren.

Ein Bild von der Bildarbeit

Am besten beschreibe ich mit einem Bild, was ich mir unter Bildarbeit vorstelle:

Ich bin, was ich schon immer war: ein Seemann. Und ich war an vielen fremden Orten. Ich habe mich immer dem Spiel der Elemente preisgegeben gefühlt und eigentlich nie verstanden, warum ich dieses Leben gewählt hatte. Eines Tages bekomme ich eine Taucherausrüstung, und zum ersten Mal begebe ich mich in die Welt unter Wasser. Ich komme dahinter, daß das, was ich bisher für Wetter gehalten habe, in Wirk-

lichkeit das Werk von Meeresungeheuern ist. Ich freunde mich mit diesen Ungeheuern an, habe aber Respekt vor ihrer Macht und ihrer Gefährlichkeit. Sie versprechen, mir auf meiner Reise beizustehen, solange ich ihre Wünsche berücksichtige. Als ich wieder auf mein Schiff zurückkehre, bin ich mit Geschenken beladen, die sie mir mitgegeben haben. Im weiteren Verlauf meiner Reise schlüpfe ich immer wieder mal in meinen Taucheranzug und gehe meinen Forschungen in der Meerestiefe nach. Dabei lerne ich nicht nur die Ungeheuer kennen, sondern auch ihre verschiedenen Verbündeten und auch ihre Feinde. Allmählich fühle ich mich eins mit dem Meer. Mit Hilfe der Ungeheuer lerne ich nun, meine Reisen richtig zu planen und den Kurs zu bestimmen. Jetzt scheint jede Reise nicht nur ein Vergnügen zu sein, sondern auch so etwas wie eine magische Bedeutung zu besitzen – und darum bin ich dankbar, ein Seemann zu sein.

Dieses Buch könnte ein Taucherhandbuch für Menschen sein, die nicht nur auf der Oberfläche des Lebens dahinsegeln oder ziellos umhertreiben wollen, sondern die den Wunsch haben, ihr intuitives, tieferes Selbst zu verstehen und damit zu arbeiten, die ihr Leben auf konstruktive Weise verändern wollen. Die Einbildungskraft ist die einzige Taucherausrüstung, die wir brauchen, zusammen mit ein paar Unterrichtsstunden über richtiges und sicheres Tauchen. Und während wir noch lernen, wie wir unser vermeintlich unausweichliches Schicksal verstehen und beeinflussen, können uns schon ein paar Ungeheuer über den Weg laufen. Aber was für ein magisches Geschenk, die Ungeheuer auf unserer Seite zu haben!

Ist das etwa bloß die neueste Masche?

Sich Bilder vorzustellen ist so alt wie die Gemeinschaft der Menschen. Bereits in grauer Vorzeit dachte man vermutlich vor allem in Bildern und unterschied wohl kaum völlig zwischen realistischer Wahrnehmung, Träumen, Mythen und Visionen. C. G. Jung hat diese Welt so beschrieben: «Pflanzen und Tiere verhalten sich ... wie Menschen; Menschen sind gleichzeitig sie selbst und Tiere, und alles lebt mit Geistern und Göttern.»[1]

Als sich dann die Sprache und mit ihr das rationale Denken entwickelten, waren die Bilder nicht länger ein natürlicher Bestandteil des täglichen Lebens, sondern wurden ein Gebiet für «Spezialisten», wie es ja auch heute der Fall ist. Die alten Priesterinncn, Philosophen, Heiligen, Mystiker, Schamanen, Künstler und Menschen mit übersinnlichen Fähigkeiten, nicht zu vergessen die Psychologen, Psychotherapeuten und ein paar aufgeschlossene Mediziner gehören zu diesen Spezialisten, die mit der Welt der Bilder gearbeitet haben oder arbeiten, um Heilung, Kraft, Weisheit, Kreativität, Religiosität, spirituelle und persönliche Entwicklung und liebevolle Beziehungen zu fördern.

Ägyptische Anhänger des Gottes Hermes zum Beispiel glaubten, Krankheiten durch die bildliche Vorstellung vollkommener Gesundheit heilen zu können. Griechische Heiler empfahlen ihren Patienten, davon zu träumen, daß sie von den Göttern geheilt würden. Schamanen stellen sich bildlich vor, sie gingen auf Reisen und fänden unterwegs die Seele des kranken Menschen.[2] Auf ähnliche Weise hat vor einiger Zeit das Arztehepaar Carl und Stephanie Simonton das Bilderdenken in der Arbeit mit Krebspatienten angewandt, die sich sowohl Krebs als auch Heilung davon bildlich vorstellten und damit ihren Körper «ermutigten», sich selbst zu heilen.[3]

Sigmund Freud und C. G. Jung sind vermutlich die bekanntesten modernen Erforscher der Welt der inneren Bilder. Freud, der Vater der Psychoanalyse, betrachtete Bilder als die natürliche Sprache des Unbewußten und nannte die Erforschung der Traumbilder den «Königsweg zum Unbewußten». Zu seiner Technik, mit Bildern zu arbeiten, der sogenannten «freien Assoziation», gehörte es auch, Patienten darin zu unterweisen, sich zu entspannen und ihrer Vorstellungskraft zu erlauben, ohne Selbstzensur einer Kette von Bildern zu folgen. Für Freud war das Unbewußte eine ziemlich primitive, erschreckende, regressive und animalische Welt, die alle Gedanken und Bilder enthält, die wir aus dem Bewußtsein verbannt haben, weil sie uns gefährlich und unannehmbar erschienen. Noch immer verschreckt dieses Bild des Unbewußten viele Menschen und hält sie davon ab, ihr innerstes Selbst zu erforschen.

Ganz anders C. G. Jung. Für ihn war das Unbewußte eine ungenutzte Quelle menschlicher Kreativität, Inspiration und Spiritualität. Auch Jung sah im Bildhaften den Schlüssel zum Unbewußten, doch eher als ein Mittel, die «gesunkenen Schätze» zu heben und die gesunde Entwicklung des menschlichen Geistes voranzutreiben. Er entwickelte die Technik der «aktiven Vorstellungskraft», eine Methode, bei der Bilder hervorgerufen und verstärkt werden, mit denen auch eine Art Dialog stattfindet. Jung hielt die Jahre, in denen er seinen inneren Bildern nachgegangen war, für den wichtigsten Abschnitt seiner lebenslangen Reise zur Selbst-Verwirklichung.

Jung erwartete, daß seine Patienten den Prozeß der aktiven Vorstellungskraft selbst vollzogen (nachdem sie vom Analytiker eine erste Unterweisung erfahren hatten) und auf diese Weise die Verantwortung für den Dialog zwischen Bewußtsein und Unbewußtem und somit für ihre eigene psychische Entwicklung übernahmen. Insofern leistete er Pionierarbeit für das Verständnis und die Einschätzung der Kraft, die der Verwendung von Bildern innewohnt, und zwar nicht nur als Teil der Psychoanalyse und -therapie, sondern auch als leicht erlernbare Methode der Selbsthilfe.

Der therapeutische Nutzen des Bildhaften ist heute bis zu einem gewissen Grad von den meisten psychologischen und psychotherapeutischen Schulen anerkannt, ganz gleich, ob sie sich der psychoanalytischen, behavioristischen, humanistischen oder transpersonalen Richtung zurechnen. Einige Methoden bestehen im wesentlichen darin, Menschen durch Standardbilder oder -szenen zu führen, wie Wiesen, Berggipfel, Höhlen oder Begegnungen mit weisen Wesen und Führern, die über universelle Kraft und Bedeutung verfügen.[4] Bei anderen bedient man sich der ureigenen Symbole oder Traumbilder des Klienten als Grundlage für die Exploration der Persönlichkeit.[5] Mit wieder anderen sucht man die einzigartigen Eigenschaften des Bildlichen zu nutzen, um Streß abzubauen und bestimmte positive Veränderungen im Leben des jeweiligen Menschen herbeizuführen.[6] Vorstellungsbilder werden auch sehr wirkungsvoll in der Medizin, beim Sport, in der Pädagogik, im Geschäftsleben, beim Kreativitätstraining und zur spirituellen Entwicklung eingesetzt. Praktisch jede menschliche Tätigkeit kann mit Bildarbeit gefördert werden.

Auch wenn inzwischen von seiten vieler Wissenschaftler diese Methode und die der Visualisierung in ihrer Bedeutung anerkannt sind, werden sie von der großen Mehrheit der Schulmediziner und Pädagogen immer noch als «alternativ» verunglimpft oder vollkommen ignoriert. Ich erinnere mich an einen kurzen Aufenthalt in einem hypermodernen Lehrkrankenhaus vor einigen Jahren: Ich war entsetzt über die gängige Praxis, Schlaftabletten automatisch und wahllos an alle Patienten, auch an Jugendliche, auszugeben. Menschen, die sich längere Zeit in solchen Krankenhäusern aufhalten mußten, verließen diese oft in lebenslanger Tablettenabhängigkeit. Die naheliegende und preiswertere Möglichkeit, die Betreffenden darin zu unterweisen, ihre Schlafstörungen beispielsweise mit Bildarbeit zu beheben, ganz natürlich zu lernen, wie man sich entspannt, von der Beschleunigung des Heilprozesses ganz zu schweigen, wurde nicht einmal in Erwägung gezogen oder sogar verächtlich abgetan, wenn sie zur Sprache kam.

Auf meiner Station lag eine Frau, deren vielschichtiges Krankheitsbild lange und wiederholte Aufenthalte im Krankenhaus erforderlich machte. Eine unmittelbare Folge war, daß sie von Schlaftabletten abhängig wurde. Sie hatte das Gefühl, es würde ihr nie wieder wirklich bessergehen, und war hinsichtlich ihrer Zukunft tief deprimiert. Als ich mit ihr darüber sprach, wie sie sich durch Vorstellungsbilder selbst helfen könnte, und sie ermutigte, es doch einmal zu versuchen, schöpfte sie zum erstenmal seit Jahren wieder Hoffnung. Sie mußte mich wohl für eine Wunderheilerin gehalten haben, die ihr ihr Schutzengel geschickt hatte, denn von so einer Methode hatte sie in den vielen Monaten, die sie in allen möglichen Krankenhäusern verbracht hatte, noch nie gehört. Das erinnerte mich wieder einmal nachdrücklich daran, daß es wahrscheinlich noch lange dauern wird, bis die alte und universale Kunst des Bilderlebens – neben anderen ganzheitlichen Methoden – in den Institutionen der Neuzeit wirklich wiederentdeckt wird.

Die Methode der Bildarbeit

Mein Zugang zur Bildarbeit ist von den meisten diesbezüglich aktuellen Theorien und Praktiken beeinflußt worden, wobei einige mich besonders beeinflußt haben.

Alles begann mit den tiefschürfenden und umfassenden Theorien von Freud und noch mehr von Jung. Fritz Perls' Gestalttherapie[7] verdanke ich die erste Erfahrung von der Kraft der Bilder bei der Enthüllung tieferer Bedeutungen und neuer Perspektiven. Ich kann mich noch gut daran erinnern, wie sehr ich beeindruckt war, als ich zum erstenmal vor gut zwanzig Jahren die Methode der Gestalttherapie bei der Deutung von Traumsymbolen anwandte und mir dabei überhaupt erst einmal der Bedeutung von Träumen bewußt wurde. Die neurolinguistischen Programme von Bandler und Grinder[8] haben meine Arbeit insofern weitreichend beeinflußt, daß damit meine Arbeit mit Vorstellungsbildern erheblich verfeinert und effizienter wurde – dank einer Technik, die unsere sensorischen Kanäle präzise anspricht, und somit einschneidende Veränderungen im Leben schneller und leichter ermöglicht. Das Mind Controlling von Silva[9] hat mich in anderer Hinsicht beeindruckt, da damit ein praktischer Kurs im Gebrauch von Vorstellungsbildern verbunden ist, der Leute aus allen Schichten und Berufen erreicht. Und da diese Methode auch die Kraft der Bilder betont, nicht nur unsere persönliche Effektivität zu fördern, sondern auch die Fähigkeit, mit anderen Verbindung aufzunehmen und sie zu heilen. Schließlich hat mich die spirituelle Findhorn-Gemeinschaft in Schottland, insbesondere ihr Philosoph David Spangler[10], mit den wichtigen Prinzipien bekannt gemacht, mittels derer wir «manifestieren» oder geschehen lassen können, was wir für uns und für andere als richtig empfinden.

Auf den folgenden Seiten habe ich versucht, diese und andere Methoden sowie die Ergebnisse meiner langjährigen privaten wie beruflichen Untersuchungen und Experimente in einem ebenso umfassenden wie einfachen «Do-it-yourself-Rahmen» unterzubringen. Dabei möchte ich die zugrundeliegenden Prinzipien der Bildarbeit erklären und verdeutlichen, warum und wie wir sie benutzen können, um unser Leben in einer Weise zu verstehen und zu verändern, die stets die subtile Beziehung zwischen unserem bewußten Verstand, unserem unbewußten Selbst und der Welt, die wir als unser Schicksal erfahren, respektiert, ohne daß wir uns auf diesem Weg von irgendwelchen psychologischen oder spirituellen Glaubensrichtungen abhängig machen.

In den Kapiteln 2 und 3 wird die Theorie der Bildarbeit vorgestellt. Sie können diese Buchteile vor oder nach den eher praktischen Kapiteln lesen oder auch zwischendurch. Die Kapitel 4 bis 16 bieten eine Fülle von Übungen an, samt Erläuterungen der dahinterstehenden Prinzipien. Hier lernen Sie zu verstehen, wer Sie sind, wohin Sie gehen, wer mit Ihnen geht und wie Sie sicher an Ihr Ziel gelangen können. Kapitel 17 zeigt Ihnen, wie Sie im «Do-it-yourself-Verfahren» Ihre eigenen, «maßgeschneiderten» Erfahrungen in der Bildarbeit machen können.

Was kann Bildarbeit in meinem Leben bewirken?

Wenn Sie der Bildarbeit in Ihrem Leben Platz einräumen, dann kann das genauso aufregend sein wie die erste Begegnung eines kleinen Kindes mit der Sprache – jedenfalls ist die Bildarbeit genauso kraftvoll und vielseitig, und je stärker Sie sie nutzen, desto mehr Möglichkeiten eröffnen sich Ihnen. Sobald Sie einmal den richtigen Dreh herausgefunden haben, werden Sie auf Ihre ganz persönliche Weise der Anwendung kommen. Doch zunächst möchte ich Ihnen an Beispielen aufzeigen, wie ich tagtäglich Bilder gebrauche, um meinem Leben Sinn und Erfüllung zu geben.

Einige oder gar alle der folgenden Beispiele mögen Ihnen auf den ersten Blick seltsam vorkommen – aber haben Sie Geduld. Denn sobald Sie dieses Buch «verarbeitet» haben, werden Sie sie nicht nur ganz normal finden, sondern Sie werden sich auch fragen, wie Sie bisher ohne all diese inneren Bilder zurechtgekommen sind. Lesen Sie diese Sätze hier also ruhig noch ein zweites Mal, wenn Sie den «Kurs» hinter sich haben, und überzeugen Sie sich, ob ich nicht recht gehabt habe...

Wenn ich...

... nach einem langen Tag wieder neue Energie brauche

Ich schalte für ein paar Augenblicke ab und stelle mir vor, auf einer tropischen Insel zu sein – ein erfrischendes Bad im Meer zu nehmen – in eine geheimnisvolle neue Dimension aufzubrechen –, oder daß ein Lichtstrahl durch mich hindurch und um mich herum fließt. Wenn ich dann zu meiner Arbeit zurückkehre, fühle ich mich erfrischt und entspannt.

... ordentlicher, ruhiger oder dünner werden möchte

Ich probiere dieses «neue Ich» zuerst in meiner Vorstellung aus, indem ich mir ein Bild davon mache, wie ich nach dieser Veränderung sein werde. Ich stelle mir zum Beispiel vor, wie ein Tag mit mir als überaus ordentlicher Person ablaufen würde. Ich kann genau sehen, wie ich mich dabei fühle, welche Techniken ich anwende, wie sich meine gesamte Einstellung ändert, wie es möglich ist, mehr Ordnung in mein Leben zu bringen, ohne auf meine intuitiven Kräfte zu verzichten. Sobald ich mich mit diesem neuen Bild von mir wohl fühle und gewissermaßen im voraus die Schwierigkeiten ausgeräumt habe, werde ich entdecken, wie ich diesem Bild allmählich ganz natürlich in der Wirklichkeit entspreche, wie ich dieser neue, ordentliche Mensch werde.

... ein Problem nicht lösen kann

Ich schaffe in meiner Vorstellung ein Bild zum Problem und

betrachte es dann aus unterschiedlichen Perspektiven. Das Bild selbst hilft mir metaphorisch, das Problem in seinem Wesen zu verstehen, und wenn ich es aus mehreren Perspektiven betrachte, wird die Lösung nach und nach deutlicher. Wenn ich beispielsweise das Problem habe, ein neues Projekt zu beginnen, und mir dieses Problem als einen Vogel vorstelle, der zitternd auf dem Fensterbrett hockt, fange ich an, die Angst zu begreifen, die mich davon abhält, loszulegen. Wenn ich dann dieses Bild gewissermaßen aus der Vogelperspektive betrachte, sehe ich vielleicht, daß auch andere Vögel auf irgendeinem Fensterbrett vor sich hinzittern, die sich mir gern anschließen würden. Oder daß sich gar nicht so weit von mir ein Zufluchtsort befindet, den ich kurzfristig ansteuern kann.

Eine andere Methode besteht darin, einen «inneren Experten» zu konsultieren, den ich in mir geschaffen habe und der oft an Lösungen kommt, die «mir» einfach nicht einfallen würden. Zu meinen «Experten» zählen Romandetektive – vor allem Kommissar Maigret und Hercule Poirot –, aber auch Albert Einstein, König Salomon und alte, räudige und gerissene Straßenköter und -katzen. Sie schlagen mir vor, wie sie das Problem aus ihrer Sicht lösen würden: Kommissar Maigret beispielsweise sondiert die Lage ganz genau und schildert mir die Atmosphäre, Albert Einstein hingegen stellt das Problem auf den Kopf und präsentiert mir eine völlig neue Betrachtungsweise.

... Kleidung einkaufen will

Ich frage eine ganz besondere innere Expertin, offenbar eine elegante ägyptische Königin, was ich kaufen soll. Aus Erfahrung weiß ich, daß alles, was ihr gefällt, einfach Stil haben muß, während ich – «mir selbst» überlassen – oft danebengreife.

... ganz durcheinander bin und nicht weiß, was mit mir los ist oder was ich tun soll

Ich lasse ein Bild in mir erstehen – ein Schiff im Sturm oder einen Baum ohne Wasser beispielsweise –, das immer eine perfekte Metapher für meine Situation abgibt und mir hilft zu sehen, was ich tun muß. Wenn ich mich zum Beispiel in das Schiff «hineinversetze», erkenne ich vielleicht, daß ich erst sicher an ein Ufer kommen muß, bevor ich meine Reise fortsetze. Oder als Baum sollte ich mich zunächst um meine eigenen Bedürfnisse kümmern, wenn ich Früchte haben will, die ich dann anderen anbieten kann.

Oder ich spreche das «Kind in mir» an, ein Bild von mir, auf dem ich noch klein bin, und finde auf diese Weise heraus, an welche frühere Situation mich das alles erinnert und wie ich damit mehr «erwachsen» umgehen kann. Oder ich kann den Standpunkt eines Beobachters einnehmen und mich von außen betrachten, um das zu spüren oder zu sehen, was mir von innen her einfach nicht klar ist.

... einen komplizierten oder schweren Tag oder ein wichtiges Ereignis vor mir habe

Ich versetze mich in den Nachmittag oder den Abend, indem ich mir vorstelle, daß der Tag, das Gespräch oder die Vorlesung vorbei sind, und ich fühle mich wunderbar. Ich komme darauf, worin das gute Gefühl besteht und wie es zustande kam, und auf diese Weise werden mir meine wahren Prioritäten klar und wie ich ihnen am besten gerecht werde. Mit dieser Methode macht man sich nicht nur die alte Weisheit zunutze, daß man hinterher immer schlauer ist... – aber diesmal eben schon *vorher,* um zu sehen, worauf man seine Energien konzentrieren muß, sondern man bekommt damit auch ein unterschwelliges, angstfreies Gefühl, daß es schon klappen wird.

Wenn ich mir daher vor einem wichtigen Gespräch vorstelle, es wäre schon vorbei und ich hätte ein gutes Gefühl dabei gehabt, finde ich vielleicht heraus, mein positives Gefühl bestehe darin, daß ich mich gut mit dem Gesprächspartner verstanden habe und wir beide den Eindruck hatten, wir hätten uns gegenseitig etwas zu bieten.

Ich «schaue zurück» und sehe, daß mir das gelang, weil ich die Begegnung genoß, statt einen guten Eindruck machen zu wollen. Und dann kann ich in das Gespräch mit dem festen Vorsatz einsteigen, eine Beziehung herzustellen, statt einen guten Eindruck machen zu wollen. Das heißt noch lange nicht, daß ich bereits weiß, was wirklich geschehen wird, sondern nur, daß ich mir darüber im klaren bin, wo ich landen möchte. Selbst wenn nicht alles planmäßig verläuft, ist mir meine innerste Absicht doch immer bewußt, ja, ich habe sogar stets das Gefühl, daß ich es überstehen und etwas dabei lernen werde.

... ein Beziehungsproblem habe und damit nicht klarkomme

Ich stelle mir mein Gegenüber vor, sage ihm oder ihr, wie ich mich fühle, und dann tausche ich die Rollen, ich versuche, den Standpunkt des anderen einzunehmen, und setze das Gespräch so lange fort, bis etwas in mir gelöst ist. Auf diese Weise kann ich ganz natürlich alle möglichen Gefühle ausdrücken und sie zugleich loswerden – Verletztheit, Zorn, Verlustangst oder Groll –, die mein Leben vergiften oder mich davon abhalten, anderen Menschen zu vertrauen. Oder ich kann in die Rolle des Beobachters oder des klugen Beraters schlüpfen, um zu sehen, was zwischen uns beiden passiert, oder ich stelle mir vor, wie die Beziehung sein würde, könnte ich sie mit einem Zauberstab berühren und auf diese Weise herausfinden, welche besonderen Veränderungen mir vorschweben.

... eine wichtige Entscheidung zu treffen habe
Ich versetze mich in die Zukunft – einen Monat, fünf oder sogar fünfunddreißig Jahre voraus – und stelle mir vor, ein künftiges Ich zu sein, das mit seinem Leben zufrieden ist: Wie habe ich das geschafft? Welche Entscheidung *hatte* ich getroffen? Was ist – rückblickend – am wichtigsten für mich? Diese Zukunftsbilder sind stets von einem Gefühl der Überraschung begleitet – aber auch von einem tiefen Erkennen, daß ich alles auf irgendeiner Ebene schon immer gewußt habe.

... nicht einschlafen kann
Ich gehe zu meinem «Haus des Schlafs», in dem ich ein Spezialbett habe, oder ich lege mich auf eine Wolke von Früchten und Blumen und treibe selig dahin, oder ich male mir selbst einen Traum aus... und bald bin ich eingeschlafen.

... krank bin
Ich spreche mit meinem Körper und bitte ihn um Bilder, mit deren Hilfe ich verstehen kann, was los ist, und dann erarbeite ich mir heilsame Bilder, die mich sanft zur vollen Gesundheit zurückgeleiten. Oder ich trete in mein inneres «Haus der Gesundheit» ein, um von den Gesundheitsexperten darin einen professionellen Rat zu bekommen. Sie schlagen mir nicht nur eine richtige Ernährungsweise oder gymnastische Übungen vor, sondern empfehlen mir auch, welche Einstellung ich gegenüber meinem Leben entwickeln muß, wenn ich in Zukunft gesund bleiben möchte.

... andere verstehen oder ihnen helfen will
Ich stimme mich auf die andere Person ein und lasse Bilder aufsteigen, die sich auf ihre Situation beziehen, und teile sie dann

mit ihr. Oder ich stelle mir vor, ich schlüpfe in des Betreffenden Körper, um herauszufinden, was vor sich geht. Oder ich lenke bewußt heilsame oder liebevolle Energie auf sie oder auf mein Bild von ihr. Oder – häufiger – ich bringe ihr eine angemessene Bildarbeits-Technik bei, die ihr mehr helfen kann als ich.

... etwas brauche, was ich gerade nicht habe oder nicht bekommen kann

Ich stelle es mir in meiner Phantasie mit großer Freude vor – den erholsamen Urlaub, den guten Rat, den Kreis lieber Freunde –, und damit werde ich das Bedürfnis los, daß ich um alles in der Welt genau das bekommen muß, was ich zu brauchen glaube, und begnüge mich mit dem, was ich habe. Damit will ich nicht behaupten, man könnte nur von seiner Phantasie leben, aber indem ich mich diesen sehr realen inneren Erfahrungen hingebe, wenn ich sie gerade brauche, kann ich freudig offen sein für die überraschenden Gaben, die mir andere – oder die Welt – tatsächlich in den Schoß fallen lassen wollen.

Und als ich dieses Buch zu schreiben begann...

... betrieb ich ein wenig Bildarbeit, um mir über den vor mir liegenden Weg klarzuwerden. Ich begegnete – in meiner Vorstellung natürlich – einem Hund, einer Möhre und einem Samowar, die mir so sehr halfen, daß ich dieses Kapitel nach ihnen benannte. Die ganze Geschichte können Sie im Anhang nachlesen – hier nur soviel: Der Hund, der das erste Kapitel zu repräsentieren schien, «sagte» mir genau, wie es ablaufen sollte, ja, er diktierte mir sogar die Überschriften in der richtigen Reihenfolge. Die Möhre vermittelte mir Ideen über den Geschmack und den Farbton des Buches,

und der russische Teekessel ermunterte mich, Kontakt zu meiner eigenen, blubbernden Kreativität aufzunehmen. Für diese Unterstützung und Anleitung war ich ihnen sehr dankbar, und genauso werden Sie Ihren Bildern dankbar sein, wenn Sie einmal gelernt haben, wie leicht es ist, sie dazu zu bringen, mit Ihnen und für Sie zu arbeiten.

Und vielleicht ist Ihnen nun klar, daß Bildarbeit eine Form des Denkens, Planens und Ausführens ist, die man in allen Lebensbereichen anwendet. Oder wie es einmal einer meiner Studenten sagte: «Bildarbeit kann von jedem überall angewendet werden – in der U-Bahn auf dem Weg zur Arbeit, auf einem Baum, am Strand, bei einem Streitgespräch oder beim Eisessen.» Abgesehen von allem konkreten Nutzen hat mich die regelmäßige Anwendung der Bildarbeit im Lauf der Jahre so sehr verändert, daß ich mich nicht mehr als Blatt im Wind fühle, ohne zu wissen, wohin er mich treibt und ob ich weiterleben werde, sondern als starker Baum mit tiefen Wurzeln, die bis zu einem unterirdischen Quell reichen. Ich habe genügend Sonne, Wasser und gute Erde, die meine Bedürfnisse stillen, und Scharen von Vögeln und Tieren leben in meinen Zweigen.

Ich glaube, das kann Bildarbeit auch für Sie bewirken.

ERSTER TEIL

Die Theorie der Bildarbeit

1. Vorstellungsbilder: Wo Worte nichts sagen

Ein kleines Mädchen schwamm in Kalifornien im Meer, als ein Hai auftauchte und es in die Tiefe zog. Später fand die Mutter unter den Sachen ihrer Tochter auch eine Reihe von Zeichnungen, die sie wenige Tage vor ihrem Tod angefertigt hatte. Darauf war ganz deutlich ein kleines Mädchen zu sehen, das von Tag zu Tag mehr in eine Welle eintauchte – auf dem letzten Bild war es vollkommen von ihr bedeckt. Die Mutter des Mädchens glaubte dann, daß ihr Kind unbewußt seinen bevorstehenden Tod vorweggenommen hatte. Dadurch fand sie wenig Seelenfrieden.[1]

Hatte dieses Kind wirklich in die Zukunft gesehen? Aber wie konnte es gleichzeitig davon wissen und doch nicht wissen? Warum sollte sich dieser Blick in die Zukunft in Bildern statt in Worten ausdrücken? Und haben Kinder eine Verbindung zu irgendeinem inneren Wissen, die Erwachsenen verloren gegangen ist? Elisabeth Kübler-Ross, die mit der Mutter dieses Kindes gearbeitet hat, eine weltweit bekannte Expertin auf dem Gebiet der Erfahrungen mit Sterben und Tod, erklärte dazu, daß es zahlreiche Beispiele von Menschen, besonders von Kindern, gibt, die unbewußt Kenntnis von bevorstehenden Ereignissen gehabt haben, zu denen ihre Vorstellungsbilder oft den Schlüssel bilden.

Aus allen möglichen Gründen beginnen die Wissenschaftler erst jetzt zu verstehen, daß Vorstellungsbilder über eine ganze Reihe einzigartiger Eigenschaften verfügen, unter anderem über die Kraft, uns mit Bereichen zu verbinden, zu denen Worte nie vordringen – insbesondere mit Gedanken, Gefühlen, Intuitionen und Körperfunktionen, die normalerweise unbewußt ablaufen. Es hat auch den Anschein, daß Babys und kleine Kinder noch über Möglichkeiten verfügen, die Welt zu verstehen, die vielen Erwachsenen abhanden gekommen sind, und daß die Vorstellungsbilder eine Sprache verkörpern, die diese Welt der frühen Kindheit am besten spiegelt und uns mit ihr verbindet.

Die einzigartigen Eigenschaften von Bildern

An folgendem Beispiel kann man die einzigartigen Eigenschaften von Bildern besonders gut verstehen. Das Wort «frei» ist eine Abstraktion mit einem gesellschaftlich akzeptierten Bedeutungsfeld, das man in jedem Lexikon nachschlagen kann (z. B. «nicht gebunden», «unabhängig», «nicht festgelegt»). Es kann in Sätzen gebraucht werden wie «Ich möchte mich aus dieser Beziehung befreien» oder «Ich komme zu dir an den Strand, wenn ich frei habe» oder «Ich bin nie wirklich frei gewesen». Wenn ich es besser verstehen will, kann ich darüber nachdenken oder sprechen, und ich kann zu einigen wichtigen und komplizierten Einsichten gelangen oder die Bedeutung von Freiheit auch systematisch erschließen.

Jetzt vergleichen Sie das einmal mit dem Bild vom Vogel im Käfig, das die Menschen so oft zitieren, wenn sie um ihre Freiheit besorgt sind. Um dieses Bild wirklich verstehen zu können, spreche ich nicht darüber, sondern nutze es statt dessen. Ich stelle mir vor, ich bin der Vogel. (Sie können das auch tun, wenn Sie wollen.) Und dann finde ich folgendes heraus:

Ich merke, wie ich herumflattere und panisch mit den Flügeln schlage. Ich möchte raus, habe das Gefühl, für immer eingesperrt zu sein. Es kommt mir so vor, als sei ich in diesem Käfig, so lange ich denken kann, und ich weiß, daß sie mir bald mein Futter bringen werden. Plötzlich merke ich, daß die Tür nicht verschlossen ist, ja vielleicht nie verschlossen war. Ich halte mich in der Nähe der Käfigtür auf, wage nicht zu fliegen, habe plötzlich Angst vor dem Draußen, fürchte, daß man sich nicht mehr um mich kümmern, mich nicht mehr füttern wird, habe schreckliche Angst vor dem Alleinsein. Schließlich fliege ich doch hinaus. Ich spüre den Wind um meinen Körper und staune über die herrliche Aussicht. Ich habe mich noch nie in meinem Leben so wunderbar gefühlt. Und dann bricht die Nacht herein. Ich fange an, mich zu fürchten und mich einsam zu fühlen. Ich frage mich, wohin ich fliegen und was ich tun soll. Ich sehne mich nach dem Käfig, weiß aber nicht, wie ich zurückfinden soll.

Das ist ein greifbares Bild, keine Abstraktion. Es gibt meine ganz persönliche Befindlichkeit in diesem speziellen Augenblick wieder und nicht irgendeine gesellschaftliche Kategorie. Und doch hat es vermutlich eine intuitive Bedeutung für Sie, auch wenn Sie mich nicht kennen, und es spricht zugleich ein allgemeines Thema an, auf das viele Menschen, mit denen ich gearbeitet habe, spontan gekommen sind. Das Bild ist nicht leicht zu analysieren, da es etwas Umfassendes ausdrückt: Es beschreibt gleichzeitig meine Sehnsucht und meine Furcht, die Art und Weise, wie ich mich selbst einsperre, die Folgen meiner Entscheidungen und all das, was das Verlassen des Käfigs für meinen Verstand, meinen Körper und meinen Geist bedeuten könnte. Im Unterschied zu dem Wort «frei» kann man damit keinen Satz bilden – es ist ein Satz für sich, ein ganzer Essay, ja ein richtiges Buch.

Da das Bild eher metaphorisch als buchstäblich zu nehmen ist, hat es mehr mit Beziehungen als mit objektiven Tatsachen zu tun. Es verweist nicht eindeutig auf irgendeine bestimmte Freiheit. Es kann sich zugleich auf meine spirituelle Freiheit wie auf die Befreiung aus meiner gegenwärtigen Beziehung und auf meine Sehnsucht beziehen, die Stadt zu verlassen und auf dem Land zu leben. Und es gibt auch keine objektive Zeit an: Vielleicht symbolisiert es, wie ich mich fühlte, als ich vor zwanzig Jahren von zu Hause wegging, oder mit welchen Gefühlen ich dem entgegensehe, was in zwanzig Jahren sein wird. Beides wird so erlebt, als geschähe es gerade jetzt.

Derartige Bilder also sind, im Gegensatz zu Worten, faßbar statt abstrakt, ganzheitlich statt analytisch, unverwechselbar persönlich statt gesellschaftlich strukturiert, räumlich statt zeitlich und sind von metaphorischem statt wörtlichem Charakter. Sie ermöglichen es uns auch, sie auf die verschiedenste Weise zu erleben: als vergangen, zukünftig oder ganz und gar imaginär, als ob es gerade geschähe.

Indem ich dem Bild von dem Vogel nachgehe, komme ich hinter das, was ich nur halb wußte und nicht ausdrücken konnte, und ich bekomme eine klarere Vorstellung von dem, was ich wirklich will, und was mich das kosten wird. Und wenn ich nun auch noch auf die anderen Aspekte des Bildes – den Käfig, die Luft, die Landschaft – eingehen würde, könnte ich meine Situation unter noch mehr Gesichtspunkten betrachten. Oder wie Jung gesagt hat: «Der Sinn des Symbols ist nämlich nicht der, daß es ein verhüllendes Zeichen für etwas allgemein Bekanntes ist, sondern sein Sinn besteht darin, daß es ein Versuch ist, das noch gänzlich Unbekannte und Werdende analogisch zu verdeutlichen.»[2] Tausend

Worte reichen nicht aus, all die zarten neugeborenen Konzepte zu erkunden, über die uns das Bild etwas mitzuteilen versucht.

Vorstellungsbilder und das Unbewußte

An dieser metaphorischen, ganzheitlichen, zutiefst persönlichen und doch zugleich ganz universalen Sprache der Bilder ist etwas, was sie geradezu als ideale Brücke zwischen unserem bewußten Verstand und jenem Aspekt unseres Selbsts erscheinen läßt, den man normalerweise für unbewußt hält. Offenbar gibt es zwischen dem Bewußten und dem Unbewußten einen Bereich, in dem die Bilder entstehen, ein sicheres Territorium mit einer gemeinsamen Sprache, über die sich unser Bewußtes und unser Unbewußtes miteinander verständigen und dauerhafte und weitblickende friedliche Übereinkünfte treffen können. In diesem Bereich entstehen die persönlichen Visionen.

Was ist eigentlich das Unbewußte? Gibt es da irgendwo in uns eine riesige dunkle Höhle voller Ungeheuer, von denen wir nichts wissen wollen? Sinnvoller und zutreffender wäre es, das Unbewußte nicht als einen Ort, sondern als eine Qualität anzusehen. Selbst wenn wir es personalisieren, um es uns vertrauter zu machen, und es «das Unbewußte» nennen, beziehen wir uns doch in Wirklichkeit auf all jene Aspekte von uns und unserer Lebenserfahrung, von denen wir – aus welchen Gründen auch immer – gegenwärtig nichts wissen und die uns nur schwer zugänglich sind, auch wenn wir es noch so sehr wünschen.

Bis zu einem gewissen Punkt kann Unwissenheit eine große Gabe sein. Damit wir irgend etwas erledigen oder in unserem Leben eine Beständigkeit und Ordnung aufrechterhalten können, müssen wir in der Lage sein, unser ganzes Gewahrsein auf das Problem zu fokussieren, das sich im Vorfeld unseres Bewußtseins befindet, und alles andere im dunkeln zu lassen.

Aber dabei kommt es darauf an, eine Wahlmöglichkeit zu haben. Sonst wäre es ja so, wie wenn einem ein starker Computer zur Verfügung stände, bei dem man nur ein Programm beherrscht und keine Ahnung von den Vorzügen oder überhaupt der Existenz anderer Programme hat. Es herrscht zwar die verbreitete Meinung vor, das Unbewußte sei einem per definitionem verschlossen (so wie es mir mit der Funktionsweise eines Computers geht), aber in Wirklichkeit ist das nicht der Fall. Genaugenommen gibt es sogar einen Großteil, den man erschließen kann und zu dem wir nur deshalb keine Verbindung aufnehmen, weil wir nie gelernt haben, wie das geschieht. Und hier kommen die Vorstellungsbilder ins Spiel.

Der unbewußte Körper

Sie können sich befehlen, aufzustehen, und dann tun Sie es auch, aber normalerweise können Sie sich nicht vornehmen, Speichel zu entwickeln oder Ihr Herz schneller schlagen zu lassen oder Ihr Immunsystem zu aktivieren. Diese Funktionen sind Teil des sogenannten autonomen oder vegetativen Nervensystems und gelten gewöhnlich als willentlich nicht beeinflußbar. Das bedeutet allerdings nur, daß wir sie nicht mit Worten oder Gedanken beeinflussen können.

Mit Bildern ist das etwas ganz anderes.

Versuchen Sie sich zu befehlen: «Ich möchte Speichel produzieren.» Funktioniert das? Nun probieren Sie es mit einem Bild: Stellen Sie sich lebhaft vor, wie Sie an einem großen, saftigen Zitronenschnitz saugen, wie Sie ihn im Mund bewegen, während Sie Ihr Gesicht verziehen. Ist Ihnen noch nicht das Wasser im Mund zusammengelaufen?

Und wie ist es beim Entspannen? Wenn Sie sich selbst sagen: «Ich muß mich entspannen», bewirken Sie nur das Gegenteil bei Ihrem Herzschlag, Ihrem Stoffwechsel und Ihrem Blutdruck, während Sie die Zähne zusammenbeißen und sich zu entspannen suchen. Aber stellen Sie sich vor, Sie sitzen friedlich auf einer Wiese am Ufer eines lieblichen, klaren Flusses, laufen dann fröhlich ins Wasser und planschen ein wenig herum, bevor Sie sich in der Sonne aalen und ihre Wärme förmlich aufsaugen. Wenn Sie sich dieses Bild lebhaft vorgestellt haben, werden Sie bei ihren physiologischen Streßindikatoren wahre Wunder bewirken. Normalerweise kümmert sich das vegetative Nervensystem nicht um Vorschriften und Anordnungen, dafür um so mehr um Bilder.

Um Krankheiten zu heilen, kann man sich mit Hilfe von geistigen Bildern vom Körper darüber informieren lassen, was in ihm nicht in Ordnung ist, aber man kann auch Bilder schaffen, die die Funktionen des vegetativen Nervensystems beeinflussen. Anhand der Vorstellungsbilder von Krebspatienten konnten beispielsweise Klinikärzte vorhersagen, wie schnell Tumore wachsen und welche Prognose sie haben. Ebenso fanden Ärzte auch heraus, wenn sie ihren Patienten dabei halfen, ihre Vorstellungsbilder zu ändern, konnten diese das natürliche Potential ihres Körpers mehr oder weniger direkt zur Selbstheilung stimulieren.[3]

Nicht nur über das vegetative Nervensystem, sondern auch in unserer Körperhaltung, in der Art, wie wir gehen und stehen, drücken sich unsere unbewußten Bilder aus. Unsere Körpersprache entzieht sich deshalb so oft unserer bewußten Kontrolle, weil wir uns einfach an sie gewöhnt haben. Vielleicht haben Sie selbst schon einmal die Beobachtung gemacht, daß man daraus, wie jemand dasteht oder sich bewegt, recht genau schließen kann, welches Bild er von sich selbst hat. Verändern wir aber – wie beim vegetativen Nervensystem – unsere inneren Bilder, dann wird uns unser Körper gern folgen.

Das Unbewußte als Mülltonne

Auch Gedanken, Gefühle, Erinnerungen, psychische Energie ganz allgemein, sind oft unbewußt, nicht durch den mit Begriffen arbeitenden Verstand erfaßbar, sondern ausschließlich durch innere Bilder. Unbewußt sind einige dieser seelischen Inhalte nur deshalb, weil wir, wie Freud hervorhebt, von Kindheit an gezwungen sind, gewisse Aspekte von uns aus dem Bewußtsein zu «verdrängen» – also durch den Akt des Vergessens –, wobei wir vergessen, was wir je gewußt und daß wir es vergessen haben.

Diese Aspekte von uns sind vermutlich ganz besonders schwer zugänglich und zwar deshalb, weil wir einfach *nichts davon wissen wollen.* Freuds Technik der freien Assoziation legt es darauf an, daß der bewußte Verstand wie zufällig in dieses verdrängte Unbewußte «hineinstolpert». Doch selbst dann muß der Analytiker noch eine Menge interpretatorische Arbeit leisten, um zu verstehen, wie tief die Verdrängung reicht, und oft sträubt sich der Patient hartnäckig, diese Deutungen zu akzeptieren. Die Bildarbeit als Instrument der Selbsthilfe hingegen ist nicht in erster Linie auf das verdrängte Unbewußte fokussiert, und dennoch kann sie uns zuweilen bislang abgewehrte Kenntnisse zugänglich machen, vorausgesetzt, wir sind dazu bereit.

Das universale Unbewußte

Über das verdrängte Unbewußte hinaus können wir mit Hilfe geistiger Bilder auch zu unermeßlichen unbewußten Potentialen Verbindung aufnehmen, von denen wir vielleicht nie auch nur etwas geahnt haben. Zum besseren Verständnis dieses Aspekts bieten sich C. G. Jungs Theorien an. Für Jung stellt das Unbewußte ein unerschlossenes Reservoir von Bedeutungen dar, die sowohl bis in die Urgeschichte der menschlichen Spezies zurückreichen und somit allen Menschen, unabhängig von ihren persönlichen Erlebnissen, gemeinsam sind, als auch auf unsere künftige Entwicklung verweisen.

Jung meinte, es gäbe außer unserem persönlichen Unbewußten auch noch ein transpersonales «kollektives Unbewußtes». Zu seinen Inhalten, den sogenannten Archetypen, gehören auch uralte Symbole wie Mutter, Tod, Wiedergeburt, Held, Macht, Gott, Teufel, Persona, Schatten, der innere Mann und die innere Frau, das Selbst – Symbole, die in Träumen vorkommen können, die sich aber auch in Mythen und Märchen von Kulturen wiederfinden, mit denen wir vielleicht nie in Berührung gekommen sind, doch deren Denkweise wir auf natürliche Weise teilen. Durch dieses eher universale Unbewußte können wir intuitiv mit einer spirituellen Dimension in Einklang kommen, aus der wir erfahren, «woher wir kommen und wohin wir gehen».

Ganz allgemein war Jung der Ansicht, uns allen sei meist nicht bewußt, daß wir über die Gabe verfügen, intuitiv über das begrenzte rationale Verständnis unseres persönlichen Selbst hinaus einen Bereich eines mehr universalen Wissens erreichen zu können. Und er berichtete in diesem Zusammenhang von Menschen, die Träume oder Bilder hatten, welche ihnen Kenntnis von Ereignissen vermittelten, von denen sie mit ihrem normalen, begrenzten Verstand nichts gewußt haben konnten. In einigen Fällen handelte es sich um zukünftige Ereignisse (wie bei jenem kleinen Mädchen, deren Zeichnungen ihren Tod vorherzusagen schienen), bei anderen spielten außersinnliche Wahrnehmung und Einstimmung in die Gefühle und Gedanken anderer, weit entfernt lebender Menschen eine Rolle.

Es ist, als könnten wir mit Vorstellungsbildern ein Fenster in eine Dimension öffnen, die sich weder um zeitliche (Vergangenheit, Gegenwart und Zukunft), noch um räumliche Grenzen kümmert, als könnten wir damit direkt an Geschehnisse anknüpfen, die nicht Teil unserer eigenen Geschichte sind oder sich sogar noch nicht einmal ereignet haben. Und es sind die kleinen Kinder, für die es – wie wir sehen werden – diese Grenzen noch nicht gibt, und die dadurch sehr viel leichter mit dieser Dimension in Verbindung treten können.

Bei der Bildarbeit haben Menschen oft mit Vorstellungen zu tun, die nicht nur für sie von Bedeutung sind, sondern sich auch auf die Gefühle oder Gedanken anderer Menschen beziehen oder etwas entsprechen, was sie in der realen Welt bislang noch nicht erlebt haben. Alice, die in einer Gruppe Bildarbeit erlernte, sah ein Gänseblümchen vor sich, und plötzlich tauchte links daneben eine Sonnenblume auf. Wie sich herausstellte, war Jane, die links von ihr saß, gerade dabeigewesen, sich eine Sonnenblume vorzustellen. Diese Gabe, Bilder von anderen Menschen aufzunehmen, kommt tatsächlich so häufig vor, daß ich ähnliche Beispiele in jeder Gruppe erlebt habe, mit der ich arbeitete.

Carol, die ebenfalls Bildarbeit lernte, hatte das Bild eines Totempfahls. Als sie ein paar Tage später in ein Museum ging, in dem sie noch nie gewesen war, erblickte sie diesen Totempfahl. Ähnlich erging es Keith: Er dachte an das Bild eines Schwans, einige Zeit später kam er auf einer Reise durch Frankreich in einen Ort, dessen Wahrzeichen dieser Schwan war.

Zwei weitere Beispiele: Ellen suchte mich auf, weil sie sich nicht entscheiden konnte, ob sie zu einem homöopathischen Arzt oder zu einem Schulmediziner gehen sollte, und während ihrer Exploration kam ihr das Bild eines Pfaus. Als sie den Homöopathen aufsuchte, stand auf dessen Schreibtisch ein kleiner goldener Pfau, und damit war ihr klar, daß sie bei ihm gut aufgehoben sein würde

– was sich später als richtige Entscheidung für sie herausstellen sollte. Tony, der sich Gedanken um seine Zukunft machte, stellte sich vor, wie er auf einer Autobahn in einem hochtourigen Wagen dahinraste. Ein paar Monate später rief er mich an. «Erinnerst du dich noch an diese Straße? Ich bin tatsächlich auf ihr gefahren – und genau mit diesem Auto.» Ja, Tony war nicht nur buchstäblich auf dieser Straße gefahren, sondern auch sein Leben kam – metaphorisch – zu diesem Zeitpunkt rasant in Schwung.

Viele Menschen glauben nicht daran, über unsere Alltagserfahrung auf diese Weise hinausgelangen zu können. Bei mir ist das was anderes, da ich selbst es bei mir wie bei anderen erlebt habe. Wie auch immer, wenn wir zu unseren unermeßlichen, unerschlossenen persönlichen Ressourcen Verbindung aufnehmen und sie nutzen wollen, müssen wir einen so weiten Weg gehen, daß wir unser Verständnis vollkommen umkrempeln können, ohne jemals mitbekommen zu müssen, daß wir über unser persönliches Selbst hinausgelangt sind.

Das alltägliche Unbewußte

Abgesehen vom brodelnden Kessel der verdrängten Instinkte und von dem großen Reservoir universaler Weisheit und Intuition gibt es einen viel schlichteren, aber nicht minder tiefgründigen Aspekt des Unbewußten, den ich gern das «alltägliche Unbewußte» nenne. Das ist der ganze Bereich der Gedanken, Annahmen und Intuitionen, den wir *fast* kennen, aber nicht richtig benennen und anwenden können – er liegt uns sozusagen geistig auf der Zunge. Unsere Arbeit mit Bildern kann uns zwar mit allen Aspekten des Unbewußten in Verbindung bringen, aber das alltägliche Unbewußte ist die eigentliche Domäne der Bildarbeit und der Aspekt, zu dem wir am leichtesten Kontakt aufnehmen können.

Eine Möglichkeit, die Bedeutung von Bildern in dieser Hinsicht zu erfassen, ergibt sich daraus, daß ein Bild im allgemeinen nicht die Fassade eines Erlebnisses, sondern seinen Hintergrund repräsentiert, daß es die Annahmen oder die geistige Haltung ins Blickfeld rückt, die hinter dem Ereignis liegen, mit dem sich unser bewußter Verstand herumschlägt. Ich telefoniere zum Beispiel mit einer Freundin, doch sie hat an diesem Abend keine Zeit für mich, und darüber bin ich nicht nur enttäuscht, sondern sehr verärgert. Warum? Ich komme nicht dahinter. Also versuche ich es mit einem Bild herauszufinden. Mir kommt ein Bild, bei dem ich ein junger Vogel bin und mich sehr nach Gesellschaft sehne, da alle anderen kleinen Vögel nichts von mir wissen wollen. Ich merke, daß ich erneut eine Verletzung erfahre, das sehr alte Gefühl, nicht beachtet zu werden. Meine vielbeschäftigte Freundin gehörte also auch zu den Leuten, die nichts mit mir zu tun haben wollten. Dann fällt mir ein, wie ausgeschlossen ich mir letzte Nacht bei dieser Party vorkam, und ich verstehe, daß dadurch die alten Wunden wieder aufbrachen und daß das heutige Telefongespräch sie nur noch vertieft hat. Mein Ärger über meine Freundin war eine Reaktion auf diese Verletzung. Indem ich meinen Ärger vor diesem Hintergrund verstehe, kann ich darüber nachdenken und erkenne nun, daß meine Freundin vermutlich wirklich einfach zu beschäftigt war. Ich rufe eine andere Freundin an, die mich einlädt, einfach bei ihr vorbeizuschauen.

Es gibt noch eine andere Möglichkeit, diesen Aspekt des Unbewußten zu betrachten: Indem wir uns darunter eine unübersehbare Fülle von Dateien vorstellen, wobei wir allerdings nicht gelernt haben, wie wir aus ihnen alle Informationen herausholen sollen – als ob wir nur darin unterwiesen worden seien, sie nach Autoren zu sichten, aber keine Ahnung haben, daß man sie auch nach Themen, Epochen und Stilrichtungen sortieren kann.

Einige unserer inneren Dateien, etwa die aus unserer frühen Kindheit, sind schwer zugänglich, da sie weniger in Worten, als in Bildern oder in körperlichen Empfindungen gespeichert sind. Andere Dateien liegen außerhalb unserer Reichweite, weil sie nicht zu unserem derzeitigen Selbstverständnis oder zu unserer augenblicklichen Denkweise passen. Die Bilder, die wir schaffen, können somit als Schlüssel zu bislang unzugänglichen Informationen und Ideen angesehen werden, wobei jedes Bild den Zugang zu einer anderen Datei oder einer Gruppe von Dateien öffnet. Dabei unterlagen diese Dateien nicht einmal höchster Geheimhaltung – wir wußten einfach nicht genügend Bescheid über das Dateiensystem.

Dateien öffnen

Fritz Perls, der Begründer der sogenannten Gestalttherapie, einer Methode zur Selbstexploration, bediente sich genau in diesem Sinne der Vorstellungsbilder, um Dateien zu öffnen, die uns mit unserer normalen Lebensweise verschlossen bleiben. Bei der Gestalttherapie kann man zum Beispiel ein Gespräch zwischen seiner rechten und seiner linken Hand führen, oder in einem Traum zwischen Eisenbahnzug und Eisenbahngleisen, oder mit seiner schon lange verstorbenen Mutter. Oder man kann ein Bild auf dem gegenüber stehenden Stuhl oder Kissen entstehen lassen, zu ihm sprechen, oder auf demselben Stuhl sitzen und «das Bild sein» und antworten. Auch wenn ich es noch so oft erlebt und beobachtet habe, wundere ich mich noch immer darüber, wie man durch einen Platzwechsel nicht nur eine ganz neue Perspektive gewinnt, sondern auch Zugang zu konkreten Informationen bekommt, von denen man doch eigentlich glaubte, nichts gewußt zu haben.

Da war zum Beispiel Jane, die sich darüber beklagte, daß sie immer wieder ihre Verabredungen vergaß, worüber sich ihr Freund maßlos ärgerte, da er selbst sie immer einhielt. Als sie bei mir war, war ihr beispielsweise völlig entfallen, wann sie sich mit ihm am nächsten Tag treffen wollte. «Frag ihn doch einfach», schlug ich vor. Also stellte sie sich ihn auf einem Stuhl gegenüber vor, stellte ihm die Frage und nahm dann «seinen» Platz ein, um er zu sein. «Vier Uhr», sagte sie prompt in dem Moment, als sie auf dem Stuhl saß.

Wem es schwerfällt, diese Vorstellung nachzuvollziehen, der sollte einmal darüber nachdenken, wie wir in verschiedenen Rollen in unserem täglichen Leben agieren. Ein Freund stellt Ihnen eine Frage, und Sie beantworten sie ausführlich und äußerst sachkundig und engagiert. Dann nehmen Sie an einer Prüfung teil und lesen genau die gleiche Frage – aber diesmal ist es, als hätten Sie ein Brett vor dem Kopf, und Sie kommen sich dumm und fehl am Platze vor. Oder: Alle Ihre Bekannten bestätigen, wie geduldig Sie sind, wenn jemand Fehler macht, aber wenn so etwas Ihrem Mann passiert, gehen Sie sofort in die Luft. Oder: Sie verstehen es bestens, anderen Leuten zu helfen, ihre Probleme zu lösen, aber Ihre eigenen sind Ihnen wie ein Buch mit sieben Siegeln. Mein Fahrlehrer zum Beispiel konnte es nie verstehen, warum ich mehrmals durch die Fahrprüfung fiel, da ich doch sonst so gut fuhr.

Die verschiedenen Rollen dienen somit als Kanäle für unterschiedliche Einstellungen, Kenntnisse, Gefühle und Handlungen. Wenn wir uns auf eine bestimmte Rolle beschränken, so beschränken wir uns damit auch auf eine begrenzte Reihe von Möglichkeiten. Wechseln Sie die Rolle – in Wirklichkeit oder in Ihrer Phantasie –, und schon erweitern Sie Ihre Möglichkeiten. Probieren Sie einmal selbst die Technik des leeren Stuhls. Sie verstehen zum Beispiel nicht, warum Ihre Mutter Sie nicht beachtet: Fragen Sie sie, wenn «sie» Ihnen gegenübersitzt, nehmen Sie dann ihren Platz ein und finden Sie die Antwort. Sie möchten wissen, was der Prüfer wirklich will: Vertauschen Sie die Rollen, seien Sie der Prüfer, und finden Sie es heraus.

Ganz allgemein repräsentieren bestimmte begrenzte Kanäle nicht nur bestimmte Rollen, sondern auch unsere eingefahrenen Denkweisen, unsere Sprache und unser Selbstverständnis. Wir sind buchstäblich nicht in der Lage, an etwas zu denken, das nicht in unser normales Bild von uns selbst und der Welt paßt. Doch je mehr Perspektiven wir uns vorstellen können, desto mehr Kanäle tun sich uns auf.

Seien Sie weise: Bitten Sie die weise alte Person in Ihnen um seine oder ihre Ansicht. Seien Sie ein großer Menschenkenner: Finden Sie heraus, was Hercule Poirot, Miss Marple oder Kommissar Maigret entdeckt haben. Seien Sie ein talentierter Liebhaber. Bitten Sie Aphrodite um Hilfe. Finden Sie heraus, wie Sie am besten einschlafen können: Gehen Sie zum Haus des Schlafs und konsultieren Sie die Experten dort. Denken Sie voraus, bevor Sie eine Dummheit begehen: Versetzen Sie sich in die Zukunft und schauen Sie zurück. Bekommen Sie heraus, was andere über Sie denken: Wechseln Sie die Perspektive und schauen Sie sich von oben, dann von rechts und von links an – wie sehen Sie aus? Wenn Sie schließlich all diese Perspektiven ausprobiert haben, können Sie zu Ihrem eigenen Standpunkt zurückkehren und entscheiden, was zu tun ist.

Dateien der Kindheit

Zu einem Bereich unseres Unbewußten und unserer Körperlichkeit finden wir mit unseren normalen sprachlichen Mitteln nur sehr mühsam Zugang: zu unserer frühen Kindheit. Die meisten von uns haben doch längst so gut wie alles vergessen, was wir in dieser Phase erlebt haben, bevor wir sprechen konnten.

Bezeichnenderweise führt Freud diese sogenannte «infantile Amnesie» auf die Verdrängung der unannehmbaren Erinnerung zurück, ein instinktiv freies Kind zu sein. Der Psychologe Ernst

Schachtel[4] dagegen meint, daß es sich dabei um jenes «Dateienproblem» handeln könnte. Unsere kindliche Denkweise unterschied sich so sehr von unserer jetzigen, daß wir dazu einfach keinen Zugang finden können.

Als wir sprechen lernten, haben wir gleichsam ein neues Dateiensystem angelegt und das alte vergessen, das aus Bildern und körperlichen Empfindungen bestand. Dabei haben wir nicht gemerkt, wieviel lebendiges Verstehen und Wissen in dem alten Dateiensystem erfaßt und nun nicht mehr erreichbar ist. Worte sind wunderbar, wenn es darum geht, eine abstrakte, systematische, logische Welt mit gesellschaftlich festgelegten, allgemeinen Bedeutungen zu beschreiben. Aber als Säuglinge und Kleinkinder lebten wir in einer ganz anderen Welt, und die Bilder, nicht die Worte, waren unsere erste Sprache. Die Sprache der Bilder mit ihren konkreten, ganzheitlichen, persönlichen und zeitlosen Eigenschaften ist ideal dafür geeignet, die Wirklichkeit des kleinen Kindes zu spiegeln.

Die Welt der Kindheit ist wie die Welt der Bilder konkret und greifbar: Wir haben nicht etwas über die Welt erfahren, sondern sie gelebt und unmittelbar sinnlich wahrgenommen. Wir haben unsere fünf Körpersinne gebraucht und die Welt ertastet, gehört, gesehen, gerochen und geschmeckt, aber wir haben auch mit unserem sechsten Sinn, der Intuition, die Gefühlsströme um uns herum aufgenommen.

Uns fehlte jeder Zeitbegriff, alles geschah jetzt und in aller Ewigkeit – bis das nächste Ereignis passierte. Da wir außerstande waren, zurückzutreten, zu beobachten und zu abstrahieren, gingen wir völlig in einem Meer des Erlebens auf, in dem alle Dinge miteinander verbunden und alles möglich war. Die Grenzen zwischen innen und außen, Geist und Körper, dem Selbst und den anderen, zwischen Vergangenem, Gegenwärtigem und Zukünftigem waren noch nicht gezogen. Alles war ein einziges Erleben.

Unsere Welt war ganz subjektiv. Wir nahmen es als selbstverständlich hin, daß die Dinge so waren, wie wir sie sahen; für uns gab es keine «objektive» Welt, keine «objektiven Perspektiven». Wenn wir in den ersten sechs Monaten ein Ding aus den Augen verloren, suchten wir nicht danach, weil es aufgehört hatte zu existieren, sobald wir es nicht mehr sahen. (Genauso haben wir geglaubt, daß niemand uns sehen könnte, wenn wir uns die Augen zuhielten.)

Eigentlich war die Welt überhaupt nicht «da draußen», sondern wurde ausschließlich in Beziehung zu uns erlebt. Unsere Rassel war nicht irgendein Objekt – wir kannten nur den Akt des Rasselns, in dem wir, Rasseln und Rassel eins waren. Auch Mutter war nicht da draußen, denn für uns existierte sie nur im Kontakt zu uns.

Damals war unser Leben in jedem Augenblick aktiv, engagiert und komplex. Wir machten keinen Unterschied zwischen uns und anderen – wir waren die Welt, und die Welt war wir. Das Spiel war unsere Tätigkeit; wir leisteten nichts, sondern waren einfach jetzt dabei, zu leben und Sinn zu schaffen. Und unsere ersten Produkte waren Bilder, aktive Bilder von Beziehungen statt von Objekten, vom Rasseln statt von einer Rassel, vom Bemuttertwerden statt von einer Mutter. Dann lernten wir sprechen, und damit bekamen wir Zugang zu einer ganz neuen Weltsicht. Unsere ersten Worte ähnelten noch Bildern: persönliche Laute mit eigenen, aktiven Bedeutungen, die vielleicht nur von unseren Eltern verstanden wurden. Langsam, aber sicher wurde unsere individuelle Sprache von der Sprache unseres Kulturkreises überlappt. Auf einmal eröffnete sich uns wie durch Aladins Wunderlampe eine ganze Reihe neuer Möglichkeiten.

Jetzt waren wir plötzlich in der Lage, die Welt aus dem Abstand zu erfahren. Wir konnten über die Tasse sprechen, auch wenn sie nicht auf dem Tisch stand. Wir begannen zu begreifen, daß es eine Welt außerhalb unserer unmittelbaren Erfahrung gab und daß sie bestimmte objektive Eigenschaften besaß, die ganz anders waren, als sie uns zu sein schienen. Wir nahmen die Zeit wahr und schließlich auch Abstraktionen und Systeme. Nun konnten wir uns auch auf eine komplizierte Weise mit anderen mündlich und schriftlich verständigen, nicht nur mit den Eltern, sondern auch mit anderen Personen, anwesend oder nicht. Wir lernten unsere Sprache, unsere Gedanken und unsere Handlungen zu beherrschen. Kurz, wir wurden geistig und sozial gedrillte Mitglieder der Gesellschaft.

Das zweischneidige Schwert

Aber jeder Fortschritt ist ein zweischneidiges Schwert. Objektivität führte auch zur Entfremdung in einer Welt, die sich uns gegenüber indifferent verhielt. Zugang zu Vergangenheit und Zukunft bedeutete für uns auch, viel Zeit zu verbringen, in der wir von der lebendigen Gegenwart ausgeschlossen waren. Abstraktion führte dazu, daß wir uns unwirklich fühlten, und von der Gesellschaft begründete Kategoriensysteme zwangen unser Denken, sich auf gesellschaftlich akzeptierten Gleisen zu bewegen. Indem wir Erfahrung im Umgang mit anderen bekamen, lernten wir, sie zu belügen. Als wir in Worten zu denken begannen, konnten wir uns auch selbst belügen. Mit anderen Worten: Wir liefen Gefahr, die Unschuld zu verlieren, aus dem Paradies vertrieben zu werden. Wenn Sie jemals auf einem öffentlichen Platz gesessen und Mimik und Körpersprache von Kindern und Erwachsenen miteinander verglichen haben, wissen Sie, was ich meine.

Hier wird es lebenswichtig, eine Wahl zu treffen. Könnten wir ständig zwischen diesen beiden Seinsweisen wählen oder sie integrieren und daraus eine völlig neue Lebensform schaffen, wäre alles gut. Dann könnten wir als Erwachsene weiter mit unseren Freunden, mit der ganzen Unschuld des Kindes auf der Wiese spielen und unsere Buchhaltung mit dem Wissen des Erwachsenen betreiben. Wir könnten uns um unsere Beziehungen mit der spontanen, direkten und unbedingten Liebe und Zuneigung des Kindes wie mit dem Geschick und der Urteilsfähigkeit des Erwachsenen kümmern. Und genauso könnten wir an unser neues geschäftliches Vorhaben gleichermaßen mit der Intuition, dem Engagement und Wagemut herangehen, die wir als Kinder hatten, und mit der langjährigen Erfahrung, die wir seither gewonnen haben. Dann würden wir wahrhaft zu einem reifen Selbst- und Weltverständnis gelangen.

Doch leider hat schon ganz früh in unserer Kindheit die Kultur in Gestalt von Eltern und Lehrern Einfluß genommen und einer Denk- und Seinsweise vor der anderen den Vorzug gegeben. Stillschweigend haben wir gelernt, daß das Erwachsenwerden wie das Besteigen einer Leiter ist, wobei die konkrete individuelle und aktive Welt des Kindes das Unten und die abstrakte, systematische, soziale Welt des Erwachsenen das Oben bildet. Je schneller wir kletterten, desto mehr Intelligenz und Reife wurde uns zugesprochen. Jean Piaget, dessen Theorien über die kognitive Entwicklung die Bibel der modernen Pädagogen darstellen, hat diese Leiter glänzend beschrieben, wobei er den Standpunkt vertritt, daß sie absolut und universal sei. Tatsächlich aber kann man diese besondere Leiter, die vor allem dank eines geschickten Umgangs mit Worten und Zahlen bestiegen wird, allenfalls als einen Zweig am Baum der Entwicklung ansehen. Wir haben uns nur deshalb für sie entschieden und sie zur Grundlage psychologischer Eignungstests und anderer Beurteilungsverfahren gemacht, weil sie zufällig die Leiter zur Initiation in unsere besondere Kultur ist. Andere Zweige sind Klang/Musik/Rhythmus, Bewegung/Tanz und psychologische Intuition und – Vorstellungsbilder. Dies alles sind eigenständige Denk- und Seinsweisen, und jede leistet ihren besonderen Beitrag, doch sie alle werden in unserem Erziehungssystem unterbewertet. Ganz besonders sind die Vorstellungsbilder, vielleicht das vielseitigste dieser symbolischen Systeme, vernachlässigt worden.

An einem bestimmten Punkt ihrer Kindheit merkten nämlich die meisten von uns, daß der geschickte Umgang mit Worten und Zahlen der beste Weg war, geschätzt zu werden, angesehen zu sein und Beifall zu bekommen. Und so gerieten neben anderen nonverbalen Fähigkeiten auch die Vorstellungsbilder ins Hintertreffen.

Unser verbales Selbst

Für uns Erwachsene ist die verbale Sprache das wichtigste Instrument, um die Welt und uns selbst zu verstehen und um das Gefühl zu haben, daß wir vernünftige, zielbewußte Wesen sind. Im Grunde haben wir ein verbales Selbst entwickelt.

Wie wir gesehen haben, kann dieses verbale Selbst nicht für alles stehen, was uns ausmacht. Die abstrahierende, systematisierende Logik der Begriffe ist viel besser dazu geeignet, den Erwachsenen in uns zum Ausdruck zu bringen, denn das Kind, den Logiker, denn den Dichter, das Bewußtsein, denn das Unbewußte.

Die spezifische Sprache unseres Denkens führt uns auch zu jener besonderen Art von Rationalität, die für unseren Kulturkreis verständlich und akzeptabel ist. Der grammatikalische Aufbau und die Wortbedeutungen jeder Sprache enthalten die Annahmen über die Wirklichkeit, die in der jeweiligen Gesellschaft vorherrschen.[5] Eine Sprache, die uns beispielsweise gestattet, Zeit zu «sparen», zu «vergeuden» oder zu «verlieren», die «zehn Minuten» grammatikalisch genauso darstellt wie «zehn Bücher», wird uns den Eindruck vermitteln, daß Zeit aus einer Reihe von quantifizierbaren Objekten besteht. Wie wir in Kapitel 15 (über den Zusammenhang von Zeit und Geld) sehen werden, kann diese merkwürdige Auffassung von Zeit die Ursache für viele unserer Schwierigkeiten sein.

Somit bildet die verbale Sprache eine Art Gleis für unser Denken und lenkt uns sanft in bestimmte Richtungen, indem einige Arten von Gedanken leichter zu denken und auszusprechen sind als andere. Zwar gibt es auch noch andere Gefühle, Ansichten und Bedürfnisse, aber da diese Dateien nicht durch Worte geöffnet werden, entziehen sie sich unserem Verstand. Ja, wir wissen nicht einmal, daß wir über sie nicht weiter nachdenken: Unser verbales Selbst hat absolut keine Ahnung, daß es Wissens- und Informationslücken hat. Und es kommt noch schlimmer: Da das verbale Selbst die Aufgabe hat, uns über uns selbst Auskunft zu geben, auch wenn es unsere wahren Motive nicht kennt, «erfindet» es gewissermaßen eine Geschichte, die wir natürlich glauben.

Hypnotiseure wissen über diesen Trick des verbalen Selbsts sehr gut Bescheid. Stellen Sie sich einmal diese bekannte Szene vor: Ein Hypnotiseur versetzt seine Versuchsperson in Trance und sagt ihr, wenn sie daraus wieder erwache, werde sie nicht mehr wissen, was man ihr gesagt habe, aber wenn sich der Hypnotiseur an die Nase faßt, wird sie aufstehen und das Fenster öffnen. Die Versuchsperson wird wieder aus der Trance zurückgeholt, und nach ein paar Augenblicken faßt sich der Hypnotiseur an die Nase, und die Versuchsperson steht auf und öffnet das Fenster. «Warum haben Sie das getan?» fragt der Hypnotiseur. «Weil es plötzlich kalt war», erwidert die Versuchsperson voller Überzeugung. Das Publikum brüllt vor Lachen, während die Versuchsperson nur noch verwirrt dreinschaut. Ein hervorragend dokumentiertes reales Beispiel für diesen Vorgang ist der Fall eines Mannes, den wir hier P. S. nennen wollen. Er hatte ein «gespaltenes Gehirn», das heißt, es gab keine (Schalt-)Verbindung zwischen seinen beiden Hirnhemisphären. Seine linke (verbale) Hemisphäre wußte buchstäblich nicht, was die rechte (nonverbale) tat. Für P. S. oder zumindest für sein verbales Selbst schien das kein Problem zu sein. Was das verbale Selbst nicht wußte, erfand es eben einfach.

Bei einem Experiment wurde kurzzeitig das Bild einer Hühnerkralle in das Gesichtsfeld seiner linken Hemisphäre sowie eine Szene im Schnee in das seiner rechten Hemisphäre gerückt. Dann wurde P. S. aufgefordert, auf ein Bild zu deuten, das sich auf das bezog, was er gesehen hatte. Ganz korrekt deutete er mit seiner rechten Hand (die mit der linken Hemisphäre verbunden ist) auf das Bild eines Huhns und mit der linken Hand (die mit der rechten Hemisphäre verbunden ist) auf das Bild einer Schaufel. Dann wurde er gefragt: «Was haben Sie gesehen?» Da seine Antwort verbal war und sich darum nur auf das beziehen konnte, was die linke Hemisphäre wußte, fiel sie höchst verblüffend aus: «Ich sah eine Kralle und entschied mich für das Huhn, und einen Hühnerstall muß man mit einer Schaufel saubermachen.» Das war keine Mutmaßung, sondern die Feststellung einer Tatsache, an der er nicht im geringsten zweifelte.[6]

Je mehr wir uns darauf beschränken, nur mit Hilfe der verbalen Sprache uns über uns selbst klarzuwerden und unsere Handlungen zu steuern, desto wahrscheinlicher werden wir uns ein irreführendes Bild über uns und all das machen, was wir fühlen, glauben und wünschen. Dieses Selbstverständnis wird verzerrt ausgerichtet sein an unserer bewußten, rationalen, technisch-naturwissenschaftlich orientierten und sozial gedrillten erwachsenen Seite, mit der wir uns – ermutigt durch unsere Kultur – identifizieren; aber wir werden nicht wissen, daß das bei weitem nicht alles ist. Unsere Gedanken und unser Leben werden wahrscheinlich weiterhin aus der Konfektionsware auswählen, die uns die Gesellschaft anbietet.

Sie haben die Wahl

Aber im Unterschied zu P. S. haben wir wirklich eine Wahl. Wenn wir lernen, uns der Sprache der Bilder zu bedienen, um unser Erleben auch symbolisch auszudrücken, und dieses Wissen mit unseren verbalen Denkprozessen verbinden, dann können wir allmählich zu einem Selbstverständnis gelangen, das die ganze Person umfaßt.

Menschen, die kreativ denken und handeln, bedienen sich stets mehrerer Methoden. Einstein beispielsweise dachte immer erst in Bildern und «übersetzte» dann die damit gewonnenen Einsichten in Formeln. Immer wieder ist von Traumbildern berichtet worden, die zu wichtigen Entdeckungen geführt haben, wobei ein gewaltiges Potential von eher konventionellem Wissen und Erfahrungen erst die Fähigkeit begründete, diesen entscheidenden Traum zu haben und zu deuten. Effizient arbeitende Manager eignen sich zunächst das notwendige Hintergrundwissen und die entsprechenden Zahlen an, bevor sie mit Hilfe ihrer Intuition Entscheidungen treffen und diese dann in Begriffe und Zahlen umsetzen. In gleicher Weise verstehen es physisch und geistig gesunde Menschen, ihre kindliche aktive Einbildungskraft, Unschuld und Verspieltheit mit erwachsenem Einfühlungs- und

Urteilsvermögen und Geschick zu verbinden. Anders gesagt: Worte und Logik sind ausgezeichnete technische Instrumente, aber wir brauchen die Bilder, um jene Vision zu schaffen, der diese Technik dient.

Die meisten kreativen Menschen glauben, daß sie nicht wegen, sondern trotz ihrer Erziehung das geworden sind, was sie sind. Nur wenige von uns haben ein vielfältiges Erziehungssystem genossen, das jedem behilflich sein könnte, jenes Potential für eine großartige Vision zu entwickeln, das in uns allen vorhanden ist. Aber wenn uns schon nicht die Schule die Gelegenheit dazu geboten hat, ist es noch lange nicht zu spät, sie uns selbst zu bieten.

Was lernen wir daraus? Was Sie nicht wissen, *kann* Ihnen schaden. Sie können sich unmöglich selbst verstehen und Ihr Leben erfolgreich führen, wenn Sie so wenig über Ihre wahren Bedürfnisse und Ziele wissen und nur zu einem so kleinen Teil Ihres Potentials Zugang haben, um sie zu erreichen. Indem Sie die Sprache der Bilder lernen, holen Sie wirklich ganz einfach Ihr Erstgeburtsrecht wieder zurück – jene ursprüngliche Sprache, die Sie vor so langer Zeit so gut beherrscht haben – und setzen es mit Ihren erwachsenen Fähigkeiten für Ihre Lebenszwecke ein.

Das bedeutet freilich nicht, daß wir auf Worte verzichten sollen, denn auch Worte haben ihre besondere Kraft, und genauso wie ein Bild tausend Worte wert ist, so ist auch ein Wort tausend Bilder wert. Schließlich können wir ja hier auch nur mit Worten darstellen, was die Vorstellungsbilder eigentlich sind und vermögen. Greifen Sie also sowohl auf die Bilder wie auf die Worte zurück und entwickeln Sie ein erwachsenes Verständnis für ein Selbst, das wirklich weise, kreativ, effizient, verspielt ist – ganz und gar Sie selbst.

2. *Entscheidungen, Veränderungen, Herausforderungen: Wie wir die Bilder auswählen, durch die wir leben*

Während einer der schmerzlichsten und schwierigsten Phasen in meinem Leben saß ich an einem verregneten Nachmittag in einem Café und fragte mich, wie ich in diesen Schlamassel geraten war. Warum passierten so viele schreckliche Dinge und Fehler ausgerechnet mir? Plötzlich sah ich in schockartiger Selbsterkenntnis, daß ich selbst, oder zumindest mein zutiefst unbewußtes Ich, dieses Leben gewählt haben mußte. Ich war entsetzt. Wie konnte das sein? In diesem Augenblick verstand ich, was es hieß, die Verantwortung für sein eigenes Leben zu übernehmen. Außerdem stellte ich fest, daß mein Unbewußtes mich alles andere als zuverlässig leitete, und ich beschloß, mein Lebensboot nicht mehr irgendeiner Automatik zu überlassen, sondern das Steuer selbst in die Hand zu nehmen.

Das Unbewußte hat viele Gesichter: Es ist Mülltonne und Reservoir, kindliche Phantasie und weise Vision, Feigling und Held, Zerstörer und Schöpfer. Im Kapitel vorher haben wir gesehen, wie wichtig es für unser bewußtes Selbst ist, ins Unbewußte einzutauchen, um von seinen Ressourcen zu profitieren und seine Absichten zu verstehen. Doch genauso gilt, daß das Unbewußte das helle Licht des Bewußtseins nötig hat, von den Herausforderungen des Lebens beeinflußt werden muß.

Damit wir in unserem Leben bewußt und effizient wählen können, müssen wir lernen, Bilder als Brücke zu nutzen zwischen unserem bewußten und unserem unbewußten Selbst ebenso wie zwischen unseren inneren Absichten und unseren äußeren Handlungen. Anders gesagt: Wir müssen die Bilder und Programme, von denen wir jetzt leben, erschließen und verstehen und neue Bilder schaffen, die uns in die Zukunft führen werden.

Unsere Lebensprogramme

Im Laufe der Jahre haben wir uns tief verankerte Programme, Muster oder Modelle geschaffen, die uns sagen, wie die Welt ist und wie wir selbst sind und wie wir eine Beziehung zur Welt finden und in ihr handeln sollen. Inzwischen haben wir uns normalerweise an diese Programme gewöhnt, oder sie sind uns nicht mehr bewußt, selbst wenn wir sie einst bewußt gewählt haben. Diese Lebensprogramme reichen vom Erhabenen bis zum Lächerlichen, von der tiefempfundenen Inspiration unseres Organismus bis zu den kindischen Entscheidungen, die wir zu voreilig getroffen haben. Von diesen inneren Programmen werden unsere aktuellen Entscheidungen gesteuert, die gewissermaßen unsere derzeitige Stellung in der Welt bestimmen. Bevor wir also irgendwelche Veränderungen in unserem Leben herbeiführen, müssen wir unser gegenwärtiges Selbst verstehen und achten lernen. Und das bedeutet, daß wir all die Programme herausbekommen müssen, die uns jetzt nicht bewußt sind.

In Bildern können sich diese Programme symbolisch ausdrükken – ja, einige Theoretiker glauben sogar, daß unsere Programme buchstäblich Bilder sind.[1] Denken Sie einmal darüber nach, wie unterschiedlich Ihre Lebenserfahrung und Ihre Entscheidungen, wie Sie damit umgehen sollen, sein würden, wenn sie davon abhingen, mit welchem umfassenden, tiefen Bild sich Ihnen das Universum darstellt: als enttäuschende Mutter, als leistungsfähige Maschine oder als verspielter Dämon. Sigmund Freud ging sogar so weit zu sagen, daß unser ganzes Verhalten vom Unbewußten determiniert sei.

Mit anderen Worten: Allen unseren Wahlentscheidungen liegen, zumindest teilweise, unbewußte Bilder zugrunde, die aus der Vergangenheit stammen und unsere Gegenwart und Zukunft steuern. Da Freud das Unbewußte in hohem Maße als Behältnis für unsere unerwünschten und unannehmbaren Erinnerungen, Bilder und Instinkte ansah, scheint das, was wir für einen Mülleimer hielten, in Wirklichkeit eher der Eingangskorb unseres inneren Chefs zu sein. Fast noch stärker als Freud war C. G. Jung davon überzeugt, daß unser Leben von unserem Unbewußten beherrscht wird – sowohl vom persönlichen wie vom universalen kollektiven Unbewußten. Seiner Ansicht nach sind nicht nur unsere Handlungen, sondern sogar unser Lebensgeschick Produkt des Unbewußten, denn vieles, was uns als Schicksal begegnet, ist in irgendeiner Weise Ausdruck jener Aspekte des Unbewußten, die wir noch nicht erforscht und in unser bewußtes Selbst einbezogen haben. Wenn dem so ist, dann kann alles, was uns widerfährt – mag es auch noch so sehr als reiner Zufall erscheinen –, als Aufforderung an unser bewußtes Selbst verstanden werden, ins Unbewußte einzutauchen und eine neue Lektion zu lernen oder ein neues Lebensprogramm zu formulieren.

Wo bewahren wir diese Programme auf? Darüber gibt es unterschiedliche Auffassungen: Die eine besagt, sie wären in unserem Körper gespeichert, ähnlich, wie wir imstande sind, zu gehen und zu stehen und uns mit der Welt in Verbindung zu setzen. Einer anderen Theorie zufolge befinden sie sich in unserem Gehirn: in der rechten Hemisphäre, im Neokortex, im limbischen System oder in allen Hirnfunktionen zusammengenommen, die wie ein «Hologramm» wirken, wobei jeder Teil alle anderen Teile repräsentiert und mit ihnen verbunden ist.[2]

Rupert Sheldrake[3], ein wichtiger und zugleich sehr umstrittener Biologe, behauptet, daß unsere Leitbilder nicht im Gehirn selbst existieren, sondern daß unser Gehirn sich wie ein Fernsehapparat auf Felder der Erinnerungen, Bilder und Gedanken um uns herum einstimmt, die unseren Geist und unseren Körper formen. Diese «Leitfelder» entwickeln und verändern sich unter dem Einfluß der Erfahrungen vergangener und gegenwärtiger Angehöriger unserer Gesellschaft und unserer Spezies. Somit verbindet sich mit dieser Theorie die Hoffnung, daß wir einen vorteilhaften Einfluß auf die Bilderfelder unserer Kultur und unserer Welt ganz allgemein haben, sofern nur ausreichend viele Menschen ihre individuellen Bilder in positiver Richtung umformen.

Wo kommen unsere Bilder her?

Viele der Bilder, die uns leiten, tauchen nach der Geburt und in der frühen Kindheit auf, zu einer Zeit also, da das bildliche Vorstellen die vorherrschende Form des Denkens ist, und sie leiten nicht nur unsere Gedanken, sondern auch unsere Körperfunktionen und unsere ganze Seinsweise.

Nehmen wir einmal an, die Welt stellt sich Ihnen im Bild einer enttäuschenden Mutter dar, die Milch verspricht, aber niemals gibt. Dann stammt diese Vorstellung vielleicht aus Ihrer frühesten Kindheit, als Sie abrupt der Brust Ihrer Mutter entwöhnt oder unzureichend gestillt oder auf eine andere dramatische Weise enttäuscht worden sind. Dieses Bild kann nun beispielsweise ein Magengeschwür mitverursachen, da Ihr Magen – als ob er Nahrung erwartet – unbewußt Säure zur Verdauung produziert, frustriert wird und sich darüber «ärgert». Es kann auch Einfluß darauf haben, wie Sie gehen und stehen (besorgt um Ihr Herz), wie Sie über andere Menschen denken (wobei Sie erwarten, von ihnen enttäuscht zu werden, gleichzeitig das Gegenteil erhoffen und sich darüber ärgern), welchen Beruf Sie ergreifen (vielleicht werden Sie ein Forscher, weil Sie meinen, im Labor vor solchen Enttäuschungen sicher zu sein...) sowie auf viele andere wichtige und weniger wichtige Aspekte Ihres Lebens. Dieses Bild ist zutiefst persönlich und vielleicht nie in Worten ausgedrückt, bewußt durchdacht oder mit irgend jemandem erörtert worden.

Es kann genauso sein, worauf Jung verweist, daß einige Bilder noch aus der frühesten Zeit und «Kindheit» unserer Spezies stammen und ein altes Wissen ausdrücken, das unser rationaler, technokratischer Verstand verloren hat. Nach Jung ist der genaue Begriff von «Mutter» somit ein Archetypus, ein menschliches Symbol, das Babys bei ihrer Geburt durch Prädisposition verstehen, eben weil wir Menschen immer Mütter gehabt haben. Dem Baby und dem Kleinkind steht eine ganze Reihe von potentiellen Attitüden auf natürliche Weise zur Verfügung, die vom Bild der Mutter als Hexe bis zur Mutter als Göttin reichen und genauso vererbt sind wie der aufrechte Gang. Während der allgemeine Zugang also durchaus angeboren sein kann, liefert jedoch erst unsere persönliche Geschichte die konkreten Details.

Andere Bilder kommen einfach aus unserer alltäglichen Lebenserfahrung. Sie stellen die Lektion dar, die wir über uns selbst und über die Wirklichkeit gelernt haben, sowie die Entscheidungen, die wir getroffen haben, und sie sind praktische Kürzel, die es überflüssig machen, das Rad jeden Tag neu zu erfinden. Der «gutmütige kleine Esel» beispielsweise kann die Technik repräsentieren, die Sie entwickelt haben, um die Wertschätzung und Sympathie der anderen zu gewinnen, und dieses Bild wird Ihre Gedanken, Handlungen, Erwartungen und Ihre Kommunikation mit den anderen leiten.

Verglichen mit der tiefgründigen Struktur der Sprache sind Bilder glücklicherweise relativ einfach zugänglich. Man kann sie buchstäblich ansehen, verstehen, durcharbeiten und verändern. Und da sie unsere Programmierregeln enthalten, stehen sie uns –

als Selbstprogrammierern – zur Verfügung, damit wir sie erforschen und verändern.

Passiver und aktiver Zugang

Um unsere inneren Programme zu entdecken, beginnen wir mit dem passiven, rezeptiven Zugang, uns den Bildern aus unserem Unbewußten zu öffnen. Wir rufen aus unserem Unbewußten ein Bild ab, das einer bestimmten Angelegenheit oder Frage oder unserem Leben im allgemeinen angemessen ist, und das Unbewußte scheint uns so unfehlbar wie ein Computer zur Verfügung zu stehen. Wie wir das im einzelnen genau anzustellen haben, wird uns in den weiteren Kapiteln klarwerden.

Nehmen wir ein Beispiel aus dem Geschäftsleben: Jack, Leiter eines innovativen Marktforschungsinstituts, arbeitete mit mir zusammen, um herauszufinden, wie es mit seinem Unternehmen weitergehen würde. Ihm stellte es sich im Bild eines schizophrenen Affen dar. Dieser Affe rannte im Dschungel herum, hatte Angst vor Feinden; Kopf und Bauch waren bei ihm nicht aufeinander abgestimmt, und er wußte nicht, was er als nächstes tun sollte. So war es ihm nicht immer ergangen. Einstmals war der Dschungel voller Bananen und ohne Feinde gewesen, und der Affe hatte sich einfach gierig den Wanst vollgeschlagen. Doch nun gab es weniger Bananen und jede Menge Feinde, und der Affe befand sich in diesem schrecklichen Zustand.

Was konnte er tun? Jack hatte gleich eine Antwort parat: Der Affe konnte in einen Teil des Dschungels ziehen, wo es zwar wenig Bananen, aber auch wenig Feinde gab. Der Affe würde sich anstrengen müssen, um an seine Bananen zu kommen, doch zumindest würde er sich sicher fühlen. Sein Leben wäre sogar besser als früher, denn er wäre nicht mehr so gierig. Dieser besorgte Geschäftsmann hatte sofort verstanden, daß sich seine Firma ernsthaft in einem chaotischen Zustand befand, daß ihr der innere Zusammenhalt fehlte. Die Zeiten hatten sich geändert. Sie mußten nun mit einer viel härteren Konkurrenz auf dem Markt rechnen, der ihnen einst weit offen gestanden hatte. Genaugenommen arbeitete Jack immer noch auf der Grundlage eines Modells, das den gegenwärtigen Verhältnissen nicht mehr angemessen war. Vor allem aber sagte ihm das Bild, wie er sein Problem am besten lösen konnte: weniger Bananen, aber auch weniger Feinde. Heute

ist er dabei, eine weniger lukrative, dafür aber auch nicht so dicht besetzte Marktnische auszubauen, in der er sich bestens auskennt.

Während man eine Bilanz oft auch als Momentaufnahme eines Unternehmens bezeichnet, liefert die Bildarbeit Bilder ganz anderer Art, die manchmal viel hilfreicher sein können. In diesem Fall rief Jack ein Bild ab, das sein Unternehmen an diesem Punkt seines Lebens repräsentierte. Er hätte sich auch ein Bild des besten Unternehmensberaters der Welt vorstellen können, der seine Situation genauer untersucht und ihn berät, oder er hätte sich ein Bild vom «Haus der Wirtschaft» machen und dieses wegen einer Beratung aufsuchen können. Er könnte sich auch fünf Jahre weiter in die Zukunft versetzen: «Fünf Jahre sind inzwischen vergangen, und ich bin glücklich darüber, wie das Geschäft läuft. Was macht mich daran so glücklich? Was tat ich, um so weit zu kommen? Oder er hätte mit einem Traum arbeiten können, den er über sein Unternehmen geträumt hätte. Ja, er hätte sich sogar in eine Kindheitssituation zurückversetzen können, in der er sich ähnlich gefühlt hätte. In diesem Fall hätte er herausgefunden, wie seine Methode, mit derartigen Situationen umzugehen, damals entstanden war und daß sie sich auch später nicht mehr geändert hatte – und nun hätte er in seiner Vorstellungskraft eine völlig neue Art und Weise, damit fertig zu werden, erproben können.

Auf solche und viele andere Methoden werden wir noch detaillierter eingehen – bei allen geht es um ein wirkungsvolles Arrangement zwischen Bewußtem und Unbewußtem, um unsere gegenwärtigen Muster verstehen und erkennen zu können, wohin wir von hier aus zu gehen haben.

Ziele erahnen und Ziele setzen

Oft können wir am besten den nächsten notwendigen Schritt erkennen, indem wir uns ein Bild von unserer gegenwärtigen Situation machen – wie im Fall von Jack und seinem schizophrenen Affen. Aber vielleicht möchten wir manchmal Bilder abrufen, die schon etwas genauer mit der Zukunft zu tun haben. Wie wir im vorhergehenden Kapitel gesehen haben, scheinen Bilder nicht nur die Kraft zu haben, unsere vergangene und gegenwärtige Erfahrung zusammenzufassen, sondern auch zu «erahnen», was vor uns liegt. Die Bilder, die bei der Bildarbeit auftauchen, können uns genausoviel über das sagen, was wir einmal sein werden, wie über das, was wir geworden sind.

Indem wir in uns die Bilder entdecken, die auf Künftiges vorausweisen, lernen wir eher, Ziele zu erahnen, als Ziele zu setzen – wir spüren, wie richtig irgendein besonderer Weg ist, der vor uns liegt, und dann fordern wir ihn auf, sich uns zu zeigen. In diesem Zusammenhang fällt mir eine Geschichte von Michelangelo ein, wie er gerade an einem Steinblock herummeißelte. *«Ai signore»*, rief ein kleiner Junge. «Warum schlagt Ihr auf diesen Stein ein?» Michelangelo drehte sich um und brüllte zurück: «Weil da ein Engel drin ist, der raus möchte.»[4] – Mit unserem künftigen Selbst ist es wie mit jenem Engel – auch es möchte aus dem Stein befreit werden.

Am einfachsten können wir mit Hilfe von Vorstellungsbildern unsere künftigen Ziele und Entscheidungen aufrufen, indem wir uns vorstellen, daß sich die Zukunft bereits ereignet hat und daß wir längst unsere Wahl getroffen haben. «Was habe ich getan?» können wir uns dann fragen, statt: «Was soll ich tun?» Das ist etwa so wie bei den Labyrinth-Spielen für Kinder: Wenn man am Eingang anfängt, gerät man auf alle möglichen Irrwege, aber wenn man schummelt und am Ende beginnt, ist es wunderbar leicht, den richtigen Weg zu finden. Indem wir uns in die Zukunft versetzen, «schummeln» wir sozusagen – wir verschaffen uns einen Vorteil, indem wir das Ereignis rückblickend betrachten, bevor es überhaupt eingetreten ist. In meiner Jugend stellte uns ein Collegeprofessor folgende Aufgabe: Er forderte uns auf, uns in die Zukunft zu versetzen und unseren Nachruf zu schreiben. Ich schrieb eine lange und ausführliche Geschichte über mein Leben, und vieles davon ist genauso passiert: daß ich die USA verlassen, in einem anderen Land gelebt und jemanden aus noch einem anderen Land geheiratet habe. Es waren zwar andere Länder, als ich es mir damals vorgestellt hatte, aber die entscheidenden Zusammenhänge waren korrekt vorweggenommen.

Am interessantesten aber war, daß ich diesem Nachruf zufolge ein Buch geschrieben hatte, in dem die Psychotherapie in den Erziehungsprozeß einbezogen und nicht als reine Heilmethode für Problembeladene dargestellt wurde. Und wie sich herausstellte, bin ich genau so zur Bildarbeit gekommen: Indem ich Instrumente verwendete, die ich mir erwarb, weil ich Psychotherapie als Bestandteil des Alltagslebens praktizierte und weil ich der Ansicht war und bin, daß sie auch in den Bereich der Erziehung gehört, statt nur ein Zweig der Medizin oder der Heilkunde zu sein. Wie konnte ich das damals wissen? War es eine sich selbst erfüllende Voraussage, ein Bild, das mich auf den richtigen Weg brachte, auch wenn ich ihn nicht bewußt in Erwägung gezogen hatte? Wollte mir meine Intuition über das Wesen meines tieferen Selbst etwas mitteilen, was mein rationaler, bewußter Verstand nicht wußte? Oder hatte ich mich tatsächlich intuitiv in die Zukunft eingestimmt?

Was auch immer es war (vielleicht sogar eine Kombination aus all diesen Möglichkeiten): Noch immer erstaunt mich, daß ich mit neunzehn die Gabe besaß vorauszusagen, was ich – nach langem Ringen – erst mit dreißig, vierzig tun würde. Während ich dieses Buch schreibe, entdecke ich, daß das Wissen um die zentrale Bedeutung dieses Werks für mich schon vor so langer Zeit von mir erahnt wurde und daß mich dieses Vor-Wissen nun erst recht beflügelt. Ja, die Bildarbeit scheint der Engel gewesen zu sein, der aus mir herauswollte.

Übung macht den Meister oder Die Methode der Faulen

Der passive, rezeptive Vorgang des Empfangens von Bildern als Botschaften unseres Unbewußten reicht gewöhnlich aus, uns zu Veränderungen und Entscheidungen finden zu lassen – sei es, indem wir unsere Gegenwartsmuster betrachten und den Weg nach vorn finden, oder indem wir uns auf unser künftiges Selbst einstimmen. Doch selbst wenn wir ganz genau wissen, was wir wollen, finden wir es zuweilen schwierig, den entscheidenden Schritt zu tun. Dann müssen wir uns selbst helfen, indem wir neue

Bilder von uns selbst aktiv erschaffen und damit arbeiten. Auf diese Weise können wir uns auf den gewaltigen Sprung vorbereiten, den es erfordert, wenn wir etwas Neues beginnen und werden wollen.

Jeder neue Plan oder jedes neue Vorhaben – ganz gleich, ob es dabei um ein neues Unternehmen, ein neues Leben oder eine neue Methode geht – führt in Wirklichkeit auch zu einer Veränderung in uns selbst. Wenn ich zum erstenmal ein Buch schreiben will, muß ich in der Lage sein, mich selbst als eine Person zu sehen, die Bücher schreiben kann. Wenn ich umziehen will, muß ich mir vorstellen können, wie glücklich ich in der neuen Umgebung bin.

Veränderungen sind nicht immer angenehm. Sie können bedrohlich furchterregend sein, weil das «neue Ich» eine unberechenbare Größe ist, mit der ich mich nicht auf meine gewohnte Art identifizieren, die ich nicht verstehen oder steuern kann. Sie können beunruhigend sein, wenn ich unbewußt negative Vorurteile gegenüber dem «neuen Ich» habe – selbst wenn sie sich, oberflächlich betrachtet, ganz positiv ausnehmen. Ja, eine Veränderung kann sogar wie ein Sprung in eine unbekannte Tiefe empfunden werden. Doch wenn wir zuerst mit Vorstellungsbildern arbeiten, können wir das neue Gebiet «vermessen», in das wir vorstoßen wollen. Dann werden wir vielleicht feststellen, daß das, was wie ein finsterer Abgrund aussieht, in Wirklichkeit eine liebliche Weide ist.

Komischerweise ist es auch dann noch wichtig, daß Sie, bevor Sie handeln, innehalten und ein Bild vorbereiten oder sogar damit arbeiten, wenn Sie im Bett liegen und aufstehen möchten, während Sie sich fragen, warum andere Leute so leicht aus dem Bett zu springen scheinen. Und mit Sicherheit gilt das auch für alle Pläne und Vorhaben, alle Selbsthilfeprogramme und Diätpläne, die Sie bisher nie durchgehalten haben. Das Bild, das Sie von sich in Ihrer derzeitigen Situation haben – wenn Sie beispielsweise gemütlich im Bett liegen oder zu faul zum Arbeiten sind oder zu viel essen und sich darum nicht wohl fühlen –, ist vermutlich klarer, vertrauter und/oder unbewußt attraktiver als Ihre Vorstellung von sich, wie Sie vermeintlich gern sein möchten. Wenn Sie dann an Ihrem Bild arbeiten, statt sich zu zwingen, etwas zu tun, folgt die gewünschte Handlung auf ganz natürliche Weise.

So habe ich beispielsweise herausgefunden, daß mir das Aufstehen am Morgen einfach deshalb so schwerfiel, weil so viel Arbeit vor mir lag. Ich sah vor mir ein Bild, wie ich aus einem wohlig warmen Bett stieg und unter einer furchtbaren Last auf meinen Schultern zusammenbrach. Doch als ich gelernt hatte, im Bett liegenzubleiben und mir bildlich vorzustellen, wie ich aufgestanden war und eine herrliche Tasse Tee trank, war ich im nächsten Moment aus den Federn.

Wenn man verstehen will, mit welcher Kraft Vorstellungsbilder Veränderungen herbeiführen können, sollte man unbedingt wissen, daß das Erschaffen solcher Bilder nicht einfach eine Art Heimkino mit lauter hübschen Movies ist. Wir erleben tatsächlich, was wir uns bildlich vorstellen, und dieses Erleben ist real, auch wenn es dabei kein entsprechendes objektives Ereignis gibt. Sie brauchen beispielsweise nicht wirklich zum Schwimmen zu gehen, aber wenn Sie sich das genau vorgestellt haben, werden Sie viel frischer, entspannter und energischer aussehen und sich auch so fühlen, und das wird sich auch in echten, meßbaren physiologischen Veränderungen widerspiegeln.

Ich erinnere mich an ein faszinierendes Erlebnis, als ich unter Anleitung an einer sogenannten «Video-Feedback»-Sitzung teilnahm, bei der ich mich auf dem Bildschirm betrachtete und laut zu mir selbst sprach. Als ich an einer bestimmten Stelle traurig darüber war, daß ich beziehungsweise mein Bild auf dem Bildschirm so alt und verbraucht aussah, sagte ich: «Aber du bist doch nicht mehr siebzehn», wobei ich daran dachte, wie es gewesen war, siebzehn zu sein. Später machte mich mein Betreuer lachend darauf aufmerksam. «Und natürlich hast du in diesem Augenblick tatsächlich wie siebzehn ausgesehen.» Als ich mir den Film noch einmal vorspielte, entdeckte ich, daß dies erstaunlicherweise stimmte. In dem Augenblick, als ich dachte, siebzehn zu sein, fielen die Jahre von mir ab, und ich hatte das unschuldige Gesicht eines Teenagers. Dieses Gesicht werde ich nie vergessen, und ich muß mich auch nie wieder davon überzeugen, daß ich wirklich bin, was ich mir vorstelle.

Man kann sich das ganz gut so verdeutlichen: Der Gedanke zieht Energie nach sich. Was wir tun, folgt dem Weg oder paßt in die gedankliche Form, der oder die unsere Vorstellungskraft geschaffen hat. Dabei sollten wir sorgfältig darauf achten, was wir uns vorstellen, denn wir können es unwissentlich auch werden. Ich habe erlebt, daß dies sogar passieren kann, wenn ich auch nur eine Scheibe Brot abschneide. Meine gewohnheitsmäßige Erwartung, daß ich das Brot schief schneiden werde, veranlaßt mich, das auch zu tun. Wenn ich dagegen für einen Augenblick bewußt innehalte und mir eine schön geschnittene Scheibe Brot vorstelle, taucht diese Scheibe wie durch Zauberhand auf.

Wie bei allen Dingen genügt es auch hier zuweilen nicht, es nur einmal zu tun – wir müssen üben. Je mehr wir unser Bild, wie wir sein wollen, verstärken, und je mehr wir uns daran gewöhnen, desto leichter wird es für uns sein, es auch umzusetzen. Ein Experiment mit Basketballspielern in Amerika belegt das auf ziemlich dramatische Weise.

Die Spieler wurden in drei Gruppen von gleicher Spielstärke eingeteilt. Die erste Gruppe trainierte ganz normal, die zweite trainierte überhaupt nicht, und die Spieler der dritten Gruppe trainierten nicht körperlich, sondern verbrachten jeden Tag eine oder zwei Stunden damit, mental Treffer zu erzielen. Am Ende war die normal trainierende Gruppe nur unwesentlich besser als die mental trainierende Gruppe, und beide waren um 20 Prozent besser als die nicht trainierende Gruppe[5]. Darum nenne ich die Bildarbeit oft auch «die Methode der Faulen, ihr Leben zu ändern».

Die Welt, die wir als Schicksal erleben

Wir leben nicht im luftleeren Raum, sondern in einer komplizierten, anspruchsvollen, schwierigen Welt, die zuweilen herrlich und aufregend ist, uns aber auch schrecklich verworren, quälend und ungerecht vorkommen kann. Die Welt, die wir als Schicksal erleben, ist genauso verantwortlich für unsere Bilder, wie unsere Bilder für unsere Welt verantwortlich sind. Daher müssen wir die Welt als Partner im Prozeß der Bildarbeit betrachten.

Wir sprechen zwar oft von Selbstentwicklung, doch in gewisser Hinsicht muß sich das Selbst gar nicht entwickeln, weil unser wahres inneres Selbst im Grunde vollkommen ist. Allerdings muß das Selbst in dieser Welt existieren und darum für die angemessenste, effizienteste und harmonischste Beziehung zu ihr sorgen. Denn in Wirklichkeit ist unsere Beziehung zur Welt unvollkommen und muß entwickelt werden.

Man kann diesen Vorgang der Etablierung unserer Beziehung zur Welt mit einem Hindernislauf vergleichen. Auf jedes persönliche oder sachliche Hindernis, auf das wir im Leben treffen, müssen wir uns einstellen, indem wir eine Haltung oder Methode oder ein Bild entwickeln, die oder das uns behilflich ist, das Hindernis zu begreifen und damit umzugehen. Hin und wieder müssen wir diese Einstellungen überdenken. Diesen Prozeß des Überdenkens von Einstellungen gegenüber der Welt meint man gewöhnlich, wenn man von Selbstentwicklung spricht, und nichts anderes tun wir auch, wenn wir mit Bildern arbeiten. Am Ende sollten bei der Bildarbeit nicht nur nützlichere Einstellungen gegenüber der Wirklichkeit des Alltagslebens herauskommen, sondern auch eine wirksamere Methode, diese Wirklichkeit angemessen zu verändern.

Aber ganz gleich, wie viele Einstellungen wir überdenken und verändern und wieviel wir innerlich und äußerlich für uns und andere arbeiten – immer wird es noch schicksalhafte Faktoren geben, die sich unserem Einfluß entziehen. Man hat diese Faktoren verschiedenen Dingen zugeschrieben: unserem Unbewußten, dem Universum, Gott, dem Teufel, den Geistern. Wenn wir unsere Einstellungen ändern, wirkt sich das auch auf unser Schicksal aus, aber es ist nur recht und billig, wenn uns auch unser Schicksal nötigt, unsere Einstellungen zu ändern.

Verantwortung und Schuld

Wenn wir anfangen, uns der Tatsache zu stellen, wie weit unsere unbewußten Entscheidungen unser Leben bestimmen, und vor allem, wenn wir herausfinden, daß es möglich ist, einige dieser Entscheidungen zu ändern, dann kann es leicht passieren, daß wir Selbstverantwortung mit Schuld verwechseln. Wenn es meine eigene Entscheidung war, die mich in diesen Schlamassel gebracht hat, muß ich mir dann nicht vorwerfen, schuld daran zu sein?

Krankheit ist ein gutes Beispiel dafür. Wenn es Ihnen in der «guten alten Zeit» einfach zuviel wurde und Sie fix und fertig waren, konnten Sie sich fallenlassen und krank sein, denn Sie wußten ja, daß dies zumindest nicht als persönliche Schwäche ausgelegt werden konnte, wenn es sich nicht gerade um Depressionen, Ängste oder sonstige psychologische Phänomene handelte. Dann sprach es sich herum, daß auch Krankheit einen Sinn hatte. Die Bazillen waren nicht daran schuld – warum wurden ausgerechnet Sie krank und andere nicht? Sie riefen im Büro an und erklärten, Sie seien krank, und dann fragten Ihre Kollegen, warum Sie krank seien. Auch daran waren Sie schuld. Hätten Sie doch vernünftiger gelebt. Nur keine Ausreden!

Wenn Sie sich selbst die Schuld geben, splitten Sie im Grunde:

Ihre «gute» Hälfte, die hinterher immer schlauer ist, spaltet sich von der «schlechten», «verrückten» oder «dummen» Hälfte ab und wirft ihr vor, an dem Schlamassel schuld zu sein, den Sie angerichtet haben. Jeder andere hätte es besser gemacht – warum nicht du? Diese Schuldzuweisung ist keine Lösung, sondern Teil des Problems. Dahinter steckt nämlich, daß das bewußte Selbst sich auf den Standpunkt stellt, es «besser zu wissen» und das unbewußte Selbst angreift, statt mit ihm zusammenzuarbeiten. Derartige Selbstvorwürfe halten uns in einem Teufelskreis von Angriff und Verteidigung fest, so daß wir nicht weiterkommen. Die Verantwortung für Ihr Leben zu übernehmen bedeutet in Wirklichkeit die Erkenntnis, daß Sie – als Ganzes – eine Wahl getroffen haben, die im Hinblick auf Ihre seinerzeitige Befindlichkeit und Lebensmuster fast unvermeidlich war. Und Sie haben auch nicht nur Ihren Weg gewählt, sondern in gewisser Hinsicht hat Ihr Weg auch Sie gewählt. Wir sollten eben nicht die Rolle vergessen, die unsere Umwelt im jeweiligen Geschehen spielt. Außerdem werden Sie wahrscheinlich immer wieder in eine derartige Situation kommen, bis eine innere oder äußere Wende Sie von jenem Muster befreit und zu einem anderen hinführt.

Selbstverantwortung ist in gewisser Hinsicht das Gegenteil von Schuld, ist die Erkenntnis, daß wir keine andere Wahl hatten, solange unser Muster uns nicht bewußt war. Erst wenn wir akzeptieren, daß uns vormals die Möglichkeit einer Wahl gefehlt hat, sind wir offen für eine wirkliche Wahl. Wenn wir unsere alten Muster ganz verstanden haben, können wir beginnen, neue zu schaffen.

Das Ich, das Unbewußte und die Welt

Sobald Sie damit beginnen, Vorstellungsbilder auf diese Weise zu nutzen, schaffen Sie im Prinzip neue Kommunikationsverbindungen und damit auch neue Beziehungen sowohl zu Ihnen selbst wie auch zwischen Ihnen und der Welt. Welche Haltung sollen Sie nun in diesen neuen Beziehungen einnehmen?

Zunächst ist es hilfreich, wenn Sie sich unter dem Unbewußten ein anderes menschliches Wesen vorstellen, zu dem Sie in engster Verbindung stehen, das Sie im Grunde liebt und nur das Beste für Sie will (und das eher die Sprache der Bilder als die der Worte spricht). Diese Person ist alt, weise und mächtig und kann Ihnen unerschöpfliche Ressourcen zur Verfügung stellen – aber manchmal doch auch sehr kindisch, widerspenstig und zerstörerisch sein. Er oder sie lebt in vieler Hinsicht in der Vergangenheit und weigert sich, Einstellungen aufzugeben, die vielleicht nicht mehr vernünftig sind.

Um sich mit diesem Wesen verständigen zu können, müssen Sie die Sprache der Bilder lernen und damit anfangen, Ihre Fragen, Überzeugungen, Bedürfnisse und Wünsche direkt auszudrücken, aber auch genau hinzuhören. Seien Sie dankbar, wenn Sie die Antworten oder Hilfe bekommen, um die Sie gebeten haben, und nehmen Sie es freundlich zur Kenntnis, wenn sie Ihnen nicht zuteil werden.

Hier findet kein einseitiger Austausch statt. Mit Ihrer jugendlichen Reife und Ihrem aktuellen logischen Denkvermögen haben Sie diesem Wesen eine ganze Menge zu bieten, wobei es sich freilich einige Zeit lassen mag, Ihre Beiträge anzunehmen und in seine schon seit langem bestehenden Glaubenssätze einzufügen. Es kann schon einige Überzeugungsarbeit erfordern, wenn Sie Ihrem Unbewußten beispielsweise nahebringen wollen, daß die Welt nicht mehr eine enttäuschende Mutter, sondern nunmehr eine anspruchsvolle Mitspielerin ist.

Bemühen Sie sich ganz demokratisch mit vereinten Kräften darum, einander zu Rate zu ziehen, wenn bestimmte Aufgaben zu stellen und auszuführen sind. Keine von den Techniken, die Ihr bewußtes Selbst anwenden will, wird immer funktionieren, und darüber hinaus werden Sie auch gerade dann enttäuscht werden, wenn Sie Hilfe am dringendsten brauchen. Denn in einem solchen Augenblick, wenn Sie unbedingt eine Antwort bekommen müssen, sind Sie wahrscheinlich viel zu aufgeregt, als daß Sie sich völlig entspannen könnten, und dann richten Sie an das Unbewußte eher Forderungen als Bitten und verwechseln vielleicht sogar Wunschvorstellungen Ihres Bewußtseins mit echten Antworten Ihres Unbewußten. Das Unbewußte möchte gleichsam – wie viele Menschen, die Sie kennen – lieber selbst entscheiden können und haßt es, herumkommandiert zu werden oder Ihren Erwartungen entsprechen zu müssen.

Wenn das passiert, sollten Sie das nicht zum Anlaß nehmen, die Beziehung zu beenden, sondern vielmehr als eine Gelegenheit, sie zu überprüfen, zwischen Forderungen und Bitten sowie zwischen Wunschvorstellungen und dem, was «Sache» ist, unterscheiden zu lernen und dann mit einer geringfügig veränderten Einstellung noch einmal von vorn anzufangen. Denn wenn Sie tatsächlich stets alle Antworten erhielten, die Sie haben wollten, und alle Ziele erreichten, die Sie sich selbst gesetzt haben, dann wären Sie keineswegs herrlich erleuchtet, sondern einfach unerträglich.

Der dritte Partner bei diesem Unterfangen ist die Welt. Ihre Bilder sind nicht «in Ihrem Kopf», sondern um Sie herum und in Ihrer Beziehung zur Welt enthalten. Alle Veränderungen, die Sie in sich vornehmen, sollten sich schließlich auch in irgendeiner äußeren Form ausdrücken: in neuen Einstellungen und Verhaltensweisen, in anderen Lebensentscheidungen oder sogar in einer Wende in Ihrem «Schicksals»-Muster.

Die wirklichen Ereignisse, Dinge und Menschen, für die Sie durch diesen inneren und äußeren Wandel offen werden, fungieren dann als eine Art Rückkoppelung, die die Veränderungen in Ihnen verstärkt oder ausweitet. Entwicklungen in Ihren Bildern und Gedanken, die sich auch auf lange Sicht überhaupt nicht auf Ihr Leben auswirken, sind verdächtig. Entwicklungen, die die Art und Weise, wie Sie sich und Ihr Leben erfahren, nicht beeinflussen, sind letztlich unwichtig.

Über kurz oder lang werden Sie entdecken, daß Sie die Herausforderungen des Lebens anzunehmen beginnen, Ihre Lebensentscheidungen ganz bewußt treffen und wirkliche Veränderungen in Ihrem Leben erfahren.

ZWEITER TEIL

Die Praxis der Bildarbeit – Grundkurs

3. *So führen Sie die Übungen aus: Praktische Anwendung der Bildarbeit*

Bildarbeit ist vor allem keine Theorie, sondern etwas Praktisches. Dieses Kapitel soll einen allgemeinen Überblick über die Prinzipien praktischer Bildarbeit bieten: wie Sie sich selbst, andere oder eine Gruppe anleiten, welche Grundschritte bei den meisten Bildarbeit-Übungen zu beachten sind und mit welcher Einstellung man diesen Prozeß startet. Die Kapitel 3 bis 16 stellen also den praktischen Teil des Buches dar. Sie enthalten spezielle Übungen und geben Auskunft über die dahinterstehenden Prinzipien, und zwar zu einer Fülle von Themen und Problemen des Lebens (die Kapitel 3 bis 10 sind eine Art Grundkurs der Bildarbeit, während die Kapitel 11 bis 15 sich mit weiterführenden Themen befassen und das Kapitel 16 eine Zusammenfassung bietet).

Vielleicht möchten Sie die einzelnen Kapitel nicht nacheinander lesen, aber es empfiehlt sich doch, mit diesem und den beiden folgenden Kapiteln zu beginnen: Dieses Kapitel legt, wie bereits angedeutet, die allgemeinen Prinzipien der Bildarbeit dar, Kapitel 4 bringt Ihnen bei, wie Sie sich entspannen, und Kapitel 5 begleitet Sie durch eine Grundübung. Sie können dann mit Kapitel 16 schließen, denn es beschäftigt sich mit den verschiedenen Bildarbeit-Strukturen, so daß Sie sich Ihre eigenen Übungen zusammenstellen können, wenn Sie mal ein Problem lösen oder eine Fertigkeit verbessern müssen. Ich empfehle Ihnen, auch die übrigen Kapitel zu überfliegen, einfach um Ihr Wissen über Bildarbeit zu vervollständigen. Dann können Sie wieder zu den Übungen zurückkehren, die für Sie besonders relevant sind.

Sollten Sie etwa jeden Aspekt Ihres Lebens erkunden wollen, werden Sie bald frustriert sein, aber schließlich gibt es ja sicher Bereiche, die Ihnen mehr zusagen als andere. Beginnen Sie mit dem, was Ihnen am leichtesten fällt und Ihnen am nützlichsten vorkommt, und gehen Sie erst später zu Bereichen über, die Ihnen weniger vertraut sind. Solange Sie sich Zeit lassen und sich mit Neuem nur dann befassen, wenn Sie es wollen, wird die Bildarbeit für Sie ein Vergnügen sein, auf das Sie sich freuen, statt irgendeine weitere unangenehme Verpflichtung in Ihrem Leben.

Schaffen Sie sich einen Freiraum

Wenn Sie eine Übung absolvieren wollen, sollten Sie zunächst dafür sorgen, daß Sie entsprechend Zeit sowie einen Raum haben, in dem Sie arbeiten können. Es ist schon ein guter Start, wenn Sie einen ruhigen Ort zur Verfügung haben, wo Sie nicht gestört werden können – hängen Sie das Telefon aus oder schalten Sie den Anrufbeantworter ein –, und wenn Sie sich bewußt Zeit für sich selbst nehmen. Vielleicht sind Sie ja auch schon daran gewöhnt, so vorzugehen, weil Sie etwas für Sie Wichtiges auf ähnlich konzentrierte Weise tun: Yogaübungen, ein ausgiebiges Bad oder Sex. Wenn nicht, ist das nicht etwa ein Luxus, sondern ein längst überfälliges Muß. Für viele Menschen ist es bereits ein Riesenschritt zu einem besseren Umgang mit sich selbst, wenn sie einfach an einen Punkt gelangen, an dem sie das Gefühl haben, sie hätten das Recht, sich Zeit für ihr inneres Selbst zu nehmen. Sobald Sie einmal mit einer bestimmten Übung (oder mit der Bildarbeit im allgemeinen) wirklich vertraut sind, werden Sie sehen, daß Sie sie überall ausführen können: im Büro, in der U-Bahn, am Strand oder auch wenn Sie irgendwo anstehen müssen.

Alle Übungen können Sie allein machen, mit jemand Vertrautem oder in einer Gruppe, wobei Sie sich beim Anleiten und Anleitenlassen abwechseln können. Wenn Sie mit einem Partner arbeiten oder eine Gruppe leiten, sollten Sie die Übungsanweisungen mindestens einmal lesen, bevor Sie beginnen, so daß Sie mit der allgemeinen Richtung vertraut sind, in die Sie sich bewegen werden. Wenn Sie allein arbeiten, ist es sogar noch wichtiger, sich mit den Übungen vorher vertraut zu machen, denn Sie wollen ja entspannt und aufnahmebereit sein und sich nicht ständig beunruhigt fragen müssen, wie es weitergeht. Es ist eine ausgezeichnete Idee, wenn Sie die Anweisungen auf Band sprechen, wobei Sie größere Pausen zwischen Anweisungen und Fragen einlegen sollten, damit Sie eine Möglichkeit haben zu antworten.

Entspannen Sie sich und lassen Sie ein Bild kommen

Nachdem Sie ein Kapitel gelesen und die Übungsabläufe verarbeitet haben, sollten Sie sich als erstes entspannen. Nehmen Sie sich die Zeit, das Entspannen zu lernen, denn es ist nicht nur für Ihre Gesundheit und Ihr Wohlbefinden wichtig, sondern ermöglicht es

Ihnen auch, tiefer in Ihre Bilder einzutauchen. Sobald Sie einmal wirklich mit dieser Arbeit vertraut sind, kann dieser erste Schritt des Sichentspannens abgekürzt und sogar ganz weggelassen werden, weil Sie automatisch wissen, wie Sie sich genügend zu entspannen haben, damit Bilder auftauchen.

Nicht jeder findet die Vorstellung, sich zu entspannen, entspannend – manche Menschen werden eher verspannt, sobald sie das Wort «entspannen» hören. Aber Entspannung muß nicht unbedingt auf körperlicher Ruhe basieren. Manche Menschen können sich mehr entspannen, wenn sie joggen oder in den Bergen klettern, Ski fahren oder Sex haben. Jede Tätigkeit, bei der Sie sich eins mit sich und der Welt fühlen, ist entspannend. Und vielleicht haben Sie während oder nach dieser Tätigkeit das Gefühl, es sei die beste Zeit für die Bildarbeit.

Als nächsten Schritt müssen Sie lernen, Bilder kommen zu lassen. Das bedeutet, daß Sie gewissermaßen beiseite treten und sich das tun lassen, was wirklich ganz natürlich und einfach ist: in Bildern denken. Wenn ich sagen würde: «Denken Sie an eine Frucht», würde Ihnen sicher prompt ein Bild oder Begriff dazu einfallen, und Sie würden «Banane» oder «Orange» sagen. Wenn ich ein Bild «kommen lasse», meine ich nichts weiter als diesen absolut normalen, alltäglichen Vorgang.

Selbst dieser ganz natürliche Vorgang kann schwierig werden, wenn Sie das Gefühl haben (das Sie vielleicht schon jetzt empfinden): «Das schaff' ich einfach nicht», oder: «Ich bin bestimmt nicht gut im Vorstellen», oder: «Typisch für mich, alles gleich kaputtzumachen». Oder sogar: «Ich muß das einfach hinkriegen *(mit zusammengebissenen Zähnen)* – ich werd' mich unheimlich anstrengen, es muß einfach klappen.»

Bildarbeit ist keine Prüfung, bei der Sie durchfallen können. Jeder kann Bilder schaffen, und auch Sie tun es ständig. Und wenn gerade jetzt kein Bild auftaucht, kommt es eben ein andermal, wenn Sie sich weniger anstrengen. Ja, selbst wenn Ihnen überhaupt kein Bild kommt, können Sie immer noch Bildarbeit betreiben: Die besten Ergebnisse habe ich zum Teil mit Menschen erzielt, als sie mir sagten, sie könnten überhaupt nichts sehen, und ich ihnen vorschlug, sie sollten einfach in dieses Nichts eintreten.

Ich kann nicht genug betonen, wie wichtig es ist, sich über das erste Bild, das kommt, zu freuen – ganz gleich, ob es auf den ersten Blick reizvoll ist oder nicht. Aus langjähriger Erfahrung weiß ich inzwischen, daß viele Menschen, die behaupten, sie könnten kein

Bild bekommen oder ihr Bild würde bei ihnen nicht funktionieren, in Wirklichkeit meinen, daß sie ein Bild bekommen haben, das sie nicht mochten und darum verwarfen, und dann Schwierigkeiten bekamen. Jedes Bild ist brauchbar, und je weniger Sie es mögen, desto brauchbarer ist es wahrscheinlich. Wenn Ihnen eine Reihe von flüchtigen Bildern durch den Kopf gehen, wählen Sie das, welches die meiste Kraft für Sie zu besitzen scheint.

Welches Bild Ihnen auch immer kommt, danken Sie unbedingt dem Unbewußten. Das mag Ihnen vielleicht komisch vorkommen, aber es ist nützlich, sich das Unbewußte als Person vorzustellen, die es genauso wie jeder andere gern hat, wenn man sie schätzt, und Ihnen viel eher auch in Zukunft helfen wird, wenn ihre Hilfe dankbar anerkannt wird.

Bildarbeit leiten

Sobald das Bild aufgetaucht ist – Ihnen oder Ihrem Partner, wenn Sie zu zweit arbeiten –, sollten Sie es mit Verständnis, Fürsorge und Liebe leiten, damit Sie aus dieser Gabe das bestmögliche Resultat erzielen. In den verschiedenen Kapiteln finden Sie klare Anweisungen dazu, welche Art von Fragen Sie sich oder Ihrem Partner stellen und in welche Richtung Sie sich bewegen sollten. Grundsätzlich beinhaltet effizientes Leiten oder Führen von Bildarbeit, zu lernen, wie Sie das In-Kontakt-Bleiben mit der Wirklichkeit des Bildes mit dem Gebrauch seiner Struktur und Ihres Verstandes verbinden können, um für Kontext, Sinn und Richtung zu sorgen.

Man könnte diesen Prozeß mit einem Erwachsenen vergleichen,

der ein Kind an die Hand nimmt und mit ihm zusammen eine aufregende Welt erforscht, wobei jeder die Qualitäten des anderen respektiert, wie sie bei diesem Abenteuer eingebracht werden. Stellen Sie sich die Person oder den Teil von Ihnen, der den Vorgang leitet, als diesen Erwachsenen vor, der für die allgemeine Richtung und Struktur sorgt und der ganzen Situation eine reife und liebevolle Urteilskraft, Verständnisbereitschaft und Fürsorge entgegenbringt, der aber auch das Kind als wertvolle Person und Partner bei diesem Unternehmen ansieht. Schließlich ist es ja das Kind, das geleitet werden und das den Mut haben soll, die Welt des Unbewußten zu betreten, solange der Erwachsene ihm Sicherheit vermittelt. Und dieses Kind soll sich auch nicht scheuen zuzugeben, daß es «des Kaisers neue Kleider» einfach nicht sehen kann, während es erstaunliche Einsichten vermittelt, die für den Erwachsenen Sinn ergeben.

Sie spielen die Rolle eines Erwachsenen, wenn Sie Anweisungen geben, Fragen stellen, die Bedeutung und den Kontext der Bildarbeit realisieren und reflektieren und wirksam im Alltagsleben anwenden. Sie übernehmen den Part des unerschrockenen Kindes, wenn Sie «das Bild werden», auf Fragen und Anleitungen dadurch reagieren, daß Sie die der besonderen Wirklichkeit der Welt der Einbildungskraft innewohnende Antwort intuitiv, statt mit dem Verstand erfassen.

Denken Sie in der Rolle des Erwachsenen stets an die wichtigste Regel: *Reden Sie in einer Sprache, die auch ein Fünfjähriges verstehen kann.* Das soll nicht heißen, daß Sie von oben herab oder in einer «kindgemäßen» Sprache reden, sondern es bedeutet, Gedanken mit einfachen Worten auszudrücken. Eine komplizierte Sprache kann für Gefühle tödlich sein und fördert nur Rationalisierung und Distanz. Anders gesagt: Da die Sprache der Vorstellungsbilder die Sprache der Kindheit ist, zwingen Sie über den Gebrauch von allzu erwachsenen Worten das Kind, «erwachsen zu werden», um die Frage beantworten zu können. Und je einfacher die Sprache, desto mehr Persönlichkeit werden Sie einbringen. Versuchen Sie auch unbedingt zum Bild zu sprechen, als ob es mit Ihnen im Zimmer wäre – ganz gleich, ob es ein Hund, ein Stein, eine weise Person, Ihre Mutter oder Hercule Poirot ist –, und gehen Sie einfühlsam statt formell mit ihm um.

In der Rolle des Kindes sollten Sie darauf achten, daß Sie für sich die fühlbare Realität des Bildes geschaffen haben – spüren Sie beispielsweise den Boden unter Ihren Füßen oder sitzen Sie, wenn die Person im Bild sitzt –, ehe Sie auf irgendwelche Fragen zu antworten versuchen. Lernen Sie zwischen Fragen, die glatt und routiniert sind, und solchen zu unterscheiden, die wirklich erst dann auftauchen, wenn sie zuvor in das konkrete Bild eingegangen sind und die Wahrheit gefunden haben – ob diese Ihnen nun schmeckt oder nicht. Machen Sie es sich generell zur Regel, erst eine Pause einzulegen und dann die Antwort herauszufinden.

Lernen Sie auch die Überraschung schätzen, wenn Sie etwas herausgefunden haben, was Sie nicht wußten. Romanautoren sprechen oft davon, daß ihre Figuren sich verselbständigen und tun, was sie wollen, und nicht, was der Autor von ihnen erwartet. Als das Kind sollten Sie einfach wie eine dieser Figuren sein – als der Erwachsene sollten Sie, wie der Autor, bereit sein, Ihren Figuren überallhin zu folgen.

Wenn Sie erst einmal genügend Erfahrung haben, wird ein Bild nicht nur in Ihrem Kopf sein, sondern in Ihrem ganzen Wesen. Benutzen Sie also ganz frei, außer Ihrem Verstand, auch Ihren Körper, um das Bild auszudrücken. Gedanken in eine aktive Form umzusetzen – sich so zu bewegen, wie es das Wesen im Bild tun würde, oder Geräusche zu machen, um die Gefühle auszudrücken, oder das Gesicht zu verziehen, wenn Sie etwas Unangenehmes oder Schmerzliches erleben –, ist eine ausgezeichnete Möglichkeit, die Kraft der Bildarbeit zu vergrößern.

Wenn Sie allein, ohne einen Partner arbeiten, ist es gut, wenn Sie am Anfang zwei Stühle einander gegenüber stellen, so daß der Erwachsene und das Kind jeweils seinen oder ihren eigenen Stuhl bekommen. Und während Sie die Übung ausführen, sollten Sie abwechselnd auf beiden Stühlen sitzen, je nachdem, welchen Part Sie gerade übernehmen.

Schließlich werden Sie lernen, die Übung auf zwei Ebenen, aber auf einem Stuhl zu machen, indem Sie gleichzeitig Erwachsener und Kind sind. Dadurch heilen Sie den Riß, der in uns allen ist: zwischen innerem Erwachsenen und Kind, Geist und Körper, Verstand und Gefühl, Logik und Intuition, und Sie können sich viel besser auf Situationen mit all Ihren verschiedenen Quellen einlassen. Aber selbst dann, vor allem wenn Sie ein bißchen festgefahren sind oder bei Ihrer Bildarbeit zusätzliche Energie benötigen, sollten Sie am besten zwei Stühle aufstellen, denn dadurch kann Ihre Übung leichter und effizienter werden.

Die Methode mit den beiden Stühlen funktioniert auch, wenn es in Ihrer Bildarbeit um eine Unterhaltung zwischen zwei oder mehr

Menschen oder Bildern geht. Im allgemeinen ist es am leichtesten, wenn jede Figur ihren eigenen Stuhl hat und Sie tatsächlich den Platz wechseln, wenn Sie in eine andere Rolle schlüpfen wollen.

Während Sie mit Bildern arbeiten, bitten Sie im Grunde das Unbewußte, sich zu zeigen. Wenn Sie mit der Arbeit zu ihrem natürlichen Abschluß gekommen sind, gratulieren Sie Ihrem bewußten und Ihrem unbewußten Selbst zur Teamarbeit. Anschließend sollten Sie darüber reflektieren und die Kräfte Ihres bewußten, rationalen Verstandes mobilisieren, um der Erfahrung einen Sinn zu verleihen, sie auf Ihr Leben zu übertragen, Schlußfolgerungen zu ziehen und sich zu überlegen, welche konkreten Schritte Sie unternehmen wollen. Sobald Sie sich darüber im klaren sind, was Sie in Zukunft tun müssen, werden Sie hoffentlich erleben, daß Sie diesem inneren Plan ganz natürlich und ohne große innere Kämpfe folgen. Wenn Sie es wünschen, können Sie dieses Reflektieren zum einen Teil bereits vornehmen, wenn Sie noch auf der tiefen Ebene der konzentrierten Entspannung sind, zum anderen Teil später, wenn Sie wieder daraus aufgetaucht sind.

Selbst wenn Sie das Gefühl haben, Sie hätten ein Bild durchgearbeitet, sollten Sie es nicht beiseite legen, als ob es nicht mehr von Nutzen wäre. Wenn Sie es in der «Hinterhand» behalten und hin und wieder «hineinschauen», wenn Sie gerade Zeit haben, dann werden Sie feststellen, daß Sie im Lauf der Zeit tiefere Einsichten gewinnen und in Ihrem Verstehen weiterkommen. Eigentlich hört die Arbeit an einem Bild nie auf.

Lassen Sie mich noch einmal zusammenfassen: Die Grundstruktur der Bildarbeit besteht – mit entsprechenden Variationen bei den verschiedenen Übungen – aus folgenden Schritten:

Vorbereitung: Einen Freiraum schaffen und sich entspannen.

1. Ein Bild kommen lassen
2. Das Bild studieren und erkunden
3. Auf eine Lösung hinarbeiten
4. Dank abstatten
5. Reflektieren
6. Nach vorn blicken
7. Auftauchen

Eine sehr gute Idee ist es auch, über die Bildarbeit ein Tagebuch zu führen, über das zu schreiben – oder es zu zeichnen –, was Sie erlebt und gelernt haben. Wenn Sie konkrete Entscheidungen treffen, die auf Ihrer Bildarbeit beruhen, sollten Sie es auch notieren und abhaken, wenn Sie sie umsetzen. Sie können sich auch bei Ihrer Bildarbeit klare Zielvorstellungen setzen und abwechselnd daran arbeiten. Zum Beispiel: Beziehungen, Arbeit, Kreativität, Gesundheit, Geld, Spiritualität. Auch durch Skulpturen oder Tänze kann man Bildarbeit darstellen. Mit solchem Planen und Aufarbeiten werden Sie mit Sicherheit Kraft und Beständigkeit der Einsichten ausweiten, zu denen Sie gelangt sind.

Je mehr Sie Ihrer Bildarbeit eine konkrete Form geben, desto leichter werden Sie die Bilder halten und mit ihnen arbeiten können. Auf diese Weise werden Sie – wie es eine Bildarbeit-Schülerin einmal ausgedrückt hat – die «innere Safari», auf die Sie sich begeben haben, wunderbar in der Erinnerung bewahren.

Die Arbeit mit einer Gruppe

Gruppenarbeit kann eine sehr tiefe Erfahrung sein, denn wenn sich die Gesamtenergie der Gruppe auf die gleiche Aufgabe oder auf die Arbeit am Bild einer Person konzentriert, so hat das einen verstärkenden Effekt. Im Lauf der Jahre mußte ich Methoden zur Anwendung der Bildarbeit in großen Gruppen entwickeln, die die Gruppe zusammenhielten und es zugleich dem einzelnen erlaubten, eigene, tiefe Erlebnisse zu haben. Dabei ist es nicht immer möglich, sich abwechselnd auf das Bild jedes einzelnen zu konzentrieren, ohne schließlich alle anderen zu langweilen. Noch ist es meiner Ansicht nach wünschenswert, die ganze Sitzung damit zu verbringen, Leute durch subjektive Erlebnisse zu begleiten, die sie erst später mit der Gruppe teilen.

Dies sind die drei Grundmethoden, die ich bei der Bildarbeit in einer Gruppe anwende:

1. *Die ganze Gruppe durch die Übung mitnehmen:* Wenn man mit der ganzen Gruppe auf einmal arbeiten will, sollte man sie zwar durch die jeweilige Übung mitnehmen, aber nur jeweils einen Schritt auf einmal tun, wobei sich die Gruppe oder Paare nach jedem Schritt wieder zusammenfinden sollten. Lassen Sie die Gruppe sich entspannen und führen Sie sie dann zum ersten Schritt. Bitten Sie sie, durch Fingerheben anzuzeigen, wenn sie diesen Schritt «geschafft» haben, so daß Sie wissen, wie weit jeder ist, und Sie das Tempo entsprechend darauf abstimmen können. Nach dem ersten Schritt fordern Sie die Teilnehmer auf, die Augen zu schließen, aber sich

an dem, was geschieht, auf zwanglose Weise zu beteiligen, entweder mit einem Partner oder mit der Gruppe als ganzer. Bei einem Paar entsteht eine Intimität, die Vertrauen und Tiefe des Prozesses fördert; bei einer ganzen Gruppe kann es zu einer Wechselbeziehung zwischen Gruppe und jedem einzelnen kommen und dadurch eine wirklich aufregende Atmosphäre entstehen. Dadurch ist es auch möglich, daß bestimmte Absichten im Kreis laut geäußert werden, was ja oft ein erster Schritt ist, wenn Sie Veränderungen in Ihrem Leben herbeiführen wollen. Am besten ist es, Paar- und Gruppenarbeit miteinander zu kombinieren. Wenn alle einbezogen waren, kommt der nächste Schritt.

2. *Vormachen und dann in Zweier- oder Dreiergruppen einteilen:* In diesem Fall arbeiten Sie zunächst mit einer Person in der Gruppe, um zu zeigen, wie die Übung funktioniert. Zwei Beispiele genügen vermutlich. Dann fassen Sie noch einmal den Aufbau zusammen, lassen die Teilnehmer Zweier- oder Dreiergrüppchen bilden und arbeiten mit jeder Gruppe. Wenn die Teilnehmer zu zweit arbeiten, sollten sie sich abwechselnd leiten und leiten lassen, wobei jeder gleich viel Zeit haben sollte. Bei Dreiergruppen ist der Dritte der Beobachter und lernt dazu, indem er den beiden anderen bei ihrer Interaktion zusieht und sich immer dann einmischt, wenn seine Hilfe erforderlich ist. Auf diese Weise kann man ganz ausgezeichnet die Bildarbeit erlernen. Natürlich müssen Sie allen dreien soviel Zeit lassen, daß jeder alle drei Rollen spielen kann.

Nach jeder Übung sollten die Gruppenmitglieder sich untereinander austauschen, wie sie das Ganze erlebt haben, wobei sie so genau wie möglich beschreiben sollten, was gut und was nicht so gut funktioniert hat: Nichts kommt dem Lernen und der Entwicklung so sehr zugute wie ein ehrliches Feedback.

3. *Jeder für sich:* Gehen Sie die Gruppe durch und bitten Sie die Teilnehmer, ihre Bilder abwechselnd vorzustellen, und leiten Sie sie dabei kurz an. Fordern Sie die Gruppe dazu auf, wenn ein Teilnehmer ein Bild vorstellt, sollten es sich auch die anderen vorstellen, so daß alle gemeinsam das Land der Vorstellungskraft betreten. Ermuntern Sie die Teilnehmer, Fragen zu stellen, so daß jeder wirklich beteiligt ist, nachdem Sie sie an die allgemeinen Prinzipien erinnert haben, wie man Fragen einfühlsam und wirkungsvoll stellt. Schön ist es auch, wenn die Teilnehmer am Ende etwas vom Wesen des Bildes oder besondere persönliche Wünsche für die Zukunft ausdrücken – beides kann sehr bewegend sein.

Am günstigsten ist es natürlich, wenn hier erfahrene Gruppenleiter eingesetzt werden, denn es kann eine ganze Menge auf einmal passieren. Aber auch eine Selbsthilfegruppe, in der sich die einzelnen Teilnehmer in der Rolle des Begleiters abwechseln, kann erstaunliche Ergebnisse erzielen, solange gewährleistet ist, daß jeder sich dafür verantwortlich fühlt, die anderen hilfreich durch die Bilder zu geleiten.

Feiern Sie!

Noch ein guter Rat: Feiern Sie! Sie sind dabei, sich auf ein wunderbares Abenteuer einzulassen, bei dem Sie einigen unglaublichen Freunden und Begleitern begegnen werden. Und wenn Sie am Anfang irgendwelche Probleme haben sollten, denken Sie an die Worte des alten chinesischen Weisheitsbuches *I Ging. Das Buch der Wandlungen:* «Ein schwerer Anfang führt zu höchstem Erfolg.»

4. *Entspannung und Schlaf: Ich brauche Ferien vom Ich*

Früher habe ich nie gewußt, daß ich das Recht hatte, mich auszuruhen. Ich habe es immer für selbstverständlich gehalten, daß sich mein Leben nur dann lohnte, wenn ich arbeitete, oder wenn ich einmal nicht arbeitete, es mir zumindest etwas ausmachte, daß ich nicht arbeitete. Für mich war klar, daß es gefährlich, langweilig, unnütz und zutiefst unmoralisch ist, wenn ich nicht bis zum Umfallen weiterarbeitete. Außerdem hielt ich das Leben sowieso für eine Prüfung, die man nie bestehen würde. Es fiel mir nicht mal im Traum ein, daß das Leben von mir durchaus nicht ständig vollen Einsatz erwartete. Wenn die Dinge einmal etwas ruhiger zu laufen schienen, dann war da bestimmt etwas faul. Natürlich stand ich immer unter Volldampf, bis ich zusammenklappte, erschöpft oder krank war, und wenn ich wieder auf den Beinen war, ging alles wieder von vorn los.

Ich sehe mich noch, wie ich vor ein paar Jahren auf einer Rolltreppe im Flughafen stand; ich war unterwegs, um einen Workshop über Vorstellungsbilder in Norwegen abzuhalten. Plötzlich merkte ich, daß ich panische Angst hatte. Aber wovor bloß? Es war doch wirklich nicht mein erster Workshop. Wo also lag das Problem?

Nach einigem Grübeln kam ich dahinter, daß mein Problem diesmal darin bestand, daß *das Ganze mir nicht genug ausmachte.* Es sieht alles zu leicht aus – was ist faul daran? schien sich mein Unbewußtes offenbar gefragt zu haben, als es mich mit einem Anfall von Angst zur Wachsamkeit anhielt. Sobald ich ihm versicherte: «Mach halblang, du mußt nicht gleich voll loslegen», verflog die Angst. Ich konnte mir gut vorstellen, wie mein Unbewußtes erleichtert aufseufzte: Vielleicht gibt es ja doch so etwas wie eine einfache Prüfung!

Für die Bildarbeit ist es wirklich ganz wichtig, daß man auszuruhen lernt. Vorstellungsbilder fördern die Entspannung, Entspannung fördert die Vorstellungsbilder. Wenn Sie Bilder schaffen, treten Sie in ein verändertes Bewußtseinsstadium ein und entspannen sich ganz von selbst. Und umgekehrt: Je entspannter Sie sind, wenn Sie mit Bildern arbeiten, desto tiefer und intensiver werden wahrscheinlich Ihre Bilder sein. Deshalb kann es so schwer sein, ein Bild genau dann zu bekommen, wenn Sie meinen, es unbedingt zu brauchen. Halten Sie nicht inne und entspannen sich zuerst, sind Sie vielleicht einfach viel zu aufgedreht, um es kommen zu lassen.

Dieses Buch kann Ihnen ingesamt dabei behilflich sein, zur Ruhe zu kommen. Wenn Ihnen Ihre falschen Voraussetzungen klarwerden, Sie Ihre unabgeschlossenen Angelegenheiten zu Ende bringen, wenn Sie das Gefühl «Ich soll» durch «Ich will» ersetzen und eine Lebensweise finden, die zu Ihnen paßt, kommt die Entspannung wie von selbst. Einstweilen allerdings ist es einer der wichtigsten und einfachsten Nebeneffekte der Bildarbeit, daß Sie Ihren Körper, Ihre Seele und Ihren Geist wieder sanft an Ruhe gewöhnen.

Die Entspannung ist deshalb so wichtig – und das hat sich mittlerweile auch herumgesprochen –, weil es tatsächlich gefährlich, langweilig und unnütz ist, *nicht* auszuruhen. Ganz abgesehen von den seelischen und geistigen Schmerzen hat es auch unmittelbare körperliche Auswirkungen, wenn man nie zur Ruhe kommt.

Eine Streßsituation, also eine Situation, die an uns appelliert, irgend etwas zu tun oder uns einer Veränderung anzupassen, provoziert den Körper zum Kampf oder zur Flucht. Dabei dominiert der sogenannte «Sympathikus» im vegetativen Nervensystem, der das Herz schneller schlagen läßt, den Stoffwechsel beschleunigt, Blutdruck und Sauerstoffverbrauch erhöht, mehr Blut in unsere Muskeln und weniger in unsere Organe gelangen und unseren Kortisonspiegel ansteigen läßt. Auf diese Weise rettet die Natur in Notfällen unser Leben. Es kann aufregend oder schmerzhaft sein, wenn wir uns auf seine Intensität ein- und auf unsere eigenen Toleranzschwellen verlassen können. Aber diese Streßsituation darf nicht zu lange anhalten.

Wenn wir sie überstanden haben und uns entspannen sollen, muß der Gegenspieler des Sympathikus, der «Parasympathikus», die Kontrolle übernehmen, und der Körper muß seine normalen Funktionen wiederaufnehmen: den Herzschlag verlangsamen, den Stoffwechselumsatz senken und so weiter. Geistige und physische Gesundheit und Ausgeglichenheit beruhen auf diesem natürlichen Wechsel von Anstrengung, Aufregung und Streß und friedlicher Entspannung, Reflexion und Erneuerung.

Aber so einfach geht es eben im Leben nicht zu. Es kommt immer wieder zu neuen, unerwarteten Situationen, auf die man nicht eindeutig reagieren kann und für die es keine klare Lösung gibt, so daß wir zur Ruhe kämen. Es gibt immer eine Menge zu tun, Probleme sind zu lösen, und unerledigte Angelegenheiten können scheinbar nie erledigt werden. Und aufgrund tief verwurzelter Anschauungen meinen wir einfach nicht in der Lage zu sein, uns Ruhe zu gönnen – bis wir dazu gezwungen sind.

Viele Menschen leben unter Dauerstreß, sie fühlen sich ständig angespannt und bedroht und geraten so immer mehr aus dem Gleichgewicht. Ihre Energie läßt nach, ebenso ihre Fähigkeit, mit Problemen fertig zu werden, und sie laufen Gefahr, krank zu werden. Ihr Hormonhaushalt gerät durcheinander, ihr Immunsystem wird geschwächt, und ihr Alterungsprozeß beschleunigt sich. Wir verlieren wie ein Gummiband, das ständig überdehnt wird, unsere Elastizität, und ab und zu «zerreißt» es uns.

Es hat etwas Paradoxes, wenn man den Menschen vorschlägt, sie sollten lernen, sich zu entspannen: Gerade die, die es am nötigsten haben, sind oft ganz ernsthaft der Ansicht, sie seien viel zu beschäftigt, um ausgerechnet jetzt damit zu beginnen – vielleicht nächstes Jahr oder wenn das nächste Projekt abgeschlossen ist. Und wenn wir dann wach daliegen und keinen Schlaf finden oder so angespannt sind, daß wir keinen klaren Gedanken mehr fassen können, dann würden wir vielleicht gern alles probieren, um abzuschalten – aber leider ist es gerade in solchen Augenblicken am schwierigsten, zu lernen, wie man sich entspannt.

Glücklicherweise bedeutet die tiefe Verbindung zwischen Entspannung und Vorstellungsbildern auch, daß wir sozusagen zwei

Fliegen mit einer Klappe schlagen können. Die Form der Entspannung, die in diesem Buch empfohlen wird, ist eine Art aktives Loslassen, das uns in verstärktem Maße befähigen soll, äußere Reize auszuschließen und unsere inneren Kräfte so ausgiebig wie möglich zu nutzen.

Auch wenn Sie noch so beschäftigt sind: Solange Sie sich bewußt sind, daß Sie zuweilen innehalten und darüber nachdenken, Ihre gegenwärtige Situation verstehen und den nächsten Schritt planen zu müssen, werden Sie schnell lernen, daß Sie keine Zeit haben, sich *nicht* zu entspannen und sich voll zu konzentrieren, wenn Sie wirklich effizient sein wollen, statt nur so zu wirken. An meiner Wand hängt eine Karikatur, die mir eine meiner Bildarbeit-Schülerinnen geschenkt hat, und darunter steht der treffende Spruch: «Während ich hier so dasitze und nichts tue, verändere ich mich – auch wenn es nicht so aussieht.»

Da auch der Schlaf Träume bringt, die ebenfalls so wichtig für uns beim Verständnis wie bei der Planung unseres Lebens sind, können Sie mit Recht sagen, Sie seien zu keiner Zeit müßig. Wenn Sie sich regelmäßig entspannen, werden Sie merken, daß Sie sich wohler und friedlicher fühlen, mehr Energie haben und weniger anfällig für Krankheiten sind. Sich entspannen und sich in den Schlaf bringen lernen sind ähnliche Vorgänge. In beiden Fällen müssen Sie abschalten, angemessene Bilder schaffen und in ein tieferes Bewußtseinsstadium versinken können. Der Unterschied besteht darin, daß Sie beim Einschlafen noch tiefer gehen und entsprechende Bilder schaffen müssen, während Sie beim Entspannen noch wach genug bleiben sollen, um sich konzentrieren zu können.

Es gibt viele Methoden, sich zu entspannen und einzuschlafen, und vielleicht haben Sie ja auch schon einige probiert. Ich stelle Ihnen hier eine Grundmethode vor, mit ein paar Alternativschritten und Optionen, so daß Sie durch Versuch selbst herausfinden können, was bei Ihnen am besten funktioniert. Ich werde auch eine Reihe von Formen der «Kurzentspannung» beschreiben: Wenn Sie nur einen Augenblick Zeit für eine «Schnellentspannung» haben, dies aber so oft am Tag, wie es Ihnen einfällt, dann werden Sie über das Ergebnis staunen. Denken Sie auch daran, daß jeder Schritt der langsameren Entspannung ebenfalls zur selbständigen «Schnellentspannung» herangezogen werden kann.

Aber vielleicht haben Sie ja längst Ihre eigenen, besonderen Methoden, sich zu entspannen, was nicht bedeutet, daß Sie dabei unbedingt sitzen müssen. Wenn Sie sich bei einem flotten Spaziergang oder beim Joggen im Wald, beim Anhören von Beethoven-Musik oder beim Schwimmen über ein paar Bahnen entspannen können, dann sollten Sie diese Methoden statt oder ergänzend zu der folgenden anwenden. Wenn Sie allerdings gerade nicht in den Wald gehen oder in den Swimmingpool steigen können oder gerade kein Abspielgerät zur Hand haben – stellen Sie sich das Ganze doch einfach vor. Es kann genauso Wunder wirken.

Grundform der Entspannung

Die im folgenden dargestellte Methode beruht auf einer Reihe von Schritten. Als Vorbereitung schaffen Sie sich einen Freiraum. Dann beginnen Sie damit, daß Sie seufzen, Ihre Augen nach oben und wieder rasch nach unten drehen – dieses merkwürdige Augenrollen soll die Alphawellen im Gehirn verstärken und damit die Entspannung unterstützen –, und dann holen Sie so tief Atem, daß er in alle Teile Ihres Körpers dringt. Nun entspannen Sie Schritt für Schritt Körper und Verstand und stellen sich vor, wie Sie einen schweren, dunklen Schleier durch sich nach unten drücken und ein Gefühl von Leichtigkeit aufkommen lassen, bis Sie schließlich Ihren Verstand oder Ihren Geist nach oben – und hinaustreiben lassen.

Dann verwenden Sie Bilder, die zu Entspannung führen, und vertiefen diesen Zustand nach Belieben durch Zählen von zehn bis eins. Zusätzlich können Sie sich ein Stichwort zur Entspannung ausdenken, das Sie in Zukunft verwenden werden. Wenn Sie nun vollkommen entspannt sind, beginnen Sie mit der Bildarbeit. Manche Menschen finden es ganz nützlich, zuerst einen spirituellen Kontext für ihre Bildarbeit zu schaffen, indem sie eine höhere Macht oder ein Bewußtsein anrufen, das das eigene gewöhnliche bewußte Selbst übersteigt. Wenn Sie soweit sind, aus diesem Zustand tiefster Entspannung aufzutauchen, zählen Sie so lange, bis Sie sich wieder aktiv fühlen.

Ich fasse diese Schritte noch einmal zusammen:

Vorbereitung: Einen Freiraum schaffen

1. Mit der Entspannung beginnen
2. Körper und Geist entspannen
3. Eine dunkle Schwere von sich abstreifen und eine Leichtigkeit in sich aufsteigen lassen

4. Bilder, die die Entspannung herbeiführen: In ein entspanntes Ich eintreten oder einen Schutzraum schaffen
5. (nach Belieben) Von zehn bis ein zählen zur Vertiefung
6. (nach Belieben) Ein Entspannungsstichwort wählen
7. Zeit zur Bildarbeit (nach Belieben: Zuvor einen spirituellen Kontext schaffen)
8. Auftauchen

Grundübung zur Entspannung

Vorbereitung: Einen Freiraum schaffen. Nehmen Sie sich einen Augenblick Zeit und geben Sie sich selbst die Erlaubnis, auszuruhen. Sorgen Sie mental oder physisch für einen Raum, der Ihr ganz persönlicher Bereich ist und in den keine Unruhe, keine Telefongespräche oder andere innere und äußere Belästigungen eindringen können. Denken Sie daran, daß Sie auf einen Notfall absolut richtig reagieren werden, sich aber ansonsten um nichts anderes zu kümmern haben. Sollten Sie sich um irgend etwas Sorgen machen, können Sie Ihren Verstand dadurch beruhigen, daß Sie es einfach aufschreiben, um sich später damit zu befassen.

1. *Mit der Entspannung beginnen.* Sitzen Sie ruhig da und konzentrieren Sie sich einen Augenblick auf Ihre Atmung. Geben Sie ein paar lang anhaltende, laute Seufzer von sich, wobei Sie das Gefühl haben sollten, daß jeder Seufzer ganz oben in Ihrem Kopf beginnt und durch Sie hindurchgeht, bis er an Ihren Fußsohlen wieder austritt. Rollen Sie Ihre Augäpfel bei geschlossenen oder offenen Augen zur Decke, dann wieder nach unten. Achten Sie auf jede Verspannung in Ihrem Körper und lassen Sie sie dann ab. Stellen Sie sich vor, daß Sie in jeden Teil Ihres Körpers einen Atemzug des Friedens schicken. Erinnern Sie sich daran, daß Sie nichts tun und nirgendwo hingehen müssen, und daß es nichts gibt, worüber Sie sich gerade jetzt Sorgen zu machen brauchen.

2. *Körper und Verstand entspannen.* Konzentrieren Sie sich abwechselnd auf jeden Teil Ihres Körpers, Füße, Beine usw. Nehmen Sie zuerst wahr, wie sie sind, und sagen Sie *Hallo* zu ihnen. Nun spannen Sie sie an und fühlen Sie, wie sich das anfühlt, dann

entspannen Sie sie und lassen den Atem des Friedens zu Ihnen dringen. Dann sagen Sie: «Mein Fuß ist schwer und entspannt, und während sich mein Fuß entspannt, spüre ich, wie mich ein tiefes Gefühl des Friedens durchdringt.» Oder nur: «Schwer und warm, warm und entspannt.» Wenn Sie zu anderen Teilen Ihres Körpers übergehen, erwähnen Sie auch die vorherigen Teile, zum Beispiel: «Meine Schultern entspannt und friedlich, mein Körper und meine Beine entspannt und friedlich, meine Füße warm, entspannt und friedlich.» Wenn Sie zum Gesicht und zum Kopf kommen, gehen Sie auch auf die Kopfhaut, die Muskeln um die Augen, den Mund, die Zunge und den Hals ein.

Lassen Sie die Entspannung in Ihren Verstand eindringen. Stellen Sie sich vor, daß in Ihrem Kopf eine kleine Person hockt, die dabei ist, alle Gedanken und Sorgen zu einem kleinen Häufchen Staub zusammenzukehren. Spüren Sie, wie der Besen Ihre Gehirnwindungen kitzelt. Dann blasen Sie diesen Staub weg. Jetzt hält diese kleine Person einen Farbtopf voller weißem Licht in der Hand und streicht Ihr Gehirn innen mit weißem Licht an.

3. *Die dunkle Schwere abfallen und die Leichtigkeit aufsteigen lassen.* Wenn Ihre Augen nicht bereits geschlossen sind, lassen Sie sie sich jetzt schließen. Fühlen Sie, daß Ihre Augenlider schwere, dunkle Blenden sind, die Sie nicht heben könnten, wenn Sie es versuchten. Stellen Sie sich vor, eine schwere, dunkle Blende oben auf Ihrem Kopf zu haben, ziehen Sie diese Blende durch Ihren Körper nach unten und lassen Sie die Schwere in den Boden sinken. Lassen Sie ein Gefühl der Leichtigkeit aus dem Boden durch Ihren Körper und in Ihren Verstand aufsteigen. Lassen Sie Ihren Verstand oder Geist sich leicht fühlen und aufsteigen und wie durch ein Loch oben in Ihrem Kopf hinaustreiben wie eine Wolke an einem Sommernachmittag.

4. *Bilder, die Entspannung bringen.* Die beiden folgenden Übungen funktionieren wunderbar. Probieren Sie beide aus. Beachten Sie, daß die erste schnell, einfach und intensiv ist, während die zweite einen sicheren Platz oder Schutzraum erfordert, der sehr angenehm ist, Ihnen innere Zuflucht gewährt und der Ausgangspunkt für weitere Bildarbeiten sein kann.

Variante A: *In ein entspanntes Ich eintreten.* Denken Sie an eine Zeit, als Sie völlig entspannt waren und Sie sich wohl gefühlt haben, oder an eine Tätigkeit, die Ihnen dieses Gefühl vermittelte. Das kann etwas Ruhiges sein wie Musik hören oder etwas Aktives wie Skifahren. Wenn Sie ein Bild von sich bekommen, bei dem Sie sich so fühlen, treten Sie in dieses Bild ein und stimmen Sie Ihre Atmung auf die Atmung dieser entspannten Bildperson ab.

Variante B: *Einen Schutzraum schaffen.* Gehen Sie in Ihrer Vorstellung an einen Ort, wo Sie glücklich gewesen sind oder wo Sie glücklich sein könnten – er kann real oder erfunden sein. Wenn Sie wollen, können Sie dort ein Haus bauen, das aus jedem realen oder imaginären Material bestehen kann, was Sie nur wollen. Und an diesem Ort herrscht ein Gefühl des tiefen Friedens, und hier können Sie tagelang bleiben, auch wenn es in Wirklichkeit vielleicht nur eine Minute ist.

5. *Von zehn bis eins zählen zur Vertiefung.* (Nach Belieben, wenn Sie noch tiefer gehen wollen.) Schlagen Sie sich selbst folgendes vor: «Ich werde jetzt von zehn bis eins zählen, und mit jeder Zahl fühle ich mich immer entspannter, aber noch hellwach, immer mehr in Kontakt mit meinem inneren Selbst. Zehn... tiefer und tiefer, neun... immer entspannter, acht... usw.» Vielleicht ist es ganz hilfreich für Sie, wenn Sie sich beim Rückwärtszählen vorstellen, wie Sie eine Treppe zu einem Fluß hinuntergehen, wobei die oberste Stufe die Zahl Zehn repräsentiert, und Sie bei Null in den Fluß eintauchen.

6. *Ein Entspannungsstichwort wählen.* (Nach Belieben, aber wirklich nützlich, so daß Sie sich künftig schnell auf ein Stichwort hin entspannen können.) Wenn Sie sich ganz friedvoll fühlen, lassen Sie ein Bild oder ein Wort kommen, das dieses Gefühl vermittelt, und lassen Sie Daumen und Zeigefinger Ihrer rechten oder linken Hand einander berühren. Sagen Sie zu sich: «Wenn ich dieses Wort (oder Bild) wiederhole und dabei meine beiden Finger sich berühren lasse, fühle ich mich noch entspannter und friedvoller. Und jedesmal, wenn ich das in Zukunft tue, werde ich dieses wunderbare Gefühl haben, und je öfter ich das tue, desto besser wird es funktionieren.»

7. *Zeit zur Bildarbeit.* Sobald Sie entspannt sind, ist die Zeit gekommen, daß Sie sich an die Bildarbeit begeben oder ans Denken, Planen oder sogar ans Tagträumen – wie es sich gerade ergibt. Für manche Menschen ist es gut, wenn sie sich erst einen spirituellen Kontext für die Bildarbeit schaffen, indem sie eine höhere Macht oder ein höheres Bewußtsein anrufen und sich ihr oder ihm anvertrauen: Gott, Göttin, Maria, ein spiritueller Mei-

ster, das eigene höhere Selbst oder was oder wer auch immer als das oder der Richtige empfunden wird. Das kann Ihnen ein wunderbares Gefühl der Sicherheit und des Friedens vermitteln und Sie vor einer Falle bewahren, in die Sie besonders leicht hineingeraten können: daß Sie sich zu sehr von Ihrer eigenen Kraft abhängig machen. Verbringen Sie also, wenn Sie wollen, einen Augenblick damit, diese höhere Macht oder dieses höhere Bewußtsein anzurufen, und bitten Sie darum, geschützt und geleitet zu werden, wenn Sie das Reich der Bilder betreten.

8. *Auftauchen.* Haben Sie Ihre Bildarbeit getan oder sonst etwas gedacht oder sich vorgestellt und wollen nun wieder aus diesem Zustand tiefer Entspannung und Konzentration auftauchen, schlagen Sie sich selbst vor: «Ich werde jetzt von eins bis fünf zählen, und mit jeder Zahl fühle ich mich immer wacher, aber immer noch entspannt, und wenn ich fünf sage, öffne ich meine Augen und fühle mich entspannt und wach zugleich. Ich fühle mich besser als zuvor, als hätte ich einen langen, erfrischenden Schlaf hinter mir. Eins usw....» Beachten Sie bitte, daß Sie bei der Bildarbeit auf diese Weise am besten die Schritte «Reflexion» und «Nach vorne schauen» einleiten können, bevor Sie auftauchen, und machen Sie damit weiter, wann es Ihnen an diesem Tag am besten paßt.

Grundform des Einschlafens

Wenn Sie sich nicht entspannen, sondern schlafen wollen, sollten Sie es mit dieser Abfolge probieren: Beginnen Sie damit, daß Sie sich einen Freiraum schaffen, und vollziehen Sie dann wie oben die

Schritte 1., 2. und 3. Beginnen Sie sich zu entspannen, entspannen Sie Geist und Körper und lassen Sie die dunkle Schwere absinken und die Leichtigkeit aufsteigen. Dann probieren Sie eines der verschiedenen Bilder aus, die zum Einschlafen hinführen und von denen im folgenden die Rede ist, und wenn Sie dann noch nicht eingeschlafen sind, zählen Sie rückwärts, um Ihren Zustand so weit zu vertiefen, daß Sie schlafen.

Vorbereitung: Einen Freiraum schaffen
Dann die folgenden Schritte: 1., 2. und 3. zur Entspannung
4. Bilder, die den Schlaf herbeiführen
5. Rückwärts zählen zur Vertiefung

Grundübung fürs Einschlafen

Vorbereitung: Einen Freiraum schaffen. Geben Sie sich selbst die Erlaubnis und fordern Sie sich auf, einzuschlafen. Erinnern Sie sich – wie ein Vater oder eine Mutter ein ängstliches Kind – daran, daß alles am Morgen nach einem guten Schlaf ganz anders aussieht. Wenn Sie mitten in der Nacht wegen irgendeines Gedankens oder einer Sorge aufwachen, notieren Sie das. Oft weckt Sie Ihr kreatives Unbewußtes auf, um Sie an etwas zu erinnern. Aber nachdem Sie es aufgeschrieben haben, sagen Sie sich, daß dies nicht der richtige Zeitpunkt ist, sich damit weiter zu beschäftigen. Erneut fordern Sie sich sanft auf – wie Mutter oder Vater ein kleines Kind –, wieder einzuschlafen.

1, 2 und 3. Es folgen die Stufen 1, 2 und 3 wie bei der Entspannung.

4. *Bilder, die den Schlaf herbeiführen.*
Variante A: *Ins schlafende Ich eintreten.* Stellen Sie sich vor, Sie würden tief schlafen. Treten Sie in dieses Bild ein und stimmen Sie Ihre Atmung auf die Atmung dieses schlafenden Selbst ab.
Variante B: *Einen Schutzraum schaffen.* Begeben Sie sich an einen Ort, wo Sie glücklich waren oder sein könnten und sich sicher wie in Abrahams Schoß fühlen. Das kann ein realer oder imaginärer Ort sein. Schaffen Sie sich hier ein Haus ganz für sich allein. Suchen Sie sich einen friedlichen Platz zum Schlafen: vielleicht

unter einem Baum, im Haus oder auf einer Wolke. Atmen Sie tief durch in dieser Atmosphäre. Kuscheln Sie sich zusammen und schlafen Sie.

Variante C: *Das Haus des Schlafs.* Lassen Sie ein Bild von Ihrem ganz persönlichen Haus des Schlafs auftauchen. Gehen Sie hinein. Suchen Sie Ihr spezielles Bett auf. Achten Sie darauf, ob Sie irgendwelche beruhigenden Dinge in Ihrem Bett haben, die Ihnen das Schlafen erleichtern. Vielleicht gibt es hier auch besondere Menschen oder Geister (in meinem Haus des Schlafs gibt es die «Engel des Schlafs»), die Ihnen dabei behilflich sind einzuschlafen – allein durch ihre warmherzige Anwesenheit oder indem sie Sie in den Schlaf singen oder Sie darauf hinweisen, daß Sie sich vor nichts zu fürchten brauchen. Kuscheln Sie sich zusammen und schlafen Sie ein und fühlen Sie sich vollkommen sicher.

Variante D: *Schaffen Sie sich einen Traum.* Schlagen Sie sich selbst vor: «Wenn ich jetzt schlafen würde, dann würde ich träumen...» Denken Sie sich einen Traum aus und erleben Sie ihn.

Variante E: *Seien Sie kreativ.* Stellen Sie sich ein Bild vor, das Sie am ehesten einschlafen lassen würde.

5. *Rückwärts zählen zur Vertiefung.* Schlagen Sie sich selbst folgendes vor: «Ich werde jetzt rückwärts von 100 bis eins zählen, und mit jeder Zahl fühle ich mich doppelt so schläfrig wie vorher, bis ich fest eingeschlafen bin. Wenn ich irgendwelche Zahlen überspringe, zählen sie dennoch genauso. (Sollten Sie am Ende immer noch nicht eingeschlafen sein, fangen Sie einfach wieder von vorn an.)

Zur schnellen Entspannung

Zuweilen bleibt uns keine Zeit, uns gemächlich zu entspannen. In diesem Fall kann jeder der oben beschriebenen Schritte für sich angewendet werden, um Entspannung herbeizuführen. Nehmen Sie den, der bei Ihnen am besten funktioniert, oder einfach den, der Ihnen gerade einfällt. Oder probieren Sie es mit einem der folgenden Schritte:

1. *Entspannungsstichwort:* Wenden Sie das Entspannungsstichwort an, das Sie sich bei 6. weiter oben ausgedacht hatten.

2. *Verdichten und leichter werden:* Ziehen Sie Ihren ganzen Körper zusammen, als ob Sie eine auf das kleinstmögliche Volumen komprimierte Rosine wären. Lösen Sie sich. Ziehen Sie Ihr Gesicht und Ihren Kopf zusammen. Lösen Sie sich. Lassen Sie Ihren Verstand oder Geist leicht werden und nach oben – und hinaustreiben.

3. *Alice-im-Wunderland-Moleküle:* Stellen Sie sich vor, daß Ihre Moleküle immer enger zusammenrücken, so daß Sie ein ganz winziges Figürchen werden. Dann stellen Sie sich vor, daß Ihre Moleküle – auch die, aus denen Ihr Kopf und Ihre Gedanken bestehen – sich immer weiter ausdehnen, bis Sie das ganze Zimmer ausfüllen. Kehren Sie zu Ihrer normalen Gestalt zurück.

4. *Sich die eigene Spannung vorstellen:* Lassen Sie ein Bild aufsteigen, das Ihre Spannung darstellt, und entspannen Sie dann das Bild. Wie wäre es zum Beispiel mit einem aufgeblasenen Luftballon – und dann lassen Sie die Luft heraus? Oder einem zusammengeknüllten Drachen – und dann öffnet er sich und fliegt? Bitten Sie einfach um ein Bild für Ihre Spannung und verändern Sie es dann.

5. *Energie zentrieren:* Stellen Sie fest, wo sich zur Zeit das Energiezentrum in Ihrem Körper befindet. Ziehen Sie es tief ins Zentrum Ihres Körpers hinein.

6. *Goldenes Licht:* Umgeben Sie sich mit goldenem Licht.

7. *Sich den Hintergrund vorstellen:* Machen Sie sich bewußt, daß Ihre Gedanken oder Ihr Bewußtsein einen Hintergrund haben. Gehen Sie in diesen Hintergrund hinein, wobei Sie vielleicht feststellen werden, daß er sich in Ihrem Hinterkopf befindet. Empfinden Sie ihn intensiv. Lassen Sie ein Bild oder einen Strom von Bildern auftauchen, die diesen Hintergrund darstellen, und lassen Sie sich mit ihnen treiben.

8. *Probleme nach außen stellen, innere Klarheit schaffen.* Fragen Sie sich: Was hält mich davon ab, mich zu entspannen. Welches Problem oder Körpergefühl oder welcher Hintergrundeinfluß Ihnen auch immer in den Sinn kommt, lassen Sie dazu jeweils ein

Bild kommen und stellen Sie es neben sich. Versprechen Sie ihm, daß Sie sich zu einem späteren Zeitpunkt mit ihm befassen werden; jetzt sei nicht der richtige Moment dafür. Stellen Sie die Frage immer wieder und lassen Sie zu jedem Problem ein Bild kommen, so lange, bis Sie sich innerlich vollkommen klar fühlen.

9. *Atemwellen:* Atmen Sie so ein, daß sich Ihr Zwerchfell ausdehnt, füllen Sie mit einer natürlich rollenden Bewegung Ihre Brust. Entspannen Sie wieder. Machen Sie das zehnmal, vorzugsweise im Liegen.

Anwendungsbereiche

Etwas besser machen: Ausreichend entspannt können Sie alles besser machen. Entspannung ist nicht nur eine gute Vorbereitung für die Bildarbeit, sondern auch für alles andere in Ihrem Leben. Wenn Sie also dabei sind, irgend etwas anzugehen, insbesondere, wenn es für Sie wichtig ist, nehmen Sie sich Zeit, um innezuhalten, und machen Sie eine «Schnellentspannung». Noch wirkungsvoller ist es, wenn Sie das Ganze mit einem schnellen Bild begleiten, indem Sie sich vorstellen, daß Sie das, was Sie tun wollen, perfekt tun werden (stellen Sie sich zum Beispiel den perfekten Hechtsprung bildlich vor, bevor Sie ihn ausführen).

Probleme lösen: Wenn Sie ein Problem lösen müssen, sollten Sie nicht, wie Sie es bisher gewohnt waren, zielgerichtet und unter Druck darauflossteuern, sondern erst innehalten und sich entspannen. Das ermöglicht es Ihnen, für eine freischwebende und vielleicht ganz neue Methode oder sogar eine Reihe von Methoden offen zu sein. Dazu gehört auch, daß Sie sich nicht mehr an dem Gefühl festklammern, Sie müßten das Problem unbedingt und nur auf eine bestimmte Weise lösen oder die richtige Antwort finden. Entspannung und unkritisches, freies Assoziieren bescheren Ihnen eine reichere Palette: Dann können Sie sich die beste Lösung aussuchen.

Mit anderen arbeiten: Wenn Sie mit anderen Menschen arbeiten, als Therapeut mit einem Patienten, mit Kollegen oder in irgendeiner anderen Gemeinschaft, sollten sich alle einen Augenblick Zeit nehmen, um sich zu entspannen, ehe Sie mit irgendeiner

Arbeit ernsthaft beginnen. Wenn sich die Gemüter erhitzen oder Sie angespannt sind, oder wenn Sie sich irgendwie festfahren, halten Sie einfach inne und wiederholen es noch einmal.

Ich erinnere mich an ein Treffen im Skyros-Centre, unserem Zentrum zur persönlichen Entwicklung in Griechenland, bei dem wir ein echtes Problem hatten, weil eine Mitarbeiterin wegen Krankheit ausgefallen war und weil sich ihre Gruppenteilnehmer alle in den Kurs einer anderen Mitarbeiterin drängen wollten, die sich wiederum weigerte, alle aufzunehmen. Eine Zeitlang schien es ein unlösbares Problem zu sein. Dann bat ich alle Anwesenden innezuhalten, sich zu entspannen und darüber zu meditieren. Als wir dann alle wieder sprachen, ergab sich wie durch Zauberei ein Kompromiß, und wir gingen in dem Gefühl auseinander, daß einem die anderen zugehört und sich für einen interessiert hatten und daß man stolz darauf war, sein Bestes getan zu haben.

Die Konzentration vertiefen: Zählen Sie wie beim Vertiefen der Entspannung (5. Schritt) rückwärts, um sich vertieft auf das konzentrieren zu können, was Sie gerade tun wollen. Am besten geben Sie sich Anweisungen, die mit dieser speziellen Aufgabe zu tun haben. Wenn ich beispielsweise schreibe, könnte ich zu mir selbst sagen: «Ich zähle jetzt rückwärts von zehn bis eins, und mit jeder Zahl werde ich mich doppelt so entspannt fühlen, mich doppelt so gut konzentrieren, doppelt so gut schreiben können.» (Oder wenn ich ein Problem zu lösen habe, sage ich mir, daß ich mit jeder Zahl mein gegenwärtiges Problem besser definieren und lösen kann.)

Spielen und Tagträumen: Entspannen Sie sich zum Spielen genauso wie zum Arbeiten. Ein paar Augenblicke der Entspannung sowie Rückwärtszählen und ein schönes angemessenes Bild kommen dem Sex genauso zugute wie der Projektplanung.

Und denken Sie auch daran, daß sich die Bildarbeit zwar vom Tagträumen unterscheidet, aber daß es nicht nötig ist, auf das Tagträumen zu verzichten. Befriedigende Tagträume können manchmal ganz ausgezeichnet entspannen und auch heilsam wirken. Und wenn Sie bewußt Tagträume als Mittel einsetzen, besser zu leben statt vor dem Leben zu flüchten, dann leisten Sie damit eine Art Bildarbeit.

Nehmen Sie sich also ruhig ein wenig Zeit, um über irgend etwas zu phantasieren, was Sie sich im Leben wünschen: einen schönen Urlaub, ein wunderbares Liebesleben oder eine Hauptrolle an der Seite Ihres Lieblingsfilmstars. Ein großartiges Erlebnis ist ein großartiges Erlebnis, ganz gleich, ob es «wirklich» stattgefunden hat oder nicht, und wunderschöne Erinnerungen müssen nicht unbedingt nur an reale Ereignisse anknüpfen. «Eskapistische» Phantasien werden erst dann problematisch, wenn Sie sich selbst etwas damit vormachen. Ansonsten machen auch sie das Leben nur lebenswert.

Oder wie meine alte Freundin Naomi zu sagen pflegte, wenn ich sie bei ihren Anekdoten unterbrach, um die Tatsachen richtigzustellen: Es spielt doch keine Rolle, ob es wahr ist – Hauptsache, es ist eine gute Geschichte.

Zum Abschluß

Es gibt nichts, was jederzeit und für jeden gleich gut funktioniert. Manch einer kann sich leichter tief entspannen, wenn alle es in einer Gruppe tun, als wenn er es allein versucht. Bei anderen versagt ihre bevorzugte Methode gerade dann, wenn sie am meisten darauf angewiesen sind, usw. usf.

Damit will ich eigentlich nichts anderes sagen, als daß Sie bei Ihren Entspannungsversuchen genauso kreativ und flexibel und ausdauernd sein sollten wie sonst auch im Leben. Und denken Sie auch daran, daß Sie viel leichter Ihr Ziel erreichen, je häufiger Sie das Entspannen üben, wenn Sie gerade nicht darauf angewiesen sind.

Lassen wir einmal all diese Wenn und Aber beiseite, denn das Entspannen an sich ist ein so schieres Vergnügen, ganz zu schweigen von seinen vielfältigen Vorzügen, daß es einfach sehr bedauerlich wäre, wenn Sie es nicht mit offenen Armen in Ihrem Leben begrüßen würden.

5. *Das Bild als Lebensmetapher: Wer bin ich?*

Als Evelyn beschlossen hatte, fortan nur noch vom Schreiben zu leben, mußte sie entdecken, daß sie nicht mehr schreiben konnte. Sie steckte in einer fürchterlichen Klemme und fragte sich, ob sie nicht einen Riesenfehler gemacht hatte. Als ich ihr eine frühere Fassung dieses Kapitels zu lesen gab, nahm sie sich vor, das «Bild als Metapher» selbst auszuprobieren, um zu sehen, ob sie dadurch ihre Situation ein wenig besser verstehen würde.

Vor ihr tauchte das Bild eines großen amphibischen Wesens auf, das einer Seeschlange glich, eine glänzende schwarze Haut besaß und in eine sehr kleine Holzkiste eingesperrt war. Als sie von oben auf die Kiste hinuntersah, entdeckte sie, daß der Deckel aus sehr dünnem Sperrholz bestand. Plötzlich kam ihr die Idee, daß es für das Tier ein leichtes sein müßte, diese Leisten zu zerbrechen. Sie schlug der Schlange vor, aus der Kiste auszubrechen, aber die Kreatur ringelte sich darin weiterhin ängstlich zusammen.

Dann betrat Evelyn das Bild und «wurde» das Tier, und dabei fand sie heraus, daß sie sich wegen ihrer weichen Haut sehr verletzlich fühlte und deshalb Angst hatte, die Kiste zu verlassen. Sie schlüpfte in die Rolle des «Begleiters» und fragte die Schlange: «Wenn du ausbrechen *könntest*, wie würde das wohl sein?» Sie wurde wieder das Tier – und innerhalb weniger Sekunden durchbrach sie den Deckel der Kiste, streckte zahlreiche Füße in die Luft und wurde eine vielfarbige, mächtig zischende Schlange. Sie fühlte sich absolut wunderbar.

Sofort war Evelyn klar, daß ihre Schreibblockade von ihrer Angst herrührte, ihr sensibles Selbst mit ihrem Schreiben öffentlich zur Schau zu stellen. Sie kam auch dahinter, daß sie das Potential besaß, eine viel stärkere und farbigere Persönlichkeit zu sein und die Menschen zu beeindrucken. Nun fühlte sie sich sicher und war nicht mehr ängstlich und bedrückt – sie war buchstäblich in der Lage, den Absprung zu schaffen.

Schon nach ein paar Tagen schickte Evelyn ihren ersten Artikel an eine Zeitung. Dort kam er so gut an, daß man sie fragte, ob man

sie künftig zu den freien Mitarbeitern zählen dürfe. Als ich sie wieder einmal traf, bemerkte ich, daß sogar ihre Kleider bunter geworden waren.

In diesem Kapitel nun untersuchen wir, wie wir mit Hilfe von Vorstellungsbildern Botschaften unseres Unbewußten empfangen können, um zu erfahren, wer wir wirklich sind und wie es mit uns weitergehen soll, und um aus einer inneren Klarheit heraus zu handeln. Mit der hier vorgestellten Technik kann man jede Situation, jedes Problem klar verstehen und damit effizienter umgehen lernen, ganz gleich, ob es sich dabei um unsere allgemeine Lebenssituation handelt, um problematische Beziehungen am Arbeitsplatz oder um eine Marketingkampagne. Damit wir agieren statt reagieren, müssen wir in der Lage sein, innezuhalten, uns selbst wie auch die innere Struktur der Situation zu verstehen, in der wir uns befinden, und den einfachsten und angemessensten Weg zu bestimmen, um weiterzukommen. Und das ist möglich, wenn wir uns des Bilds als Metapher bedienen.

Sich von einem Problem ein Bild machen

Diese erste und elementarste Form der Arbeit mit Vorstellungsbildern besteht darin, daß man ein Bild als Antwort auf eine Frage kommen läßt und dann damit arbeitet. Wie im Falle von Evelyns Schlange verfügen solche Bilder über die Kraft, mit einer aufschlußreichen Metapher die Grundstruktur all dessen zusammenzufassen, wonach Sie fragen. Eine Metapher spiegelt gewöhnlich ganz genau, und je intensiver Sie sie erkunden, desto mehr werden Sie feststellen, daß sie auf jeder Ebene und in jedem Detail nicht nur etwas mit Ihrem speziellen Problem, sondern auch mit Ihrem Leben insgesamt zu tun hat. Plötzlich wird das Implizite explizit, die Kompliziertheit eines Problems wird auf eine einfache Struktur zurückgeführt, die Vorgeschichte einer Situation wird deutlich, und auf einmal taucht eine Lösung auf, wo es zuvor keine zu geben schien.

Ken hatte eine Tochter von Anfang zwanzig, die sich nicht für einen Beruf entscheiden konnte. Während einer Bildarbeitssitzung fragte Ken sich, wie er ihr helfen könnte. Sollte er sich umhören und Informationen für sie beschaffen? Sollte er sie antreiben? Sollte er sie einfach so weitermachen lassen?

Was macht einen guten Vater aus? Er hatte sich an diesem Abend mit ihr zum Essen verabredet und sah dieser Begegnung angespannt und ratlos entgegen.

Das Bild eines Kreuzes tauchte vor Ken auf. Er war erschüttert: Er assoziierte das Kreuz mit einem bestimmten Verhaltensmuster – seinem bis zur Opferbereitschaft gehenden Verantwortungssinn für die Menschen in seinem Leben –, und er erkannte, daß er wieder einmal unbewußt soweit war, sich genauso zu verhalten. Doch gegenüber seiner Tochter wollte er diese Rolle nicht spielen. Wie konnte er das ändern? Er «wurde» das Kreuz, und plötzlich hatte er das Gefühl, zu glühen. Er erkannte, daß er nicht mehr ein Kreuz war, sondern ein Leuchtturm, der hoch oben auf einem Berg sein Licht ausschickte. Zuerst war er über diese Vorstellung beunruhigt, doch dann empfand er sie als wunderbar warm. Er merkte, daß er ein Fixpunkt geworden war, zu dem die Menschen kamen, weil sie von ihm Licht und Wärme erhielten.

Ken sah sogleich ein, daß er nicht nur mit seiner Tochter, sondern mit seinen Beziehungen überhaupt besser zurechtkäme, wenn er sein Verantwortungsgefühl nicht mehr als Last empfände, sondern als offenes und aufnahmebereites warmherziges Verständnis. Nun freute er sich auf die Begegnung mit seiner Tochter und auf diesen warmen und lichterfüllten Abend.

Da das Bild auch eine innere Gedankenform oder ein inneres Programm darstellt, werden Sie bei der Arbeit daran oft entdekken, daß Sie unmittelbar körperlich, seelisch und geistig anders werden, als Sie vorher waren. Anne hatte einen verspannten Unterkiefer und ließ ein entsprechendes Bild aufsteigen: einen unentwirrbaren Knoten. Als sie sich mit dem Knoten beschäftigte und ihn lösen konnte, entdeckte sie zu ihrer Überraschung, daß sich auch ihr Kiefer mit dem Knoten gelockert hatte. Genau darauf beruht eine der stärkeren Methoden der schnellen Entspannung (siehe das vorige Kapitel – 4. Schritt): Sie lassen ein Bild von Ihrer Verspannung kommen und wandeln es dann um. Und damit verschwindet auch die Verspannung.

Außerdem können Sie Gegenwart, Vergangenheit und Zukunft besser verstehen und darüber mehr Klarheit gewinnen, wenn Sie das Bild auf Ihr Leben zurückprojizieren und Parallelen erkennen. Indem Anne verstand, wie der Knoten zustande gekommen war, wie sie ihn entwirren konnte und was mit dem Seilende passieren würde, wenn es kein Knoten mehr war, konnte sie einige weitreichende Schlußfolgerungen über ihr allgemeines Lebensmuster und ihre Möglichkeiten ziehen.

Poetische Einbildungskraft

Was sind das überhaupt für Bilder, die uns kommen? Es sind alle möglichen Bilder, denn wir alle sind von Natur aus Dichter, und die seltsamsten Bilder kann man oft am leichtesten verstehen. Ich erinnere mich an einen Professor, der gerade von einer Bildarbeits-Sitzung mit Programmierern kam und ganz verblüfft darüber war, welche poetischen Bilder ausgerechnet diesen durch und durch logisch denkenden Menschen ganz natürlich gekommen waren, so daß er das Gefühl hatte, einer Séance beizuwohnen.

Hier einige typische Bilder, die uns in den Sinn kommen: ein von den Wellen glattgeschliffener Felsen, der sich unter eine Klippe kuschelt und von der Ewigkeit träumt; eine Sonnenblume, die ihr Gesicht der Sonne zuwendet und deren Stengel schmerzt, weil er eine Stütze braucht; ein Vogel, dessen Flügel gebrochen ist und der keinen Ort findet, an dem er unterkriechen und seine Wunde heilen lassen kann; eine Aspidistra in einem viel zu kleinen Blumentopf denkt, wenn sie ihre Blätter braun werden läßt, könnte sie auf sich aufmerksam machen, damit sie in einen größeren Topf kommt; ein Tiger in seinem Käfig erinnert sich daran, wie es einst in Afrika war, doch dann redet er sich selbst ein, daß er in seinem Käfig ruhig und sicher sei – wo sollte er denn auch sonst hingehen? Normalerweise haben die Bilder intuitive Bedeutung, und zwar sowohl für die Person, die das Bild hat, als auch für andere, die davon erfahren. Wenn Sie in einer Gruppe arbeiten, können sich die anderen Teilnehmer anschließen und Fragen stellen oder Wünsche äußern: «Felsen – ich wünsche dir das Vergnügen, daß Kinder auf dir spielen und dich bewundern.» – «Sonnenblume – auch mein Stengel tut weh. Vielleicht könnten wir uns mit vereinten Kräften gegenseitig stützen.» – «Vogel – ich wünsche dir, daß andere Vögel um dich schweben und dich heilen.» – «Aspidistra – versuch doch auf andere Weise einen neuen Topf zu bekommen und nicht krank zu werden.» – «Tiger, spazier doch einmal durchs Käfigtor hinaus – du kannst doch jederzeit wieder in den Käfig zurückkehren, wenn du willst.»

Die Logik der Vorstellungskraft

Bilder haben ihre eigene innere Logik, die vielleicht nicht die Logik der Alltagswirklichkeit ist. Wichtig ist, daß man spürt, was das Bildwesen – wie ich das personifizierte Tier, die Pflanze oder den Gegenstand nenne, die als Bild auftauchen – tun möchte, ganz gleich, ob das im Widerspruch zu biologischen Tatsachen oder zum rationalen Verstand steht oder nicht. Ich erinnere mich noch daran, wie sehr wir uns alle in einer Bildersitzung freuten, als ein «Schwein» sich nicht mehr im Dreck suhlen sondern fliegen wollte – und das auch tat.

Das Bildwesen weiß stets am besten, was es als nächstes tun soll. Einmal war ich am letzten Ferientag sehr unruhig und wußte nicht, warum. Ich bekam ein Bild von einem Boot in der Nähe des Strands, das weder im Wasser noch an Land war und sich auf Grund gelaufen fühlte. Nun verstand ich, daß meine Unruhe etwas mit der Tatsache zu tun haben mußte, daß dies mein letzter Ferientag war und daß ich damit nicht klarkam, und ich dachte, es sei vielleicht besser, wenn ich das Boot an Land zöge. Aber so sehr ich mich auch mühte – immer wieder glitt das Boot ins Wasser zurück. Also beschloß ich, das Gegenteil zu tun und das Boot wieder aufs Meer hinauszustoßen – und das war genau das richtige.

Ich erkannte, daß ich gerade an diesem letzten Ferientag aus mir herausgehen und das Beste daraus machen mußte, statt mich einfach abzukapseln, wie ich es immer tat, wenn ein Erlebnis zu Ende ging. Das Schönste an meinen Ferien war eine kleine Dorfkirche, die ich an diesem Tag nur deshalb aufsuchte, weil ich vor meinen Augen jenes Boot sah, das sich mitten auf dem Meer so wohl fühlte.

Das Bild als Metapher: Übungsaufbau

Wie bekommen wir diese Bilder? Wenn Sie es erst einmal beherrschen, werden Sie einfach um ein Bild bitten, und fast so schnell, wie Sie einen Fernseher einschalten, wird es dasein. Am Anfang aber scheint es ein wenig entmutigend zu sein. Vermutlich ist es am leichtesten, wenn man damit beginnt, daß man mit jemandem zusammenarbeitet oder die Übungen auf Band spricht. Doch wenn Sie ganz allein arbeiten und einfach die Plätze tauschen, so daß Sie auf einem Stuhl der Begleiter sind, der die Fragen stellt, und auf dem anderen das Bildwesen, dann werden Sie fast das Gefühl haben, zwei verschiedene Menschen gleichzeitig zu sein.

Stets sollten Sie sich an die im 3. Kapitel dargelegten Prinzipien der Bildarbeit erinnern und dann damit beginnen, einen Freiraum zu schaffen (siehe 3. Kapitel) und sich zu entspannen (siehe 4. Kapitel). Wenn Sie allein arbeiten, sollten Sie gegenüber ein Kissen oder einen Stuhl plazieren, das oder der als Kissen oder Stuhl des Bildwesens dient: Dort wird auch das Bild «erscheinen», und dort werden Sie auch Platz nehmen, um das Bild zu werden. Auf Ihren ursprünglichen Platz kehren Sie immer dann zurück, wenn Sie begleitende Fragen stellen wollen. Viele Menschen schließen am liebsten die Augen, wenn sie das Bildwesen sind, weil das ihr Erlebnis intensiver macht. Finden Sie heraus, was für Sie am angenehmsten ist.

Grundsätzlich ist die Übung folgendermaßen aufgebaut: Sie lassen ein Bild kommen und studieren es aus verschiedenen Blickwinkeln. Dann treten Sie ins Bild ein, indem Sie das Bildwesen werden, und vertiefen die Exploration. Dann blicken Sie zurück und versuchen herauszubekommen, was zur gegenwärtigen Situation geführt hat, und anschließend blicken Sie nach vorn, um zu erfahren, welches Ihr nächster Schritt sein sollte, und probieren diesen nächsten Schritt aus. Dann danken Sie Ihrem bewußten und Ihrem unbewußten Selbst für die gemeinsame Leistung. Nun sollten Sie in aller Ruhe über das Bild nachdenken und es auf Ihr Leben projizieren und sich überlegen, wie sich das auf die Zukunft auswirken wird, und anschließend sollten Sie wieder aus dem Zustand der Entspannung auftauchen. Hier noch einmal die einzelnen Schritte:

Vorbereitung: Einen Freiraum schaffen und sich entspannen

1. Ein Bild kommen lassen
2. Das Bild studieren

3. Das Bild werden: vertiefen und erkunden
4. Der Vorgeschichte nachgehen
5. Die Möglichkeiten ausfindig machen
6. Dank abstatten und auftauchen
7. Reflektieren
8. Vorausschauen
9. Auftauchen

Mit anderen Worten: Sie lassen ein Bild auftauchen und erzählen seine Geschichte. Dabei beginnen Sie mit der Gegenwart und gehen dann zur Vergangenheit über – wie in einer Rückblende –, dann zur Zukunft, und schließlich ziehen Sie Schlußfolgerungen daraus, die sich unmittelbar auf Ihr Leben beziehen. Bei der im folgenden beschriebenen Übung wird zur Einleitung die allgemeine Frage gestellt: «Wer bist du und was mußt du in diesem Augenblick deines Lebens wissen?» Später können Sie das abwandeln und gezielte Fragen zu speziellen Problemen stellen.

Vielleicht halten Sie auch Papier und Filzschreiber, Buntstifte oder Farbe bereit, um entweder ein Bild zu malen, mit dem Sie beginnen können, falls es sich als schwierig erweisen sollte, an eins zu denken, oder um das Bild später festzuhalten.

Die Übung ist ziemlich lang und mag Sie vielleicht entmutigen. Das liegt vor allem daran, daß sie eine Fülle von Alternativen und Erklärungen enthält, die sich mit allen Eventualitäten befassen, denen ein Anfänger bei der Bildarbeit begegnen könnte. Am Ende stellen wir die Übung in Kurzform dar, was besonders nützlich ist, wenn Sie nur ein paar Augenblicke Zeit haben und etwas oder jemanden schnell verstehen oder sofort eine Entscheidung fällen müssen.

Bei diesem Prozeß werde ich Sie nicht allein lassen, sondern mit Ihnen arbeiten, indem ich ein Bild kommen lasse und mit Ihnen alle Schritten vollziehe. Eine Zusammenfassung meines Erlebnisses finden Sie im Anhang. Ich verspreche Ihnen, daß ich nicht mogeln und ein Bild suchen werde, von dem ich weiß, daß es sich gut macht – nein, ich werde mich Ihnen genau jetzt, da ich dies schreibe, anschließen und die Übung mit Ihnen gemeinsam machen. Denken Sie also daran: Halten Sie nicht nach einem Bild Ausschau, das *Sie* für gut halten – das erste Bild, das Ihnen in den Sinn kommt, ist in diesem Moment für Sie am besten geeignet.

Dabei fällt mir Michael ein, der um ein Bild bat, das ihm bei der Entscheidung behilflich sein sollte, ob er ein wichtiges Geheimnis in seinem Leben offenlegen sollte oder nicht. Ihm kam das Bild einer Fabrik in den Sinn. Was hat das mit meiner Frage zu tun, fragte er sich. Er ging in die Fabrik hinein und sah, wie ein Fließband Büchsen transportierte. Da ihn das Bild zunehmend frustrierte, wollte er es schon zurückweisen, als er auf einmal bemerkte, daß die Büchsen gekochte Bohnen enthielten. Plötzlich explodierte eine Büchse, und die Bohnen schossen nach allen Seiten durch die Gegend. Und dann erschien ein Spruchband in der Luft: «Schütte die Bohnen aus.»

Das Bild als Metapher: Grundübung

(*Bitte beachten Sie:* Die Instruktionen sind für den Fall, daß Sie sich selbst durch die Übung führen. Wenn Sie einen Partner führen, sollten Sie die Anredeform entsprechend ändern, zum Beispiel: «Ich möchte gern, daß *du* ein Bild kommen läßt» statt: «Ich möchte ein Bild kommen lassen».) Vorbereitung: Einen Freiraum schaffen und sich entspannen.

1. *Das Bild kommen lassen.* Sagen Sie dabei folgendes zu sich: *Grundanweisung:* «Ich möchte gern ein Bild von einem Tier, einer Pflanze oder einem Gegenstand haben, das irgendwie darstellt, wer ich bin oder was ich in diesem Augenblick meines Lebens wissen muß. Das erste Bild soll es sein, das mir in den Sinn kommt, als Wort, als Gemälde, als Klang oder als flüchtige Empfindung. Dieses Bild sitzt nun auf dem Stuhl mir gegenüber.»

Dem Unbewußten danken. Wenn das Bild auftaucht, sagen Sie: «Vielen Dank für dieses Geschenk, Unbewußtes.»

Falls nichts geschieht. Wenn Ihnen überhaupt nichts in den Sinn kommt, probieren Sie es abwechselnd mit den folgenden Varianten, bis eine funktioniert:

a) «Unbewußtes, ich danke dir dafür, daß du mich schützen willst, aber ich würde doch gern diese Bilder erkunden. Bitte hilf mir, daß ich das gefahrlos und ganz natürlich tun kann. Ich bitte dich, ein Bild aufsteigen zu lassen.» Dann fahren Sie nach der Grundanweisung fort.

b) «Ich stelle mir jetzt vor, daß mein Unbewußtes wie ein wunderbar reiches Meer voller Schätze ist, und während ich in diesem Meer versinke, steigt ein Bild auf, das darstellt, wer ich bin oder was ich in diesem Augenblick meines Lebens wissen muß. Dieses Wesen sitzt mir jetzt gegenüber.»

c) «Wenn ich auf die vergangenen beiden Tage zurückblicke und mich an all die Dinge erinnere, die ich gesehen habe, nehme ich ein Erinnerungsbild wahr, das meine Aufmerksamkeit auf sich zu ziehen scheint. Dieses Bild sitzt mir jetzt gegenüber.»

d) Legen Sie sich Papier und Filzstifte zurecht und sagen Sie sich: «Ich möchte gern ein Bild auf diesem Blatt Papier auftauchen lassen – von einem Tier, einer Pflanze oder einem Gegenstand.» Weiter wie oben. Dann suchen Sie sich irgendwelche Farben aus, setzen die Stifte aufs Papier und malen, ohne zu denken. Lernen Sie das Bild auf dem Papier kennen und stellen Sie sich dann vor, daß es ihnen gegenüber auf dem Stuhl sitzt.

e) Nehmen Sie an, das «Nichts» oder die «Leere», kein Bild zu haben, sei Ihr Bild, und erkunden Sie es.

Anmerkung: Ich hoffe, Sie haben inzwischen nicht vergessen, daß Sie das erste Bild nehmen sollen, das Ihnen in den Sinn kommt – nicht das erste, das Sie mögen. Und keine Angst, wenn Sie es nicht ganz lebendig vor sich sehen – lassen Sie ihm einfach Zeit dazu.

---

2. *Das Bild studieren.* Lassen Sie das Bild klarer werden. Wie sieht es aus? Was für eine Farbe hat es? Gibt es Laute von sich? Hat es einen Geruch? Bewegt es sich? Wie? In welcher Beziehung steht es zur Umgebung?

Stellen Sie sich vor, wie Ihr Verstand oder Ihr Geist aufsteigt und Ihren Kopf oben durch ein imaginäres Loch verläßt und über und um das Bild herumschwebt, es von oben, von hinten und von allen Seiten, ja sogar von unten betrachtet. Mit anderen Worten: Lernen Sie es aus allen möglichen Blickwinkeln kennen. Was sehen Sie zusätzlich aus jedem neuen Blickwinkel?

Anmerkung: Denken Sie daran, daß das Bild in Ihrer Wahrnehmung nicht irgendwelchen bekannten naturwissenschaftlichen Gesetzen ensprechen muß. In der Welt der Bilder ist alles möglich.

---

3. Das Bild werden: vertiefen und erkunden. Treten Sie in das Bild ein. In diesem Fall heißt das: Stehen Sie auf und setzen Sie sich auf den Stuhl, auf dem Sie das Bild gesehen haben. (Wenn das nicht geht, treten Sie einfach geistig ins Bild ein.) Jetzt sind Sie dieses Bildwesen. Empfinden Sie es zuerst ganz genau und umfassend: Spüren Sie den Boden unter Ihren Füßen (wenn Sie ein Tier sind) oder um Ihre Wurzeln (wenn Sie eine Pflanze sind) oder den Wind an Ihren Flügeln (wenn Sie ein Vogel sind). Was nehmen Sie dabei wahr?

Kehren Sie auf Ihren Stuhl zurück und lernen Sie jetzt das Bildwesen so tief wie möglich kennen, indem Sie es einer Art intimer Explorationsbefragung unterziehen. Im folgenden finden Sie einige gute Fragen aufgelistet. Sie können aber auch alles fragen oder sagen, was Ihnen richtig erscheint, wenn Sie sich in das Bildwesen hineinversetzen. Denken Sie daran, die Plätze zu wechseln, wenn Sie allein arbeiten und einmal der Führer sind, der die Fragen stellt, und dann wieder das Bildwesen, das sie beantwortet.

Einige Explorationsfragen:

«Erzähl mir von dir.»

«Was macht dein Wesen aus?» (Das, was die Sonnenblume zur Sonnenblume, den Tiger zum Tiger, das Boot zum Boot macht – welches Bildwesen auch immer.)

«Wo bist du? Was siehst du um dich herum – was hörst, riechst, schmeckst, fühlst du, was nimmst du intuitiv wahr?»

«Was für ein Gefühl ist es, in diesem Augenblick du zu sein – körperlich, gefühlsmäßig, geistig? Was ist das Beste an deinem Leben und was das Schlechteste? Was erhoffst du dir und wovor hast du Angst?»

«Was hältst du von deiner Situation? Fühlst du dich in deiner Welt zu Hause oder im Zwiespalt mit ihr? Gibt es irgendein Problem, das gelöst werden muß? Steckst du in der Klemme?»

«Wer ist in dieser Situation sonst noch bei dir? In welcher Beziehung stehst du zu ihnen? Und wenn niemand bei dir ist – wie sind dazu deine Gefühle?»

«Wie bewegst du dich? Welche Laute gibst du von dir?» (Wenn es möglich ist, sollten Sie nun aufstehen und sich wie dieses Bildwesen bewegen und Laute wie dieses Wesen von sich geben.)

«Was nimmst du sonst noch daran wahr, du selbst, dieses Bildwesen, in diesem Augenblick deines Lebens zu sein?»

Anmerkung: Als Bildwesen sollten Sie sich einen Augenblick Zeit lassen, bevor Sie die Frage beantworten. Dabei sollten Sie sich darin versenken, dieses Bild zu sein, und die Antwort empfinden, die das Bildwesen geben würde, statt der Antwort, die Sie als erwachsener Mensch geben würden. Denken Sie auch daran, daß sich all diese Fragen stets auf das Bildwesen und nicht auf den erwachsenen Menschen beziehen. Wenn die Frage beispielsweise «diesen Augenblick in deinem Leben» anspricht, so ist damit nicht unbedingt das Leben einer menschlichen Person gemeint, sondern vielleicht das Leben eines großen roten Autobusses, eines Regenbogens, einer Wolke, einer Aspidistra – was auch immer Sie in diesem Augenblick sind.

Als Führender sollten Sie stets daran denken, daß diese Fragen nur Beispiele sind. Wenn Sie sich in das Bildwesen hineinversetzt haben, fallen Ihnen bestimmt andere Fragen ein, die Sie auch stellen sollten. Sie sollten sich daran gewöhnen, daß Sie eine vertrauliche Unterhaltung mit einem Bildwesen und nicht mit einem Menschen führen.

Sobald Sie mit der Bildarbeit vertraut sind, müssen Sie in Wirklichkeit keine Plätze mehr wechseln, sondern Sie können dann einfach in Ihrer Einbildungskraft ins Bild eintreten und sich dann abwechselnd selbst leiten und die Fragen beantworten, ohne daß Sie alles durcheinanderbringen. Auf diese Weise können Sie Ihre Bildarbeit ohne jede Peinlichkeit auch in aller Öffentlichkeit absolvieren. Nach meiner Erfahrung scheint eine echte physische Bewegung die Wirkung der Bilder allerdings außerordentlich zu verstärken.

---

4. *Der Vorgeschichte nachgehen.* Fragen Sie das Bildwesen nach den Hintergründen der gegenwärtigen Situation. «Wie bist du in diese Situation geraten? Gab es einmal eine Zeit, als alles anderes war? Wann? Wie anders? Wie und wann ist es zu dieser Veränderung gekommen?»

Anmerkung: Jede Situation hat eine Vorgeschichte, und je besser Sie diese verstehen, desto sinnvoller werden Ihnen Gegenwart und Zukunft erscheinen.

Es ist nützlich, ganz genau herauszubekommen, wie lange die Veränderung schon zurückliegt, denn daraus ergeben sich oft wichtige Hinweise. Einen Monat? Sechs Jahre? Als ich klein war? Denken Sie stets daran, daß die Fragen nicht an Sie als erwachsenen Menschen gerichtet sind, sondern an Sie als das Bildwesen.

---

5. *Die Möglichkeiten ausfindig machen.* Stellen Sie irgendwelche von den folgenden Fragen (wobei einige das gleiche etwas variiert ausdrücken), bis Sie ein Gefühl dafür haben, welches der nächste Schritt für das Bildwesen ist.

Fragen nach künftigen Möglichkeiten: «Was kommt dann? Was muß du tun, damit du dich wohler fühlst oder dein Leben erfüllter ist oder du einfach vorankommst? Was meinst du, könnte das Richtige sein? Was soll geschehen? Wie wäre es oder was würdest du davon halten, wenn alles in Ordnung wäre? Wenn du dein Leben mit einem Zauberstab berühren könntest – wie würdest du es am liebsten haben wollen?»

Ausführung: Während Sie sich diesen nächsten Schritt vorstellen, sollten Sie ihn in Ihrer Vorstellung tun und sich darüber freuen.

Macht das Bildwesen einen recht glücklichen Eindruck, drängen Sie es nicht, sich zu ändern – allerdings sollten Sie darüber reden, wenn Sie das Gefühl haben, daß mit dieser Situation etwas nicht in Ordnung ist.

Wenn Sie in der Klemme stecken. Wenn Sie das Gefühl haben, daß das Bildwesen in einer Klemme steckt oder nicht weiß, was es tun soll, oder sich nicht traut, es zu tun, probieren Sie es mit einer von diesen Fragen oder auch mit allen: «Was hält dich davon ab, weiterzugehen? Hast du Angst, es könnte etwas passieren? Was?»

«Was findest du an deiner ganz offensichtlich schwierigen derzeitigen Situation gut oder nützlich? Gibt es einen anderen Weg, zum selben Ergebnis zu kommen, der angenehmer für dich ist?»

«Ich realisiere, daß du nicht weiterkommen willst oder nicht weißt, wie. Aber wenn du wirklich weiterkommen könntest – wie wäre es dann? Wenn du dich wirklich ändern würdest – was für eine Veränderung würde das dann sein?»

«Laß deine Seele oder deinen Geist nach oben treiben und schaue von dort hinunter, um einen Überblick über die Szene zu bekommen. Siehst du etwas, was für dieses Bildwesen von Nutzen sein könnte? Wenn ja, flüstere etwas von oben dem Bildwesen zu. Und was wäre das?»

«Jetzt ist es X-Zeit später (X-Zeit heißt fünf Minuten, eine Stunde, ein Tag, ein Jahr oder sonstwann), und dein Leben gefällt dir. Was ist geschehen? Was hast du gemacht?»

Ausführung: Wenn Sie all diese Fragen durchgegangen sind, sollten Sie sich, sobald der nächste Schritt klar ist, sagen: «Tu es und freu dich darüber.» Dann können Sie so lange weiterfragen: «Und was dann?», bis es einfach nicht mehr weitergeht.

Anmerkung: Das ist eine wichtige Phase der Exploration, in der wir unsere Wahlmöglichkeiten erkennen und sie in völliger Sicherheit ausprobieren können.

Wenn wir uns festgefahren haben und nicht mehr weiterzukommen glauben, sollten wir als erstes herausfinden, was uns hindert, statt gegen den inneren Widerstand anzurennen zu versuchen (so als ob Sie mit dem Auto bei angezogener Handbremse losfahren wollten). Es ist außerdem wichtig zu erkennen, daß die gegenwärtige Haltung auch etwas Positives hat – vermutlich so etwas wie eine Schutzfunktion. Sobald Sie diese Funktion verstanden haben, können Sie dem Bildwesen dabei behilflich sein, einen zuträglicheren Weg zu finden, wie es das gleiche erreicht, ohne Schaden zu nehmen.

Wenn wir manchmal wirklich so viel Angst vor einer Veränderung haben, daß wir sie uns nicht einmal vorstellen können, müssen wir uns durch einen «Trick» dazu bringen, das Neue für einen Augenblick zu erleben. Der Satz: «Ich weiß, du magst (das und das) nicht tun, aber wie würde es denn sein, wenn du es tätest?» wirkt dabei wahre Wunder. Wir können uns ganz frei eine Vorstellung von der Veränderung machen – ohne all die Ängste, die wir mit ihr verbinden –, da wir ja eindeutig erklären, daß wir nicht vorhaben, sie herbeizuführen. Doch sobald wir uns die Veränderung vorgestellt haben, finden wir natürlich, daß sie vielleicht ganz gut sei, so daß wir sie unbedingt herbeiführen wollen. Und manchmal haben wir uns bereits dadurch verändert, daß wir es uns vorgestellt haben.

Neulich bekam eine meiner Studentinnen ein Bildwesen, ein kleines Kaninchen, das sich unter allen Umständen weigerte, die Liebe in seinem Leben zuzulassen – und die Studentin sagte dazu, sie wisse, daß ihr die Liebe guttue, aber sie wolle einfach kein Risiko eingehen. Ich gab ihr recht und sagte, sie müsse das ja auch nicht tun, aber wie wäre es denn, wenn sie sich einmal vorstellte, sie täte es? Ich sehe noch diesen Ausdruck reiner Freude auf ihrem Gesicht, als sie sich gestattete, sich vorzustellen, wie das wäre, und die Entspanntheit in ihrem ganzen Wesen, als sie ein paar Augenblicke später gestand, sie habe zum erstenmal das Gefühl gehabt, daß es ein wenig Hoffnung für sie gab.

Wenn man einfach Mühe hat herauszufinden, was man tun soll, dann hilft oft dieser Perspektivenwechsel – daher der Vorschlag, das Ganze einmal aus der Vogelperspektive zu betrachten. («Natürlich ist der Motor kaputt, aber ich sehe von hier oben, daß das Boot so nahe am Ufer ist, daß du bis dorthin rudern kannst.») Oder Sie versetzen sich in die Zukunft und blicken zurück. («Es ist jetzt eine halbe Stunde später, und ich sehe, daß ich aufgehört habe, gegen den Treibsand anzukämpfen, daß ich um Hilfe gerufen habe und daß jemand gekommen ist, um mir zu helfen.»)

6. Dank abstatten und auftauchen. Stimmen Sie sich wieder in das ursprüngliche Bild ein. Was geschieht jetzt? Hat es sich verändert? Wie gefällt Ihnen die Zukunft?

Danken Sie Ihrem bewußten und Ihrem unbewußten Selbst für ihre Teamarbeit.

Lassen Sie die Bilder und Gefühle, die gerade hinter Ihnen liegen Revue passieren, und stellen Sie fest, welches das beste Bild/Gefühl von allen war. Lassen Sie sich das noch einmal spüren/sein und genau feststellen, wie es körperlich und gefühlsmäßig ist, so daß Sie diesen seelischen und körperlichen Zustand auch in Zukunft wiedererkennen. Wenn Sie wollen, können Sie sich ein «Einsatzzeichen» ausdenken, mit dem Sie dieses Gefühl viel leichter abrufen. Dabei sollten Sie das Bild vor sich sehen, in es hineintreten, es noch einmal fühlen, und in dem Augenblick, wenn alles voll da ist, sollten Sie zwei Finger aneinanderlegen oder den Teil Ihres Körpers berühren, den Sie mit diesem Gefühl verbinden. Das ist nun das Einsatzzeichen, mit dessen Hilfe Sie das Gefühl herbeirufen können. Probieren Sie es sofort nach dem Auftauchen aus, um zu sehen, ob es funktioniert.

Anmerkung: Es ist ganz wichtig, nach jeder Bildarbeit wieder zum ursprünglichen Bild zurückzukehren und zu sehen, ob es sich verändert hat. Hat es sich überhaupt nicht verändert, kann es durchaus sein, daß die Arbeit noch nicht tief genug ging oder noch nicht abgeschlossen ist. Wenn Sie wieder an den Anfang zurückkehren, können Sie die Schritte, die Sie getan haben, besser bewerten und abschätzen.

Die Hauptarbeit mit diesem Bild ist nun getan. Der Prozeß, den Sie hinter sich haben, ist eigentlich ein Wandlungsprozeß, bei dem Sie damit begonnen haben, die tiefen Symbole zu verändern, die Ihr Leben programmieren. Und indem Sie diesen Prozeß absolviert haben, sind Sie nun mehr als zuvor in Ihrem Unbewußten zu Hause.

---

7. Reflektieren. Bedienen Sie sich der Mittel Ihres Bewußtseins: Reflektieren Sie ein paar Augenblicke lang über das, was Sie gerade hinter sich gebracht haben, und behalten Sie das Bild auch in den nächsten paar Tagen im Hinterkopf und fahren Sie mit diesem Prozeß fort. Hier einige mögliche Fragen:

«Was hat mir dieses Bild bedeutet? Wie spiegelt es mein jetziges und mein vergangenes Leben? Was gefällt mir an dieser Klärung des Programms, das meinem Leben zugrunde liegt? Was beunruhigt mich? Wie paßt dieses Bild zu früheren Bildern, die ich von mir selbst gehabt habe?»

«Welche Gefühle verbinde ich mit dem Anfangsbild? Sind sie mir vertraut? Wann habe ich sie? Wie alt war ich, als ich zum erstenmal so gefühlt habe? Was würde an meinen Gefühlen anders sein, wenn ich so fühlte wie das veränderte Bildwesen?»

«Wenn ich dieses Bild auf mein Leben zurückprojiziere, als ob ich eine graphische Darstellung auf die Wirklichkeit meines Lebens durchpausen würde – welche Entsprechungen in Vergangenheit, Gegenwart und möglicher Zukunft finde ich dann vor?» (Seien Sie dabei ganz genau: Wahrscheinlich gibt es exakte Entsprechungen zwischen allen Aspekten Ihres Bildes und der Beschaffenheit Ihres Lebens. Wenn Sie beispielsweise als Bildwesen herausfinden, daß sich Ihre Lebenssituation vor fünf Monaten oder vor sechs Jahren geändert hat, kann das durchaus eine präzise Beschreibung einer tatsächlichen Veränderung in Ihrem eigenen Leben zum damaligen Zeitpunkt sein.)

Wenn Sie wirklich nicht verstehen können, was das Bild bedeutet, versuchen Sie mit Ihrem Unbewußten zu sprechen, sagen Sie: «Unbewußtes, kannst du mir ein anderes Bild geben, das mir dabei behilflich ist, das Bild zu verstehen, das ich gerade hatte? Ich möchte gern ein Bild kommen lassen, das mein voriges Bild erhellt.»

Anmerkung: Während Sie bisher Ihre unbewußten Vermutungen und Bilder heraufbeschworen haben und sich selbst enthüllen ließen, setzen Sie beim Reflektieren viel stärker Ihre bewußten Mittel ein, um die Arbeit abzurunden und mit den bereits gewonnenen Einsichten einen oder mehr Schritte weiterzukommen. Dadurch lernen Sie auch, sich daran zu gewöhnen, in Ihrem bewußten Alltagsleben die Botschaften ernst zu nehmen, die in einer so seltsamen Form aus einer inneren Dimension aufsteigen, die wir gewöhnlich ignorieren. Auf diese Weise haben Sie einen vielfachen Nutzen von der Bildarbeit. Und nun ist es an der Zeit, daß Sie Ihren bewußten Verstand dazu gebrauchen, die intuitive Arbeit, die Sie gerade hinter sich haben, zu verstehen und umzusetzen.

---

8. Vorausschauen. Jetzt sollten Sie sich darüber Gedanken machen, was dies alles praktisch für Sie bedeutet. Stellen Sie sich einige der folgenden Fragen:

«Was hat das praktisch für Folgen? Was bedeutet es wirklich, diese Veränderung herbeizuführen? Was muß ich praktisch tun, damit ich meinen nächsten Schritt tun kann?»

«Wenn ich das verwandelte Bildwesen wäre (das ja bereits den nächsten Schritt getan oder die Veränderung herbeigeführt hat), würde ich dann anders mit diesem Problem umgehen, mit meinem Leben im allgemeinen? Wie würde ich dann am Morgen aufstehen, frühstücken, zur Arbeit gehen usw. – das heißt, wie wäre ein Tag in meinem Leben, wenn ich dieses neue Bild im Hinterkopf hätte? Wie läßt sich das mit meinem gegenwärtigen Leben vergleichen?»

«Was könnte mich daran hindern oder wie könnte ich mich selbst daran hindern, die Veränderung herbeizuführen? Was ängstigt mich daran? Wie sabotiere ich mich selbst normalerweise?»

Anmerkung: Jetzt sollten Sie einige bewußte Entscheidungen darüber treffen, wie dieses neue Wissen in Ihr Leben einzubeziehen ist.

---

9. *Auftauchen.* Wenn Sie bereit sind, aus diesem Zustand tiefer Entspannung wieder aufzutauchen, sagen Sie sich das Folgende: «Ich werde jetzt von eins bis fünf zählen, und wenn ich fünf sage, werde ich meine Augen öffnen, mich entspannt und hellwach und besser als zuvor fühlen, als ob ich einen langen, erfrischenden Schlaf hinter mir hätte, und ich werde von meinen Explorationen die besten Gefühle, Bilder und Einsichten mitbringen. *Eins, zwei – ich komme wieder an die Oberfläche, die Augenlider werden leichter – drei – Ich bin wach, aber noch entspannt – vier, fünf – ich öffne die Augen.*»

Anmerkung: Da Sie in diesem Zustand tiefer Entspannung doch auch hoch konzentriert sind, sollten Sie mit dem Reflektieren und Vorausschauen bereits beginnen, bevor Sie wieder auftauchen. Wenn das Bild wichtig war, werden Sie sicher auch nach dem Auftauchen und während der nächsten paar Tage und Wochen weiterhin reflektieren und planen wollen.

Später. Stellen Sie während der nächsten paar Tage oder Wochen einfach hin und wieder fest, ob Sie das gleiche Gefühl haben, das

Sie als Bildwesen ganz zu Beginn dieses Prozesses gehabt hatten. Sollte sich das gewünschte Gefühl nicht einstellen, überlegen Sie sich nur, wie anders Sie die Dinge erleben würden, wenn Sie das Bildwesen in seiner Hochform wären, nachdem es den Schritt getan hat, den es tun mußte. Oder Sie bitten das veränderte Bildwesen um Rat: «Was sollte ich deiner Meinung nach jetzt tun?» Oder Sie geben sich Ihr besonderes Einsatzzeichen – falls Sie eins haben –, um das gute Gefühl wieder zu erleben, und dann entscheiden Sie, was zu tun ist.

Versetzen Sie sich hin und wieder auch in das Bildwesen und schauen Sie sich an, in welchem Zustand es sich befindet: Fühlt sich das Kaninchen wohl, oder läuft es ängstlich umher, oder versteckt es sich irgendwo? Das ist ein guter Hinweis auf Ihre gegenwärtige seelische Verfassung.

Das Bild malen. Eine sehr gute Idee ist es auch, wenn Sie sich hinsetzen und Ihr Bild mit Farbe, Buntstiften oder Filzstiften malen. Anschließend sollten Sie sich vorstellen, Sie seien das gemalte Bild (genauso wie Sie sich vorgestellt haben, das Bildwesen zu sein), sagen, «Ich bin dieses Bild. Genauso ist es, ich zu sein», und weitermachen mit der Exploration. Es wäre hilfreich, wenn Sie Ihr Bild irgendwo für ein paar Tage liegenließen, so daß Sie es ergänzen oder verändern können, wenn Ihnen danach ist.

Anmerkung: Sobald Sie ein deutliches Bild von einer positiven Art und Weise zu leben haben, haben Sie eine Quelle, auf die Sie zurückgreifen können. Mit einem klar positiven Bild ist im allgemeinen auch ein Plan oder Muster verbunden, wie Sie leben und handeln sollten. Nun können Sie sagen: «Wenn ich dieses Bildwesen wäre, zum Beispiel diese flink dahinkriechende Schnecke, dieser frei herumfliegende Vogel oder dieses freundliche Kaninchen, wie würde ich mich dann in dieser Situation verhalten?» Oder Sie sehen diese Bildwesen als Berater an und fragen sie, was Sie tun sollen.

Da jedes Bild wirklich ein Helfer und Berater ist, werden Sie bald dahinterkommen, daß Sie viele potentielle Mitglieder Ihres inneren Stabs von Fachberatern haben, und Sie werden sich fragen, wie Sie sie sich die alle eigentlich «leisten» können.

Um Ihren Zustand zu überprüfen, gewöhnen Sie es sich auch an, sich wieder in solche Bilder zu versetzen, die Sie bereits – nur für einen Augenblick – geschaffen hatten. Ich habe mich beispielsweise eine Zeitlang immer wieder in ein Boot hineinversetzt, das zu symbolisieren schien, wieviel Energie ich für meine Arbeit aufbringen konnte. Wenn es draußen auf dem Meer war, wußte ich, daß ich mit beiden Beinen im Leben stand

und mit Volldampf arbeitete. Sah das Boot heruntergekommen aus, wußte ich, daß ich innerlich völlig durcheinander war und innehalten und etwas in mir klären und ordnen mußte. Wenn ich gegen den Strom fuhr, nahm ich an, ich könnte etwas tun, was destruktiv wäre. Wenn das Boot kieloben am Ufer lag, hörte ich sofort zu arbeiten auf und machte eine Pause.

Das Bild als Metapher: Schnellverfahren

Wenn Sie wenig Zeit haben, sollten Sie es mit dieser Kurzform probieren (im Grunde nur ein verkürzter Ablauf des oben dargestellten Prozesses):

1. *Lassen Sie das Bild kommen.* Sagen Sie sich: «Ich möchte gern ein Bild von einem Tier, einer Pflanze oder einem Gegenstand haben, das darstellt, wer ich bin oder was ich in diesem Augenblick meines Lebens wissen muß. Es soll das erste Bild sein, das mir in den Sinn kommt.»

2. *Studieren Sie das Bild.* Betrachten Sie das Bild und die Beziehung seiner Situation, und dann schauen Sie es sich von oben, von allen Seiten und von unten an. Was stellen Sie dabei fest?

3. *Werden Sie das Bild.* Treten Sie ins Bild ein. Fragen Sie sich: «Was ist im Moment die Essenz meines Seins? Wie geht es mit mir weiter? Was ist mein bester Aspekt? Was der schlechteste?»

4. *Gehen Sie der Vorgeschichte nach.* Fragen Sie sich: «Ist es immer so gewesen? Wenn nicht – wie und wann war es anders, und wie und wann hat es sich geändert?»

5. *Machen Sie ausfindig, was für Sie möglich ist.* Fragen Sie sich: «Was nun? Wie geht es weiter?»

6. Bedanken Sie sich und reflektieren Sie. Danken Sie Ihrem bewußten und unbewußten Selbst und reflektieren Sie über Bedeutungen.

7. Schauen Sie voraus. Überlegen Sie sich, wie Sie in Zukunft Ihr Bild oder das Verständnis nutzen können, das es Ihnen vermittelt hat.

Anwendungsbereiche

Der unbewußte Körper. Eine sehr intensive Art der Anwendung dieser Übung besteht darin, daß Sie Gefühle in Ihrem Körper wahrnehmen und verändern: Kopfschmerzen, ein unbestimmtes Unbehagen in Ihrer Magengrube oder auch Angst. Nachdem Sie sich entspannt haben, versetzen Sie sich in irgendein Körpergefühl, das Sie besser verstehen und verändern wollen, und bitten um einen Namen oder ein Bild. Setzen Sie das Bildwesen auf den Stuhl gegenüber und machen Sie so weiter wie oben – erkunden Sie das Gefühl, vertiefen und explorieren Sie, finden Sie den nächsten Schritt heraus, bedanken Sie sich, reflektieren Sie, schauen Sie voraus und tauchen Sie wieder auf.

Allerdings sollten Sie während der «Danksagungsphase» unbedingt das Körpergefühl abrufen, mit dem Sie begonnen haben, statt einfach zum ursprünglichen Bild zurückzukehren, und vergleichen, wie Sie sich jetzt fühlen. Sollte sich das Gefühl überhaupt nicht verändert haben, sind Sie vermutlich der Sache noch nicht tief genug auf den Grund gegangen.

Problemlösungen. Diese Übung ist ganz allgemein sehr vielseitig, und zwar immer dann, wenn man eine Situation oder ein Problem verstehen will. Sie müssen lediglich die erste Frage oder Anweisung entsprechend variieren, und dann sucht Ihnen das Unbewußte wie ein Computer das passende Bild aus.

Wenn ich zum Beispiel als Berufsberaterin arbeite, verwende ich diesen Satz: «Ich möchte gern, daß Sie ein Bild von Ihrer Arbeit und von der Beziehung, die Sie in diesem Augenblick Ihres Lebens zu Ihrer Arbeit haben, kommen lassen.»

Beratung. Wenn ich in irgendeiner beratenden oder psychotherapeutischen Funktion mit Menschen zu tun habe, lasse ich sie oft einfach innehalten, nachdem sie mir eine erste Beschreibung ihres Problems geliefert haben, und sage dann: «Nehmen Sie sich nur ein wenig Zeit und sehen Sie sich an, welches Bild auftaucht.» Und schon geht's los. Meine Studenten haben mir erzählt, daß sie gelernt haben, dies auch in alltäglichen Unterhaltungen mit Freunden anzuwenden, und daß sie sich deshalb viel mehr in der Lage fühlen, wirklich helfen zu können. Wenn ein Freund ein Problem hat, fragen sie ihn einfach, welches Bild ihm dazu kommt, statt sich zu einem Rat veranlaßt zu fühlen, der vermutlich nie befolgt wird.

Bei einer anderen Technik, die ich bei Beratungen anwende, sage ich zu mir: «Ich möchte gern ein Bild von einem Tier, einer Pflanze oder einem Gegenstand haben, das die Person, die ich berate, sowie das Problem spiegelt, das sie in diesem Augenblick ihres Lebens hat.» Dann erkunde ich die Bedeutung des Bildes und biete sie meinem Klienten an: «Dieses Bild ist mir gekommen – bedeutet es irgend etwas für Sie?» Nach meiner Erfahrung erweist sich das Bild in 99 von 100 Fällen von sofortiger und großer Wichtigkeit für die betreffende Person und oft auch als Wendepunkt in unserer Sitzung.

Andere verstehen und etwas über sie sagen. Ganz ähnlich ist es, wenn ich jemanden befrage und schnell herausfinden möchte, was mir meine Intuition sagen will. Dann sage ich mir: «Ich möchte gern ein Bild von einem Tier, einer Pflanze oder einem Gegenstand haben, das die Person darstellt, die mir gegenübersitzt.» Wenn ich keine Zeit habe, in das Bild einzutreten und es zu verstehen, während die Befragung weitergeht, nehme ich mir anschließend ein wenig Zeit, um das Bild zu erkunden. Das ermöglicht es mir, mit Hilfe meines intuitiven Verständnisses wie meines bewußten Urteilsvermögens bestimmte Erkenntnisse weitergeben zu können.

Varianten

Es gibt noch einige andere Möglichkeiten, Bilder zu bekommen, die auch Ihnen vielleicht helfen. Sie können dadurch entweder schnell ihre Bedeutung herausfinden oder fast genauso wie oben beschrieben mit ihnen arbeiten.

Das Unbewußte bitten. Sprechen Sie Ihr Unbewußtes direkt an und sagen Sie: «Unbewußtes, bitte gib mir ein Bild, das mir dabei behilflich ist, dieses Problem zu verstehen. Unbewußtes, wie mache ich am besten weiter? Bitte gib mir ein Bild.»

Magische Leinwand. Stellen Sie sich vor, Sie sitzen in Ihrem Privatkino, vor sich eine magische Leinwand. Bitten Sie sie, Ihnen ein Bild zu zeigen, das Ihre gegenwärtige Situation beschreibt. Nachdem Sie es sich angeschaut haben, bitten Sie um ein Bild, das darstellt, was Sie tun können, um Ihre Situation zu ändern.

Eine Geschichte erzählen. Erzählen Sie sich selbst eine Geschichte, die so beginnt: «Es war einmal...» (ein kleiner Junge, ein kleines Mädchen, ein Tier, eine Pflanze oder ein Objekt). Spinnen Sie die Geschichte weiter; erzählen Sie, was die Personen denken und fühlen und tun, wie es zu dem Ereignis kam und wie die Geschichte endet. Dann fragen Sie: «Und was geschieht dann? Und was passiert fünf Jahre später?»

Bilder erzählen die Geschichte. Denken Sie an drei oder vier Aspekte eines Problems, das Sie beschäftigt, oder eines Projekts, das Sie vorhaben, und lassen Sie für jeden dieser Aspekte ein Bild kommen. Schauen Sie sich die verschiedenen Kombinationen an, folgen Sie jedem Handlungsfaden, der sich entwickelt, betrachten Sie sie aus allen Blickwinkeln, sprechen Sie mit jedem einzelnen, und dann versuchen Sie die Geschichte zu verstehen und auf das ursprüngliche Problem zurückzuprojizieren. (Lesen Sie dazu als Beispiel im Anhang die Geschichte «Der Hund, die Möhre, der Samowar und das Fischerboot».)

Standardbilder. Jedes Bild, das Sie erkunden, wird zu Ihrem Bild, so daß Sie auch zu wichtigen Erkenntnissen gelangen, wenn Sie mit einem Standardbild beginnen. Bäume und Rosensträucher sind klassische Standardbilder – werden Sie also ein Baum oder ein Rosenstrauch und versuchen Sie etwas über sich herauszubekommen. Ich verwende gern das Bild, eine Stadt zu sein: Wie sehen Sie aus? Welche Arten von Gebäuden finden Sie in sich? Einen Bahnhof? Eine Universität? Läden? Denkmäler? Banken? U-Bahnstationen? Regierungsgebäude? Armenviertel? usw. Das kann zu wunderbaren Einsichten führen.

Zum Abschluß

Es ist vielleicht gar nicht so einfach gewesen, diese Übung zum erstenmal zu machen. Gratulieren Sie sich jetzt dazu – nicht weil

Sie eine großartige Entdeckung gemacht haben (selbst wenn das der Fall wäre), sondern einfach weil Sie sich die Zeit genommen haben und das Risiko eingegangen sind, sich auf einen Prozeß einzulassen, vor dem die meisten Menschen ihr Leben lang zurückschrecken. Auch wenn Sie vielleicht nicht gleich zu sichtbaren Ergebnissen gelangen und eher langsam vorankommen, weil Sie zwar immer wieder voller Enthusiasmus beginnen, aber sich am Ende dann doch deprimiert geschlagen geben müssen – eines Tages wird sich das Blatt wenden, und Sie werden sich sagen können: «Donnerwetter, du hast dich ja wirklich verändert.»

Eine der Veränderungen, auf die Sie vielleicht stoßen werden, betrifft Ihre Wertmaßstäbe. Mit der Bildarbeit werden Sie nämlich den Wert Ihrer inneren Welt erkennen. Von jetzt an werden Sie sich nicht nur für äußere Ereignisse interessieren, sondern auch für Ihre innere Integrität, Ihren Sinn für Wesentliches oder Ihr Gefühl für das Richtige, und Sie werden bereit sein, sich danach zu richten. Für viele Menschen bedeutet dies eine einschneidende Veränderung. Natürlich werden Sie zweifellos auch feststellen, daß auch äußere Ereignisse viel besser zu bewältigen sind, weil Sie sich bemühen, Ihre inneren Handlungsmuster zu überprüfen und zu revidieren. Denn wenn das nicht der Fall wäre, dann wäre diese Arbeit auch nur eine Form von eskapistischer Tagträumerei: sie bietet zwar jede Menge Entspannung, wirkt sich aber praktisch nicht aus.

Noch etwas sollte erwähnt werden: Ich betone zwar immer wieder, wie wichtig es ist, daß Sie im Geist in Ihr vorgestelltes Bild eintreten, oder daß Sie sogar die Plätze tauschen – aber wenn Sie wollen, können Sie das Bild auch einfach nur betrachten und mit ihm reden, statt es selbst zu werden. Das ist besonders nützlich, wenn Sie Bildarbeit in aller Öffentlichkeit betreiben wollen und fürchten – selbst wenn Sie die Plätze nicht tauschen –, sich durch Gesten und durch Mimik zu verraten und den Eindruck zu erwecken, ein etwas wirrer Zeitgenosse zu sein, während Sie sich doch so sehr bemühen, als erfolgreicher Manager zu gelten.

Wenn ich Zeit habe, mich tief hineinzuarbeiten, ziehe ich es aber noch immer vor, nicht nur geistig in das Bild einzutreten, sondern auch die Plätze zu tauschen, besonders wenn ich in einer Klemme stecke. Ich habe sogar eine Methode entwickelt, wie ich in aller Öffentlichkeit die Plätze wechseln kann, ohne daß es allzu verrückt wirkt...

Wenn Sie sich eines Bildes bedienen, um ein Gefühl dafür zu

kriegen, was Sie als nächstes tun sollen, so bedeutet das gewiß nicht, daß Sie sich unbedingt ändern oder sich vorwerfen müssen, Sie sollten anders sein, oder daß Sie sich die neugewonnenen Einsichten mit allem Nachdruck einbleuen müssen. Es heißt vielmehr, daß Sie Ihre inneren Verhaltensmuster klären und warten, bis es sich «im Außen» von selbst ergibt. Wenn sich Ihre Bilder verändern, so ist das ein Zeichen, daß auch Sie sich langsam, aber sicher verändern.

Natürlich ist es oft absolut notwendig, daß Sie Ihren Willen und Ihre ganze Entschlossenheit einsetzen, um Ihre Pläne auch auszuführen. Aber das sollte für Sie nicht ein ständiger schmerzhafter innerer Kampf sein, sondern eher wie ein schwerer, aber unausweichlicher Weg, dem Sie entschlossen und in gewisser Hinsicht auch gern folgen. Wenn Sie fähig werden, Ihren Willen richtig einzusetzen, gehört das auch zu diesem natürlichen Entfaltungsprozeß.

Haben Sie den Eindruck, Sie würden sich überhaupt nicht ändern, lohnt es sich, wenn Sie erkunden, was Sie daran hindert: Indem Sie sich konkret vorstellen, wie es wäre, wenn diese Veränderung bereits eingetreten wäre, oder indem Sie herauszufinden versuchen, ob Sie ein etwas anderes Bild brauchen, so daß Sie sich dabei wohl fühlen. Vor allem aber sollten Sie Ihre Bemühungen verstärken, ein klareres und Ihnen gemäßeres inneres Muster zu schaffen. Es nützt Ihnen überhaupt nichts, wenn Sie sich mit aller Gewalt zwingen, einem bestimmten Zustand zu entsprechen, auch wenn er noch so gut zu sein scheint.

Freuen Sie sich auch über die Bilder, die Sie bekommen, und danken Sie dafür, und geben Sie nicht gleich mutlos oder wütend auf, wenn nichts zu klappen scheint. Auch das gehört zu Ihrer Beziehung zu Ihrem Unbewußten. Es zeigt Ihnen, daß Sie als Ihr bewußtes Selbst eben nicht alles total im Griff haben. Sie können Ihr Unbewußtes – oder genauer: den Bereich zwischen Ihrem Bewußtsein und Ihrem Unbewußten, wo die Bilder entstehen – um ein Geschenk bitten, aber Sie sollten es nicht fordern oder erwarten.

Ich muß immer daran denken, wie ich mich fühlte, als meine Kinder noch klein waren und ich einmal von der Arbeit nach Hause kam und eine Kleinigkeit für sie dabei hatte. Ich war so glücklich über den Ausdruck auf ihren Gesichtern, als sie dieses kleine Geschenk überrascht und hellauf begeistert entgegennahmen, und vielleicht haben mich diese Gesichter dazu bewegt, ein andermal etwas anderes mitzubringen. Aber als ich dann nach Hause kam und sie wissen wollten: «Was hast du uns mitgebracht?», machte es mir keinen Spaß mehr, und ich dachte sofort, was für verwöhnte Gören sie doch waren und daß ich sie etwas kürzer halten sollte.

Vielleicht ergeht es dem Unbewußten da ähnlich. Wenn Sie über seine Geschenke überrascht sind und sich darüber freuen, will es Ihnen immer mehr geben. Doch wenn Sie diese Geschenke als Selbstverständlichkeit erwarten und enttäuscht sind, wenn sie mal ausbleiben, werden Sie vielleicht auch eine Zeitlang mit der Erfahrung leben müssen, daß Ihr Unbewußtes «keine Geschenke mehr für dieses verwöhnte Gör» bereithält.

6. *Wie Sie Ihre Beziehungen verbessern können: Das Zwischenmenschliche erkunden*

James, ein 50jähriger Universitätsdozent, konnte es seinem Onkel Ned nicht verzeihen, daß er ihn im Stich gelassen hatte, als er besonders auf ihn angewiesen war. Er hatte seinen Onkel stets bewundert und sich ihn sogar zum Vorbild genommen, da er ihn für einen klugen Kopf hielt, der auch tiefer Gefühle fähig zu sein schien. Doch Ned schien James immer mit einer Art amüsierter Herablassung zu behandeln. Als es James einmal sehr schlecht ging, wandte er sich an Ned und bat ihn um seinen Rat. Sein Onkel war freundlich, gewährte ihm aber keine Hilfe. Und immer wenn James später die Nähe seines Onkels suchte, schien Ned ihn abzuweisen und sogar zu mißbilligen. James hatte in seinem Leben schon mehrere gescheiterte Beziehungen hinter sich, aber dies schien ihn doch am schmerzlichsten zu berühren.

Als er sich eines Abends eine Beethoven-Sonate anhörte, fing er plötzlich hemmungslos zu weinen an. Er fühlte sich nämlich an Ned erinnert, dem oftmals die Tränen kamen, wenn er Musik hörte, und einmal mehr wurde ihm bewußt, wie sehr ihn noch immer diese gescheiterte Beziehung zu seinem Onkel kränkte und zur Verzweiflung brachte. Am nächsten Tag schlug ich James während einer Bildarbeitssitzung über Beziehungsprobleme vor, er solle doch mal ein Bild von jemandem kommen lassen, mit dem er noch eine Rechnung zu begleichen habe. Sogleich sah er sich einem dürren, großgewachsenen, strengen Ned gegenüber, der ihn ironisch anlächelte und seine Pfeife paffte.

James überhäufte Ned sofort mit seinem ganzen Groll und Zorn. «Du bist älter und weiser als ich», sagte er. «Du hättest es in der Hand gehabt, daß wir gut miteinander auskommen. Wir hätten uns geistig so tief austauschen können. Ich will einfach, daß du mich führst, daß du mir das bist, was mein Vater nicht war. Ich habe dir einmal eine Schallplatte geschickt und von dir nie ein Wort des Dankes erhalten. Das hat mir jahrelang weh getan. Warum tust du mir das an? Warum bist du so abweisend?»

Als James die Rollen tauschte und Ned wurde, kam gleich die Antwort. «Du hast immer etwas von mir gewollt, was ich dir nicht geben konnte. Ich habe dich gern, aber du mußt deine Probleme schon selbst lösen. Ich mochte die Schallplatte nämlich nicht – also fiel mir nichts ein, was ich dir dazu hätte sagen können. Bitte versteh doch, daß ich so sehr mit meinen eigenen Problemen beschäftigt war, daß ich eigentlich nichts anderes hätte tun können, als sie dir auch noch aufzubürden. Du hast viel mehr Erfolg als ich. Ich bin ein Versager: ein Streuner, ein Penner, eine hohle Nuß. Bitte nimm mich nicht zum Vorbild oder erwarte irgend etwas von mir. Ich möchte dich gern umarmen, aber ich kann dir nicht helfen.»

James schlüpfte wieder in sein eigenes Ich zurück. Er war noch immer wütend und hatte das Gefühl, daß Ned mehr geben könnte, wenn er nur wollte. Wieder brachte er seinen ganzen Groll zum Ausdruck und verlangte von Ned, ihm zu schreiben oder zumindest zuzugeben, daß etwas sie miteinander verband. Als er erneut die Rollen tauschte und Ned wurde, sagte er, daß James ihn nötigen wolle und daß er nicht bereit sei, mehr zu geben, als er wolle. «Ich bin zu alt, um mich zu ändern. Du mußt deinen eigenen Weg finden und dein Herz öffnen. Ich habe wirklich das Gefühl, in dieser Hinsicht bin ich dir voraus, James. Ich kann dir nichts weiter versprechen, als daß ich im Herzen bei dir bin.»

James wurde wieder er selbst und wollte einfach immer noch nicht von seinem Zorn und Groll ablassen. «In meinem Kopf kann ich das verstehen. Aber es genügt nicht, mein Herz zu öffnen. Ich fühle mich dabei nicht sicher. Wenn ich mich öffne, werde ich vielleicht wieder zurückgewiesen.»

Dann schaute er sein Bild von Ned an und bemerkte, wie bekümmert ihn sein Gegenüber ansah. Auf einmal sagte er zu Ned: «Ich wünschte, du könntest in Frieden leben. Vielleicht hätte ich dir mehr geben können.» Und nun sah er, daß Ned weinte. James hielt Neds Hand und versprach damit aufzuhören, ihn für einen gescheiterten Gott zu halten und etwas in ihm zu sehen, was er nicht war. Jetzt lächelte Ned friedlich. Auch James sah nicht mehr so schmerzlich drein und lächelte scheu und liebevoll in die Gruppenrunde.

Wie man hineinruft...

Auf Beziehungen trifft zu, was man auch im Hinblick auf andere Bereiche des Lebens sagen könnte: «Wie man hineinruft, so schallt es heraus.» Innere Beziehungsmuster, die vielleicht schon sehr früh in unserem Leben entstanden sind, können spätere unbefriedigende Beziehungen in unserem Erwachsenenleben begründen, an denen wir scheinbar nichts ändern können. Beziehungsmuster gehören zu den stärksten und schmerzlichsten Mustern, in die wir uns häufig verrennen und aus denen wir meist nur mit Mühe wieder herauskommen. Unzählige Lieder und Romane sind darüber schon geschrieben worden. Beziehungen sind deshalb besonders verwirrend, weil dabei eben auch andere Menschen direkt im Spiel sind, und es sich daher nur schwer ausmachen läßt, ob etwas mit der anderen Person oder mit einem selbst nicht stimmt. Da die meisten von uns nur gelernt haben, mit einer schwierigen Situation fertig zu werden, indem sie irgend jemandem die Schuld daran geben, sind wir damit beschäftigt zu fragen, wen es betrifft. Mal geben wir uns selbst die Schuld, mal machen wir den anderen Vorwürfe. Oder unsere Eltern müssen für alles herhalten. Oder wir sind deprimiert und haben keine Hoffnung mehr und resignieren einfach. Oder wir brechen die Beziehung ab und beginnen eine neue. Und oft, aber gottlob nicht immer, zeigt sich, daß diese neuen Beziehungen mysteriöserweise genauso verlaufen wie die alten – selbst wenn wir schwören würden, daß diese Person doch so anders zu sein schien, und wir doch einfach nicht hätten wissen können...

Der größte Feind festgefahrener Beziehungsmuster ist das helle Licht des Bewußtseins und der Kommunikation: Unser Bewußtsein sagt uns, was in uns vorgeht, und in der Kommunikation teilen wir anderen mit, was mit uns los ist. Je genauer wir in dieser Hinsicht vorgehen, desto eher werden wir unsere Muster als solche wahrnehmen und verändern können. Indem wir ein Bild auftauchen lassen, erhalten wir auch eine Metapher für unser Lebensmuster, und indem wir damit konfrontiert werden, können wir es ändern. Das gilt auch für Beziehungen. Und konzentrieren wir uns auf die Kommunikation, so entdecken wir, wie wir mit anderen auf eine Art und Weise reden können, die uns dabei behilflich ist, einander zu verstehen, zu erreichen, zu verzeihen, die Vergangenheit ruhen zu lassen und miteinander weiterzukommen.

Dabei sollten Sie nicht vergessen, daß hier zwar zwei Partner einen Dialog miteinander führen, aber daß Sie der einzige sind, den Sie unmittelbar beeinflussen können – also fangen Sie gleich bei sich selbst an! Ich habe bei der Arbeit mit Paaren herausgefunden,

daß es zu den besten Ergebnissen immer dann kommt, wenn ich zu jedem sage: «Geh davon aus, daß sich die andere Person niemals ändern wird. Was also kannst du tun?»

Ich könnte das nie sagen

Grundsätzlich läuft der Prozeß des Erkundens und Verwandelns von Beziehungen durch Bildarbeit so ähnlich ab wie im vorigen Kapitel geschildert. Sie müssen genau wie dort das Bild kommen lassen, es studieren, vertiefen und erkunden, die Vergangenheit erkunden, sich einer Lösung nähern, sich bedanken, auftauchen, reflektieren und vorausschauen. Allerdings geht es hier nicht so sehr darum, ein Bildwesen zu führen, im Mittelpunkt steht vielmehr die Kommunikation mit einer anderen Person, so daß Sie in diesem Fall ein Bild von jemandem kommen lassen, mit dem oder der Sie noch eine «offene Rechnung» haben, und mit ihm oder ihr sprechen. Diese Übung kann für Sie ein so intensives Erlebnis sein, daß Sie tatsächlich das Gefühl haben, die betreffende Person sei wirklich anwesend. Dann werden Sie vielleicht die Unterhaltung abbrechen wollen, weil Sie so denken, wie ich es im Lauf der Zeit von so vielen Menschen gehört habe: «Das kann ich nicht tun. Ich kann doch unmöglich meiner Mutter solche Sachen an den Kopf werfen» oder: «Ich würde mich nie trauen, so offen gegenüber meinem Chef zu sein» oder: «Was soll's – mein Vater ist doch schon seit Jahren tot.»

In diesem Fall sollten Sie daran denken, daß die Person, mit der Sie sprechen, nicht die reale Person, sondern das innere Bild dieser

Person ist, das in Ihnen lebt. Es ist nicht Ihre Mutter, sondern das Bild Ihrer Mutter, nicht Ihr Chef, sondern die Autoritätsperson in Ihnen. Dieses innere Bild und diese verinnerlichte Beziehung beherrschen Ihr Leben – die müssen Sie ansprechen. Das ist freilich oft ein viel schwierigerer Vorgang, als einer anderen Person etwas zu sagen, was diese sowieso nicht hören kann oder will.

Daher sollten Sie vorab sicherstellen, daß die andere Person nicht wirklich bei Ihnen ist und daß sie nichts von dem erfährt, was Sie von sich geben, so daß Sie sich selbst gegenüber absolut ehrlich sein können. Selbst wenn diese Person lebt und sich in Ihrer Nähe aufhält, müssen Sie ihm oder ihr nie sagen, was Sie erfahren haben, wenn Sie es nicht wollen. Ob Sie wirklich mit dieser Person sprechen wollen und was Sie ihr tatsächlich sagen werden, das entscheidet sich erst in einer späteren Phase und wird Ihnen viel leichter fallen, wenn Sie in der Bild-Phase absolut offen gewesen sind.

Bei dieser Übung werden Sie sich womöglich auch darüber wundern, daß Sie die Dinge anders wahrnehmen, wenn Sie auf dem Stuhl der anderen Person sitzen. Sind Sie etwa in gewisser Hinsicht wirklich die andere Person? Oder phantasieren Sie nur? Wenn Sie die Plätze tauschen, nehmen Sie mit Sicherheit Kontakt zu jenem «alltäglichen Unbewußten» der Gedanken und Gefühle auf, das Sie *beinahe* kennen, zu dem Sie aber keinen vollen Zugang haben. James muß unbewußt Neds wahre Gefühle gespürt, aber nichts davon wirklich gewußt haben – bis er die Plätze tauschte. Bei dieser Übung erfahren Sie intuitiv mehr über die andere Person, als Sie vermutlich bewußt von ihr wissen.

Je nachdem, welche Ansicht Sie über unsere Fähigkeit haben, mit den Gedanken und Gefühlen anderer Menschen direkt in Verbindung zu treten, kann es durchaus möglich sein, daß Sie sich bei dieser Übung auch in jemanden so «einklinken», daß Sie etwas erfahren, was Sie bislang nicht einmal geahnt haben. Nachdem ich nun schon so lange mit Bildern arbeite, glaube ich, daß dies passieren kann und auch passiert (mehr darüber im Kapitel 15). Andererseits sind für viele Menschen diese Einsichten und Erkenntnisse eher Aspekte unserer eigenen Quellen und unseres unbewußten Wissens – was ihrem Wert nichts an Bedeutung nimmt.

Wenn wir uns mit unseren Beziehungsproblemen befassen, ist es nicht immer wichtig, ob das, was wir vom anderen glauben, auch wirklich wahr ist. Wichtig ist allein, daß wir es glauben und daß wir davon betroffen sind. Auf einer anderen Ebene stellt das Beziehungsdrama, in dem wir und eine andere Person Protagonisten sind, ein inneres Drama oder eine Beziehung dar, das oder die sich zwischen zwei Aspekten von uns selbst abspielt. Die Rolle, die die andere Person darin spielt, wäre dann ein nicht zum Ausdruck kommender Aspekt von uns selbst, ein Aspekt, den wir nicht akzeptieren und daher in andere Menschen hineinprojizieren und ihm dort wiederbegegnen. Wenn wir uns also durch diese Beziehung arbeiten, verändern wir mindestens so sehr die innere wie die äußere Dynamik.

An dieser inneren Dynamik können Sie direkt in den beiden Übungen «Elterngespräch» und «Der Mann und die Frau in Ihnen» arbeiten, die unter *Varianten* aufgeführt sind. Sobald Sie einmal die Unterhaltung zwischen der Mutter und dem Vater oder dem Mann und der Frau in Ihnen durchgespielt haben, werden Sie vielleicht feststellen, wie sich diese inneren Unterhaltungen auf Ihre äußeren Beziehungen auswirken.

Prinzipien der Kommunikation

Es gibt einfache Prinzipien der Kommunikation, und wenn wir uns daran halten, funktionieren unsere Gespräche und Auseinandersetzungen und letzlich auch unsere Beziehungen insgesamt viel besser. Mittels dieser Regeln können Sie klar auseinanderhalten, welches Ihre Gefühle sind und welche die der anderen Person. Und Sie können sich damit der unvermeidlichen Ambivalenz von Beziehungen stellen und die Tabus und geheimen, unausgesprochenen Übereinkünfte in Ihren Kommunikationsmustern durchbrechen. Dank dieser Spielregeln können Sie auch im besten Sinn des Wortes selbst-sicher sein, also sich einerseits über Ihre Wünsche und Ihren eigenen Standpunkt völlig im klaren und dennoch in der Lage sein, dem anderen weiterhin zuzuhören und sowohl seine, den Ihren entgegengesetzten Wünsche wie auch seinen persönlichen Standpunkt zu verstehen. Letztendlich können Sie Ihr kreatives Selbst anregen, sich mit Ihren Beziehungen zu befassen und sie zu verändern.

Im Anhang finden Sie eine Zusammenfassung einiger wichtiger Prinzipien der Kommunikation. Ich schlage vor, daß Sie sich diesen Überblick erst einmal durchlesen und diese Prinzipien als Richtlinien bei der im folgenden dargestellten Bildarbeitsübung anwenden. Wenn Sie sich auch im Alltagsleben an ihnen orientieren wollen, wird sogar noch mehr für Sie dabei herauskommen. Denken Sie aber daran, daß dies keine mechanisch übertragbaren Regeln sind: Nehmen Sie ihre Bedeutung und ihren Zweck ernst, der darin besteht, die eigene innere Einstellung zu ändern und nicht nur die Sprachmuster.

Meiner Ansicht nach stellt die *Hoffnung* einen der wichtigsten inneren Aspekte dar, um Beziehungen zu verändern. Unsere alltäglichen Regeln der Kommunikation sind meist so beschaffen, daß sie den Status quo unserer Beziehungen aufrechterhalten und jede Unruhe vermeiden sollen. Sie beruhen auf einem statischen Verständnis unser selbst und von den anderen: So bin ich, und so bist du nun mal, und wir sollten versuchen, ohne allzu vieles Hinterfragen miteinander zurechtzukommen.

Doch wenn wir einmal erkannt haben, daß wir aufgrund unserer Vorstellungsbilder und unserer Ansichten über die Welt so und nicht anders handeln, dann liegt es nur an uns, uns bereitwillig das Bild oder die Ansicht anzuhören, welches oder welche die andere Person dazu bringt, so und nicht anders zu handeln. Daß wir uns darüber Gedanken machen, was das mit unseren eigenen Bildern und Ansichten zu tun hat, und daß wir uns überlegen, ob wir nicht zu einer gemeinsamen Ansicht gelangen können, dank derer unsere Beziehung besser funktioniert.

Diese hoffnungsvolle Erwartung und die Bereitschaft, auf die Auffassung des anderen einzugehen, muß sich auch in der Art und Weise ausdrücken, wie Sie mit der jeweiligen Person kommunizieren. Wie wäre es statt: «Du bist eine grausame Person» mit: «Wenn du dich so verhältst, empfinde ich dies als grausam, und das tut mir sehr weh. Was geht in dir vor? Woran liegt es, daß du mich in einem solchen Licht siehst, das dich dazu bringt, so zu handeln? Wie können wir das ändern?» Wenn mit dieser Einstellung miteinander kommuniziert wird, fühlt sich die andere Person weniger angegriffen, und das Problem wird zu einer gemeinsamen Aufgabe, die man zusammen bewältigen kann. Und gemeinsam findet man auch viel eher eine kreative Lösung.

Mit anderen Worten: Eine dynamische Einstellung zu haben bedeutet, daß wir niemals sicher sein können, was und wie eine Person wirklich ist, schon gar nicht ein für allemal. In den Handlungen anderer Menschen drückt sich nicht ihr unverrückbares «Wesen» aus, sondern eine Weltsicht, die in der Regel für Veränderungen offen ist – besonders wenn wir selbst bereit sind, uns diese Ansicht anzuhören, uns über unseren eigenen Standpunkt klar zu werden und so eine Brücke zwischen uns zu bauen.

Wie man Beziehungen verändert: Übungsaufbau

Folgendermaßen wird vorgegangen: Sie lassen ein Bild von jemandem kommen, mit dem Sie ein Beziehungsproblem haben oder zu dem Sie ein besseres Verhältnis haben möchten, stellen fest, wie die andere Person aussieht und welches Gefühl sie Ihnen vermittelt, und fangen dann an zu sagen, was Sie ihr gegenüber empfinden. Dann werden Sie die andere Person, geben eine Erwiderung und tauschen so immer wieder die Rollen, wobei jeder sagt, was er sagen muß. Sie können auch gelegentlich eine dritte Position einnehmen, also die eines Beobachters oder Beraters, so daß Sie aus dieser «Distanz» genauer betrachten können, was in dieser Beziehung als Ganzes vor sich geht. Als weiteres erkunden Sie die Möglichkeiten, werden sich darüber klarer, wie Sie einander sehen, diskutieren womöglich über neue Formen Ihrer Beziehung, bis sich das Gefühl einstellt, daß Sie etwas in Bewegung gesetzt haben. Dann überprüfen Sie, ob sich etwas an Ihrem Ausgangsbild geändert hat, danken Ihrem bewußten und unbewußten Selbst für die Arbeit, reflektieren ihre Bedeutung, überlegen, wie Sie künftig handeln werden, und tauchen wieder auf.

Das Aufbauschema:

Vorbereitung: Einen Freiraum schaffen und sich entspannen
1. Das Bild kommen lassen
2. Das Bild studieren
3. Mit der Bildperson sprechen
4. Die Rollen tauschen und die andere Person werden
5. Mit der Unterhaltung fortfahren
6. Der kluge Beobachter werden
7. Sich einer Lösung nähern
8. Danken, reflektieren, vorausschauen und auftauchen.

Wie man Beziehungen verändert: Grundübung

Vorbereitung: Einen Freiraum schaffen und sich entspannen. Wie immer sollten Sie sich einen ruhigen Ort aussuchen und eine Zeit, in der Sie wahrscheinlich nicht gestört werden. Nehmen Sie sich einen bequemen Stuhl oder ein Kissen und einen zweiten Stuhl sich gegenüber. Wenn Sie diese Übung ernsthaft betreiben, kann dabei eine ganze Menge tiefer Gefühle hochkommen, und vermutlich haben Sie noch mehr davon, wenn bei der Übung jemand anwesend ist, dem Sie vertrauen und der Ihnen durch die Übungen hilft, so daß Sie sich wirklich entspannen und Ihre Gefühle tief erleben können. Sehr wichtig ist auch eine kurze Entspannungsübung.

1. *Lassen Sie ein Bild kommen.* Vielleicht denken Sie an einen bestimmten Menschen, mit dem Sie sprechen möchten, Sie können aber auch Ihrem Unbewußten gestatten, Ihnen mitzuteilen, in welcher Beziehung es ein ungelöstes Problem gibt, um das Sie sich kümmern müssen. Hier also die beiden Möglichkeiten:

a) Eine bestimmte Person. Lassen Sie auf dem Stuhl oder Kissen gegenüber ein Bild von X auftauchen. Zunächst kommt die Person vielleicht nur als Foto, als Stimme, als Sinneseindruck oder sonst etwas. Lassen Sie das Bild deutlicher werden.

b) Eine offene Rechnung. Lassen Sie auf dem Stuhl oder auf dem Kissen gegenüber das Bild von jemandem auftauchen, mit dem Sie noch eine «offene Rechnung» haben – irgendwelche ungelösten oder unangenehmen Angelegenheiten, Probleme oder Gefühle. Das kann jemand in Ihrem jetzigen Leben sein oder jemand, der einmal für Sie wichtig war. Die Person kann noch leben oder auch schon tot sein. Lassen Sie zu, daß Sie sich die erste Person ansehen und akzeptieren, die Ihnen in den Sinn kommt, als Name, als Bild, als Stimme oder sonstwie.

Wenn das Bild auftaucht, in welcher Form auch immer, sagen Sie: «Ich danke dir, Unbewußtes. Ich nehme das Geschenk gern an.»

Wenn nichts geschieht, sagen Sie Ihrem Unbewußten: «Unbewußtes, ich danke dir, daß du mich beschützen willst. Aber ich möchte gern diese Beziehung erkunden. Bitte hilf mir, daß ich das gefahrlos und ganz natürlich tun kann. Bitte gib mir nun ein Bild.»

Wenn immer noch nichts geschieht, machen Sie einfach weiter, als ob die betreffende Person Ihnen gegenübersäße – Sie wissen ja, daß das Bild deutlicher wird, wenn die Arbeit fortschreitet.

2. *Studieren Sie das Bild.* Schauen Sie sich die Person an, die Ihnen gegenübersitzt, und versuchen Sie ihn oder sie so lebendig und so konkret wie möglich vor sich zu sehen, fast als ob er oder sie bei Ihnen wäre. Was hat die betreffende Person an? Welchen Gesichtsausdruck hat sie? Welchen Eindruck vermittelt sie? Was für ein Gefühl haben Sie in ihrer Gegenwart? Sie können auch Ihrem Geist gestatten, sich über, um, unter und in die Person hineinzubegeben und sie aus jedem Blickwinkel zu betrachten, um sie noch besser zu verstehen.

3. *Sprechen Sie mit der Person.* Sprechen Sie mit der Person, die wir «das Andere» nennen, über all Ihre Gefühle. Schildern Sie dem Anderen Ihre guten wie Ihre schlechten Gefühle. Am wichtigsten ist es, daß Sie dem Anderen alles sagen, was Sie ihm im wirklichen Leben nie gesagt haben, ja sogar das, was Sie noch nicht einmal sich selbst einzugestehen wagten. Sagen Sie dem Anderen, was Sie wollen. Schließen Sie diese Phase damit ab, daß Sie alle Fragen stellen, die Sie beantwortet haben wollen.

Anmerkung: Wenn Sie eine Frage stellen, sollte das schon eine wirklich wichtige Frage sein, die Sie ernsthaft beantwortet haben wollen. Also beispielsweise: «Warum weist du mich eigentlich ab, wenn ich dich wirklich brauche?», aber nicht: «Wie kannst du eigentlich so gemein zu mir sein?», denn das ist im Grunde ein versteckter Vorwurf.

---

4. *Tauschen Sie die Rollen und werden Sie die andere Person.* Tauschen Sie nun die Rollen und setzen Sie sich auf den Stuhl vom Anderen. Lassen Sie sich Zeit, sich in das Andere zu versenken, so wie wir es im vorigen Kapitel beim Versenken in das Bild beschrieben haben. Sitzen Sie wie das Andere da und empfinden Sie, wie es wäre, wirklich das Andere zu sein, und wie die Welt aus seinem Blickwinkel aussieht – vor allem aber wie Sie (wir nennen Sie künftig «das Selbst») aus dem Blickwinkel des Anderen aussehen.

Was hat das Selbst gerade zu Ihnen gesagt oder Sie gefragt? Seien Sie so präzise wie möglich. Wie sieht das Selbst für Sie aus oder wie kommt es Ihnen vor? Was halten Sie von dem, was er/sie gesagt hat? Was erwidern Sie darauf? Schließen Sie diese Phase ab, indem Sie sagen, was Sie wollen, und fragen, was immer Sie fragen wollen.

Anmerkung: Bei den meisten Interaktionen nehmen wir nur unseren eigenen Standpunkt wahr. Hier haben Sie Gelegenheit, die Welt aus dem Blickwinkel eines anderen zu sehen – aber Sie wissen, daß Sie wieder auf Ihren eigenen Platz und zu Ihrer eigenen Perspektive zurückkehren können.

Am wichtigsten beim Rollenwechsel ist es, daß Sie wirklich in die Rolle des Anderen schlüpfen – nicht als Zerrbild oder als vage Version der anderen Person, wie Sie sie sehen. Wenn Sie dabei keine Überraschungen erleben und Sie lediglich die Gefühle äußern, die Sie sich von der anderen Person erwartet haben, dann sind Sie vermutlich nicht in die Haut des Anderen geschlüpft. Wenn Sie es aber zulassen, daß Sie auf einer tiefen Ebene wirklich das Andere sind, werden Sie höchst erstaunt sein, wie Sie Fragen beantworten und Dinge erklären können und daß Sie über das Selbst in einer Weise Bescheid wußten, von der Sie selbst keine Ahnung hatten.

5. *Fahren Sie mit der Unterhaltung fort.* Sprechen Sie weiter miteinander und tauschen Sie dabei die Rollen, wenn Sie es für richtig halten. Jetzt können Sie Klarheit darüber gewinnen, was Sie zur Zeit empfinden, und Ihre Beziehung zu verbessern versuchen.

Anmerkung: Denken Sie daran, daß es nicht gut ist (solange diese Person Teil Ihrer inneren Welt ist), daß zwischen Ihnen beiden Unruhe und Unbehagen herrschen, die sich notwendigerweise auch als Unruhe und Unbehagen in Ihnen selbst fortsetzen. Streben Sie daher eine bessere Beziehung zum Anderen an, egal wieviel Zorn und Groll oder wie wenig Hoffnung Sie gerade empfinden, denn Sie haben diese schlechten Gefühle und nicht das Andere, und diese Gefühle verletzen Sie und nicht das Andere, gegen das sie sich richten.

6. *Werden Sie der kluge Beobachter.* Plazieren Sie ein Kissen oder einen Stuhl neben sich und stellen Sie sich vor, daß sich jemand daraufsetzt, der klug und liebevoll ist, Sie beide gut kennt und mag. Zufällig ist diese Person auch der beste Berater der Welt in Sachen Beziehung. Wenn Sie soweit sind, nehmen Sie diese dritte Position ein, seien Sie der kluge Beobachter und betrachten und überprüfen Sie die Interaktion, die sich gerade abgespielt hat. Was können Sie dabei sehen? Worin besteht das Wesen dieser Bezie-

hung? Wie weit stecken diese beiden Menschen unter einer Decke, Wie würden Sie sie beraten?

Anmerkung: Nachdem wir bereits unser Bewußtsein so erweiter haben, daß wir aus dem Blickwinkel eines anderen wahrnehmen können, haben wir nun auch ein Gefühl dafür, was sich in der Interaktion zwischen diesen beiden Menschen abspielt. Diese dritte Position des klugen Beraters ist zuweilen die brauchbarste Position überhaupt.

---

7. *Nähern Sie sich einer Lösung.* Setzen Sie die Unterhaltung fort, bis Sie sich über die beiderseitigen Standpunkte im klaren sind und das Gefühl haben, so weit zu sein, daß Ihre Beziehung nun besser funktioniert. Jetzt sollten Sie irgendwie erleichtert oder erlöst sein, daß diese Beziehung nicht mehr so festgefahren zu sein scheint, auch wenn sie Ihnen noch immer Kummer bereitet. Nicht das absolut Vollkommene ist das Ziel, sondern eher das Gefühl, eine gewisse Veränderung herbeigeführt zu haben, die vielleicht nur ein erster Schritt ist. Danken Sie einander, daß Sie sich die Zeit genommen haben, einander zuzuhören und sich gemeinsam Mühe gegeben zu haben, und verabschieden Sie sich voneinander.

8. *Bedanken Sie sich, reflektieren Sie, schauen Sie voraus und tauchen Sie wieder auf.* Beschwören Sie das Bild des Anderen herauf: Wie sieht es jetzt aus? Was halten Sie nun von ihm? Sehen Sie jede Veränderung und danken Sie Ihrem bewußten und Ihrem unbewußten Selbst für diese sehr schwierige Arbeit, mit der Sie gerade befaßt waren. Reflektieren Sie sowohl vor dem Auftauchen wie auch während der nächsten Tage über das, was Ihnen gerade widerfahren ist und was Sie dabei erfahren haben. Jetzt sollten Sie sich auch über die Konsequenzen Gedanken machen: Welche praktischen Schritte wollen Sie nun tun? Worüber wollen Sie sich einmal wirklich mit dem/der Anderen unterhalten?

Varianten: weitere Möglichkeiten

Bei Beziehungsproblemen geraten wir immer an unsere eigenen Grenzen. Probieren Sie einmal die folgenden Varianten aus, mit denen Sie Ihre persönlichen Möglichkeiten erweitern können, um die Beziehung zu verstehen und zu verbessern, die Sie gerade beschäftigt, aber auch alle anderen Beziehungen in Ihrem Leben. Denken Sie stets daran, daß Sie erst zu den ursprünglichen Bildern zurückkehren und Ihre Gefühle gegenüber dem Anderen prüfen und irgend etwas Neues sagen müssen, von dem Sie das Gefühl haben, es sei richtig, es ihm mitzuteilen.

1. *Verzichten Sie auf Ihre Projektionen.* Solange Sie mit jemand anderem noch eine offene Rechnung haben, investieren Sie einen wichtigen Teil Ihrer Energie in die andere Person, statt daß sie Ihnen selbst ganz zur Verfügung steht. Dadurch haben Sie das Gefühl, schwach und ausgeliefert zu sein, und außerdem projizieren Sie in das Andere Kräfte und Eigenschaften, die vielleicht mehr mit Ihnen zu tun haben als mit ihm. Wenn Sie sich diese Energie wieder zurückholen, werden Sie sich nicht nur stärker fühlen, sondern auch eher in der Lage sein, das Andere als wirklich eigenständiges Individuum zu sehen. Versuchen Sie es damit: Stellen Sie sich vor, Ihre Energie tritt oben aus Ihrem Kopf aus, etwa wie ein Bündel Spaghetti (oder wenn Ihnen das besser gefällt: wie Licht- oder Energiestrahlen), und in die andere Person ein. Nehmen Sie das mit allen Sinnen wahr! Nun stellen Sie sich vor, wie Sie dieses Bündel Spaghetti (oder die Licht- oder Energiestrahlen) aus der Person heraus- und wieder durch das Loch oben in Ihrem Kopf zurückholen und die Spaghetti (oder Strahlen) in sich hineinsinken lassen. Stellen Sie fest, ob Sie sich anders fühlen, ob das Andere anders aussieht und ob Sie jetzt irgend etwas anderes sagen könnten. Wenn Sie das Gefühl haben, daß derartige Bündel (oder Strahlen) aus Ihrem Herzen oder Ihrem Bauch herauskommen und in das Andere hineingehen, können Sie versuchen, auch diese Bündel (oder Strahlen) zurückzuholen. Achten Sie darauf, was Sie dabei für ein Gefühl haben.

Diese Übung ist auch nützlich, wenn Ihre Energie nicht auf eine Person, sondern auf eine Sache fixiert ist: Ihre Arbeit, Ihre finanziellen Probleme oder Ihren Ruf. Immer wenn Sie von etwas oder jemandem besessen sind, lohnt es sich, sich mit dieser Übung zu beschäftigen.

2. *Wenn ich mich selbst lieben würde.* Wie würde diese und andere Beziehungen funktionieren, wenn Sie sich an dem Gefühl festhalten könnten, daß Sie sich selbst mögen und schätzen, wenn Sie sich selbst als durch und durch positiv empfinden? Statt andere zu brauchen, die Ihnen dieses Gefühl vermitteln, würde Ihnen auch

das helfen, auf Ihre Projektionen zu verzichten und die andere Person deutlicher wahrzunehmen.

Erinnern Sie sich an eine Zeit, als Sie Ihrer selbst wirklich sicher waren und sich selbst schätzten und mochten. Treten Sie nun in das Bild dieser Person ein und atmen Sie so, wie sie es tat. Oder nehmen Sie sich einen Augenblick Zeit und schätzen Sie sich jetzt und empfinden Sie wirklich diese Liebe zu sich selbst. Oder wenn Ihnen beides schwerfällt, versuchen Sie es damit: «*Wenn* ich mich wirklich schätzen und lieben würde – wie würde das sein?» Versuchen Sie herauszufinden, welches Gefühl Sie dabei haben.

Wenn Sie dieses Gefühl verspüren, wie Sie sich selbst lieben und schätzen, berühren Sie den Zeigefinger mit dem Daumen – ein Zeichen, das Sie künftig mit diesen Gefühlen assoziieren. Fahren Sie nun in der Unterhaltung mit dem Anderen fort oder sprechen Sie mit irgend jemandem, mit dem Sie Probleme haben, aber halten Sie dabei an dem Gefühl fest, daß Sie sich lieben und schätzen, ohne daß dieses Gefühl von der anderen Person abhängt. Sollte sich das Gefühl verflüchtigen, berühren Sie einfach wieder Ihren Zeigefinger mit dem Daumen und fragen Sie sich dabei: «Wenn ich mich selbst lieben und schätzen würde, was erwiderte ich dann?» Stellen Sie fest, inwieweit sich diese Unterhaltung von der ursprünglichen unterscheidet.

3. Über das persönliche Selbst hinaus. Entspannen Sie sich ganz tief, fühlen Sie sich bei sich und in Frieden. Schauen Sie sich die Person gegenüber an und versuchen Sie, über Ihr gegenwärtiges persönliches Selbst hinauszugelangen, um ein Gefühl dafür zu bekommen, wie sie wäre, wenn sie ganz und gar gereift wäre, ganz sie selbst und ganz im Einklang mit dem Universum stände, oder wie immer Sie das nennen wollen. Führen Sie nun eine Unterhaltung mit dem höherentwickelten Selbst der anderen Person. Am besten sprechen Sie nun von dem Anderen als «Er» oder «Sie», um zwischen der alltäglichen Person und diesem eher idealisierten höher entwickelten Selbst zu unterscheiden.

Tauschen Sie nun die Rollen und schlüpfen Sie in dieses höherentwickelte Bewußtsein und betrachten Sie sich selbst aus diesem Blickwinkel. Wie wirken Sie auf die höher entwickelte andere Person? Wie würden Sie aussehen, wenn Sie Ihr eigenes höherentwickeltes Selbst wären? Lassen Sie die beiden höherentwickelten Selbst sich über die beiden Personen unterhalten, die noch immer eine Rechnung miteinander zu begleichen haben.

4. Ideale und destruktive Dialoge. Stellen Sie sich vor, es handle sich um eine ideale Beziehung. Wie würde Ihrer beider Dialog ablaufen? Versuchen Sie einmal ein solches Gespräch. Jetzt stellen Sie sich vor, diese Beziehung sei die schrecklichste und katastrophalste Beziehung auf der ganzen Welt. Wie würde Ihre Unterhaltung nun ablaufen? Führen Sie auch dieses Gespräch.

Solche Dialoge vermitteln Ihnen eine klare Vorstellung von Ihren Hoffnungen und Ängsten und spiegeln oft ganz genau, welche Veränderungen Sie sich wünschen, Vergleichen Sie diesen Dialog mit der ursprünglichen Unterhaltung und finden Sie heraus, was Sie daraus lernen können.

Versuchen Sie es auch damit: Ersetzen Sie das Bild von ihm/ihr durch ein Bild eines Aspektes von Ihnen – vielleicht von der guten Mutter/dem guten Vater oder der guten Freundin/dem guten Freund, die oder der in Ihnen steckt. Tauschen Sie die Rollen, seien Sie dieser spezielle Aspekt und versuchen Sie, sich dann die idealen Worte zu sagen, die Sie von der anderen Person hören wollten. Erneuter Rollentausch. Was für ein Gefühl hatten Sie dabei? Sprechen Sie normalerweise so zu sich selbst? Oder sind es nicht die zerstörerischen Dialoge, die Ihren inneren Unterhaltungen eher entsprechen?

Machen Sie sich mit dem Gedanken vertraut, daß Sie künftig zuerst überlegen, wie Sie etwas sich selbst geben können, bevor Sie es von jemand anderem wollen. Sie möchten, daß Ihnen jemand sagt, wie schön Sie sind? Sagen Sie sich selbst, daß Sie schön sind. Sie möchten, daß jemand aufhört, Sie zu kritisieren? Hören Sie zuerst auf, sich selbst zu kritisieren. Geben Sie sich dieser «idealen Beziehung» für ein paar Tage hin und beobachten Sie, wie das funktioniert. Wie heißt es doch so schön: Jeder kehre vor seiner eigenen Tür.

5. Elterngespräch. Stellen Sie sich vor, auf einem der Stühle sitzt Ihre Mutter, auf dem anderen Ihr Vater, und die beiden sprechen über die Gefühle, die sie füreinander empfinden. Nun wechseln Sie zwischen den Stühlen hin und her, um jeden der beiden abwechselnd zu spielen. Beginnen Sie damit, daß Sie die beiden sich so unterhalten lassen, wie sie es normalerweise tun oder taten. Dann lassen Sie die beiden einander sagen, was sie einander nie gesagt haben, und lassen Sie sie versuchen, sich durch ihre Beziehung zu arbeiten und ein paar alte Probleme zu lösen. Jetzt nehmen Sie die Position des klugen Beobachters ein und schauen sich die elterliche Interaktion an. Helfen Sie diesen beiden Menschen zu sehen, was zwischen ihnen vorgeht, und miteinander Frieden zu schließen. An was in Ihrem eigenen Leben erinnern Sie diese Dialoge? Können Sie Ihre äußeren Beziehungen ähnlich verändern, wie Sie die Probleme lösen halfen, die Ihre innere Mutter und Ihr innerer Vater miteinander hatten?

6. *Der Mann und die Frau in Ihnen.* C. G. Jung hat die Theorie entwickelt, nach der die Beziehung, die wir zum anderen Geschlecht haben, aufs engste verbunden ist mit dem anderen Geschlecht, das wir in uns tragen. Lassen Sie auf dem Kissen gegenüber den Mann in Ihnen auftauchen (Ihren männlichen Aspekt, Ihre Geschichte als Mann), wenn Sie eine Frau sind, beziehungsweise die Frau in Ihnen (Ihren weiblichen Aspekt, Ihre Geschichte als Frau), wenn Sie ein Mann sind. Wie sieht er/sie aus? Fragen Sie ihn/sie nach seinem/ihrem Namen. Sprechen Sie mit ihm/ihr. Erzählen Sie, wie Sie sich fühlen etc. Tauschen Sie die Rollen und seien Sie er/sie. Wie sieht Ihr Selbst dieser Perspektive aus? Fahren Sie mit der Unterhaltung fort und arbeiten Sie auf eine Lösung zu. Vielleicht schließen Sie damit, daß Sie das andere Geschlechtswesen auffordern, sich mit Ihnen zu verbinden, indem Sie es umarmen und zulassen, daß es in Ihr Herz eingeht. Nun reflektieren Sie diese Beziehung. Inwieweit gleicht sie Ihren äußeren Beziehungen zum anderen Geschlecht? Mit welchen Implikationen?

7. *Vorbereitendes Gespräch.* Bei dieser Variante sollen Sie sich nicht mit Ihrem inneren Bild vom Anderen unterhalten, sondern sich vorstellen, daß die andere Person sich wirklich mit Ihnen im selben Zimmer befindet und daß Sie durch ein Rollenspiel die Unterhaltung vorwegnehmen, um bestimmte Schwierigkeiten vorab aus dem Weg zu räumen. Finden Sie heraus, was Sie dem anderen im wirklichen Leben sagen wollen, und tauschen Sie die Rollen, um herauszubekommen, was er darauf erwidern würde. Spielen Sie das so lange durch, bis Sie sich darüber im klaren sind, was Sie und wie Sie es am besten sagen sollen.

Anwendungsbereiche: Schnellübungen für den Alltag

Was Sie gerade gelernt haben, können Sie auch anwenden, wenn Sie mitten im Beziehungsdurcheinander stecken. Statt dabei jedoch wirklich die Plätze zu tauschen, müssen Sie sich hier nur vorstellen, daß Ihr Bewußtsein Ihren Kopf oben verläßt und sozusagen die Plätze für Sie tauscht. Probieren Sie irgendeine der folgenden Schnellübungen während einer Unterhaltung oder wenn Sie jemanden ansehen. Die Übungen 1 bis 5 basieren auf den oben dargestellten Übungen, 6 bis 10 auf den Kommunikationsregeln im Anhang (III).

1. Stellen Sie sich vor, daß Ihre Seele oder Ihr Geist oder Ihr Bewußtsein Ihren Kopf oben verläßt und sich in den Kopf einer anderen Person hineinbegibt. Was ist das für ein Gefühl, diese Person zu sein? Was empfinden Sie dabei, wenn sie Sie sieht? (Achtung: Probieren Sie diese Übung zum erstenmal aus, wenn Sie Menschen an einer Busstation, in einem Café oder Restaurant beobachten; gut ist es auch, es mit einem Freund zu versuchen, wobei Sie anschließend überprüfen sollten, wie genau Sie beide gewesen sind.)

2. Stellen Sie sich vor, daß Ihr Bewußtsein Ihren Kopf oben verläßt und in den klugen Beobachter schlüpft. Wie nimmt sich Ihre Interaktion aus diesem Blickwinkel aus? Fahren Sie dann mit der Unterhaltung fort.

3. Beenden Sie Ihre Projektionen (siehe Variante 1). Fahren Sie dann mit der Unterhaltung fort.

4. Sagen Sie zu sich: «Wenn ich mich jetzt lieben und schätzen würde, was würde ich dann sagen?» (siehe Variante 2). Fahren Sie dann mit der Unterhaltung fort.

5. Halten Sie einen Augenblick inne und sehen Sie die Person als ihr höher- oder weiterentwickeltes Selbst (siehe Variante 3). Fahren Sie dann mit der Unterhaltung fort.

6. Wenn Ihnen Ihre Gefühle in dieser Situation ein bißchen zu extrem vorkommen, halten Sie eine Minute inne und fragen Sie sich: «Welches Gefühl steckt hinter diesen Gefühlen?» Vielleicht versteckt sich beispielsweise hinter Ihrer Heftigkeit ein Verletztsein. Oder umgekehrt: Ihr Verletztsein verdeckt nur Ihre Heftigkeit. Wenn dem so ist, sagen Sie es auch.

7. Verwenden Sie nur «Ich-Botschaften»: Sagen Sie, wie *Sie sich fühlen,* nicht *was die andere Person ist.*

8. Hören Sie genau zu, nehmen Sie den Blickwinkel des anderen ein und werden Sie sich dann über Ihren eigenen klar.

9. Verhandeln Sie mit aller Klarheit: Seien Sie bereit zu sagen, was Sie wollen und was Sie zu bieten haben.

10. Finden Sie heraus, was Sie mit dem anderen gemeinsam haben, und sehen sie dann die Unterschiede als ein Thema mit Variationen.

Nachdem Sie irgendeine dieser kleinen Übungen ausgeführt haben, stellen Sie fest, ob Sie damit von einem Ihrer üblichen Muster abgewichen sind und sich mit dem anderen ein wenig anders als sonst unterhalten oder ihn anders als sonst wahrgenommen haben. Wenn es so ist, wäre es wunderbar.

Zum Abschluß

Beziehungen sind so wichtig, aber auch so schwierig, daß Sie sich durchaus dazu gratulieren können, sich mit diesem Kapitel befaßt zu haben. Denken Sie an die göttliche Tugend der Vergebung: Vergeben Sie es sich selbst wie der anderen Person, daß Sie keine perfekte Beziehung miteinander haben oder nicht die perfekte Geliebte oder der perfekte Liebhaber/Liebhaberin, Freund/Freundin, Ehemann/Ehefrau, Eltern/Kind sind. Aber erwarten Sie auch nicht, daß damit nun schon alles gelöst ist. Wenn Sie sich ein bißchen geändert haben, etwas anderes für den anderen oder für sich empfinden oder einfach eher bereit sind, die Welt humorvoll zu akzeptieren, dann haben Sie schon einen großen Schritt getan. Je mehr Sie sich darum bemühen, Ihr Bewußtsein und Ihre Kommunikation zu verändern, desto besser wird alles werden – in Ihnen selbst wie zwischen Ihnen und anderen Menschen.

7. Groll, Ablehnung und Trauer: Abschied nehmen

Als mein Vater starb, kannte ich intuitiv den Augenblick seines Todes und hatte das Gefühl, bei ihm zu sein, obwohl er ganz weit weg von mir war. Als ich nach seinem Tod versuchte, mit ihm in Verbindung zu bleiben, kamen mir ganz reale Bilder von allem, was er nun erlebte, wie aus einer anderen Dimension:

Ich sah ihn allein auf seinem Pfad wandeln. Es schien ihm unglaubliche Qualen zu bereiten. Es war die Qual der Transformation – als müsse er sozusagen all seine Moleküle in eine andere Seinsform umwandeln. Ich hatte das Gefühl, mich gemeinsam mit ihm auf seinen schweren Weg konzentrieren zu müssen.

Dann sah ich, wie er sich mühsam mit einem Sack auf dem Rücken dahinschleppte. Dieser Sack war voller Erinnerungen und Gefühle, die ihn ans Leben fesselten, und obwohl er sehr schwer war, wollte er ihn doch nicht loswerden. Er setzte ihn nur für einen Augenblick ab und nahm ihn gleich wieder auf. Dann stapfte er damit erschöpft einen Berg hinauf.

Schließlich setzte er den Sack ab und begann darin herumzukramen. Wie sich herausstellte, war er mit all seinem Groll und der Bitterkeit und dem Gefühl angefüllt, in seinem Leben versagt zu haben und gescheitert zu sein – ein Sack voller Dinge also, über die er nicht glücklich war. Und beglückende Erinnerungen waren gar keine vorhanden. Und nun mußte er alles durchgehen und bei jedem dieser Dinge sagen: «So sei es.» Als er schließlich damit fertig war, war der Sack leer.

Dann begann er auf das Licht zuzugehen, und vier Engel kamen herbei, um ihn willkommen zu heißen. Da er stets ein bescheidener Mann gewesen war, konnte er es kaum glauben. «Ich komme mir wie im Himmel vor. Warum tun sie all das für mich?» rief er erstaunt. Ich mußte lachen und flüsterte ihm zu: «Du *bist* im Himmel.» Bald danach, als die Engel ihn umstanden und mit Licht und Liebe streichelten, verabschiedeten wir uns voneinander, und dann gab es keine Bilder mehr.

Ich weiß nicht, ob diese Geschichte ein wahres Bild des Lebens unmittelbar nach dem Tod wiedergibt. Mit Sicherheit aber ist es eine tiefgründige Metapher für den Weg der Verwandlung, der mit Abschiednehmen verbunden ist: ein Prozeß, der notwendigerweise schmerzlich ist und uns letzten Endes doch ins helle Licht eines neuen Lebensstadiums führen kann.

Abschiede aller Art

Dieses Kapitel handelt also vom Abschiednehmen: von Menschen und auch von Dingen, an die wir noch in einer Weise gebunden sind, die nicht mehr angemessen ist. Wenn jemand gestorben ist oder wir uns von ihm aus irgendeinem Grund getrennt haben, müssen wir loslassen und Abschied nehmen. Wenn wir gegen jemanden einen Groll hegen und dennoch diese negative Verbindung nicht aufgeben können, müssen wir ebenfalls loslassen. Und womöglich müssen wir sogar von irgend jemandem oder irgend etwas, der oder das aus unserem Leben nicht mehr wegzudenken war, ein für allemal Abschied nehmen.

Das Leben ist voller Abschiede. Einige fallen uns leicht – wenn wir ganz aufgeregt einem neuen Abschnitt oder einem neuen Abenteuer entgegeneilen. Andere erwecken in uns das Gefühl, einen Teil von uns selbst zu verlieren, den wir nie wiederbekommen werden. Da gibt es das herzliche Lebewohl im gegenseitigen Einvernehmen – aber auch das unbemerkte vage Winken. Einige Abschiede sind wie unvermeidliche Schritte in der Entwicklung, und andere erleben wir voller Zorn, wie einen Schlag ins Gesicht. Manche Trennungen ziehen sich jahrelang hin und scheinen nie zu gelingen, andere sind wie eine Amputation und lassen uns keine Zeit, uns darauf einzustellen. Wie auch immer wir einen Abschied empfinden – stets trägt er in sich den Hauch des Todes und – das Versprechen der Wiedergeburt.

Bedauerlicherweise erreichen viele Menschen dieses Stadium der Wiedergeburt nie, weil sie sich nicht endgültig verabschieden und die andere Person oder diesen Aspekt des eigenen Lebens nicht völlig loslassen können. Vielen Menschen wurden dabei Wunden geschlagen, die nie richtig vernarben. Und vermutlich ist hierin eine der Hauptursachen dafür zu sehen, daß Menschen an Leib und Seele erkranken.

Um die Ecke biegen

Transformation ist ein schmerzhafter Prozeß, doch wir kennen viele Mittel und Wege, Schmerzen zu vermeiden. Und während wir uns gerade verwandeln, haben wir gleichzeitig das Gefühl, als gäbe es für uns keine Zukunft mehr und als ob wir beim Abschied das, was bereits abgestorben ist, noch einmal umbringen oder das zerstören, von dem wir uns noch immer erhoffen, es werde wieder zu uns zurückkehren. Nur wenn wir ein Risiko eingehen und voranschreiten, sind wir in der Lage, um die Ecke zu biegen und wahrzunehmen, was vor uns liegt.

Dabei fällt mir Joanne ein, die vor Jahren hintereinander zwei Totgeburten hatte, von denen sie sich innerlich nicht verabschieden konnte. Stets hatte sie ein Gefühl der Leere im Bauch, was sie aber seltsamerweise auch beruhigte. Als ich sie bat, sich die Babys vorzustellen und zu ihnen zu sprechen, sprach sie davon, wie sehr sie sie geliebt und welche Qualen es ihr bereitet habe, sie zu verlieren. Und schließlich gestand sie, daß sie sich so entsetzlich schuldig fühle, denn irgendwie sei sie doch dafür verantwortlich.

Als sie geendet hatte, schlug ich ihr vor, endlich wirklich Abschied zu nehmen. Sie lehnte das ab, denn wenn sie ihren Babys Lebewohl sage, würde sie sie erneut «umbringen» – sie wollte sie für immer bei sich haben. Aber gerade als Joanne sagte: «Nein, ich werde ihnen nicht Lebewohl sagen», stockte sie überrascht, um dann fortzufahren: «Ach, jetzt sind sie gerade von mir gegangen.» Die Kinder hatten es an ihrer Stelle getan. Indem Joanne gewissermaßen ihre eigenen Gefühle akzeptierte und sich ihnen stellte, hatte sie ihnen unbewußt gestattet, sie zu verlassen. Auch das Leeregefühl in ihrem Bauch verschwand, und zum erstenmal seit Jahren fühlte sie sich leicht und frei, ein neues Leben zu beginnen.

Paradoxerweise sind wir meist nicht durch liebevolle Gefühle an vergangene Beziehungen gefesselt, sondern durch eher negative, schwierige Empfindungen. Nicht so sehr wegen ihrer Liebe, sondern wegen ihrer Schuldgefühle war es für Joanne unmöglich, Lebewohl zu sagen. Genauso war auch der Sack, mit dem sich mein Vater abschleppte, nicht mit seinen liebevollen Erinnerungen angefüllt; vielmehr banden ihn sein Groll und seine Gefühle, versagt zu haben, ans Leben. Und bevor er diese negativen Gefühle nicht Revue passieren ließ und mit ihnen seinen Frieden machte, schien er auf ewig dazu verurteilt, sich erschöpft und allein weiterquälen zu müssen.

Wir können uns von Menschen wie von Beziehungen verabschieden, und dennoch frei sein, sie zu lieben. Nur die ungelösten und unlösbaren Gefühle binden uns weiterhin an sie. Und das gilt sowohl für die Menschen, die sich dafür entschieden haben, eine Beziehung zu beenden, wie für diejenigen, die verlassen worden sind.

Wenn wir zornig, nachtragend und verbittert sind, verlangen wir innerlich noch immer etwas von der anderen Person und fordern sie auf, anders zu sein (oder gewesen zu sein), und können nicht eher von ihr lassen, bis wir es bekommen haben. Wenn wir uns selbst gegenüber Schuld und Wut empfinden, und sei es auch nur, weil wir unsere Liebe nicht deutlich genug zum Ausdruck gebracht oder weil wir so viel Schmerz bereitet haben, als wir Abschied nahmen, dann verlangen wir noch immer von uns, wir sollten anders sein oder anders gewesen sein, und darum können wir nicht loslassen.

Und nicht anders verhält es sich, wenn wir nicht begreifen oder nicht einmal wissen, was passiert ist, denn dann sind wir all den Fragen und Zweifeln ausgesetzt, die wir nicht ausräumen können, und darum fehlt uns die Gewißheit, die erst eine Lösung möglich macht. Wenn geliebte Menschen verschwinden, ohne eine Erklärung abzugeben oder sich zu verabschieden, oder wenn ein totalitäres Regime sie hat «verschwinden» lassen, ohne daß man jemals etwas über ihr Schicksal erfahren hat, oder wenn sie bei irgendwelchen Katastrophen umgekommen sind, ohne daß man ihren Leichnam jemals gefunden hat, dann bereitet es einem unglaubliche Schwierigkeiten, ganz normal um sie zu trauern und ihnen Lebewohl zu sagen.

Und gerade diese uneingelösten Gefühle sind höchst giftig für unser Innenleben, körperlich wie emotional. Erst wenn wir uns den Gefühlen und Zweifeln offen stellen und in der Lage sind, «So sei es» zu sagen, können wir anderen und uns selbst vergeben, Lebewohl sagen und weitergehen.

Ein guter Tod

Vermutlich liegt das Problem nicht so sehr darin, daß wir Feiglinge sind und dem Schmerz aus dem Weg gehen wollen, sondern daß man uns nie beigebracht hat, wie und warum wir ein für allemal und richtig Abschied nehmen müssen.

Als Adrians Vater plötzlich in einem fernen Land starb, in das Adrian nicht einmal zur Beerdigung reisen konnte, glaubte er sich außerstande, mit den Gefühlen umzugehen, die in ihm nach dem plötzlichen Verlust und durch diese Veränderung hochkamen. Und alle seine offenen Fragen konnten nun nicht mehr beantwortet werden.

Er erinnerte sich an die Berichte, die der Anthropologe Colin Turnbull über die Mbuti-Pygmäen veröffentlicht hatte. Nach der Anschauung dieses afrikanischen Volkes mußte man, wenn jemand starb, ihn oder sie völlig loslassen, damit es ein «guter Tod» wurde, der den anderen das Weiterleben ermöglichte. Auch Adrian wußte, daß er einen ähnlichen Prozeß durchmachen und seinen Vater loslassen mußte. Aber wie? Ein paar Tage nach dem Tod des Vaters kam er nach Atsitsa, unserem ganzheitlichen Gesundheitszentrum in Griechenland, und wollte an meiner Bildarbeitssitzung über «Abschied nehmen» teilnehmen. Seine Erfahrungen hat er in folgendem Beitrag über die «Politik des Trauerns» festgehalten.

«Wir waren etwa zu acht, wenn ich mich recht erinnere, und hatten uns an diesem relativ kühlen Abend hoch oben auf einem Berg versammelt, von dem aus man einen unvergeßlichen Ausblick auf die im Dunkel versinkende Ägäis bis zum strahlend hell erleuchteten Horizont im Westen hatte. Wir saßen im Kreis. Zunächst war mir das Ganze eher peinlich. Die Therapeutin bat uns, die Person zu visualisieren, die wir loslassen oder von der wir Abschied nehmen wollten. Das taten wir denn auch, wobei wir die Augen geschlossen hatten, als wir uns konzentrierten. Dann forderte sie uns auf, die betreffende Person laut zu beschreiben und dann ihn oder sie anzusprechen. «Sagt ihm oder ihr, was ihr wollt.»

Zu meiner Überraschung bemerkte ich, daß ich gegenüber meinem Vater nicht etwa Kummer, Traurigkeit oder Bedauern äußerte, sondern Ärger. Ich beschwerte mich, daß er mir und meiner Schwester bestimmte Dinge angetan, andere uns vorenthalten hatte. Ich machte ihm heftige Vorwürfe, daß er sich gegenüber unserer willensstarken Mutter nicht behauptet hatte, als es darauf angekommen war, und daß er meine Schwester und mich so grausam von oben herab behandelt hatte, statt unsere freie Entwicklung zu fördern. Hatte er denn nicht gemerkt, wie unsicher und abhängig meine Schwester und wie zornig und gefährlich rebellisch ich dadurch geworden war? Hatte er denn keine Ahnung gehabt, welche Konsequenzen das für unser Leben haben würde? Ich warf ihm all das an den Kopf und machte ihn (ziemlich unfair) allein dafür verantwortlich.

... Dann ließ uns die Sitzungsleiterin die Plätze mit der imaginierten Person tauschen, indem wir den Kreis durchquerten und uns gegenüber dem Platz niederließen, auf dem wir zuvor gesessen hatten. Nun sollten wir jene Person sein und unserem wirklichen Selbst Rede und Antwort stehen. Dieser Rollentausch fiel mir ziemlich schwer und traf mich unerwartet. Aber er gab den Ausschlag. Ich merkte, daß ich so dasaß, wie es mein Vater oft getan hatte – mit hochgezogenen Schultern, den Kopf vorgereckt. In mir hallten noch die letzten Worte nach, die ich in diesem imaginären Dialog meinem toten Vater ins Gesicht geschrien hatte: «Kapierst du nicht, daß du dich verdammt mies benommen hast?» Ich sah zu der Stelle hinüber, von der aus ich ihn mir sitzend vorgestellt hatte, und hörte in mir eine Stimme, seine Stimme, die gewissermaßen die Antwort gab. Und wie er so vorgebeugt und mit gesenktem Kopf dasaß, sagte er nur: «Du hast ja so recht, ich weiß, ich weiß.» Und dann verblaßte dieses Bild und verschwand aus meiner Vorstellung.

... Dann kam mir das Bild, wie mein Vater in einem Kanu aus Birkenrinde lag, das an einem Tau hing, welches ich an einem Landungssteg an der Biegung eines reißenden Flusses befestigen sollte. Das schien in doppelter Hinsicht eine treffende Metapher zu sein, denn genauso wie ich an ihm hing, hing auch er an mir. Solange ich nicht das Tau losließ, konnte weder er noch ich mit dem weitermachen, das wir zu tun hatten. Wir hinderten einander an der Weiterreise. Ich glaube zwar nicht an ein Leben nach dem Tode, aber bei diesem Trennungsprozeß schienen das Bild, die Vorstellung und der ‹Trick› doch ganz hilfreich zu sein. Ich stellte mir vor, wie das Kanu den Fluß hinuntertrieb, während ich dem Steg den Rücken kehrte und mich wieder dem tätigen Leben zuwandte. Unsere offene Rechnung war beglichen. Ich fühlte mich sehr frei.

... Dann begann ich zu erkennen – und das kam mir im Laufe der Zeit immer mehr zu Bewußtsein –, daß sich etwas in mir geklärt hatte ... Vater hatte bei dieser imaginären Begegnung akzeptiert, daß er sich falsch verhalten hatte, und genau diese Bestätigung von ihm hatte ich gebraucht. ... Statt untröstlich und verzweifelt über diesen Verlust zu sein und uneingestandenen Zorn und frustrierte Trauer zu empfinden, ging ich aus diesem

Erlebnis mit einem Gefühl der Klarheit und Freiheit hervor. Und viel gerechter beurteilte ich nun auch sein gutes und langes Leben, die glückliche Zeit, die wir ihm in unserer Kindheit verdankten, seine Schwächen wie seine Stärken, all das, was er für uns getan und was wir einander bedeutet hatten.

... Der Himmel hatte inzwischen ein schwärzliches Purpurrot angenommen, wie dunkelblaue griechische Trauben, und der Mond kam hinter einem Bergrücken hervor. ... Der Duft von Essen zog zu uns herauf. Ich hatte einen Bärenhunger. Zeit zum Essen – Zeit zum Weiterleben. Trotz der Distanz zwischen meinem Vater und mir war es doch noch ein guter Tod gewesen.«[1]

Auf und davon

Am besten sagt man Lebewohl, bevor man auseinandergeht – sofern das möglich ist. Eheberatung besteht oft nicht so sehr darin, Paaren dabei behilflich zu sein, weiterhin zusammenzuleben, sondern ihnen das Abschiednehmen zu erleichtern, wenn sie sich trennen wollen.

Aber das ist nicht immer leicht. Es gibt verschiedene Arten von Schwierigkeiten beim Abschiednehmen. Während manche Menschen sich zu sehr an Beziehungen und Gefühle klammern, von denen sie sich trennen müssen, tun andere genau das Gegenteil: sie laufen einfach davon, als gälte es ihr Leben. Durch diese überhastete Flucht hinterlassen diese Menschen nicht nur ein heilloses Durcheinander, das hundertmal schwerer zu beheben ist, weil die einstmals so geliebten anderen, die sie verlassen, keine Möglichkeit haben, dahinterzukommen, was eigentlich passiert ist. Auch sie selbst werden so nie erfahren, was es heißt, den Kreis von Beginn, Abschied und Trauer zu schließen, der erst eine wahre Wiedergeburt ermöglicht. Und darum werden sie das gleiche Beziehungs- und Verhaltensmuster immer wieder erleben.

Ellen, eine meiner Patientinnen, brach nach zehn Jahren aus ihrer Ehe aus, und nur wenige Tage nachdem sie sich entschlossen hatte, die Beziehung zu beenden, fand sie eine neue Wohnung und zog um. Sie wollte mit ihrem Mann nicht darüber reden und hatte das Gefühl, da gäbe es nichts mehr zu reden – es war aus und vorbei. Sie hatte seit Jahren sexuell nichts mehr für ihn empfunden, nachdem sie sich – wie sie nun erkannte – über ihn geärgert hatte, ohne daß sie sich ihm gegenüber darüber hatte äußern können.

Nun empfand sie nichts mehr für ihn, und das war's dann auch. Das Leben winkte mit all seinen Verheißungen, und sie wollte hinauslaufen auf diesen aufregenden Markt. Wenn sie sich damit aufhielt, Abschied zu nehmen, würde sie womöglich etwas verpassen. Aber da sie so etwas nicht zum erstenmal tat, hatte sie nun Angst, sie würde das ihr Leben lang immer wieder so tun.

Als ihre Gefühle zur Sprache kamen, erkannte sie, was sie davon abhielt, richtig Abschied zu nehmen: Am meisten fürchtete sie sich davor, sie könnte sich schuldig fühlen oder er könnte sie davon überzeugen, daß sie dumm handle oder sich irre, und sie würde dann vielleicht bleiben müssen. So aber brauchte sie sich ihrer Schuld nicht zu stellen und den Schmerz in seinem Gesicht nicht zu sehen und konnte sich frei fühlen zu tun, was sie wollte und was ihrer Meinung nach für sie richtig war.

Dann sprachen wir über den Unterschied zwischen Gefühlen und Entscheidungen. Ihr allererstes Bild und die Entscheidung, die Ehe zu beenden, waren klar und eindeutig. Sie mußte nur fest genug daran glauben, um eine Zeitlang innehalten und den ganzen Wust von Gefühlen ertragen zu können, der mit diesem Schritt verbunden war – ohne dabei zu befürchten, daß er weitere Entscheidungen implizierte. Solange sie wirklich wußte, was für sie auf lange Sicht richtig war, mußte sie nicht einfach davonlaufen und es sofort in die Tat umsetzen.

Als Ellen lernte, ihrer Intuition zu trauen, daß sie das richtige tat, indem sie ihren Mann verließ, sowie sich dafür zu entscheiden, trotz der schmerzlichen Gefühle bei ihnen beiden als freier Mensch zu gehen, konnte sie mit den Emotionen umgehen, die mit dem Abschiednehmen verbunden sind. Zunächst mit Hilfe der Bildarbeit und dann in einer gemeinsamen Sitzung mit ihrem Mann ging sie ihren Gefühlen auf den Grund. Und er sprach über die seinen, und dann sagten sie einander Lebewohl und wünschten einander alles Gute auf ihrem weiteren Lebensweg.

Damit war der Teufelskreis durchbrochen. Jetzt konnte Ellen hoffen, daß sie in ihrer nächsten Beziehung ihre Gefühle äußern würde, bevor sie abstarben, und Lebewohl sagen würde, bevor sie ging – wenn sie überhaupt würde gehen müssen.

Andere Bindungen

Abschied muß man nicht nur von Menschen nehmen. Zuweilen müssen Sie sich von einem Zuhause, einer Umgebung oder einer

Phase in Ihrem Leben verabschieden. Bernard, einer meiner Bildarbeitsstudenten, hatte Probleme damit, ein neues Haus zu finden. Er erkannte den Grund dafür darin, daß er sich nicht von seinem früheren Heim trennen konnte.

Voller Unruhe darüber, daß er einfach nicht imstande war, in ein anderes Haus umzuziehen, ging er im Park spazieren, setzte sich auf eine Bank und ließ das Bild einer Leitperson kommen, die ihm bei seinem Problem helfen sollte. In seiner Vorstellung tauchte in der Ferne eine kleine, tanzende Gestalt auf. Als sie näher kam, erkannte Bernard an dem schnellen Steptanz und an einer Verszeile, daß es sich dabei um Fred Astaire handelte. Fred sang nun Verse aus zwei seiner Lieder: «Won't you change partners and dance with me?» und «After you, who, could be my sky of blue? After you, who, could be my love?»

Fred Astaire machte Bernard klar, wenn man sein Heim verläßt und ein neues sucht, sei das so ähnlich, wie wenn man eine Frau verläßt und eine neue Beziehung beginnt. Wenn man davon loskommen wolle, müsse man erst von der weiblichen Seele des Hauses Abschied nehmen. Er schlug Bernard vor, die Seele des Hauses herbeizuzitieren und mit ihr zu tanzen, sein Lied zu singen, ihr dafür zu danken, daß sie so lange um ihn gewesen war, und Lebewohl zu sagen. Und das tat Bernard denn auch in seiner Einbildungskraft sofort an Ort und Stelle. Nach dieser beglückenden Erfahrung des Abschiednehmens hatte sich in ihm etwas verändert, und er konnte sich nun Häuser mit einem freieren, offenen Sinn ansehen und sich für eine neue Bleibe entscheiden, die zum neuen Bernard paßte.

Gibt es ein Leben nach dem Tod?

Wenn wir mit jemandem zutiefst verbunden sind, egal ob durch positive oder negative Gefühle, dann kommt es uns so vor, als ob unser beider Selbst oder unsere Seelen oder Denkweisen oder Leben in irgendeiner Weise miteinander verknüpft seien, so daß uns ein Teil von uns selbst abhanden zu kommen scheint, wenn er oder sie uns verläßt.

Ist die andere Person gerade gestorben, verspüren wir oft ein Verlangen, ihr zu folgen, um uns mit unserer «anderen Hälfte» wieder zu vereinen, und tatsächlich sterben viele Menschen wirklich, kurz nachdem ihre langjährigen Lebensgefährten gestorben sind. Und selbst wenn eine Verbindung nicht durch den Tod beendet wurde, sind wir mit dem anderen oft noch ganz und gar verbunden, selbst wenn wir ihn seit Jahren schon nicht mehr gesehen haben, so als müßten wir uns gar nicht von ihm trennen. Wir wollen einfach nicht, daß für jeden von uns das Leben nach diesem «Tod» weitergeht.

Darum ist es so wichtig, beim Ritual des Abschiednehmens zu erkennen – wie es Adrian mit seinem Vater tat –, daß wir die Bande, die uns an den anderen fesseln, durchschneiden und den anderen loslassen müssen, weil wir wissen, daß er auch ohne uns und wir ohne ihn leben können. Das bedeutet nicht, daß wir auf einer anderen Ebene einander nicht mehr lieben oder nicht füreinander dasein können – sondern nur, daß diese Fessel verschwinden muß und wir beide in unserer Beziehung zueinander frei sein sollen, während jeder seinen eigenen Lebensweg weitergeht.

Schon schwerer fällt es einem, zu verstehen, was es bedeutet, jemanden seinen Weg weitergehen zu lassen, wenn er gestorben ist, und zwar besonders dann, wenn man nicht an ein Leben nach dem Tod glaubt. Viele Menschen glauben allerdings, daß die Geister von Verstorbenen zuweilen fühlen müssen, daß ihre Lieben ihren Tod akzeptiert haben, damit sie ihren Weg weitergehen können. Aber ob Sie an das alles nun glauben oder nicht – sicher scheint jedenfalls zu sein, daß Menschen ihren Tod hinauszögern, bis sie das Gefühl haben, daß ihre offenen Rechnungen nun beglichen sind und daß die ihnen wichtigen Menschen ihnen erlauben zu gehen. Außerdem scheinen die Menschen zutiefst von dem Gefühl durchdrungen zu sein, die andere Person nach ihrem Tod freigeben zu müssen, ehe wir unser eigenes Leben weiterführen können, auch wenn das nichts anderes heißt, als ihr innerlich zu gestatten, «in Frieden zu ruhen».

Wichtig ist es auch, den anderen freizugeben, wenn Sie Groll gegen ihn hegen. Man fühlt sich nämlich ganz besonders ungerecht behandelt, wenn man weiterhin an einen Menschen gebunden ist, der einem Unrecht getan hat, solange er entweder seinen Fehler nicht eingestanden hat oder nicht für seine Untat bestraft worden ist. Manchmal steckt dahinter die Angst, wenn man von seinem Groll abließe, würde man zugeben, daß der andere vielleicht im Recht und man selbst im Unrecht sei. Unsere Ressentiments machen es uns daher unmöglich, uns selbst oder dem anderen zu vergeben und «So sei es» zu sagen, und darum wird sich die Wunde auch weiterhin nicht schließen.

Alice zum Beispiel war voller Groll gegenüber ihren Eltern, weil sie ihr so viel angetan hatten. Sie hatte viele Probleme, weigerte sich aber, sich beraten oder behandeln zu lassen – es war Schuld der Eltern, und darum sollten sie auch dafür bezahlen. Ihr Pech, wenn sie das nicht wollten. So leicht würde sie sie jedenfalls nicht davonkommen lassen.

Bernie Siegel, ein ganzheitlich arbeitender Chirurg, der die Ansicht vertritt, daß die Unfähigkeit, Ressentiments aufzugeben, eine der Hauptursachen für Krebs ist, hat einmal eine kleine Parabel erzählt, wie er seine am schwersten erkrankte Patientin – eine krebskranke Frau, deren Mann sie wegen einer anderen Frau verlassen hatte – mit Gott bekannt machte. Gott versprach, dafür zu sorgen, daß sie wieder gesund würde. «Du mußt nichts weiter tun als lieben, akzeptieren, vergeben und glücklich sein wollen.« Die Frau sah Gott in die Augen und sagte: «Da kennst du wohl meinen Mann noch nicht!«[2]

Im Grunde wird der andere durch unseren Groll überhaupt nicht bestraft, sondern damit bestrafen wir ausschließlich uns selbst, weil er unser Leben vergiftet und unsere körperliche und seelische Gesundheit gefährdet. Recht zu haben kann genauso schlimm sein wie unrecht zu haben, solange wir keinen inneren Frieden finden.

Darum ist es nicht nur entscheidend, daß man seinen Ärger gegenüber dem anderen ausspricht – egal, ob in Wirklichkeit oder durch Bildarbeit –, sondern daß man auch die Fesseln des Grolls und der Rachsucht zerschneidet und den anderen freigibt. Wir müssen akzeptieren lernen, daß andere Menschen ein Recht auf ein eigenes Leben haben, auch wenn sie unseren Erwartungen nicht gerecht geworden sind – aber auch wir selbst haben dieses Recht.

Wenn es Ihnen gelingt, sich vorzustellen, daß der Person, gegen die Sie einen Groll hegen, Gutes widerfährt, und wenn Sie sich dabei wohl fühlen und sich außerdem vorstellen können, glücklich zu sein, selbst wenn der oder die andere nicht getan haben, was Sie wollten, dann haben Sie nicht nur die andere Person, sondern auch sich selbst befreit. Und vielleicht fällt Ihnen dabei ein, daß wir nicht dazu da sind, den Erwartungen anderer zu entsprechen. Auch Sie haben das Recht, nicht vollkommen zu sein.

Die Menschen, die sich meiner annehmen wollen

Wenn wir uns über andere ärgern oder ihnen grollen oder uns schuldig fühlen und unfähig, uns selbst zu vergeben, sollten wir auch unsere eigenen ursprünglichen Erwartungen und Muster überprüfen. Wir alle haben doch bestimmte fixe Vorstellungen davon, wie Mütter, Väter, Schwestern, Brüder, Freunde, Liebhaber, Kollegen und all die anderen Menschen sein sollten, mit denen wir im Leben zu tun haben, und was sie uns und wir ihnen geben sollten. Doch wenige Menschen werden diesen Idealvorstellungen gerecht (vielleicht wäre es auch gar nicht so gut, wenn sie es würden), und darum gibt es in jeder Beziehung soviel Wut und Groll und Unnachgiebigkeit gegenüber dem anderen wie uns selbst.

Ich erinnere mich noch gut daran, wie ich mich vor einigen Jahren, als mein Vater noch lebte, fürchterlich über ihn ärgerte. Nach diesem Nachmittag unternahm ich einen ausgedehnten Spaziergang, um mit meinem Zorn und meinem Haß klarzukommen. Nachdem ich mich lange mit Vater in meiner Phantasie unterhalten hatte, erkannte ich schließlich mein größtes Problem: daß er nicht meinem Idealbild eines Vaters entsprach. Plötzlich hörte ich mich innerlich zu ihm sagen: «Ich werde künftig nicht mehr von dir erwarten, daß du wie ein Vater zu mir bist. Ich danke dir, daß du einer von den Menschen bist, die sich meiner auf diesem Lebensweg annehmen wollen.» Da strömte meine Liebe zu ihm – und meine Dankbarkeit für seine Liebe zu mir – wieder in mich zurück, und ich war wieder mit mir selbst im reinen. Wenn ich seitdem Probleme wegen meiner Erwartungen andern oder mir selbst gegenüber hatte und habe, versuche ich diese »Rollenerwartungen« loszuwerden und dankbar anzuerkennen, was wir uns freiwillig gegenseitig als Menschen gegeben haben, die sich einander auf diesem Lebensweg annehmen. Fast wie durch Zauberkraft verflüchtigen sich dann Groll und Schuldgefühle, und an ihrer Statt durchströmt mich ein starkes Gefühl der Liebe.

Abschied nehmen: Übungsaufbau

Die folgende Abschieds-Übung wird Ihnen in jeder Situation helfen, in der Sie das Gefühl haben, daß Sie zu stark an jemanden gefesselt sind und sich doch von ihm oder ihr verabschieden müssen – aus welchen Gründen auch immer. Sie können diese Übung aber auch verwenden, wenn Sie von Dingen, Orten oder Lebensphasen Abschied nehmen wollen.

Nachdem Sie ein Bild der Person haben kommen lassen, der Sie Lebewohl sagen müssen, beginnen Sie am besten mit einem Rückblick auf das «Leben» der Beziehung. Man hört oft, daß jemand sein Leben wie im Zeitraffer an sich vorüberziehen sieht, wenn er im Sterben liegt. Auf die gleiche Weise können wir, bevor wir Lebewohl sagen, die Bilder Revue passieren lassen, die die Beziehung spiegeln – die glücklichen wie die qualvollen Szenen, die wir dabei erlebt haben.

Wichtig ist es sodann, daß Sie mit der Person sprechen und ihr all Ihre Gefühle vermitteln, die positiven wie die negativen, die rationalen wie die irrationalen. Hierbei könnten sich die im Anhang (III) dargestellten Kommunikationsprinzipien als nützlich erweisen. Dies ist ein Augenblick der Wahrheit, den wir zutiefst respektieren müssen und zu dem wir vielleicht erst nach einem inneren Kampf gelangen. Wir stecken doch alle voller Klischees, die in dem Augenblick in Aktion treten, wenn wir eine andere Person verlieren, sei es durch Tod, Zurückweisung oder sonstwie. Es ist daher wichtig, daß wir durch diese Ebene zur «Todeswahrheit» vorstoßen, wie ich es nenne, zu jener Wahrheit also, der Sie ins Gesicht sehen würden, wenn Ihr Leben davon abhinge, sie zu kennen, oder vielleicht auch jener Wahrheit, der Sie sich angesichts Ihres nahen Todes stellen müssen.

Vielleicht werden Sie dabei zum Beispiel mit der Tatsache konfrontiert, daß die betreffende Person Sie belastet hat oder umgekehrt. Oder daß Sie ihr gegenüber so viel Eifersucht, Groll und Wut empfunden haben und daß Sie sich nun dieser kleinlichen Gefühle schämen. Oder daß Sie sogar auf irgendeiner Ebene glücklich darüber sind, diesen Menschen los zu sein. Diese

«Todeswahrheit» ist stets weniger romantisch, als wir es gern hätten, doch wenn wir es schaffen, ihr ins Gesicht zu sehen, empfinden wir große Erleichterung.

Sobald Sie Ihre Beziehung durchgearbeitet haben und bereit sind, Lebewohl zu sagen, ist die Zeit gekommen, daß Sie – mit Hilfe eines entsprechenden Bildes – das Band zwischen Ihnen beiden zerschneiden. Danach geben Sie sich der Vorstellung hin, daß der andere ein Leben voller Glück und guter Dinge führt, auch wenn Sie nicht dazugehören, und daß auch Sie ein Leben voller Glück und guter Dinge ohne den anderen führen werden. Dieser Schritt ist besonders wichtig, wenn es Ihnen schwerfällt, zu akzeptieren, daß eine Person, die Ihnen Unrecht getan hat, auch noch ein gutes Leben haben soll. Vielleicht ist Ihnen das beim erstenmal nicht möglich, aber wenn Sie so lange daran arbeiten, bis Sie so weit sind, daß Sie sich dabei wohl fühlen, dann befinden Sie sich bereits auf dem Weg der Besserung. Wenn jemand gestorben ist, sollten Sie sich vielleicht vorstellen, daß der andere in irgendeine Existenz nach dem Tod eingetreten ist, an die Sie glauben – auch wenn er einfach nur «in Frieden ruht». Wie stets schließen Sie die Übung damit ab, daß Sie Ihren Dank abstatten, reflektieren, vorausschauen und wieder auftauchen.

Noch einmal das Aufbauschema:

Vorbereitung: Einen Freiraum schaffen, entspannen

1. Das Bild kommen lassen
2. Rückblick auf das Leben der Beziehung
3. Miteinander reden
4. Sich einer Lösung nähern
5. Lebewohl sagen und das Band durchtrennen
6. Einander alles Gute wünschen
7. Danken, reflektieren, vorausschauen und auftauchen

Abschied nehmen: Grundübung

Vorbereitung: Einen Freiraum schaffen, entspannen. (Bitte beachten Sie: Die Übung ist so formuliert, daß sie sich auf den Abschied von einer Person bezieht. Wollen Sie einem Ort, einer Lebensphase oder sonst etwas Lebewohl sagen, lassen Sie einfach ein entsprechendes Bild kommen und folgen dem allgemeinen Ablauf, den

Sie dann nur sprachlich entsprechend anpassen müssen.) Nehmen Sie sich noch einmal die Kommunikationsprinzipien aus dem Anhang vor, bevor Sie beginnen.

1. *Das Bild kommen lassen.* Lassen Sie das Bild von jemandem auftauchen, der Ihnen gegenübersitzt und von dem Sie Abschied nehmen müssen. Sehen Sie ihn klar vor sich. Was hat er an? Wie sitzt er da? Wie ist sein Gesichtsausdruck?

2. *Rückblick auf das Leben der Beziehung.* Entspannen Sie sich und lassen Sie alle Bilder und Szenen, die Ihnen zur Beziehung mit diesem Menschen einfallen, rasch an sich vorüberziehen – egal, ob sie Ihnen Freude oder Schmerzen bereiten. Sind sie angenehm, treten Sie in das Bild hinein und erleben Sie den entsprechenden Augenblick noch einmal. Sind sie schmerzhaft, können Sie auch «draußen» bleiben und sie in aller Ruhe betrachten. Akzeptieren Sie mit diesen Bildern alle Facetten Ihrer vergangenen Beziehung mit diesem Menschen.

3. *Miteinander reden.* Sprechen Sie nun mit der Person Ihnen gegenüber und teilen Sie ihr all Ihre Empfindungen mit – die guten Dinge, deretwegen Sie sie schätzen, und die negativen Dinge, die Sie ihr übelnehmen. Es macht nichts, wenn es sich irrational anhört. Halten Sie nichts zurück. Dazu gehören wahrscheinlich: *Ärger* – über Ereignisse in Ihrem gemeinsamen Leben, auch darüber, daß der andere Sie verlassen oder sonstwie verletzt hat, auch wenn es nicht seine Schuld war; *Groll* – über die Ungerechtigkeit, die mit Ihrer Beziehung oder mit der Trennung verbunden war; *Schuldgefühle* – weil Sie etwas nicht anders oder besser gemacht haben, damit die Beziehung hätte glücklicher gewesen sein können, oder weil Sie nicht genug getan haben, um sie am Leben zu erhalten; *Angst* – vor der Zukunft; *Schmerz* – über Ihren Verlust, aber auch darüber, was der andere durchmachen wird oder verloren hat; *Liebe* – für den anderen und für das Leben, das Sie miteinander geteilt haben; *Verlangen* – daß alles anders sein oder daß der andere zurückkommen möge; und *Erleichterung* – daß alles vorbei ist. Dabei ist es wichtig, ehrlich zu sein und wegen all dieser komplizierten und ambivalenten Gefühle nicht sentimental zu werden.

Dann tauschen Sie die Rollen und setzen sich auf den Stuhl des anderen. Was stellen Sie fest? Wie fühlen Sie sich als diese Person und wie sieht Ihr ursprüngliches Selbst nun aus? Haben Sie gehört, was er oder sie gesagt hat? Was erwidern Sie darauf?

4. *Sich einer Lösung nähern.* Setzen Sie den Dialog fort, bis Sie das Gefühl haben, irgendwie zu einem Schluß gekommen zu sein. Im Falle einer kürzlich erfolgten schmerzhaften Trennung oder eines Todes kann sich diese Unterhaltung über Tage oder Wochen oder sogar Monate hinziehen. Lassen Sie sich so viel Zeit, wie Sie dazu brauchen.

Wenn Sie das Gefühl haben, daß es Ihnen Mühe bereitet, von Ihren Erwartungen gegenüber dem anderen abzulassen, kann es nützlich sein, ihm zu sagen: «Ich danke dir, daß du einer von den Menschen warst, die sich meiner auf meinem Lebensweg annehmen wollten.» Nehmen Sie genau wahr, was Sie dabei empfinden.

5. *Lebewohl sagen und das Band durchtrennen.* Wenn Sie soweit sind, sagen Sie «Lebewohl». Empfinden Sie die Tiefe dieses Abschieds. Denken Sie daran: Es bedeutet nicht, daß Sie die Person nicht lieben oder zu ihr nicht in irgendeiner Beziehung stehen können, sondern nur, daß die besondere Beziehung nicht mehr besteht, die Sie einst mit ihr gehabt haben. Jetzt ist es an der Zeit, daß Sie das Band durchtrennen. Dabei können Sie diese beiden Bilder verwenden:

a) Stellen Sie sich den Geist dieser Person als Ballon vor, dessen Halteseil Sie zerschneiden müssen, so daß er frei davonfliegen und auch immer wieder zu Ihnen zurückkehren kann, ohne jemals wieder festgebunden zu werden.

b) Stellen Sie sich diese Person als Boot vor, das mit einem Seil oder mit Bändern an dem Ufer festgemacht ist, an dem Sie stehen. Durchtrennen Sie das Seil oder die Bänder und lassen Sie das Boot aufs Meer hinaus oder den Fluß hinuntertreiben. Oder nehmen Sie irgendein anderes Bild, das Ihnen gefällt und bei dem irgendein Band zerschnitten wird.

6. *Einander alles Gute wünschen.* Geben Sie sich der Vorstellung hin, die andere Person würde ohne Sie weitergehen. Wenn sie noch am Leben ist, stellen Sie sich gute Dinge vor, die ihr passieren – irgendwas, das sie für gut halten würde. Das ist besonders wichtig, wenn Sie ärgerlich gewesen sind oder ihr etwas übelgenommen haben, aber es kann eine sehr schmerzhafte und langwierige Übung für Sie sein, ehe Sie sich bei dieser Vorstellung wohl fühlen. Wenn dieser Mensch bereits gestorben ist, stellen Sie sich

vor, daß er in das Bild eingeht, das Sie vom Tod haben. Stellen Sie sich außerdem vor, daß auch Sie gute Dinge erleben werden, ungeachtet der Tatsache, daß dieser Mensch so oder so nicht mehr zu Ihrem Leben gehört.

7. *Danken, reflektieren, vorausschauen und auftauchen.* Wenn Sie soweit sind, danken Sie Ihrem bewußten und Ihrem unbewußten Selbst dafür, daß sie mit Ihnen durch diesen sehr schmerzhaften Befreiungsprozeß gegangen sind. Reflektieren Sie, was diese Erfahrung für Sie bedeutet, und zwar sowohl vor dem Auftauchen wie in den folgenden Tagen und Wochen, und spüren Sie, wie Ihr Leben jetzt anders wird, nachdem Sie Lebewohl gesagt haben.

Zum Abschluß

Sobald Sie jemandem Lebewohl gesagt haben, sollten Sie daran denken, daß Sie nicht das Gefühl haben müssen, er sei für immer von Ihnen gegangen. Sie sind lediglich nicht mehr aneinander gebunden. Sie können immer wieder zu ihm zurückkehren und mit ihm reden und von seiner Anwesenheit in Ihrem Leben profitieren, und zwar in einem ganz realen Sinn, wenn der andere Mensch lebt, oder rein gefühlsmäßig, wenn er gestorben oder nicht erreichbar ist. Ihre Lebenswege haben sich nunmehr getrennt, und der andere ist nicht mehr für Sie da in Ihrem täglichen Leben, aber Ihre Zuneigung füreinander kann für immer bestehenbleiben.

8. *Vom kreativen Umgang mit der Vergangenheit: Das Kind in mir*

Unsere Vergangenheit ist unsere Gegenwart. Sie lebt in uns, nicht nur als Erinnerung, sondern auch in Bildern und Verhaltensmustern, die uns blockieren oder bereichern können. Sie kann sich wie ein lebendiger Organismus entwickeln und transformieren.

Lenny zum Beispiel, um die sechzig, der an einem unserer Ferienseminare in Griechenland teilnahm, schien immer solche Mühe zu haben, sich mir gegenüber ganz offen zu geben, obwohl ich sehen konnte, daß er es wirklich versuchte. Ich fragte mich, wie es dazu gekommen war, daß er sich so vor Menschen fürchtete. Bei einer Bildarbeitssitzung zum Thema «Das Kind in mir» ließ er das Bild eines Kindes mit seinem Namen im Stuhl gegenüber auftauchen. Es war ein verstörtes Kind, das immer wieder von seinem Vater geschlagen wurde.

Lenny begann mit diesem Kind zu sprechen und es zu trösten, und er versprach ihm, sein Freund und Beschützer zu sein. Nach dem Mittagessen ging er zum Strand und nahm das Kind in seiner Vorstellung mit, und dann bauten sie zusammen Sandburgen. Es bereitete ihm als Kind wie als Erwachsenem Vergnügen und Schmerz, wie sie so zum erstenmal miteinander spielten. Als Lenny am nächsten Tag wieder in der Gruppe erschien, begann er über seine Erlebnisse zu sprechen, immer wieder vor Erleichterung weinend. Er sagte uns, wie er zum erstenmal in seinem Erwachsenenleben an diesem Morgen erwacht sei, ohne dem neuen Tag mit Grauen entgegenzusehen.

Ginny, eine meiner Collegestudentinnen, wollte in ihrem letzten Studentenjahr an einem Beratungskurs teilnehmen, hatte aber entsetzliche Angst vor Gruppen und sie bis dahin auch immer, wenn möglich, gemieden. Als wir uns ihrem Problem näherten, erinnerte sie sich daran, wie sie auf dem Schulhof von den anderen Jungen und Mädchen wegen ihrer Familie und ihrer nachlässigen Kleidung gehänselt worden war. Sie hatte sich stets umgedreht und war davongelaufen, wobei sie sich tief gedemütigt fühlte.

Diese Qual stand Ginny ins Gesicht geschrieben, als sie die Episode noch einmal durchlebte. Ich forderte die Erwachsene in ihr auf, sich auf die traumatische Situation zusammen mit dem Kind einzulassen. Die erwachsene Ginny stellte sich vor, wie sie die kleine Ginny liebevoll an die Hand nahm. Als Erwachsene sagte Ginny dem kleinen Mädchen, es müsse sich gegenüber den anderen Kindern behaupten, statt einfach davonzulaufen, denn solchen unangenehmen Situationen könne man nicht immer aus dem Weg gehen.

Die kleine Ginny kam sich nun mutiger vor, denn die erwachsene Ginny stand ihr zur Seite und gab ihr gute Ratschläge, und darum stellte sie sich nun vor, wie sie wieder auf den Schulhof zurückkehrte. Als die anderen Kinder sie wieder zu hänseln begannen, schrie sie sie an, sie seien blöd und feige und sie sollten sich doch jemand anderen aussuchen, der genauso groß wie sie sei. Dann schritt sie hoch erhobenen Hauptes davon und begann mit einer anderen Freundin auf dem Schulhof zu spielen. Die große Ginny winkte ihr von draußen begeistert zu. Als die kleine Ginny nicht mehr spielen wollte, nahm die große Ginny sie wieder an die Hand, ging mit ihr nach Hause und versprach ihr, für sie dazusein, wann immer sie sie brauchte. Ginny tauchte aus dieser Bildarbeitserfahrung mit einem neuen Selbstbewußtsein und Stolz wieder auf. Als sie an der nächsten Gruppensitzung teilnehmen sollte, hatte sie zwar immer noch ein wenig Angst davor, aber zu ihrer eigenen Überraschung genoß sie diese Herausforderung sogar.

Können wir die Vergangenheit ändern?

In der Welt der inneren Bilder können Vergangenheit, Gegenwart und Zukunft gleichzeitig existieren, weil Bilder nun einmal jedes Erlebnis als gegenwärtig darstellen können. So wird es für den Erwachsenen durch Bildarbeit möglich, das Kind, das er einst war, wieder ganz gegenwärtig sein zu lassen und sich mit ihm anzufreunden, wie Lenny es tat, oder in die Vergangenheit zurückzugehen und dem Kind dabei behilflich zu sein, sich anders zu entscheiden, wie Ginny es tat.

Vielleicht kommt Ihnen diese Vorstellung merkwürdig vor: die Vergangenheit zu überprüfen und zu verändern. Normalerweise gehen wir davon aus, daß sich unsere Erinnerungen auf Tatsachen beziehen, an denen nicht gerüttelt werden sollte. Vielleicht erinnern Sie sich beispielsweise daran, daß Sie als Kind tief verletzt wurden, und glauben nun, daß hier die Erklärung dafür liegt, warum Sie heute den Menschen nicht trauen. Das kann schon sein – aber auch das Umgekehrte ist richtig: Sie trauen den Menschen nicht und legitimieren das mit der Erfahrung, als Kind verletzt worden zu sein.

Wenn wir nur an die Millionen Augenblicke denken, aus denen unsere Vergangenheit besteht, und erkennen, daß wir uns nur an ganz wenige bewußt erinnern und daß viele dieser Erinnerungen keine ganz genaue Wiedergabe von Fakten sein können, sondern nur eine Geschichte von dem erzählen, was wirklich geschehen ist, dann stellen wir allmählich fest, daß wir irgendwo in uns bereits unsere Erinnerungen auswählen und umgestalten, ohne es zu merken. Erinnerungen stellen eben nicht einfach eine objektive Wiedergabe der Vergangenheit dar – wie jeder historische Bericht sind auch sie Teil eines bestimmten Umgangs mit der Geschichte. Man könnte sie als eine private Mythologie ansehen, die unser gegenwärtiges Leben erklären soll.

Wenn wir diese private Mythologie verändern wollen, müssen wir sozusagen in unsere alten Aufzeichnungen einsteigen und sie auf neuartige Weise zu verstehen suchen, damit wir etwas Neues für unsere Gegenwart und Zukunft daraus lernen können.

Vergangenheit, Gegenwart und Zukunft sind eigentlich ständig dabei, einander wechselseitig im Licht des jeweils anderen zu rekonstruieren. Wenn meine Vergangenheit voller Erinnerungen steckt, in denen ich ein Opfer war, scheinen meine Gegenwart und meine Zukunft lauter verdächtige Fallen bereitzuhalten, vor denen ich mich hüten muß. Wenn ich in der Gegenwart deprimiert bin, kommt mir meine Vergangenheit wie eine Abfolge von fürchterlichen Erlebnissen vor, und meine Zukunft schaut dann einfach trostlos aus. Wenn ich mir für die Zukunft ein positives Ziel gesetzt habe, dann kann sich ein und dieselbe Geschichte wie eine Abfolge von Schritten ausnehmen, die unausweichlich auf dieses Ziel zuführen, und dann kommt mir auch die Gegenwart wunderbar vor. In diesen großartigen Augenblicken, in denen man eine «Wahrheit, die uns befreit» findet, transformieren sich Vergangenheit, Gegenwart und Zukunft, denn sie gehören alle zu einem absoluten Lebenssinn.

Wenn nun aber unsere Erinnerungen ebensosehr ein Ausdruck unserer Art, die Welt zu sehen, sind wie deren Ursache, wie können dann die Kindheitserlebnisse direkten Einfluß auf den erwachsenen Menschen nehmen? Am fundamentalsten beeinflußt uns unsere Vergangenheit durch unsere Bilder von der Welt und durch unsere Beziehung zur Welt. Mit anderen Worten: Unsere Kindheitserlebnisse, die Interpretationen dieser Erfahrungen sowie unsere Reaktionen auf diese Interpretationen haben zusammen eine Einstellung, eine Erwartungshaltung, einen Glauben, ein Bild, eine Gewißheit darüber in uns hervorgerufen, wie das Leben ist und wie wir damit umgehen können. Die Erlebnisse können sogar längst vergessen sein oder so gut wie nichts mehr bedeuten, aber diese inneren Programme existieren weiter.

Wenn der Erwachsene und das Kind durch Bildarbeit zusammenarbeiten, ändert sich zwar die Vergangenheit nicht, aber dafür verändern sich die Einstellungen der Bilder, die diese Vergangenheit hinterlassen hat. An den Tatsachen ihres Lebens konnten Lenny und Ginny nichts ändern, doch sie konnten ihre gegenwärtigen Programme verändern, die auf dieser Vergangenheit basierten. In gewisser Hinsicht also verändern wir nicht die objektive Vergangenheit, sondern die Vergangenheit in uns. Und daher ist es auch möglich, die persönliche Geschichte, die in unseren Körpern, in unseren unbewußten Bildern und in unseren gewohnten Verhaltensmustern lebt, zu verstehen und wiedergutzumachen, um so in unserem gegenwärtigen und zukünftigen Leben als Erwachsene eine echte Freiheit der Wahl zurückzugewinnen.

Unser früheres und unser künftiges Selbst

Die Vergangenheit, die durch Bildarbeit enthüllt wird, stellt sich uns oft – wie in den oben geschilderten Beispielen – schmerzlich und voller überholter Annahmen und Entscheidungen dar. Aber das ist keineswegs immer der Fall. Wenn Sie beispielsweise zur Zeit besonders ängstlich sind, kommt Ihnen vielleicht das Bild eines Kindes in den Sinn, das gerade eine ähnliche Angstphase durchmacht, und dann müssen Sie als Erwachsener es trösten und ihm beistehen. Andererseits kann vor Ihnen auch das Bild eines Kindes auftauchen, das sorglos und lebhaft ist, und dann werden Sie vielleicht feststellen, daß Ihnen dieses Kind ein wenig Freude bringt und Sie von Ihrer Angst befreit.

Darüber hinaus verfügt dieses Kind – ganz gleich, ob es traurig ist oder sich freut – stets über einige sehr liebenswerte Eigenschaften, die wir als Erwachsene vielleicht verloren haben oder auf die wir uns nur gelegentlich zurückbesinnen. Man kann sich das auch so vorstellen, daß in uns alle Phasen unseres früheren Selbst weiterleben und – wie wir später sehen werden – auch alle möglichen Spielarten unseres künftigen Selbst. Und diese Phasen und Formen unseres Selbst müssen zusammenarbeiten und -spielen, wenn wir unser ganzes Potential umsetzen wollen, um ideenreiche und lebensfrohe Erwachsene zu sein.

Das einjährige und das fünfzehnjährige Mädchen in mir beispielsweise verfügen über unterschiedliche Stärken und Begabungen und sind auch auf unterschiedliche Weise verletzbar. Die Einjährige akzeptiert total die Welt, wie sie ist, und sich selbst, wie sie ist. Gleichzeitig ist sie in aller Unschuld und Neugier und mit viel Energie aber auch den Menschen, die um sie herum sind, auf Gedeih und Verderb ausgeliefert. Die Fünfzehnjährige ist liebenswert unbeholfen und beginnt sich allmählich für Männer und für ihre Sexualität zu interessieren, und sie will kompromißlos und ganz genau herausfinden, wie die Welt beschaffen ist und was das alles bedeutet. In sozialer Hinsicht ist sie ziemlich unsicher und ängstlich, kommt nie dahinter, an welche Regeln sie sich gerade zu halten hat, und hat das Gefühl, daß sie immer alles falsch macht und falsch angezogen ist – was auch der Fall ist.

Normalerweise wechseln wir zwischen verschiedenen Altersstufen unbewußt hin und her. Wenn ich am Morgen erwache, kann ich mich wie diese Einjährige fühlen, wenn ich mich an meinen Schreibtisch setze, werde ich eine kompetente Erwachsene, und wenn ich mir am Abend überlege, ob ich zu einer Party gehen soll oder nicht, kann sich in mir der Teenager rühren und sich so schüchtern und ängstlich fühlen, daß ich lieber zu Hause bleibe. Wenn ich aber in der Lage bin, mit meinem Selbst in den verschiedenen Altersstufen in Kontakt zu kommen und mich mit ihm zu verständigen, können wir das Leben gemeinsam meistern statt uns ständig abzuwechseln. Als Erwachsener kann ich auf meine früheren Kräfte zurückgreifen und sie zugleich mit den Stärken verbinden, die ich mir im Laufe der Jahre erworben habe.

Nachdem ich beispielsweise ein paarmal nach heftigen inneren Kämpfen nicht zu einer Party gegangen und zu Hause geblieben war und mir das dann leid tat, wurde mir bewußt, daß nicht nur mein gegenwärtiges Ich nicht zur Party gehen wollte: Die Fünfzehnjährige in mir ist aufgeregt, hat aber Angst, während die Erwachsene meint, die Party könne ja ganz nett sein, aber nicht sicher ist, ob sich das Umziehen lohnt, wenn sie genausogut kuschelig im Bett lesen könnte. Als ich wieder einmal zu einer Party eingeladen wurde, beruhigte ich darum die Fünfzehnjährige: Ich, die Erwachsene, würde ihr schon sagen, was sie anziehen solle, ich würde sie mitnehmen und mit den Leuten bekanntmachen und überhaupt dafür sorgen, daß sie keine Angst haben müsse, während ich gern an ihrem Vergnügen und ihrer aufgeregten Neugier auf Partys teilhaben würde – Erwartungshaltungen, die ich verloren zu haben schien. Wir gingen «zusammen» zu dieser Party und amüsierten uns großartig.

Wenn wir uns dieser früheren Stufen unseres Selbst annehmen, können wir uns auch einen zusätzlichen Gewinn verschaffen: Wir erleben, wie in uns eine liebenswert füreinander sorgende Familie heranwächst. Ich weiß noch, wie ich mich an die Unterhaltungen mit dem Kind zu gewöhnen suchte und dabei das Gefühl hatte, ich würde nie wieder völlig allein sein. Und so war es auch.

Mit dem Kind in mir reden und eine heilsame Vergangenheit neu erschaffen: Übungsaufbau

In diesem Kapitel werden zwei Grundübungen vorgestellt: Bei der ersten – «Mit dem Kind in mir reden» – holen Sie das Kind in die Gegenwart (so wie Lenny es tat), während Sie sich bei der zweiten

Übung – «Eine heilsame Vergangenheit neu erschaffen» – in eine vergangene Situation zurückversetzen (wie Ginny es tat).

Die erste Übung bietet Ihnen die Gelegenheit, sich mit dem inneren Kind anzufreunden. Bevor Sie beginnen, sollten Sie sich im Anhang (III) noch einmal die Prinzipien einer wirkungsvollen Kommunikation vergegenwärtigen. Dann lassen Sie ein Bild des Kindes kommen, sprechen mit dem Kind und arbeiten Ihre Beziehung zu ihm durch. Eine grundlegende Voraussetzung dieses Prozesses besteht darin, daß Sie zwar Schwierigkeiten miteinander haben mögen, aber doch beide im selben Körper leben müssen, so daß Sie eigentlich besser zurechtkommen sollten, als es der Fall ist. Vielleicht müssen Sie sich ja auch erst einmal darüber einig werden, wie Sie Ihren unterschiedlichen Bedürfnissen auf «demokratische» Weise gerecht werden können.

Nachdem Sie dem Kind gedankt haben, nehmen Sie sich vor, diese Unterhaltung weiterzuführen und zu einem festen Bestandteil Ihres sich nun erweiternden verborgenen Lebens zu machen. Machen Sie sich auch darüber Gedanken, welcher Lebensstil für Sie beide der beste ist.

Das Kind, das Ihnen als Bild kommt, kann jedes Alter haben, und jedesmal wenn Sie diese Übung ausführen, kann es ein anderes Kind sein. Das ist darauf zurückzuführen, daß sich Ihre entsprechenden Erinnerungen an der augenblicklichen Situation und den Gefühlen ausrichten, die Sie zum Zeitpunkt der Übung haben.

Das Aufbauschema der Grundübung:

Vorbereitung: Einen Freiraum schaffen und entspannen

1. Das Bild kommen lassen
2. Mit dem Kind reden
3. Sich einer Lösung nähern
4. Dank abstatten, reflektieren, vorausschauen und auftauchen

Bei der zweiten Übung – «Eine heilsame Vergangenheit neu erschaffen» – lassen Sie das Bild eines frühen Erlebnisses kommen, und dann sind Sie dem Kind dabei behilflich, damit auf andere Weise fertig zu werden. Am leichtesten gelingt Ihnen das, indem Sie als Erwachsener in die Vergangenheit zurückkehren und durch Liebe, gutes Zureden, Hilfe, Unterstützung und Ratschläge das Kind dazu ermutigen, diese Szene noch einmal so durchzuspielen, daß es sich danach bereichert und nicht mehr verletzt fühlt.

Anschließend kann das Kind dazu ermutigt werden, andere ähnliche Episoden, die Ihnen einfallen, neu zu erleben, und zwar immer mit Hilfe und mit der Unterstützung seitens dieses neuen, erwachsenen Freundes. Am Ende bedanken Sie sich für das neue Wissen, machen sich darüber Gedanken, wie Sie es auf Ihr derzeitiges Leben anwenden können und wie Sie es gern führen würden, wenden sich der Zukunft zu und stellen sich vor, wie Sie sich in einer ähnlichen Situation anders verhalten werden.

Das Aufbauschema dieser Übung:

Vorbereitung: Einen Freiraum schaffen, entspannen
1. Das Bild kommen lassen
2. Das Bild studieren
3. Das Erlebnis und andere ähnliche Episoden neu erleben
4. Dank abstatten, reflektieren, vorausschauen und auftauchen

---

Mit dem Kind in mir reden: Grundübung

Vorbereitung: Einen Freiraum schaffen, enspannen
Lesen Sie dazu auch das, was über die Kommunikationsprinzipien im Anhang (3) steht.

1. *Das Bild kommen lassen.* Lassen Sie auf dem Kissen gegenüber das Bild eines Kindes mit Ihrem Namen auftauchen. Was hat das Kind an? Was macht es gerade? Was geht in ihm vor? Wie ist sein Gesichtsausdruck?

2. *Mit dem Kind reden.* Reden Sie mit dem Kind und sagen Sie ihm, was Sie für es empfinden. Dann tauschen Sie die Plätze und Sie werden das Kind. Wie fühlst du dich dabei? Hast du gehört, was der Erwachsene zu dir gesagt hat? Was meinst du dazu? Sag es dem Erwachsenen. Wenn Sie damit fertig sind, wechseln Sie wieder die Rollen und fahren mit der Unterhaltung fort.

3. *Sich einer Lösung nähern.* Seien Sie wirklich offen zueinander, drücken Sie sich klar aus und arbeiten Sie sich miteinander durch alle Schwierigkeiten, die dabei auftauchen. Oft ist es nützlich, wenn Sie sich das Ganze wie eine Verhandlung vorstellen, da Sie ja durchaus unterschiedliche Bedürfnisse haben können und doch im

selben Körper leben. Finden Sie heraus, wie Sie einander im Moment blockieren, aber auch was Sie einander künftig geben werden oder sich bereits geben. Fahren Sie damit fort, bis Sie das Gefühl haben, es gebe eine Lösung oder es herrsche Frieden zwischen Ihnen.

4. *Dank abstatten, reflektieren, vorausschauen und auftauchen.* Danken Sie dem Kind dafür, daß es so offen zu Ihnen war. Stellen Sie fest, wie das Kind jetzt ausschaut und wie es sich fühlt, also ob es sich verändert hat. Vielleicht möchten Sie ja auch das Kind in die Arme nehmen und es in sich eingehen lassen. Spüren Sie die Energie, die dabei freigesetzt wird.

Reflektieren Sie vor und nach dem Auftauchen über die Bedeutung dieser Begegnung, schauen Sie voraus und sehen Sie, wie Sie nun anders leben oder handeln oder fühlen können, da Sie sich der Bedürfnisse und Stärken des Kindes wie des Erwachsenen bewußter geworden sind. Gehen Sie dabei so weit wie möglich ins Detail.

Machen Sie es sich zur Gewohnheit, das Kind hin und wieder zu fragen, «Was hältst du von diesem Plan?», und die Antwort des Kindes ernst zu nehmen. Es sollte möglich sein, daß Sie beide sich über Ihre unterschiedlichen Bedürfnisse verständigen. Wenn Sie sich an Ihren Schreibtisch setzen, um zu arbeiten und nicht vorankommen, dann mag es vielleicht daran liegen, daß Sie als Erwachsener arbeiten, als Kind aber spielen wollen und daß Sie aus dieser Klemme nicht herauskommen. Als Erwachsener könnten Sie dann zu dem Kind sagen: «Du möchtest spielen, und ich muß arbeiten. Aber wenn du mich eine Stunde lang ungestört arbeiten läßt, gehe ich danach gern mit dir hinaus und spiele mit dir.» Verabreden Sie sich auch regelmäßig mit dem Kind und reden Sie mit ihm – und diese Verabredungen sollten Sie unbedingt einhalten. Sie wissen ja: Kinder erwarten, daß man seine Versprechen hält.

Eine heilsame Vergangenheit neu erschaffen: Grundübung

Vorbereitung: Einen Freiraum schaffen, entspannen

1. *Das Bild kommen lassen.* Es gibt eine ganze Reihe von Wegen, ein vergangenes Ereignis auftauchen zu lassen, das für Sie in diesem Augenblick von Bedeutung ist. Hier ein paar Vorschläge:

a) *Das «alte» Gefühl.* Stellen Sie fest, was Sie in diesem Augenblick fühlen – das kann emotional sein oder sogar ein vages Körpergefühl. Konzentrieren Sie sich darauf, begeben Sie sich in das Zentrum Ihres Gefühls. Oder denken Sie an ein Problem, das Sie gerade haben, und stellen Sie sich bildlich vor, mittendrin zu sein, und finden Sie heraus, welches Gefühl damit verbunden ist. Konzentrieren Sie sich wieder auf das Zentrum dieses Gefühls oder begeben Sie sich hinein.

Fragen Sie sich entweder: «Wie alt fühle ich mich?» oder: «Wann habe ich eigentlich zum erstenmal dieses Gefühl gehabt?» Je nach der Antwort, die Sie darauf bekommen, sollten Sie sich nun in das entsprechende Alter hineinversetzen oder diese Episode nacherleben. Wenn Sie also feststellen: «Ich fühle mich sehr jung – um die Drei», sollten Sie daraufhin sagen: «Ich bin drei Jahre alt – was geschieht mir mir? Wer ist bei mir?» und diese Episode nacherleben.

b) *Der Zeittunnel.* Stellen Sie sich vor, Sie gehen im Wald spazieren, die Blätter rascheln unter Ihren Füßen – und plötzlich stehen Sie vor einem Tunnel, der tiefer und tiefer und tiefer in die Erde hineinzuführen scheint. Es ist ein Zeittunnel. Über seinem Eingang ist eine Tafel mit Ihrem derzeitigen Alter angebracht. Betreten Sie nun den Tunnel und steigen Sie in ihm Jahr für Jahr hinab – an den Seiten des Tunnels sehen Sie die entsprechenden Jahreszahlen –, bis Sie bei einem Alter innehalten, in dem irgend etwas geschehen ist, was für Sie noch nicht abgeschlossen ist und Ihnen noch heute zu schaffen macht. Stellen Sie fest, bei welchem Alter Sie wie von selbst stehengeblieben sind (erzwingen Sie es nicht). Dann sagen Sie: «Ich bin X Jahre alt. Was habe ich an? Wer ist bei mir? Was passiert gerade?» und erleben die Szene noch einmal.

c) *Der leere Bilderrahmen.* An der Wand hängt ein Bild in einem Rahmen. Das Bild stellt eine Szene dar, in der Sie irgendwann in der Vergangenheit eine Rolle gespielt haben, und diese Szene ist für Ihre gegenwärtigen Erfahrungen oder Probleme von Bedeutung. Was ist das für eine Szene? Erleben Sie sie noch einmal.

d) *Stätten der Kindheit.* Kehren Sie zu dem Haus zurück, in dem Sie als Kind gelebt haben. Gehen Sie nun als Kind in Ihr Zimmer und sehen Sie sich darin um und stellen Sie dabei fest, wie Sie sich fühlen. Betrachten Sie sich im Spiegel. Was haben Sie an? Was haben Sie für einen Gesichtsausdruck oder was drückt sich in Ihrer Körpersprache aus? Vielleicht wollen Sie auch einen Spaziergang machen, zur Schule oder an andere Orte gehen, an die Sie sich erinnern. Was fühlen Sie dabei besonders?

e) *Positive Erlebnisse zurückholen.* Geben Sie sich der Erinnerung an eine Zeit hin, in der Sie sich als Kind zutiefst wohl gefühlt haben, ohne daß dies anderen Menschen gefallen mußte, oder in der Sie Ihrem Gefühl nach etwas wirklich Positives erfahren haben. Gehen Sie zurück und durchleben Sie diese Erfahrung noch einmal.

f) *Die Rückkehr zum Anfang.* (Dafür brauchen Sie etwas mehr Zeit.) Gestatten Sie Ihrem Geist, Ihren Körper zu verlassen und über Ihnen zu schweben, so daß Sie sich selbst von oben zusehen können. Beobachten Sie sich dabei, wie Sie durch die letzten Tage, die letzte Woche, die letzten sechs Monate und dann die letzten fünf Jahre zurückgehen. Was stellen Sie in jedem Zeitabschnitt fest? Was tun Sie da gerade, wie leben Sie, wer ist bei Ihnen? Gehen Sie nun bis in Ihre Teenagerzeit zurück und stellen Sie sich dieselben Fragen. Nun zurück zu den ersten fünf Jahren Ihres Lebens. Dann kehren Sie bis zum Zeitpunkt Ihrer Geburt zurück. Erleben Sie sie noch einmal. Jetzt sind Sie im Leib Ihrer Mutter. Wie ist es da? Gehen Sie nun bis zum Augenblick der Empfängnis zurück. Wie ist dieser Augenblick? Lassen Sie ein Wort oder ein Bild kommen, das Ihrem Wesen in diesem Augenblick entspricht. Nun gehen Sie wieder vorwärts, wobei Sie feststellen, wie Ihr Wesen sich ausdrücken kann oder auch daran gehindert wird, bis Sie wieder in der Gegenwart angelangt sind.

Anmerkung: Einige Erfahrungen, die Sie bei der Anwendung dieser Methoden durchmachen, können schmerzlich oder sogar traumatisch sein. Es ist nichts dagegen einzuwenden und vielleicht sogar ratsam, wenn Sie dabei Ihren Körper verlassen und derartige traumatische Erlebnisse von oben betrachten, statt in sich selbst zu verharren. Damit können Sie sich eine Menge Schmerzen ersparen und möglicherweise verhindern, daß Sie Erlebnisse abblocken, bei denen es Ihnen einfach zu schwerfällt, sie noch einmal unmittelbar zu erleben.

---

2. *Das Bild studieren.* Sehen Sie sich die Szenerie genauer an. (Wenn Sie die *Rückkehr zum Anfang* angetreten haben, wählen Sie dafür ein Ereignis, das Ihnen gerade in den Sinn kommt.) Gestatten Sie

Ihrem Geist, Ihren Körper zu verlassen, und schauen Sie sich das Ganze von oben, von unten und von allen Seiten an. Was nehmen Sie dabei wahr? Versetzen Sie sich in die verschiedenen Menschen, die hier mitwirken. Wie sehen Sie sie? Versuchen Sie, soviel wie möglich über jene Aspekte der Situation herauszubekommen, die das Kind damals nicht verstanden hat und nicht verstehen konnte.

3. *Das Erlebnis und andere ähnliche Episoden neu erfahren.* Kehren Sie nun als Erwachsener in die Vergangenheit und zum Kind zurück. Was können Sie sagen oder tun, was dem Kind helfen könnte? Das kann eine Umarmung sein oder eine Erklärung, die es braucht, oder ein Ratschlag – was auch immer Sie für richtig halten. Lassen Sie das Kind spüren, daß es nicht mehr allein ist.

Ermutigen Sie es, das Erlebnis noch einmal und neu zu erfahren, so daß es sein Verhalten auf ähnliche Situationen übertragen kann und sich dabei wohl fühlt. Dabei müssen Sie das Kind nicht nur unterstützen, sondern ihm auch behilflich sein zu erkennen, wie es zuvor mit dieser Situation umgegangen war, und es auf andere Mittel, Einstellungen oder Interpretationen hinweisen, die es ihm ermöglichen würden, mit solchen Ereignissen auf neue Weise fertig zu werden.

Gehen Sie nun wieder vorwärts in die Zukunft und beobachten Sie dabei, ob Sie ähnliche Situationen erlebt haben. Sie sollten die betreffende Situation jedesmal genauso wie die ursprüngliche nacherleben, und zwar stets mit Hilfe und Unterstützung des Erwachsenen.

Anmerkung: Wenn Sie zu Ihrem ursprünglichen Erlebnis durch die Übung 1. e) – «Positive Erlebnisse zurückholen» – vorgedrungen sind, scheinen die Schritte 3 und 4 auf den ersten Blick nicht so ganz passend zu sein. Dennoch können Sie selbst auf diese Weise mehr erfahren und mit der Situation sogar viel besser zurechtkommen, als es Ihnen damals möglich war.

---

4. *Dank abstatten, reflektieren, vorausschauen und auftauchen.* Danken Sie dem Kind dafür, daß es diese Episode noch einmal durchgemacht hat, und versprechen Sie ihm, daß Sie künftig für es da sind. Umarmen Sie das Kind. Vielleicht möchten Sie auch das Kind in sich eingehen lassen, wobei Sie die Energie fühlen, die in Ihnen freigesetzt wird.

Reflektieren Sie nun vor und nach dem Auftauchen über die Bedeutung dessen, was Sie gerade erlebt haben. Schauen Sie nach vorn und stellen Sie sich die nächste Situation vor, die so ähnlich ist wie jene, welche Sie gerade erlebt haben. Woran werden Sie sie erkennen – am Gesichtsausdruck von jemandem, am Gefühl in Ihrem Bauch oder woran sonst? Wie werden Sie jetzt nach dem Muster leben, das Sie selbst neu entwickelt haben? Gehen Sie so weit wie möglich ins Detail.

Anwendungsbereiche

Diese Übungen beziehen sich zwar in erster Linie auf das Kind, das sie einst waren, aber Sie können sie auch auf alle anderen früheren Erfahrungen anwenden, selbst wenn Sie da bereits erwachsen waren. Sie können sie sogar praktizieren, wenn Sie sich etwas genauer anschauen wollen, was *gestern* passiert ist. Vielleicht mag es dann dem «Erwachsenen» seltsam vorkommen, wenn er in etwas eingreifen soll, was gerade erst geschehen ist. Aber Sie werden sehen, daß es nicht immer der reife, erwachsene Teil von Ihnen ist, der in Streßsituationen ins Spiel kommt – auch wenn Sie und alle Beteiligten in dieser Situation wie Erwachsene wirken.

Zum Abschluß

Einige unserer zutiefst pessimistischen Einstellungen beruhen auf der Annahme, die Zukunft müsse der Vergangenheit gleichen. Die Vergangenheit hat sozusagen Spuren im Schnee hinterlassen, und wir gehen einfach in diesen Fußstapfen weiter, als sei es die natürlichste Sache der Welt. Dann kann es allerdings sehr frustrierend und schmerzlich sein, wenn wir merken, daß uns diese Fußstapfen in Wirklichkeit nicht dorthin führen, wohin wir gelangen wollen.

Doch wir können ja lernen, das Jagdrevier der Vergangenheit zu durchstreifen, es dem Licht der Gegenwart auszusetzen und eine neue Fußspur anzulegen. Eine Spur, die auf wirklicher Kooperation zwischen allen Altersstufen beruht (einschließlich der zukünftigen Stufen unseres Selbst, wie wir noch sehen werden). Aus diesem Zusammenwirken allein kann eine wahrhaft hoffnungsvolle und kreative Einstellung gegenüber dem Leben erwachsen, die auf dem Respekt vor der Vergangenheit, der Gegenwart und der Zukunft beruht.

Dabei müssen wir nicht unbedingt immer in die Vergangenheit zurückkehren, um unsere Einstellungen zu ändern, wie wir in anderen Kapiteln dieses Buches noch sehen werden. Aber die Bilder von frühen Erlebnissen und Familienbeziehungen enthüllen in der Tat eine Art von mythischer Struktur, die noch immer unser Handeln bestimmt, und sie erinnern uns an die Verhaltensmuster, in die wir immer wieder verfallen, besonders wenn wir unter Streß geraten.

Diese Muster können sich durchaus auf ganz natürliche Weise ändern, durch eine neue Beziehung, eine Krise oder irgendein Ereignis, das so intensiv ist, daß es uns aus unseren gewohnten Strukturen herausreißt. Wenn wir allerdings unsere Bilder aus der Vergangenheit erkunden und transformieren, haben wir die Möglichkeit, diese Muster selbst zu verändern, statt darauf zu warten, daß sich das Leben als unser Lehrmeister erweist.

Denken Sie immer daran, dem Kind dafür zu danken, daß es in einer schwierigen Welt sein Bestes getan hat. Wenn Sie sich einmal klarmachen, mit welchen Problemen es das Kind zu tun hatte und wie es mit ihnen fertig wurde – trotz seines beschränkten Wissens und seiner Unerfahrenheit, seiner hochgradigen Verletzlichkeit und der oft fehlenden Liebe und Fürsorge –, dann werden Sie von der Robustheit beeindruckt sein, die es Ihnen schließlich ermöglichte, so zu sein, wie Sie heute sind.

Seien Sie auch für die besonderen Eigenschaften dankbar, die Ihr jüngeres Selbst noch hatte, die Sie jedoch als Erwachsener meinten ablegen zu müssen, um den Anforderungen der Welt oder Ihren inneren Erwartungen zu genügen. Doch was Sie einst besaßen, ist nicht verlorengegangen, sondern nur in einer Schublade abgelegt worden, die Sie seit langem nicht mehr geöffnet haben. Und wenn Sie nun alle Ihre Schubladen aufziehen, werden Sie auf viele Schätze stoßen.

Vergessen Sie schließlich nicht, sich selbst als Erwachsenem für all das zu danken, was Sie im Lauf der Jahre hinzugewonnen haben, ebenso für Ihre Fähigkeit, dem Kind all das zu geben und von ihm zu empfangen: Verständnis und Liebe und Weisheit – Dinge also, die zutiefst schöpferisch für Sie beide sind. Und dann werden Sie sich vielleicht selber voller Bewunderung auf die Schulter klopfen und jene Worte zu sich sagen, die wir alle kennen: «Meine Güte, bist du aber gewachsen!»

9. Wie Sie eine lebenswichtige Wahl treffen und sich entscheiden können: Wohin gehe ich?

Während einer Bildarbeitssitzung über das Thema lebenswichtige Wahlentscheidungen, die ich vor ein paar Jahren abhielt, schlug ich den Teilnehmern vor, sie sollten sich einmal bildlich vorstellen, wie sie die Straße ihres Lebens entlanggingen und dann an eine Kreuzung kämen, wo sich Ihnen verschiedene Wege in die Zukunft eröffneten. Polly hatte ein sehr starkes Erlebnis, über das sie mir später schrieb:

«An der Kreuzung entschied ich mich zuerst für einen lieblichen, grasbewachsenen Feldweg, der sich zwischen hohen Brombeersträuchern dahinschlängelte. Das war meine Idealvorstellung von einem Leben, das ich auf dem Land zu führen hoffte. Am Ende des Feldwegs sah ich mich: eine Frau mit Apfelbäckchen, angetan mit einer Schürze, die Hände in die Hüften gestemmt, das Haar zu einem Knoten hochgebunden, mit einem üppigen Busen – so stand ich vor einer Speisekammer, in der sich Gläser mit Brombeermarmelade auf den Regalen türmten. Uff, dachte ich, und kehrte zur Kreuzung zurück.

Nun begab ich mich auf den nicht so einladenden Weg – eine Schotterstraße voller Pfützen. Diese Straße ging ich entlang, wobei ich immer wieder in die Pfützen tapste, und am Ende kam ich zu einem großen Gebäude, vor dem und in dem viele Menschen herumliefen. Ich wollte einer von ihnen sein.

Als du dann vorschlugst, jetzt sollten wir uns das Ganze fünf Jahre später vorstellen, sah ich mich in dem Gebäude in einem Schaukelstuhl sitzen, als ältere Frau, Händchen haltend mit einem Mann – einem Grauhaarigen –, ebenfalls in einem Schaukelstuhl. Wir befanden uns mitten in dem Gebäude, um uns liefen die Menschen rein und raus – es war richtig was los.

Ich weiß nicht mehr, wie viele Jahre seit dieser imaginären Entscheidung vergangen sind, vielleicht drei, aber heute lebe ich tatsächlich in einem Haus am Ende eines Schotterwegs – voller

Pfützen. Am anderen Ende einer langen Schotterstraße – ebenfalls voller Pfützen – befinden sich meine Farmgebäude. Gemeinsam mit einer immer größer werdenden Gruppe bin ich dabei, diese Gebäude in ein Altenpflegeheim umzubauen. Ein befreundeter Architekt zeichnet derzeit die Pläne für mein künftiges eigenes Haus, das jetzt noch eine Scheune ist. Da alle übrigen Scheunen und das angrenzende Land mir gehören, sitze ich mittendrin. Wir haben noch einen weiten Weg vor uns, ehe ich mich in meinen Schaukelstuhl werde zurückziehen können. Inzwischen finde ich das Leben wunderbar, das ich meiner eigenen ‹Vision› verdanke.»

Unsere Vorstellungsbilder scheinen ganz besonders dann magische Instrumente zu sein, wenn wir Ziele vor Augen haben und unsere Wahl treffen. Während Sie sich inzwischen zwar vielleicht an die Tatsache gewöhnt haben, daß Sie die Vergangenheit in die Gegenwart heraufholen und damit arbeiten können, fällt es Ihnen sicher doch schwerer zu glauben, daß Sie die Zukunft in die Gegenwart bringen und daraus lernen können. Doch genau das ist möglich.

Das muß nun nicht heißen, daß die Bilder, die Ihnen kommen, immer so fotografisch exakt wie die von Polly sein werden (wenngleich das überraschend oft der Fall ist). Normalerweise werden Sie eher die Hauptrichtung oder das Wesen dessen, was Sie wollen, *spüren,* als ein detailliertes «prophetisches» Bild wahrnehmen.

Oft präsentiert sich hier der Schlüssel dafür, daß die Zukunft, die Sie gerade erspüren, genau die richtige für Sie ist: Sie sind ganz überrascht, daß Ihr bewußter Verstand bislang noch nicht an diese Möglichkeit gedacht hat – zugleich aber leuchtet tief in Ihnen die

Erkenntnis auf, daß Sie auf irgendeiner Ebene immer schon gewußt haben, wie wahr dies ist.

Dieses manchmal schockartige Zusammenspiel von Überraschtsein und Erkennen war auch typisch für Helens Bild, das sich völlig von Pollys Vision unterschied. Helen schrieb mir: «Du hast mich aufgefordert, mich fünf Jahre in die Zunkunft zu versetzen und ein detailliertes Bild meiner Selbst kommen zu lassen. Es fiel mir zunächst nicht leicht, aber schließlich formte ich das Bild, und mit ihm kam tief innen ein Lächeln der Zufriedenheit. Ich habe wirklich und wahrhaftig nichts mehr weiter getan.

Ich habe nun beantragt, früher aus dem Berufsleben ausscheiden zu dürfen, und ich werde meinen Job voraussichtlich Ende April aufgeben. Ich weiß, daß ich auch freiberuflich weiterarbeiten kann, aber ich habe mich darum noch nicht gekümmert. Ich möchte einfach eine Zeitlang nichts weiter als dasein.»

Lebensziele und Lebensentscheidungen – das hört sich sehr gewichtig an. Aber wenn die Zukunft zu uns spricht und wir wissen wollen, was sie uns zu sagen hat und wic wir dahin gelangen, dann geht es gar nicht so sehr um irgendwelche großartigen Projekte oder um aufopferungsvolle Hilfsaktionen für die Armen dieser Erde. Vielleicht werden wir einfach sanft darauf hingewiesen, daß wir eine Zeitlang mal gar nichts tun müssen.

Moderne Propheten?

Besitzen wir alle die Gabe der Prophetie? Oder schaffen wir uns diese Zukunft, weil wir das Bild von ihr gesehen haben? Ist die Zukunft ein unausweichliches Schicksal? Oder haben wir in dieser Hinsicht doch die Möglichkeit zu wählen? All diese Fragen werden uns immer wieder beschäftigen, wenn wir durch die Bildarbeit in die Zukunft schauen.

Da die Arbeit mit Bildern wie die Träume Fenster zu verschiedenen Ebenen unserer unbewußten Intuition aufstößt, kann es durchaus sein, daß einige unserer Bilder von der Zukunft tatsächlich das Ergebnis der Transzendierung von Zeit und Raum sind und daß wir damit die Zukunft sehen beziehungsweise eine oder mehrere Varianten unserer möglichen Zukunft. Doch selbst wenn dem so wäre, können wir unsere Zukunft immer noch selbst wählen: Polly sah zwei Varianten ihrer Zukunft, und was sie dann tatsächlich erlebte, wäre wahrscheinlich so nicht eingetreten, hätte sie sich nicht bewußt dafür entschieden, in diesem wichtigen Augenblick ihres Lebens einem weniger einladenden Weg zu folgen.

So aufregend es auch sein mag, in einer Kristallkugel die Zukunft zu schauen, so spielt dieser Aspekt doch nur eine Nebenrolle, wenn wir bei der Bildarbeit in die Zukunft gehen. Genauso wie nur wenige Träume sich direkt auf die Zukunft und viel mehr auf unsere eigenen Wünsche und Ängste vor der Zukunft beziehen, verhält es sich auch bei der Bildarbeit.

Im großen und ganzen tun wir dabei nichts anderes, als was wir immer tun, wenn wir uns Ziele setzen und Pläne schmieden: Wir machen uns ein Bild von dem, was wir von der Welt erwarten, und treffen dann die Entscheidungen, die zu diesem Bild passen und es realisieren. Mit der Bildarbeit sind wir allerdings in der Lage, dies weitaus effektiver zu tun, da wir von der mächtigen Partnerschaft Gebrauch machen, die wir zwischen unserem bewußten Selbst und unserer unbewußten intuitiven Weisheit herbeigeführt haben.

Ziele setzen und Ziele erspüren

Normalerweise treffen wir unsere lebenswichtigen Entscheidungen und setzen uns Ziele, indem wir unsere Erwartungen in eine Zukunft projizieren, die durch diese erst herbeigeführt werden soll. Oft wird unser bewußtes Selbst von ungeprüften, unbewußten Phantasien beeinflußt – oder auch von den Erwartungen anderer Menschen, die wir im Laufe der Jahre verinnerlicht haben. Für Polly schien ein idyllisches Landleben voller Brombeeren der Inbegriff der Vollkommenheit zu sein – bis sie es ausprobierte. Zum Glück hatte sie es nur in ihren Vorstellungen getan und mußte darum nicht jahrelang einem falschen Traum hinterherlaufen.

Es kommt aber auch immer wieder vor, daß unser bewußtes Selbst einen Plan entwirft, während unser unbewußtes Selbst etwas ganz anderes vorhat. Und dann entdecken wir, daß wir uns zwar ganz vernünftig vornehmen, was wir heute tun werden, oder herrliche Pläne schmieden, was wir morgen oder nächste Woche oder nächstes Jahr alles tun wollen, oder uns das vollkommene Leben in unserer Phantasie ausmalen – aber daß wir dann niemals etwas zu tun scheinen, damit diese Zukunft auch eintrifft.

Indem wir uns auf unsere intuitive Fähigkeit verlassen, uns in die

Zukunft zu versetzen und zu überprüfen, ob sie uns gefällt, können wir den angemessenen Weg dahin *erfühlen*, statt uns ein Ziel zu *setzen*, das uns aus der Gegenwartsperspektive richtig erscheint. Auf diese Weise wird es möglich, einen Lebensweg zu finden, der zu uns paßt, statt uns einem Modell anzupassen, das wir unserer oder der Meinung anderer Leute nach haben sollten. Und dann ist es auch nicht mehr so überraschend, wenn diese Zukunft, die wirklich die unsere ist, auch eintritt und – was noch wichtiger ist – uns die Zufriedenheit schenkt, die wir von ihr erwarten.

Hoffnung ohne Angst

Wenn wir uns ein Bild von der Zukunft machen, hat das noch eine andere wichtige Funktion: uns die Angst zu nehmen. Bei jeder kreativen Bewegung von der Gegenwart in die Zukunft werden wir stets auch von der Angst beherrscht, daß wir nicht erreichen, was wir uns vorgenommen haben. Dabei ist ein bißchen Angst durchaus sinnvoll: Das vegetative Nervensystem bereitet uns darauf vor, zu handeln, und wir verspüren diesen wunderbaren Drang, den kreative Menschen brauchen, um etwas in die Wege zu leiten. Aber zuviel Angst kann uns lähmen, so daß wir uns nicht mehr um das zu bemühen wagen, was wir wollen, oder wir bemühen uns darum so verkrampft, daß wir uns selbst in Schwierigkeiten bringen.

Aber wie heißt es doch so schön – wer sieht, glaubt. Sobald wir die Zukunft gesehen haben, fällt es uns leicht zu glauben, daß sie eintreten wird und daß wir nichts weiter zu tun haben, als dorthin zu gelangen. Das ist dann fast so, als ob wir uns lebhaft daran erinnerten, dieses Ziel schon erreicht zu haben, und darum verlieren wir die Hoffnung nicht, wenn wir einmal nur mühsam vorankommen.

Ich erinnere mich noch gut daran, wie wir Atsitsa, unser zweites Zentrum in Griechenland, errichteten. Der Sommerprospekt sollte noch vor Weihnachten hinausgehen, zu einer Zeit also, als das Zentrum noch gar nicht existierte. Wir hatten zwar das Grundstück und wußten, was wir wollten, aber das Haus und die übrigen Anlagen waren noch eine Baustelle – vor allem aber hatten wir noch kein Personal. Im Januar «versetzte» ich mich dann durch Bildarbeit in die Zukunft und sah, daß ich mir ausmalte, wie es in sechs Wochen sein würde – und da war unser Team schon fast vollständig beisammen. Ein Stein fiel mir vom Herzen, und ich machte mich zuversichtlich daran, mein Team zusammenzustellen.

Sechs Wochen später war es tatsächlich fast komplett. Ich kann nicht sagen, wie das passiert ist – sah ich ein Bild der Zukunft, oder habe ich diese Zukunft aus dem Bild heraus geschaffen? Nur eines weiß ich bestimmt: Ohne dieses Bild in meinem Hinterkopf hätte ich nur unter starkem Druck, voller Angst und Zweifel handeln können. Statt dessen war das Ganze eher so, als mache man sich morgens fertig, um den Tag zu beginnen: Es geht nur noch darum, was man anziehen will, und nicht, ob man überhaupt in der Lage ist, sich anzuziehen.

Wichtig beim Erspüren der Zukunft ist es auch, daß man imstande ist, zurückzuschauen und zu sehen, wie man dahin gelangt ist. Als ich mir bildlich vorstellte, wie ich mein Team beieinander hatte, blickte ich daher auch zurück, um zu sehen, wie mir das gelungen war. Rückblickend waren die einzelnen Schritte ganz einfach. Als ich sie gesehen hatte, konnte ich damit beginnen, sie auszuführen.

Es ist natürlich nicht so, daß das Wissen, zu dem wir durch Bildarbeit Zugang erlangen, einfach aus dem Hut gezaubert wird, ohne daß wir uns darüber zuvor Gedanken machen. Weil wir also nicht in eine Kristallkugel schauen, sondern vielmehr nur unser bestes Potential nutzen, beruht die Zukunft, die wir dabei entdekken können, ebensosehr auf Wissen wie auf Intuition. Die Bildarbeit, die wir betreiben, nachdem wir «unsere Hausaufgaben gemacht» haben, ist wahrscheinlich genauer und nützlicher, als wenn wir dafür auf wichtige Informationen verzichten. Bildarbeit ist stets eine Partnerschaft zwischen Bewußtsein und Unbewußtem, zwischen Verstand und Vorstellungskraft. Genau in dieser Partnerschaft liegt ihre besondere Stärke.

Ein Ziel pro Tag genügt

Diese Fähigkeit, sich in die Zukunft hineinzuversetzen und zurückzuschauen, wie Sie dorthin gelangt sind, ist nicht nur auf langfristige Entscheidungen und Pläne anwendbar. Sie ist genauso nützlich, wenn Sie etwas für das nächste halbe Jahr, für die zweite Tageshälfte oder für die nächste halbe Stunde planen oder entscheiden wollen.

Wenn mir irgend etwas Neues bevorsteht, besonders wenn ich dabei eine wichtige Rolle spielen muß, halte ich einen Augenblick inne und versetze mich in die Zukunft, indem ich zu mir sage: «Das Ganze ist vorbei, und ich habe ein gutes Gefühl. Worin besteht dieses gute Gefühl, und wie kam ich dazu?» Dadurch bekomme ich ein klares Gespür für das, was ich wirklich will und wie ich es bekommen kann. Wenn ich herausfinden will, welchen Weg ich nicht nehmen soll, tue ich zuweilen genau das Gegenteil: «Das Ganze ist vorbei, und ich habe ein schreckliches Gefühl. Worin besteht dieses schreckliche Gefühl, und wie bin ich dazu gekommen?» Indem ich verstehe, was ich wirklich zustande bringen will und was ich vermeiden muß, kann ich mich klar und konzentriert auf die neue Situation einlassen und mich um das bemühen, was ich will.

Die Ergebnisse des intuitiven Erspürens von Zielen unterscheiden sich stets so sehr von meinen bewußten Ansichten über meine Ziele, daß ich immer wieder überrascht bin. So bin ich beispielsweise vor ein paar Monaten in eine Übungssitzung über Bildarbeit mit dem bewußten Vorsatz gegangen, den Studenten so viel wie möglich beizubringen. Doch als ich mich in das positive Bild «Ende der Sitzung» hineinversetzte, fand ich heraus: Das gute Gefühl rührt von der Wärme und Nähe in der Gruppe, davon, daß wir zusammen eine Reise hinter uns gebracht und positive Wünsche entwickelt haben, die wir einander auf unseren weiteren Reisen mitgeben können. Ich habe das dadurch bewirkt, daß ich mich entspannte und mich um jeden kümmerte und alle ermutigte, sich umeinander zu kümmern.» Das negative Bild vom Ende der Sitzung sagte mir: «Ich fühle mich gehetzt und unter Druck, weil ich zuviel auf einmal wollte. Alle sehen angespannt und gestreßt aus, und ich bin erschöpft. Ich frage mich, warum ich mir überhaupt die Mühe mache, solche Kurse abzuhalten. Offenbar ist es mit mir so weit gekommen, weil ich glaubte, ich müßte den Studenten alles beibringen, was ich weiß.

Hätte ich mein ursprüngliches bewußtes Vorhaben zu verwirklichen versucht, nämlich den Studenten soviel wie möglich beizubringen, hätte ich nach der Sitzung fast mit Sicherheit eher ein schlechtes als ein gutes Gefühl gehabt – ohne zu verstehen, warum. Statt dessen aber entschied ich mich, für Wärme und Nähe zu sorgen. Die Studenten erfuhren über Bildarbeit genausoviel wie sonst, aber eine ganze Menge mehr über menschliche Beziehungen, und am Ende fühlten wir uns alle erfrischt und voller Hoffnung.

Die gleiche Methode wende ich auch oft an, wenn ich – im großen wie im kleinen – schwierige Entscheidungen treffen muß: Ich versetze mich in den Zeitpunkt, an dem die Entscheidung bereits gefallen ist, um herauszubekommen, wofür ich mich entschieden habe. Außerdem wende ich sie in Gruppen, Kursen oder Konferenzen an, um gemeinsame Visionen zu erzeugen. Sobald sich alle bildlich ans Ende der Sitzung versetzt und geklärt haben, welche Erfahrung sie wirklich machen wollen, läßt sich leicht ein gemeinsamer Plan für die Gruppe aufstellen, der die Menschen auf kreative und angenehme Weise zusammenbringt.

Warum müssen wir irgendwohin unterwegs sein?

Warum ist die Zukunft eigentlich so wichtig? Warum leben wir nicht bloß in der Gegenwart? Natürlich müssen wir in der Gegenwart leben, aber diese geht stets aus der Vergangenheit hervor und reicht in die Zukunft hinein, und gerade dieser historische Prozeß verleiht Ereignissen erst einen Sinn. Hinter all unseren Handlungen steht ein Zweck oder eine Absicht, und die Zukunft erspüren heißt nichts anderes, als uns unsere Absichten klarzumachen. Selbst wenn wir nur nach einer köstlichen Frucht greifen, dann ist das bereits eine Tätigkeit in der Gegenwart, die ihren Sinn sowohl aus dem Verlangen bezieht, das wir eben noch empfunden haben, als auch aus der Absicht, die Frucht gleich zu essen.

Daher geht es nicht darum, daß wir in der Zukunft leben oder bewußt nach ihr streben, sondern vielmehr darum, eine sinnerfüllte Gegenwart zu leben. Es sieht ganz danach aus, als sei das Gefühl, daß alles, was wir tun, irgendeinen Sinn oder Zweck hat, von zentraler Bedeutung für ein gesundes und glückliches Leben.

Carl und Stephanie Simonton[1], die mit der Anwendung von Visualisierungen bei Krebspatienten Pionierarbeit geleistet haben, kamen darauf, daß all denen, die außergewöhnlich gut auf die Behandlung ansprachen, etwas gemeinsam war: Sie hatten einen starken Lebenswillen, konnten sich darüber bis ins Detail äußern und waren gewiß, daß diese willensstarke Hinwendung zur Zukunft der Grund für die guten Fortschritte war, die sie machten.

Umgekehrt sind Depression, Verwirrtheit und Krankheit typische Folgen des Gefühls, daß wir nicht wissen, was wir wollen, unser Leben nicht effektiv steuern und keinen positiven Weg in die

Zukunft vor uns sehen können. Diesem Gefühl liegt oft die Unfähigkeit zugrunde, unser Leben kreativ zu gestalten.

Kreativität muß ja nicht unbedingt heißen, daß wir vor Ideen nur so übersprudeln oder zur künstlerischen oder wissenschaftlichen Avantgarde zählen. Kreativ sein heißt einen Sinn dafür haben, stets etwas schaffen oder entdecken zu können, was für uns und andere angenehm und sinnvoll ist. Das kann eine Idee oder ein hübscher Garten sein, eine Skulptur oder ein Therapiezentrum, ein Blumenstrauß oder glückliche Familienverhältnisse, ein neuer Lebensstil oder eine neue Art zu lieben. Solange das freiwillig Ihrem inneren Quell der Lebensenergie entspringt, statt nur eine Reaktion auf irgendwelche Erwartungen zu sein, und etwas Frisches und Vitales an sich hat, ist es kreativ und bereichert das Leben.

Die Übungen in diesem Kapitel sind so angelegt, daß Sie damit alle lang- oder kurzfristigen Ziele verstehen lernen, jede Form von Kreativität zum Ausdruck bringen oder jede Wahl oder Entscheidung treffen können – im Hinblick auf Ihre Gesundheit, Ihr Selbstwertgefühl, Ihre Beziehungen, Ihr Berufsleben oder sonst etwas. Sie werden dabei feststellen, daß Ihnen dieser ganze Prozeß behilflich sein kann, hinter Ihre wahren Absichten im Leben zu kommen, und so der Zukunft mit mehr Hoffnung entgegenzusehen, Ihre Energie konzentriert und zielbewußt einzusetzen und sich selbst als ein aktives, kreatives Wesen zu begreifen, das sein Leben im Griff hat.

Lebenswege und mein künftiges Selbst: Übungsaufbau

Die Übung, die Polly absolvierte, beruhte auf der Arbeit mit dem Bild «das Leben als Weg oder Straße», wobei die Punkte, an denen wir unsere Wahl treffen, als Straßenkreuzung oder Gabelung versinnbildlicht wurden. Das Ganze beginnt wie üblich mit der Schaffung eines Freiraums und dem Entspannen, und dann lassen wir ein Bild kommen, in dem wir die Straße unseres Lebens entlanggehen und an eine Kreuzung gelangen. Wählen Sie zuerst den reizvollsten Weg, gehen Sie ihn entlang und finden Sie heraus, wie es für Sie ist, auf diesem Weg zu sein – jetzt, fünf, zehn und fünfzehn Jahre später. Dann können Sie auch die anderen Wege ausprobieren – anders als im wirklichen Leben, wo Sie manchmal nur eine einzige Chance haben. Sie können sich auch über die Szene erheben und alle Wege von oben betrachten. Zuweilen kommen Sie gerade dann zu den überraschendsten Erkenntnissen, wenn alle Wege beispielsweise am Ende am selben Ort ankommen. Jetzt kehren Sie wieder zur Kreuzung zurück und überlegen sich, welcher Weg Ihnen am besten gefällt. Zum Abschluß statten Sie wie sonst auch Ihren Dank ab, reflektieren und schauen voraus auf die praktischen Konsequenzen Ihrer Erkenntnisse.

Das Aufbauschema:

Vorbereitung: Einen Freiraum schaffen, entspannen

1. Das Bild kommen lassen: ein Lebensweg mit einer Kreuzung oder Gabelung
2. Die Wege ausprobieren
3. Der Blick von oben
4. Zur Kreuzung zurückkehren und eine Wahl treffen
5. Dank abstatten, reflektieren, vorausschauen und auftauchen

Die Übung, bei der sich Helen in eine Zukunft hineinversetzte, in der sie überhaupt nichts tat, gehörte zu einem umfassenderen Prozeß, den wir «Mein künftiges Selbst» nennen wollen und bei dem Sie sich direkt in eine zukünftige Zeit hineinversetzen, in der Sie mit dem, was Sie gewählt haben, einverstanden sind. Welche Zeit Sie sich dafür aussuchen, hängt von der Art der Ziele ab, die Sie sich näher ansehen wollen, oder von Wahlen und Entscheidungen, die damit verbunden sind.

Daher können Sie sich vorstellen, achtzig Jahre alt zu sein, um Ihre Lebensziele zu erkunden, oder wie Sie in fünf Jahren leben, um Ihre mittelfristigen Wahlentscheidungen zu überprüfen, oder wie es um Ihre kurzfristigen Pläne und Entscheidungen in drei bis sechs Monaten bestellt ist. Sie können sich auch ans Ende des Tages versetzen oder ans Ende der Stunde, der Sitzung oder eines Vorstellungsgesprächs. Sobald Sie das getan haben, können Sie zurückschauen und sehen, welche Wahl Sie getroffen haben und mit welcher Einstellung Sie bis zu diesem Punkt gelangt sind.

Bei Lebenszielen sollte man unbedingt drei Hauptbereiche im Auge haben: Beziehungen zu anderen, Arbeit oder Kreativität und Ihre Beziehung zu sich selbst. Ich pflege dem gern auch noch einen weiteren Aspekt hinzuzufügen: das Leben an sich – was wir von dem Weg halten, den uns unser Schicksal als den einzig richtigen anbietet.

Es lohnt sich, nicht nur einen Blick auf die Zukunft zu werfen, die Ihnen gefallen würde, um also zu sehen, welchem Weg Sie folgen wollen, sondern sich auch die Zukunft anzuschauen, die Ihnen schrecklich vorkäme, also Klarheit darüber zu gewinnen, wo Gefahren lauern. Manchen Menschen fällt es schwer, sich eine positive Zukunft vorzustellen. Ist das bei Ihnen der Fall, sollten Sie am besten mit der negativen Zukunft anfangen und dann zur positiven übergehen.

Dieses Verfahren – zuerst einen Blick auf die negative Zukunft zu werfen – habe ich zum erstenmal angewandt, als ich mit einem Mann arbeitete, der sich nur noch hoffnungslos fühlte und einfach keine positiven Bilder finden konnte. Sobald er sich aber die negative Zukunft, die er zu haben glaubte, angeschaut und sie verstanden hatte, war es ihm – zu seiner großen Erleichterung – möglich, sich eine Zukunft auszumalen, über die er sich wirklich freuen konnte und die für ihn auch erreichbar schien.

Das Aufbauschema:

Vorbereitung: Einen Freiraum schaffen und entspannen
1. Mein positives künftiges Selbst kommen lassen
2. Das Bild erkunden
3. Meine zwischenmenschlichen, kreativen und persönlichen Wahlmöglichkeiten und das Leben an sich
4. Mein negatives künftiges Selbst
5. Dank abstatten, reflektieren, vorausschauen und auftauchen

---

Lebenswege: Grundübung

Vorbereitung: Einen Freiraum schaffen, entspannen

1. Das Bild kommen lassen. Stellen Sie sich vor, Sie befinden sich auf einer Straße – der Straße Ihres Lebens. Was für eine Straße ist das? Was spielt sich hier ab? Wie sind Sie gekleidet? Wie ist es für Sie, auf dieser Straße zu gehen?

Jetzt kommen Sie an eine Kreuzung oder eine Gabelung. Können Sie lesen, was auf den Wegweisern steht? Wie sehen die verschiedenen Wege oder Straßen von Ihrem derzeitigen Standort aus? Welcher Weg oder welche Straße scheint einladend zu sein?

2. *Die Wege erkunden.* Begeben Sie sich auf den Weg oder die Straße, die Ihnen am einladendsten vorkommt. Wie sieht er oder sie aus? Wie gefällt es Ihnen da? Was passiert Ihnen auf dieser Straße?

Jetzt ist es fünf Jahre später. Was geschieht nun? Wie fühlen Sie sich? Wie spielt sich Ihr Leben ab?

Noch einmal fünf Jahre später (also zehn Jahre später als heute). Wie ist Ihr Leben nun beschaffen? Wie gefällt es Ihnen?

Noch einmal zehn Jahre später (also zwanzig Jahre später als heute). Wie geht es Ihnen jetzt?

Sobald Sie sich diesen Weg ganz genau angeschaut haben, kehren Sie zur Kreuzung zurück und probieren die anderen Wege auf genau die gleiche Weise aus.

3. *Ein Blick von oben.* Gestatten Sie Ihrer Seele oder Ihrem Geist, sich über Ihren Körper zu erheben und in genügender Höhe über den Straßen zu schweben, so daß Sie das gesamte Netz überblicken können. Was stellen Sie fest?

4. *Zur Kreuzung zurückkehren und eine Wahl treffen.* Kehren Sie nun zur Kreuzung zurück. Welcher Weg scheint Ihnen jetzt der «Herzenspfad» zu sein – der Weg, der Ihnen gefällt, der am meisten auf Ihrer Linie liegt und das darstellt, was Sie im Leben erreichen wollen?

5. *Dank abstatten, reflektieren, vorausschauen und auftauchen.* Danken Sie Ihrem Unbewußten für die Hilfe, die es Ihnen gegeben hat, sowie Ihrem Bewußtsein, daß es den Mut gehabt hat, sich in dieser schwierigen Angelegenheit Klarheit verschaffen zu wollen. Fragen Sie sich vor und nach dem Auftauchen: Welche Bedeutung haben die verschiedenen Straßen für Sie? Welche Konsequenzen hat dieses Erlebnis? Wofür müssen Sie sich in naher Zukunft entscheiden, so daß Sie einen Weg gehen, auf dem Sie sich gut fühlen? Gehen Sie so weit wie möglich ins Detail.

Mein künftiges Selbst: Grundübung

Diese Übung kann man im Hinblick auf jeden künftigen Zeitpunkt anwenden. Ich schlage vor, Sie stellen sich zunächst Ihr Selbst mit achtzig Jahren vor, so daß Sie einen Begriff von Ihren langfristigen Zielen bekommen. Dann suchen Sie sich den oder die kürzeren Zeitabschnitte aus, die Ihnen am meisten am Herzen liegen. Wiederholen Sie einfach die gleiche Übung, leiten Sie sie aber stets mit einer anderen Anweisung ein. Beachten Sie, daß es leichter ist – und auch sehr wichtig –, wenn Sie Ihre Entscheidungen immer mehr spezifizieren, je näher und je kürzer der entsprechende Zeitabschitt ist.

Vorbereitung: Einen Freiraum schaffen und sich entspannen

1. Mein künftiges Selbst kommen lassen. Wählen Sie den Zeitabschnitt, den Sie erkunden wollen, und dann suggerieren Sie sich einen der folgenden Vorschläge:

a) Ich befinde mich in einem Raumschiff, das die Erdoberfläche verläßt. Ich kehre in der Zeit X in der Zukunft wieder auf die Erde zurück (geben Sie die Anzahl von Jahren oder Monaten an, die bis dahin vergehen werden, oder auch das genaue Datum), wenn ich achtzig Jahre alt/zehn Jahre älter/fünf Jahre älter/sechs Monate älter (wählen Sie die entsprechende Zeit) und glücklich über mein Leben bin.

b) Ich versetze mich in die Dimension, in der Vergangenheit, Gegenwart und Zukunft eins sind, und ich bin achtzig Jahre alt/zehn Jahre/fünf Jahre/sechs Monate älter (wieder wählen Sie die entsprechende Zeit) und glücklich über mein Leben.

c) Es ist jetzt X Jahre/Monate/Tage/Stunden (was Sie wollen) später, und damit ist dieser Zeitabschnitt in meinem Leben/dieser Kurs/diese Sitzung/dieses Vorstellungsgespräch/dieser Tag (oder sonst etwas) zu Ende, und ich bin zufrieden und glücklich darüber, wie es gewesen ist und was ich gewählt habe.

Anmerkung: Wenn Sie sich viele Jahre voraus in die Zukunft hineinversetzen wollen, stellen Sie sich am besten vor, in einem Raumschiff zu sitzen, das gerade die Erde verläßt und später wieder zurückkehrt. Bei kürzeren Zeitabschnitten oder wenn Sie bereits mit der Übung vertraut sind, ist das nicht erforderlich – Sie können sich dann einfach in die entsprechende Zeit hineinversetzen, indem Sie sich das selbst suggerieren.

---

2. Das Bild erkunden. Zunächst sollten Sie ein wirklich lebendiges und konkretes Bild von Ihrem künftigen Selbst haben, besonders wenn der vorgestellte Zeitabschnitt weit in der Zukunft liegt. Stellen Sie sich einige der folgenden Fragen, wobei Sie sie der entsprechenden Zeit anpassen sollten, die Sie sich vorstellen:

«Was habe ich an? Was habe ich an meinen Füßen? Was sehe ich um mich herum? Wie fühle ich mich in meinem Körper, meiner Seele, meinem Geist?»

«Worin besteht das gute Gefühl, das ich habe? Was war das Wichtigste, was ich getan oder erlebt habe, um dieses gute Gefühl zu bekommen? Warum hat sich das Leben oder diese Zeit oder diese Erfahrung eigentlich so gelohnt? Was stelle ich fest, wenn ich auf mein jüngeres Ich zu Beginn dieses Zeitabschnitts zurückblicke? Was möchte ich ihm gern zuflüstern, was ihm das Leben leichter macht?»

(Wenn Sie der oder die Achtzigjährige sind: «Wie gefällt es mir, achtzig zu sein? Wie fühle ich mich, wenn ich dem Tod entgegensehe? Was würde ich dem jüngeren Ich über das Altsein erzählen?»)

3. Meine zwischenmenschlichen, kreativen und persönlichen Wahlmöglichkeiten und das Leben an sich. Wenn Sie ein klares Bild vor sich haben, beginnen Sie die speziellen Bereiche zu erkunden. In jedem Fall sollten Sie zuerst die – unter der jeweiligen Überschrift aufgeführten – besonderen Fragen stellen und dann nach demselben allgemeinen Verfahren vorgehen:

a) *Das Zwischenmenschliche.* Wie sind meine Beziehungen zu anderen gewesen – zur Familie, zu Partnern, Freunden, Kollegen, Bekannten usw.? (Fahren Sie nun mit dem allgemeinen Vorgang fort.)

b) *Kreativität oder Berufliches.* Was habe ich geleistet oder geschaffen und wie bin ich mit diesem Prozeß umgegangen? Wie war die Arbeit? Wie paßte sie zu anderen Aspekten meines Lebens? (Fahren Sie nun mit den allgemeinen Fragen fort.)

c) *Das Persönliche.* Dieser Bereich hat mit dem Teil meines Lebens zu tun, der nur mich allein betrifft. Wie habe ich mich in meiner Beziehung zu meinem Selbst, meinem Körper, meiner Seele und meinem Geist verhalten? Wie war es um meine Selbstachtung bestellt? Wie habe ich mich um mich selbst gekümmert? (Fahren Sie nun mit den allgemeinen Fragen fort.)

d) *Das Leben an sich.* Was halte ich davon, wie mich das Leben behandelt hat? Was habe ich in all diesen Jahren über das Leben an sich und über den Lauf des Schicksals erfahren? (Fahren Sie nun mit den allgemeinen Fragen fort.)

Allgemeine Fragen zu den Bereichen a) bis d): Was gefällt mir am besten? Was habe ich aus dem eigenen Schaden gelernt? Was war für mich am schwersten? Was scheint noch immer ungelöst zu sein? Was könnte ich dem jüngeren Ich sagen, was ihm helfen würde?

Sagen Sie es und seien Sie dabei so genau wie möglich. Kann das jüngere Ich Sie verstehen? Wenn nicht, bemühen Sie sich darum, daß es Sie versteht.

4. *Mein negatives künftiges Ich.* Nun versuchen Sie es damit: «Es ist jetzt X Zeit vergangen/ich bin X Jahre oder Monate älter/das Ereignis oder der Zeitabschnitt ist nun vorbei (wählen Sie jeweils das Entsprechende), und ich fühle mich absolut schrecklich. Worin besteht dieses schreckliche Gefühl? Was habe ich Wesentliches getan, damit es dazu kam? Wenn ich mein zwischenmenschliches, kreatives und persönliches Leben Revue passieren lasse ebenso wie das Leben an sich – wo habe ich da etwas falsch gemacht? Was könnte ich meinem jüngeren Ich sagen, was ihm helfen würde, daß es nicht dort landet, wo ich nun bin?»

5. *Dank abstatten, reflektieren, vorausschauen und auftauchen.* Danken Sie dem künftigen Ich für seine Hilfe und bitten Sie es, Ihnen als Ratgeber zur Verfügung zu stehen, wann immer Sie es brauchen. Reflektieren Sie vor und nach dem Auftauchen darüber, was dies alles bedeutet hat und worin die Konsequenzen bestehen. Wie wollen Sie im Detail und in der Praxis mit diesem Wissen umgehen?

Schnellverfahren

Hier eine einfache Übung, die besonders bei kurzfristigen Zielen und Entscheidungen nützlich ist, oder wenn Sie sie regelmäßig anwenden:

1. Es ist X Zeit vergangen (oder: Das Ereignis ist vorbei), und ich fühle mich wohl. Worin besteht dieses gute Gefühl? Was habe ich getan, damit es dazu kam?

2. Es ist X Zeit vergangen (oder: Das Ereignis ist vorbei), und ich fühle mich gräßlich. Worin besteht dieses gräßliche Gefühl? Was habe ich getan, daß es dazu kam?

Anwendungsbereiche

Gruppenarbeit. Zu Beginn jeder Gruppensitzung (eines Kurses, einer Ausschußsitzung oder einer Personalkonferenz) ist es immer ganz nützlich, wenn man die anderen nach ihren Erwartungen fragt. Statt der oder ergänzend zu den üblichen Aussagen versuchen Sie die anderen dazu zu bringen, sich ans Ende der Sitzung zu versetzen und sie für gut – oder schrecklich – zu befinden und zu entdecken, warum sie sie gut oder schrecklich finden und wie sie dahin gelangt sind. Das ermöglicht den Teilnehmern zu erkennen, was sie und jeder andere auf einer tieferen Ebene wollen, und es verhilft der Gruppe zu einer befriedigenden gemeinsamen Vision. Am Ende der Sitzung nehmen Sie sich die Zeit, um herauszufinden, wie ähnlich oder anders die Gefühle eines jeden nun sind, verglichen mit jenen, welche sie sich vorgestellt hatten. Was können Sie und die anderen daraus lernen?

Alltagstätigkeiten. Wenn Sie Ihre Intentionen kennenlernen wollen, indem Sie sich eine Vorstellung von der Zukunft machen, dann sollten Sie das nicht nur auf Ihre lebenswichtigen Wahlentscheidungen beschränken. Jeden Tag sind wir mit unzähligen Dingen beschäftigt, die wir viel besser machen könnten, wenn wir uns über unsere Absichten im klaren wären. Wenn Sie also gerade dabei sind, das Haus aufzuräumen, einen Vortrag schriftlich zu formulieren, im Garten zu arbeiten, einen Urlaub anzutreten oder sich zu einer Verabredung zu begeben, dann sollten Sie einen Augenblick innehalten, sich selbst ans Ende der Aufgabe oder des Ereignisses versetzen, sich eine Vorstellung von Ihrer positiven Zukunft machen, zurückschauen und sehen, wie Sie dahin gelangt sind. Wenn Sie ausreichend Zeit haben, sollten Sie sich auch ein Bild von der negativen Zukunft machen, um sicherzugehen, daß Sie nicht etwa gerade im Begriff sind, sich unfreiwillig in diese Richtung zu begeben.

Der innere Berater. Ihr zukünftiges Selbst, dem seine eigenen Entscheidungen gefallen, ist ein wunderbarer Berater. Nun können Sie also nicht nur mit den verschiedenen Stadien Ihres jüngeren Selbst Ihr Potential gemeinsam ausschöpfen, sondern auch mit den verschiedenen Formen Ihres älteren Selbst. Machen Sie unbedingt von dieser wunderbaren Möglichkeit Gebrauch, ein weiseres, älteres Ich zu haben, das Ihnen auf Ihrem Weg weiterhilft.

Zum Abschluß

Wenn Sie wissen, wohin Sie im Leben gelangen wollen, sei es kurzfristig oder langfristig, dann haben Sie damit schon sehr viel gewonnen. Das nächste Kapitel beschäftigt sich damit, wie Sie dafür sorgen können, dorthin zu gelangen, auch wenn zunächst nichts zu klappen scheint. Widmen Sie sich diesen Übungen nicht nur einmal. Wenn Sie es sich zur Gewohnheit machen, sich an jedem entscheidenden Punkt Ihres Lebens – wie am Beginn eines neuen Tages – immer erst in Ihr zukünftiges Selbst zu versetzen und sich mit einer oder mehrerer seiner Formen über den nächsten Schritt zu beraten, dann werden Sie eigentlich erst zu verstehen beginnen, was es heißt, sich auf seine persönliche Vision verlassen zu können.

10. *Wie Sie Ihr Leben verändern und Dinge besser machen können: Wie kann ich das sicher erreichen?*

Als ich an diesem Buch schrieb, saß ich einmal in einer Taverne in einem Dorf auf Skyros und plauderte mit meinem Freund Isaac darüber. «Du mußt schon ein paar Beispiele anführen, wie es Menschen wirklich gelungen ist, mit Hilfe dieser Techniken ihr Leben zu verändern», meinte er gerade. Kaum hatte er das gesagt, als eine Frau auf mich zukam und mich begrüßte. «Kennst du mich nicht mehr?» fragte sie. «Ich heiße Lydia. Du bist letzten Sommer ins Skyros-Center gekommen, als ich da war, und hast mit der ganzen Gruppe eine Sitzung über Lebensveränderungen abgehalten. Du hast uns gefragt, welche Veränderungen wir denn herbeiführen wollten, und da habe ich gesagt: Ich möchte auf die materielle Sicherheit in meinem Leben verzichten. Dann habe ich mir gesagt: Aber das ist doch eigentlich albern, Lydia. Aber dann habe ich diese Übung doch mitgemacht – und stell dir vor: Ich habe bei aller Skepsis im vergangenen Jahr meinen Job als Schulleiterin aufgegeben, bin seit ein paar Monaten auf Reisen und mache mir darüber Gedanken, welche Arbeit ich künftig tun werde, und dabei bin ich materiell in keiner Weise abgesichert, und das gefällt mir.»

Vor kurzem habe ich Lydia wiedergesehen. Jetzt, ein weiteres Jahr später, ist sie glücklich mit ihrem neuen Leben. Und wie sich herausstellte, hat sie mit dem Geld bisher keine Probleme gehabt – es scheint ihr einfach zuzufließen, wenn sie welches braucht.

Wir haben uns doch alle schon Gedanken gemacht über Dinge, die wir tun, Veränderungen, die wir herbeiführen, Träume, die wir uns erfüllen wollten – und doch sind wir bisher einfach noch nicht in der Lage gewesen, den ersten Schritt zu tun, ja, wir haben noch nicht einmal daran geglaubt, daß wir das jemals schaffen würden. Was wie Trägheit aussieht, hält uns in stets gleicher Richtung in Bewegung – lieber bleiben wir bei dem Übel, das wir kennen, als daß wir uns das Gute holen, das wir nicht kennen. Hin und wieder allerdings kommt es zu einer Beschleunigung: Etwas passiert, und plötzlich merken wir, daß wir es tun können. Wir haben einen Anstoß in die richtige Richtung bekommen. Mit Hilfe der Bildarbeit ist es möglich, uns selbst diesen Anstoß zu geben.

Unser unbewußtes Selbst beschützt uns durch seinen «Konservatismus». Veränderungen fallen ihm nicht leicht, und gewöhnlich wartet es bewußte Einsichten und Erfahrungen ab, um sich dann langsam dazu durchzuringen. Ein einzelnes traumatisches Ereignis oder eine Reihe von eher allmählichen Lernprozessen können das Unbewußte dazu bewegen, eine Kehrtwendung zu vollziehen. Das unbewußte Selbst hat es auch nicht so gern, wenn sich unser bewußtes Selbst entschließt, wichtige Veränderungen «ohne Rücksprache» herbeizuführen. Daher können wir bewußt Entscheidungen treffen, Programme entwerfen oder Veränderungen planen – und dann stellt sich heraus, daß wir all das unbewußt sabotieren.

Wenn wir allerdings das Unbewußte dazubitten und sagen: «Hier ist eine neue Idee – kannst du mit mir daran arbeiten und mich dabei beraten?», wird es uns plötzlich bereitwillig unterstützen. Sobald wir uns unseres Potentials bewußter Rationalität und unbewußter Intuition bedienen, können wir ein neues Bild oder Muster entwerfen, einen angemessenen Rückhalt für Veränderungen finden und die Schritte vorzeichnen, die dorthin führen. Ist das Bild einmal klar genug, können wir zwar wieder in «Trägheit» verfallen, aber diesmal läßt sie uns fröhlich dahinrollen, damit wir die Lücken füllen und das herbeiführen, was wir uns wünschen. Das ganze Geheimnis besteht darin, daß wir uns zuerst beraten und dann gut zusammenarbeiten.

Was stimmt nicht an den eingefahrenen Gleisen?

Es ist genauso wie bei einem Unternehmen, das ein neues Management bekommt, welches eine Menge verändern will. Die neuen Manager geben Anweisungen heraus, aber nichts rührt sich. Rundschreiben gehen verloren, es kommt zu einem gewissen Chaos – und dann arbeitet das Unternehmen im Grunde so weiter wie bisher. Das Personal hat sich an die eingefahrenen Gleise gewöhnt und ist damit doch immer gut genug gefahren und traut – vielleicht zu Recht – dem neuen Management nicht viel zu: «Wie können die überhaupt wissen, was für unsere Firma gut ist?»

Aber dann beruft der neue Boß eine Personalversammlung ein und erklärt der Belegschaft: «Ich freue mich, zu diesem Team gehören zu dürfen, und ich möchte zu Ihnen über dieses Unternehmen sprechen, für das wir uns alle engagieren. Ich glaube, so, wie sie ist, ist es eine großartige Firma mit kompetenten Mitarbeitern, aber mit ein paar Veränderungen könnte sie noch effizienter arbeiten. Dies ist meine Vorstellung, wie das Unternehmen sein könnte, und hier sind ein paar Ideen, wie wir das gemeinsam bewerkstelligen könnten. Was haben Sie für Vorschläge? Wie schaffen wir das alles am besten? Wie können wir alle zusammen an der Zukunft dieses Unternehmens arbeiten?» Plötzlich verändert sich die Atmosphäre wie durch Zauberhand. Ideen schwirren durch den Raum, die Begeisterung schlägt hohe Wogen, und beschlossene Veränderungen werden rasch und effektiv durchgeführt.

Das neue Ich

Ein wichtiges Bindeglied zwischen Gegenwart und Zukunft, hervorgegangen aus den «Beratungen» zwischen Bewußtsein und Unbewußtem, ist die Schaffung eines neuen Selbst-Bildes, das beide Ich-Aspekte akzeptieren können. Wenn wir nicht einen ungewissen und gefährlichen Sprung ins Dunkle tun wollen, müssen wir ein Bild von uns selbst haben, wie wir nach diesem Sprung sein werden. Wenn wir sehen können, daß wir noch intakt, sympathisch und sogar besser dran sind als zuvor, dann wird dieser Sprung eher eine lohnende Herausforderung als ein Risiko darstellen.

Die Übungen im 9. Kapitel, mit denen wir herausfanden, welche Art von Zukunft wir wollen, haben dieses Bindeglied bereits geliefert. Wenn wir uns nämlich die Zukunft vorstellen, schaffen wir Bilder davon, wie wir nach einer Veränderung sein werden, und das genügt oft schon, uns in eine neue Wirklichkeit zu stupsen und das Trägheitsmoment in unserem Sinn zu nutzen.

Aber nicht immer. Wenn wir unsere Einstellung entschieden ändern müssen, damit aber Schwierigkeiten haben, weil wir dabei Zweifel, Angst, Verwirrung oder sogar Verzweiflung empfinden, oder auch wenn wir eine sehr komplexe Fertigkeit erheblich verbessern wollen, brauchen wir oft ein bißchen mehr Hilfe, damit das mühelos und ganz natürlich gelingt. Daher befassen wir uns in diesem Kapitel mit einer Übung, die uns dabei unterstützen soll, Veränderungen vorzunehmen, die wir bereits bewußt herbeiführen wollen, womit wir aber noch einige Schwierigkeiten haben. Das gilt sowohl für die Verbesserung von Fähigkeiten, über die wir längst verfügen, wie auch für die Erledigung von Dingen, die wir tun wollen, aber zu denen wir einfach noch nicht zu kommen oder denen wir uns noch nicht stellen zu wollen scheinen: eine Änderung einer Einstellung, ein neues Projekt, ein schwieriges Telefongespräch oder auch eine Diät.

Wie ich sein könnte

Bildarbeit beginnt stets mit einem Bild, das zeigt, wer Sie gerade sind oder wo Sie gerade stehen. Bevor Sie sich ändern können, müssen Sie nicht nur imstande sein, Ihr gegenwärtiges Verhaltensmuster zu verstehen, sondern auch die Person zu akzeptieren, die Sie gerade sind. Sich über jemanden zu ärgern, ihn zu verachten oder ihm gegenüber ungeduldig zu sein, verhindert Entwicklung. Dieser Mensch erstarrt eher in seinem Ärger über sich oder ist sonstwie nicht in der Lage, irgendeine Bewegung zu vollziehen. Das gilt auch für Ihre Einstellung sich selbst gegenüber: Erst wenn Sie feststellen, daß die Person, die Sie gerade sind, die bestmögliche Wahl treffen kann, zu der sie aktuell in der Lage ist, und wenn Sie sie Ihrer Sympathie und Unterstützung versichern, dann dürfen Sie wirklich hoffen, daß Sie sich selbst künftig zu neuen und besseren Wahlentscheidungen ermutigen werden.

Als nächstes lassen Sie ein Bild Ihres neuen Ich kommen, das Sie sein werden, wenn Sie diese Änderung in Ihrem Leben vollzogen haben. Wir finden es nämlich nur deshalb oft so schwierig, uns zu ändern, weil wir uns einfach kein Bild von dieser veränderten Person machen können, in dem wir uns wiedererkennen. Andere Menschen können Nichtraucher sein, bestimmt und selbstsicher auftreten, ordentlich oder imstande sein, ein Therapiezentrum zu errichten oder ein Buch zu schreiben – aber doch nicht *ich*. Indem wir uns dieses Bild jedoch vorstellen und darin eintreten, wird es uns nicht nur möglich, das Bild auszufüllen und ihm unseren Körper zu geben, sondern uns auch auszumalen, wie wir uns dabei fühlen, wie wir handeln und welche Veränderungen wir brauchen, um dahin zu gelangen. Wenn Sie nicht wissen, wie Sie ein ordentlicher Mensch werden sollen, stellen Sie sich bildlich als ordentlichen Menschen vor und finden heraus, was Sie zu tun haben. *Sie* wissen es vielleicht nicht – aber das ordentliche Sie weiß es.

Und dann ist es, wie wir bereits wissen, auch nützlich, zurückzuschauen und zu sehen, wie Sie von dort, wo Sie ursprünglich waren, dahin gelangt sind, wo Sie jetzt sind. Dies ist die Kraft des Wissens, das man im nachhinein hat, das man aber auf diese Weise für die Voraussicht nutzen kann, wie wir im vorhergehenden Kapitel gesehen haben.

Ella beispielsweise wollte die Errichtung eines neuen Kulturzentrums in ihrer nordenglischen Heimatstadt initiieren, hatte aber kein Geld dafür und wußte nicht, wo sie welches auftreiben sollte. Als sie sich bildlich vorstellte, wie sie ihr Ziel schon erreicht hatte, und zurückschaute, um zu sehen, *wie* sie das geschafft hatte, entdeckte sie, daß sie als erstes die an ihrem Vorhaben interessierten Menschen zusammengebracht und ihre Ideen klar entwickelt hatte und daß später auch das Geld gekommen war. Sie war erleichtert und wußte nun, wie sie ihr Projekt angehen sollte.

Manchmal besteht das Problem nicht darin, daß wir kein Bild haben, sondern daß wir ein negatives haben. Wenn Sie ein Bild von sich selbst nach der Veränderung kommen lassen, finden Sie vielleicht, daß Ihnen die neue Person in diesem Bild einfach nicht gefällt. Das sollte Sie indes nicht entmutigen, zeigt es Ihnen doch lediglich, warum es Ihnen solche Mühe bereitet, diese Veränderung herbeizuführen.

Alan, ein ziemlich unkonventioneller Journalist, sagte mir einmal, er wolle und müsse unbedingt effizienter arbeiten, könne es aber nicht. Als ich ihn fragte, wie denn diese effiziente Person beschaffen sein solle, fiel ihm nichts dazu ein. Natürlich wußte er ganz genau, wie *ineffizient* er war: Das Bild von seinem gegenwärtigen Selbst war ihm viel klarer als das von seinem zukünftigen Selbst, so daß es für ihn einfach leichter war, dabei zu bleiben.

Darum half ich ihm, ein Bild davon kommen zu lassen, wie er als effizienter Mensch wäre – vor welchem Alan dann entsetzt zurückschauderte. Der neue Alan, den er da vor sich sah, war ein kalter, seelenloser Roboter. Kein Wunder also, daß es mit Alans Plänen, sich zu verändern, nie klappen wollte. Erst als er sich bemühte, das Bild eines Mannes zu schaffen, der ein verrückter, kreativer Typ war und zugleich klar dachte und effizient arbeitete, begann er sich zu verändern. Und je mehr er an diesem Bild arbeitete, desto natürlicher und zwangloser ging diese Entwicklung vonstatten: Er wurde buchstäblich das, was er sich vorstellte.

Sobald Sie ein Bild von Ihrem neuen Ich bekommen, über das Sie sich völlig im klaren sind und das Ihnen auch gefällt, kann sich

die Veränderung erstaunlich rasch einstellen. Helga, die an einem einwöchigen Bildarbeitskurs teilnahm, ist dafür ein gutes Beispiel. Helga ist Deutsche, und ihr Englisch war nicht gut genug, so daß sie sich nicht direkt an der Gruppenarbeit beteiligen konnte. Sie saß neben einer deutschen Freundin, die ihr übersetzte, was die anderen sagten, und der Gruppe übersetzte, was Helga sagen wollte. Das war ziemlich umständlich, so daß sich die Arbeit der Gruppe etwas hinzog, aber Helga nahm sehr engagiert daran teil, und es funktionierte. Am Ende der Woche kamen wir zur Übung «Das Leben ändern», und Helga stellte sich dabei vor, selbstsicherer und bestimmter auftreten zu können.

Ich sehe noch immer lebhaft diesen dramatischen Augenblick vor mir, wie sie in das Bild eintrat, das sie sich von sich selbst gemacht hatte, wie sie nach dieser Veränderung in ihrem Leben sein würde, und wie sie uns zu erzählen begann, was da geschah – und dabei sprach sie nicht deutsch, sondern englisch! Wir starrten sie alle sprachlos vor Erstaunen an, und dann erklärte sie: «Ich fühle mich jetzt so ohne Angst – es macht mir nichts aus, englisch zu sprechen, auch wenn ich dabei Fehler mache.»

Dinge besser machen

Egal, wie gut Sie etwas fertigbringen – immer gibt es da jemanden, der es besser kann. Lassen Sie sich aber nicht entmutigen – lassen Sie diese Person Ihren «Lehrer» werden.

«Experten» – Menschen also, die schon weiter auf dem Weg sind, den Sie einschlagen wollen – können wunderbare innere

Leitbilder abgeben. Das kann ein Meisterschwimmer sein, wenn Sie besser schwimmen lernen wollen, oder ein mythischer König, wenn Sie stolzer und hoheitsvoller werden wollen, oder ein Hund, wenn Sie verspielter werden und die Dinge nicht mehr ganz so ernst nehmen wollen.

Indem Sie ein Bild von einem solchen Experten kommen lassen, ihn um Rat bitten und dann in seine Schuhe schlüpfen und diese Person «sind», haben Sie so etwas wie eine Schablone für Ihren Körper, Ihre Seele und Ihren Geist geschaffen, die Ihnen dabei behilflich ist, natürlicher zu handeln. Und tatsächlich wird jedes Bild funktionieren, das Sie dazu bringen kann, in Ihrer Vorstellung anders, besser zu handeln. Sobald Sie ein solches Bild geschaffen haben, ist es oft ganz nützlich, wenn Sie Ihre neuen Fähigkeiten oder Einstellungen erst in Ihrer Vorstellung einüben, bis Sie Ihrer Sache absolut sicher sind. Und jedesmal, wenn Sie sich anschikken, etwas zu tun, oder sogar wenn Sie im wirklichen Leben dabei sind, eine Übungsstunde zu absolvieren – beispielsweise Klavier- oder Schwimmunterricht nehmen –, machen Sie einfach eine Pause und lassen Sie noch einmal das Bild von sich selbst kommen, in dem Sie die Sache perfekt tun. Sie werden staunen, was Sie dann zustande bringen.

Wenn ich einer Gruppe von Bildarbeitsschülern demonstrieren will, wie sehr wir mit Hilfe unserer Vorstellungskraft eine Fähigkeit verbessern können, bitte ich sie zunächst sich vorzubeugen und ihre Zehen zu berühren. Dann führe ich mit ihnen eine kurze Phantasieübung durch, bei der sie sich vorstellen, daß ihr Körper aus Gummi und absolut elastisch sei und daß sie Riesensprünge und Rückwärtssaltos über hohe Zäune machen. Danach bitte ich die Teilnehmer, noch einmal eine Rumpfbeuge zu machen. Die meisten Menschen stellen dann fest, daß sie sich nun erheblich tiefer beugen können als vorher. Probieren Sie es selbst aus.

Neben dem inneren Experten sollten Sie auch noch einen inneren Freund oder Anhänger kreieren, der unbedingt möchte, daß Sie Erfolg haben, und der Sie ansporn̈t, selbst wenn es mit Ihrer eigenen Begeisterung nicht weit her ist. Teams sind immer besser, wenn sie am Spielfeldrand von ihren Fans angefeuert werden.

Manche Menschen führen auch gern eine innere Person ein, die unschuldig, unwissend, naiv oder langsam von Begriff ist und der sie alles erklären müssen. Auf diese Weise werden sie selbst zu Experten und stellen fest, daß sie wunderbarerweise auf alles eine Antwort haben.

Wichtig ist es auch, welche innere Einstellung wir haben, wenn wir etwas haben wollen oder zu tun beabsichtigen. Stellen Sie sich einmal vor, Sie stünden eines Morgens auf und sagten sich: «Ich muß unbedingt meine Zähne putzen – wenn ich meine Zähne nicht putze, muß ich sterben.» Wahrscheinlich erginge es Ihnen wie mir: Ich würde auf dem Weg zum Bad stolpern, die Zahnpastatube endgültig zerdrücken, wenn ich sie endlich erwischt hätte, verzweifelt nach der Zahnbürste suchen, sie aber nicht finden, und dann würde ich fuchsteufelswild werden – nur weil ich auf diese lächerliche Weise der Mahnungen meiner Mutter (Zahnverfall!) gedenke. Dann würde ich wütend aus dem Bad stürmen und mich den ganzen Tag mies fühlen, bloß weil ich mir nicht meine Zähne geputzt habe.

Wenn wir etwas tun sollen und uns die größte Mühe geben, es zu tun, wird nicht nur unsere Leistung durch die Anspannung gemindert, sondern wir müssen auch feststellen, daß dabei eine gleich große innere Widerstandskraft aktiviert wird, die uns sagen läßt, daß wir dieses oder jenes nicht können und auch nicht wollen. Und dieser ambivalente Prozeß hält uns somit zwangsläufig davon ab, die Ziele zu erreichen, die uns ganz besonders wichtig erscheinen.

Der andere Pol dieser Einstellung ist, «aufzugeben, während man in Führung liegt» – nach dem Motto: «Ich werde vermutlich ja doch nicht erreichen, was ich will – warum also sollte ich mich da noch groß anstrengen?» Dahinter steckt natürlich auch der Gedanke, daß man sich zumindest nicht «blamieren» kann, wenn man es gar nicht erst versucht hat. Und damit macht man sich zugleich vor, daß man es ja irgendwann doch noch versuchen könne und dann natürlich Erfolg haben werde – vielleicht.

Die meisten Menschen verhalten sich abwechselnd so oder so. Im einen Fall wollen sie mit dem Kopf durch die Wand, im anderen ziehen sie den Schwanz ein. Doch beides erweist sich als sinnlos, wenn wir etwas Wesentliches tun oder haben wollen.

Es gibt indes einen Zugang, der zu funktionieren scheint, und bei der hier notwendigen Einstellung kommt eher der Wille zum Tragen als der Eigenwille. Diese Einstellung hat zwei Aspekte, die sich auf den ersten Blick ein wenig zu widersprechen scheinen: «beabsichtigen» und «loslassen». Das heißt, daß Sie einerseits durchaus vorhaben, Ihr Ziel zu erreichen, daß Sie andererseits aber bereit sind, den Glauben aufzugeben, es läge allein in Ihrer Macht, etwas zu tun, und daß Sie auch imstande sind, auf die Überzeugung zu verzichten, Sie müßten es unbedingt tun.

Etwas «beabsichtigen» heißt auch daran glauben, daß all das passieren kann und wird, was man sich vorgenommen hat, es bedeutet auch, daß man bereit ist, seine ganze Energie dafür einzusetzen, daß es dazu kommt. Sie müssen sich daher möglichst durch alle Ambivalenzen und Ängste durchkämpfen und sie beseitigen. Und Sie müssen sich über Ihre Absichten absolut im klaren sein. Wenn Sie nämlich das Gefühl haben, daß Sie nicht das Recht haben, das zu bekommen, was Sie wollen, oder wenn Sie glauben, daß Sie ihr Vorhaben unmöglich realisieren könnten, oder wenn Sie denken, daß es dabei zu negativen Nebenwirkungen kommen kann, die die Vorteile aufwiegen – dann bleiben Ihre Absichten und Bemühungen diffus und bewirken eher das Gegenteil. Für mich ist es beispielsweise besonders hilfreich, wenn ich mich nicht so sehr frage, ob ich das Recht habe, etwas zu bekommen, sondern eher ob es für mich gut und richtig ist, es zu bekommen. Und wenn etwas für mich gut ist, dann weiß ich, daß ich mich wohler fühle, mit der Welt besser zurechtkomme und mich um andere besser kümmern kann.

Wenn man wirklich ein Ziel vor Augen hat, ist es auch nützlich, sich bildlich vorzustellen, wie das geschieht, so daß man auf diese Weise das (im 9. Kapitel beschriebene) Gefühl bekommt, es sei in gewisser Hinsicht bereits geschehen – es existiert als Möglichkeit, und man hat es in seiner Vorstellung erlebt –, so daß man es nur noch in die Tat umsetzen muß. All diese Facetten des «Beabsichtigens» werden Ihre Erfolgschancen maximieren.

Wenn Sie andererseits wirklich «loslassen» wollen, müssen Sie zuerst einmal daran denken, daß Sie nicht allmächtig sind und daß es nie ganz allein in Ihrer Hand liegt, Ihre Ziele zu erreichen. In diesem Sinne müssen Sie das eigentliche Gelingen Ihres Vorhabens letztlich dem überlassen, das Ihr bewußtes Selbst übersteigt, was immer das für Sie auch ist: Gott, Geister, Ihr Unbewußtes, das Schicksal oder der Zufall. Ihnen geht es wie dem Bauern, der sein Feld bestellt und alles für eine gute Ernte tut – aber auf das Wetter hat er keinen Einfluß, das kann seine ganze Mühe zunichte machen. Sobald Sie einmal getan haben, was Sie können, oder den Entschluß gefaßt haben, es zu tun, können Sie nur durch Vertrauen und Akzeptanz den Seelenfrieden finden, den Sie brauchen.

Zum andern müssen Sie sich auch eines bewußt machen: Selbst wenn der unwahrscheinliche Fall eintritt, daß Sie einmal nicht bekommen, was Sie wollen, und scheint es noch so wichtig zu sein, dann wird die Welt davon auch nicht einstürzen. Denn dann sind Sie in der Lage, sich zu fragen: «Was nun?» und Sie erkennen vielleicht sogar, daß es Zeit ist, die Richtung zu ändern. Ja, es kann sich, wenn Sie diesmal nicht bekommen haben, was Sie wollten – und das ist Ihnen vermutlich schon das eine oder andere Mal passiert –, für Sie vielleicht sogar ein neuer Weg auftun, den Sie jetzt noch gar nicht sehen können.

Für diesen Prozeß des Beabsichtigens und Loslassens stellen wir uns das angestrebte Ziel als erreicht vor und geben das Bild in eine Seifenblase oder einen Luftballon, nehmen uns innerlich fest vor, es zu erreichen, und lassen es dann los, indem wir die Seifenblase oder den Luftballon aufsteigen und in einer Dimension von Potentialen verschwinden lassen, die nur darauf warten, daß wir sie realisieren.

Viele Menschen wenden ein ähnliches Verfahren an, wenn sie bestimmte Ereignisse geschehen oder Dinge zu ihnen kommen lassen wollen, die nicht allein von ihnen abhängen – zum Beispiel eine freie Parklücke, die sich unerwartet vor ihnen auftut. Sie glauben, daß diese Vorstellung Energie so zu bündeln vermag, daß das Gewünschte tatsächlich eintritt. Andere haben berichtet, daß die soeben geschilderte Methode – was immer Sie wollen, in eine Seifenblase zu tun und darum zu bitten, daß es geschieht, und dann loszulassen – bei ihnen wahre Wunder bewirke. Versuchen Sie es selbst. Aber denken Sie an das, was wir schon im 9. Kapitel betont haben: Sie sollten sich unbedingt die Zeit nehmen, ein Gespür dafür zu bekommen, ob das, was Sie erbitten, für Sie auch richtig ist, statt Ihrem bewußten Selbst buchstäblich jeden Wunsch zu erfüllen, selbst wenn das möglich sein sollte.

Meine zehnjährige Tochter Chloe hat mir gesagt, daß es bei ihr gut funktioniert, wenn sie etwas, was sie möchte, sich in einer Seifenblase vorstellt – aber nur dann, wenn sie sich etwas wünscht, was für sie wie für andere Menschen gut ist, und wenn sie es «um seiner selbst willen» wünscht, statt nur anderen damit einen Gefallen zu tun. Das halte ich für sehr vernünftig.

Mein selbstbewußtes Selbst – wo bist du

Wenn Sie etwas besonders Wichtiges und Schwieriges wollen, dann kann es passieren, daß Sie sogar davor zurückschrecken, sich dieser Veränderung auch nur in Gedanken zu stellen. In diesem Fall können Sie es immer mit der Salamitaktik versuchen – schneiden Sie nur so viel auf einmal ab, wie Sie «beißen» können. Wenn Sie sich dann durch das Problem in Ihrer Vorstellung durcharbeiten, sollten die Veränderungen selbst auf ganz natürliche Weise erfolgen.

Norma, eine meiner jungen Studentinnen, hat mir diese Salamitaktik am überzeugendsten vorgeführt. Sie hatte soviel Angst davor, in einem Seminar zu sprechen, daß sie sich außerstande sah, daran teilzunehmen, wenn die Gefahr bestand, daß man sie aufrufen würde. Sie verbrachte viele Stunden damit, das Referat zu schreiben, das sie im Seminar halten sollte – und dann konnte sie einfach nicht hingehen. Sie kam zu mir und bat mich um Hilfe, weil sie sich Sorgen machte, ob sie den Collegeabschluß überhaupt schaffen würde.

Wir begannen damit, daß sich Norma vorstellen sollte, sie würde in ihrem Heimkino sitzen und zunächst ein Bild von ihrem ängstlichen Selbst kommen lassen und dann ein Bild von sich, wie sie sein würde, wenn sie in einem Seminar absolut frei sprach. Sich vorzustellen, wie sie war: verängstigt und nicht in der Lage zu sprechen, war für sie zwar peinlich, aber nicht so schwierig. Doch dann stellte sich heraus, daß Norma einfach nicht imstande war, sich auch nur vorzustellen, wie sie in einem Seminar frei sprach.

Also gingen wir Schritt für Schritt vor, über mehrere Wochen. Zuerst stellte sie sich eine Freundin auf der Leinwand vor, die selbstbewußt reden konnte. Nachdem sie diese Bildarbeit etwa eine Woche lang für sich allein geübt hatte, war Norma in der Lage, sich selbst auf der Leinwand zu sehen. Aber als ich sie dann bat, ins Bild einzutreten und die damit verbundenen Gefühle zu empfinden, war sie wie erstarrt. Wieder übte sie diesen Schritt eine Woche lang für sich allein, und nun wagte sie immerhin ins Bild einzutreten, aber nur für einen kurzen Augenblick. Als sie diese Übung fortsetzte, konnte sie es immer länger ertragen, diese Person zu sein, die so frei vor den anderen sprach, bis sie schließlich nach mehreren Wochen in der Lage war, die Übung zu beenden: Sie konnte in das Bild eintreten und sich vorstellen, einen Tag lang diese selbstsichere Person zu sein.

Während der Bildarbeit entdeckte sie, wie sie nach und nach Dinge in ihrem Leben fertigbrachte, die sie nie für möglich gehalten hatte, und zwar ganz selbstverständlich, wobei sie sich immer wieder über ihren eigenen Mut wunderte. Diese Fortschritte im wirklichen Leben hinkten ein wenig hinter den Fortschritten her, die sie auf ihrer inneren Bildleinwand machte, aber sie gingen in die gleiche Richtung. Ich sehe Norma noch vor mir, wie sie sich über den ersten Schritt freute – sie merkte plötzlich, daß sie ein paar Freunden in einem Pub einen Witz erzählte. Später platzte sie in einem Seminar mit einer kurzen Bemerkung heraus, als sie mit der Meinung von irgend jemandem ganz und gar nicht einverstanden war. Schließlich hatte sie vor Seminaren keine Angst mehr, und fortan war sie auf dem College wie verwandelt. Als ich mich ein paar Jahre später mit ihr unterhielt, erzählte sie mir, daß sie noch immer mit dem selbstbewußten Mädchen auf der Leinwand sprach, das ihr half und ihr beistand, wenn sie in Schwierigkeiten war.

All dies geschah nicht etwa während einer Therapie oder Beratung, vielmehr verbrachte ich jede Woche nur ein paar Augenblicke mit ihr, um ihr die Übungen für zu Hause mitzugeben. Ich habe tatsächlich festgestellt, daß sich die Übung «Das Leben ändern» besonders für Menschen als nützlich erweist, die therapeutisch «unbeleckt» sind, aber bestimmte praktische Veränderungen in ihrem Leben herbeiführen wollen und bereit sind, für sich allein zu üben.

Dabei fällt mir Joe ein, ein afrikanischer Student, der ganz schlecht englisch sprach und dem fast alle Voraussetzungen für die Fächer fehlten, die er studierte. Er war ganz verzweifelt, und seine Dozenten waren sicher, daß er es nicht schaffen würde. Aber er wollte es unbedingt schaffen, weil er wieder in sein Land zurückkehren und sich sozial engagieren wollte, und dafür benötigte er einen Collegeabschluß. Als ich sein Vertrauen gewonnen hatte, überzeugte ich ihn davon, daß er nicht nur studieren, sondern parallel dazu die Bildarbeitsübung «Das Leben ändern» betreiben und auf diese Weise an der Verstärkung seines neuen Selbstbildnisses arbeiten müsse, in dem er sich als selbstbewußter Mann sah, der trotz aller Schwierigkeiten imstande war, den Kursstoff zu bewältigen.

Ein paar Wochen später erzählte er mir ganz stolz eine Geschichte: Er nahm an einer schriftlichen Prüfung im Fach Statistik teil, machte vorher kurz seine Bildarbeitsübung und schrieb dann ganz selbstbewußt seine Prüfungsarbeit nieder. Sein Dozent war total verblüfft, als er die Arbeit las, und fragte ihn: «Wie haben Sie denn das geschafft?» Am Jahresende kam Joe zu mir, bedankte sich und berichtete mir, daß er einen Preis bekommen habe – als Bester seines Jahrgangs. Er versprach, auch weiterhin seine Bildarbeit zu betreiben, und schließlich schaffte er auch noch einen sehr guten Abschluß – obwohl ich fast die einzige im Lehrpersonal am College war, die ihm das zutraute.

Das Leben ändern: Übungsaufbau

Nachdem Sie sich entschieden haben, welche Veränderung Sie vorhaben, welches Projekt Sie zu Ende führen oder welche Fähigkeit Sie verbessern wollen, besteht der erste Schritt dieser Übung darin, daß Sie sich ein Bild von Ihrem gegenwärtigen Selbst machen. Dazu stellt man sich einfach eine Filmleinwand vor und läßt darauf ein Bild von sich erscheinen, wie man jetzt ist – bevor man also sein Leben geändert hat. Dabei werden Sie wahrscheinlich eher eine Karikatur von sich erhalten, die Ihre derzeitigen Schwierigkeiten übertrieben betont. Wichtig ist es sodann zu wissen, welche Veränderungen die Person auf der Leinwand vornimmt, um ihr dafür zu danken, sie bei ihren Bemühungen zu unterstützen, die Hürden des Lebens zu überwinden, und sie wissen zu lassen, daß Sie ihr dabei behilflich sein wollen, ein angenehmeres Leben zu wählen.

Der nächste Schritt besteht darin, daß Sie dieses Bild verlassen, es in die Vergangenheit versetzen und dafür ein Bild kommen lassen, wie Sie sein werden, wenn Sie eine Veränderung erfolgreich herbeigeführt haben. Wie immer betrachten Sie das Bild eingehend, treten in es ein und erkunden es, so daß Ihnen klar wird, wie es wäre, wenn Sie diese Person wären. Dann schauen Sie wieder zurück und stellen fest, wie Sie dahin gelangt sind – worin also die Veränderung oder der Schritt bestand, die oder der es Ihnen ermöglichte, statt der Person auf der anderen Leinwand nun die Person zu sein, die Sie jetzt sind. Hilfreich ist es auch, sich «Verstärkung» zu holen, sich mit Rat und Tat unterstützen zu lassen: eine Person, die Sie anfeuert, und jemand anderen, der Experte ist oder zumindest auf dem betreffenden Gebiet weiter gekommen ist als Sie. Es kann auch gern eine «unbeleckte» Person sein, die *Sie* unterrichten und leiten.

Wenn Ihnen das neue Bild von sich selbst klar ist und Sie wieder zur Rolle des Betrachters zurückkehren, sollten Sie nun den Schritt gehen, der für den Erfolg wesentlich ist: Sie schließen das Bild in eine Seifenblase oder einen Luftballon ein, nehmen sich fest vor, so zu werden, und lassen es wieder los, lassen den Ballon/die Blase davonschweben und verschwinden und akzeptieren, daß es nicht allein von Ihnen abhängt und daß Sie weiterleben werden und es Ihnen gutgehen wird, ob Sie nun erreichen oder nicht, was Sie sich vorgenommen haben. Wie immer schließen Sie die Übung damit ab, daß Sie Ihren Dank abstatten, reflektieren, vorausschauen und auftauchen.

Das Aufbauschema:

Vorbereitung: Einen Freiraum schaffen, entspannen
1. Lassen Sie das Bild wie in einem Privatkino kommen
2. Machen Sie sich ein Bild von sich selbst, wie Sie gerade sind
3. Machen Sie sich ein Bild von sich selbst, wie Sie nach der Veränderung sein werden
4. Experten, Helfer und «Unbeleckte» hinzuziehen
5. Zurückschauen
6. Beabsichtigen und loslassen
7. Dank abstatten, reflektieren, vorausschauen und auftauchen

---

Das Leben ändern: Grundübung

Entscheiden Sie, welche Veränderung in Ihrem Leben Sie herbeiführen oder welches Ziel oder Projekt Sie verwirklichen oder welche Fähigkeit Sie verbessern wollen.

Vorbereitung: Einen Freiraum schaffen, entspannen

1. *Lassen Sie das Bild eines Kinos kommen.* Stellen Sie sich vor, Sie sitzen mitten in Ihrem Privatkino, vor Ihnen die Leinwand.

2. *Das Bild von sich selbst, wie Sie jetzt sind.* Lassen Sie ein Bild von sich selbst auf der Leinwand auftauchen, das zeigt, wie Sie gerade jetzt sind, bevor Sie das gewünschte Ziel erreicht haben. Was ist das für ein Bild? Wie verhält sich diese Person? Beschreiben Sie, was sie tut und zwar die, wenngleich beschränkte, so doch positive Wahl, die sie derzeit trifft. Warum oder wie trifft sie diese Wahl,

und was sind deren Vor- und Nachteile? Wie gefällt Ihnen diese Person? Lassen Sie es zu, daß Sie diese Person akzeptieren und unterstützen, selbst wenn Sie gegen die Entscheidung sind, die sie trifft, ja erkennen Sie, daß dies die beste Wahl ist, die sie im Augenblick treffen kann, bis sie – mit Ihrer Hilfe – in der Lage ist, eine bessere zu finden. Dann lassen Sie das Bild von der Leinwand nach links verschwinden – in die Vergangenheit. Es stellte dar, wie Sie gerade waren, aber nicht mehr sind.

3. *Sie selbst, wie Sie sein werden.* Jetzt lassen Sie ein Bild von sich selbst kommen, wie Sie sein werden, nachdem Sie Ihr Ziel erreicht oder Ihr Leben verändert haben. Betrachten Sie das neue Bild. Wie unterscheidet es sich vom alten? Nun gehen Sie in Ihrer Vorstellung zur Leinwand vor und treten in dieses Bild ein. Wie fühlen Sie sich dabei, diese Person zu sein? Wie unterscheidet sich das von dem Gefühl, als Sie noch die andere Person waren? Werden Sie sich wirklich ganz genau darüber klar, wie Sie handeln und was diese Art zu handeln so erfolgreich macht. Verbringen Sie einen ganzen Tag als diese Person und nehmen Sie dabei jedes Detail wahr: Wie oder ob Sie am Morgen aufstehen, Ihre Zähne putzen, Ihr Frühstück einnehmen, zur Arbeit gehen, Ihre Freizeit verbringen und am Abend ins Bett gehen usw.

Anmerkung: Geben Sie die Hoffnung nicht auf, wenn Sie die Person auf der Leinwand nicht mögen oder die Angst davor nicht ertragen können, diese Person zu sein, oder überhaupt kein Bild zustande bekommen – das besagt nichts weiter, als daß dieser Prozeß eben nicht einfach ist. Drehen und wenden Sie in Gedanken das Bild von sich selbst so lange, bis Sie der Meinung sind, daß es Ihnen angenehm ist. Denken Sie an andere Menschen, die im Leben gut zurechtkommen, oder wie Sie sich ändern und doch noch sympathisch sein könnten oder fragen Sie sich einfach: Wie würde es sein, wenn ich diese Veränderung auf eine Weise herbeiführen könnte, die mir gut gefällt? Dann beginnen Sie noch einmal mit dem 3. Schritt und lassen erneut ein Bild kommen. Sie können es ja auch damit versuchen, nur für ein paar Augenblicke diese Person zu sein, wenn es Sie zu sehr erschreckt, bis Sie sich dabei wohler fühlen. Und sollte die Leinwand völlig leer sein, können Sie dennoch hineintreten: Vermutlich werden Sie feststellen, daß selbst dann noch ein Gefühl auftaucht, wenn kein Bild gekommen ist.

---

4. Experten, Helfer und «Unbeleckte». Stellen Sie sich weiter vor, wie diese Person zu leben, wobei Sie nun zwei Helfer bei sich haben (die real oder auch imaginär sein können): jemanden, der oder die Sie unterstützt und anfeuert, und jemanden, der oder die auf Ihrem Gebiet beschlagen ist und Sie beraten kann. Wer sind diese Leute? Fragen Sie die beiden, was Sie wollen, und hören Sie genau, was sie sagen. Treten Sie in ihre Bilder ein und seien Sie sie, um herauszufinden wie es zum Beispiel ist, wenn Sie wie ein Experte handeln und wenn diese Person, die Sie sind, geliebt und unterstützt wird. Seien Sie sich bewußt, daß Sie sich jederzeit an sie wenden können, wenn Sie sie in Zukunft brauchen. Sie können sich auch eine «unbeleckte» Person vorstellen, die *Sie* erreichen und unterstützen können.

5. Zurückschauen. Schauen Sie zurück und stellen Sie fest, wie Sie so weit gekommen sind. Welche Schritte haben Sie dafür getan? Sehen Sie sich die Person an, die Sie früher waren: Wie sind Sie von dort hierhergekommen – welche Wende haben Sie vollzogen, die das ermöglicht hat?

6. Beabsichtigen und loslassen. Treten Sie nun aus dem Bild heraus und kehren Sie zu Ihrem Sitz zurück. Betrachten Sie die Person auf der Leinwand und erkennen Sie, daß Sie das wirklich sind – so, wie Sie sein könnten und sein werden. Treffen Sie nun für sich die realistische Entscheidung, daß dieses Ziel a) möglich, b) erstrebenswert, c) ein Ziel ist, auf das Sie ein Recht haben oder das genau richtig für Sie ist, und daß Sie nichts anderes beabsichtigen und mit aller Energie versuchen werden, diese Person zu werden.

Zugleich sollten Sie sich bewußt machen, daß Sie dieses Ziel nicht unbedingt erreichen *müssen.* Wie wir bereits erörterten, ist es durchaus möglich, daß es nicht dazu kommt. Es ist zwar unwahrscheinlich, aber wenn der Fall eintritt, werden Sie weiterleben und fragen: «Und was nun?» Stellen Sie sich jetzt vor, wie Sie das Bild auf der Leinwand in eine Seifenblase oder einen Luftballon stecken und zu sich sagen: «Ich nehme mir fest vor, daß es passiert, und ich lasse es los», und dann lassen Sie die Seifenblase oder den Luftballon davonfliegen und verschwinden. Jetzt befindet sie oder er sich in einer Dimension von Potentialen, die nur darauf warten, realisiert zu werden. Manche Menschen sagen dabei gern: «Ich *bitte* darum und nehme mir vor, daß es so sein wird, und ich lasse es los.» Damit wird von Anfang an betont, daß es sich hierbei um ein Empfangen handelt. Sie können auch gern hinzufügen: «Und so ist es» – womit Sie ausdrücken, daß dieses Empfangen sich bereits im Bereich des Möglichen befindet.

7. *Dank abstatten, reflektieren, vorausschauen und auftauchen.* Danken Sie Ihrem bewußten und Ihrem unbewußtem Selbst für diese Beratung. Reflektieren Sie vor und nach Ihrem Auftauchen über die konkreten Konsequenzen Ihres neuen Wissens und schauen Sie voraus, um zu sehen, was Sie praktisch tun können, damit Ihre Vision Wirklichkeit wird. Wenn es ein schweres Ziel zu sein scheint oder einfach mehr Übung erfordert, sollten Sie jeden Tag ein paar Augenblicke üben, diese Person zu sein, die Sie nach der Veränderung in Ihrem Leben sein werden. Und bevor Sie sich in eine Situation begeben, in der Sie diese Fähigkeit nutzen könnten, bevor Sie im wirklichen Leben üben, sollten Sie sich einen Augenblick darauf konzentrieren, diese Person noch einmal zu sein.

Und wenn es dann wirklich gelingt, dürfen Sie nicht vergessen, sich wieder zu bedanken – ein aufmunternder Klaps für Sie, für Ihr unbewußtes Selbst und das ganze Universum kann nie schaden.

Schnellanwendungen

1. Wenn Sie eine Veränderung wünschen und nicht sicher sind, wie Sie das bewerkstelligen sollen, oder wenn Sie ein schlechtes Gefühl dabei haben, wie Sie mit irgendeiner Situation fertig geworden sind, dann sollten Sie sich einen Augenblick lang ein Bild von sich auf die innere Leinwand holen, wie Sie jetzt sind, und dann eins, wie Sie sein werden, nachdem Sie erfahren haben, wie man es besser macht, oder nachdem Sie die Änderung herbeigeführt haben. Wenn Sie den Unterschied erkennen, können Sie sich unmißverständlich klarmachen, wie Ihre derzeitige Einstellung beschaffen ist und was Sie verändern müssen.

2. Wenn Sie etwas tun wollen – auch nur beispielsweise einen Brief schreiben oder einen Anruf tätigen –, was Sie belastet und Ihnen nicht aus dem Kopf geht, dann lassen Sie einfach ein Bild von sich auf der inneren Leinwand auftauchen, wie Sie es tun, geben das Bild in die Seifenblase, nehmen sich vor, es zu tun, und lassen los. Damit schwindet die Angst, Ihr Vorhaben liegt Ihnen

nicht mehr auf der Seele, sondern befindet sich im Bereich des Potentiellen und wartet darauf, realisiert zu werden. Sie können diese Technik anwenden, wenn Sie etwas sofort erledigen wollen oder auch erst später. Wenn Sie zum Beispiel bloß aus dem Bett kommen wollen, stellen Sie sich ein angenehmes Bild von sich selbst vor, wie Sie aufgestanden sind und etwas tun, was Ihnen Spaß macht, nehmen sich vor, es zu tun, und lassen es los. Und dann warten Sie so lange, bis Sie ohne Schwierigkeiten aufstehen. Gehen Sie genauso vor, wenn Sie am Abend noch ein wichtiges Telefongespräch führen müssen, und stellen Sie dann fest, wie es Sie am Abend förmlich zum Telefon hinzieht, um den Anruf hinter sich zu bringen.

3. Wenn Sie wollen, daß etwas in Ihrem Sinn geschieht, was nicht allein von Ihnen bestimmt wird – den Bus erreichen, ein gutes Geschäft machen, einen neuen Liebhaber finden –, dann sollten Sie sich einen Augenblick lang vorstellen, wie es geschieht, stecken es in eine Seifenblase, bitten darum, nehmen es sich fest vor und lassen es los. Es wäre doch großartig, wenn es wirklich passieren würde und mehr als nur ein Zufall wäre, nicht wahr? Und damit haben wir auch eine viel optimistischere Lebenseinstellung, besonders wenn wir daran denken, wie wichtig es ist, das richtige Ziel zu erspüren, statt es sich lediglich zu setzen, es loszulassen, statt es unbedingt erreichen zu müssen.

Zum Abschluß

Das ganze Geheimnis der Bildarbeit besteht darin, daß Sie sich durch Ihre Bilder entlasten: Arbeiten Sie an den Bildern, ringen Sie mit ihnen, bis Sie sie richtig hinbekommen haben. Aber ringen Sie nicht darum, sie im wirklichen Leben *um jeden Preis* zu realisieren. Wenn Sie sich etwas vornehmen, geben Sie eine klare Richtung an und demonstrieren Entschlossenheit, und wenn Sie loslassen, sind Sie für die Dinge empfänglich, die Sie so lassen, wie sie sind. Wenn Sie hingegen Verwirrung empfinden, schmerzlich mit sich ringen, sich belastet, beunruhigt oder sonstwie unwohl fühlen, nachdem Sie an einem Ziel gearbeitet oder es sich gesetzt haben, dann sollten Sie noch einmal Ihr Ziel wie Ihre Einstellung dazu überprüfen.

Vielleicht haben Sie sich ein Ziel gesetzt, das im Moment noch zu anspruchsvoll ist, oder Sie haben Ihre zwiespältige Einstellung diesem Ziel gegenüber noch nicht verarbeitet. Und vielleicht haben Sie auch einfach vergessen, sich auf sich selbst zu verlassen und «loszulassen». Denken Sie daran, daß ein Ziel oder eine beabsichtigte Veränderung Ihr Leben bereichern soll und daß Sie sich dabei wohler fühlen sollten – statt sich von einem weiteren «Muß» angetrieben zu fühlen.

Achten Sie darauf, daß die Ziele, an denen Sie arbeiten wollen, ausgewogen sind – einige sollten sich auf Ihre Beziehungen, andere auf Ihr Selbstwertgefühl oder Ihre Arbeit beziehen, aber Sie sollten dabei auch nicht Spiel und Spaß aus dem Auge verlieren.

Haben Sie auch den Mut, nach Zielen zu streben, die ebenso ideal wie unerreichbar zu sein scheinen – ohne dabei das Gefühl zu haben, Sie müßten sie unbedingt erreichen. Selbst wenn wir vergeblich nach den Sternen greifen, kann uns das zutiefst inspirieren.

DRITTER TEIL

Die Praxis der Bildarbeit – Weiterführende Übungen

11. Gesundheit und Krankheit: Was uns die Engel der Krankheit zu sagen haben

Zunächst war Bryan sehr skeptisch, als ich ihm vorschlug, es doch einmal mit der Bildarbeit zu versuchen, um seine immer wiederkehrenden Grippeanfälle und Erkältungen zu bekämpfen. Nach Bryans Erfahrung war Bildarbeit etwas Feines, wenn er in seine Gefühlswelt eindringen oder wissen wollte, wo es für ihn im Leben langging – aber für körperliche Symptome war die Medizin zuständig, und da ging er lieber zum Arzt. Doch war er es leid, jeden Winter zwei- bis dreimal von einer Grippe heimgesucht zu werden, wobei er so hohes Fieber hatte, daß er meist eine oder zwei Wochen arbeitsunfähig war – ohne daß die Medizin und die Ärzte hätten Abhilfe schaffen können. Er würde es also doch einmal mit der Bildarbeit versuchen.

Er entschloß sich, die «Engel der Krankheit», seine inneren Gesundheitsberater, um eine Botschaft zu bitten. Ihm kam ein Bild, das ein leuchtendes blaues Meer zeigte, auf dem eine alte griechische Galeere von mehreren Sklaven gerudert wurde, die schweißgebadet waren vor Erschöpfung. Da er das Bild nicht zu deuten wußte, fragte er: «Was hat das zu bedeuten?» Die Antwort lautete: Orest. Noch immer konnte er darin keinen Sinn erkennen. Dann sah er, wie der Name Orest leicht abgewandelt in großen Lettern am Himmel erschien: O RASTE. Jetzt verstand er die Botschaft: Die alte Galeere mit ihren Rudersklaven war ein Sinnbild für ihn selbst, er verwandte ständig seine ganze Energie darauf, das Schiff in Bewegung zu halten. Er bekam ein Bild, wie der Wind blies und die Segel sich blähten und die Ruderer eine Pause einlegten. Er mußte nicht ständig so viel Energie aufwenden und konnte sich eine Rast gönnen und sich ausruhen, wenn sich die Gelegenheit ergab, und die Arbeit dem Wind und den Segeln überlassen. Und so würde er auch weniger anfällig für Grippe oder Erkältung sein.

Diese Botschaft sprach Bryan offenbar auf einer sehr tiefen Ebene an. Zu seinem großen Erstaunen hatte er dann drei Jahre lang keinen einzigen Infekt, und im vierten Winter war er nur einmal leicht erkältet.

Wie ist so etwas möglich? Schließlich hatte Bryan bewußt überhaupt nichts getan. So wie ein Traum immer wiederkehrt, weil wir nicht verstanden haben, was er uns sagen will, waren auch Bryans Grippeanfälle und Erkältungen wiederholte Botschaften seines unbewußten Körpers, auf die zu hören er nicht verstand. Und wie uns der Traum nicht mehr heimsucht, wenn wir ihn verstanden haben, so verhielt es sich auch mit Bryans Erkrankungen: Sobald ihm die Botschaft seines unbewußten Körpers durch das Bild bewußt geworden war, mußte die Krankheit nicht mehr wiederkehren, um ihn darauf aufmerksam zu machen.

Krankheit als Beziehungsproblem

Man muß sich die Krankheit als einen Versuch unseres Organismus vorstellen, mit einer falschen Beziehung oder einem Mißklang in uns oder zwischen uns und der Welt fertig zu werden. Manchmal haben Krankheiten, insbesondere leichte Erkrankungen, auch eine Art Schutzfunktion – so wie eine Sicherung durchbrennt, bevor das gesamte Stromnetz Schaden nimmt.

Unser gesamter Organismus umfaßt Körper, Seele, Geist und all unsere Gefühle und fungiert als Teil der physischen wie der sozialen Welt. Die Harmonie des Ganzen kann daher auf einer oder mehreren dieser Ebenen gestört sein: Wir können voller Giftstoffe sein, die wir mit der Nahrung und durch die Luft, die wir einatmen, zu uns nehmen, ohne uns dagegen schützen zu können. Oder wir sind vielleicht körperlich erschöpft und darum anfälliger für Krankheiten, oder wir haben uns im Leben irgendwie festgefahren und kommen nicht mehr aus dieser Klemme heraus. Oder wir sind voller unterdrücktem Groll, von dem wir einfach nicht lassen können, oder wir haben ein angeschlagenes Immunsystem, weil wir über den Tod eines nahestehenden Menschen oder den Verlust unseres Arbeitsplatzes nicht hinwegkommen. Oder wir geben uns so viel Mühe, allen möglichen gesellschaftlichen Erwartungen zu entsprechen, daß uns keine Energie mehr verbleibt, uns um uns selbst zu kümmern oder gegen Krankheiten anzugehen.

Jedesmal wenn die Balance und der Energiefluß in uns wie zwischen uns und der Welt infolge innerer oder äußerer Ursachen gestört sind und besonders dann, wenn unsere physischen, emotionalen und spirituellen Energien verbraucht sind, sind wir auch anfälliger für Krankheiten. Und gerade dann, wenn wir unsere

Gefühle nicht bewußt wahrnehmen oder den Prozeß nicht erkennen, den wir durchlaufen, ist Krankheit tatsächlich die einzige Möglichkeit für unseren Organismus, sich zu äußern.

Wie wir im 3. Kapitel gesehen haben, ist die Übernahme von Verantwortung nicht gleichbedeutend mit der Zuweisung von Schuld. Der Mißklang in uns ist nicht nur nicht «unsere Schuld», sondern hat auch oft nicht einmal in uns seinen Ursprung. Physisch sind wir Unfällen, Infektionen, schlechter Ernährung, Giftstoffen und Erbkrankheiten ausgesetzt, für die wir persönlich nicht verantwortlich sind und die oftmals auf politischen, sozialen und wirtschaftlichen Faktoren beruhen, gegen die wir vielleicht sogar insgesamt opponieren. Wehrlos sind wir auch gegenüber streßbeladenen Ereignissen, die wir nicht beeinflussen können, wie Trauerfälle, Arbeitslosigkeit oder auch Umzüge. Unsere emotionalen Reaktionen darauf können unser Immunsystem direkt schwächen und uns für Krankheiten anfälliger machen.[1]

Allerdings ist unser Immunsystem noch viel mehr gefährdet, wenn wir nicht imstande sind, unsere Gefühle auszudrücken oder zu verarbeiten, was uns widerfahren ist. Mangel an Liebe, Sinnverlust, unterdrückter Zorn oder die Unfähigkeit, mit Konflikten und Problemen umgehen zu können, all das ist der Nährboden, auf dem Krankheiten gedeihen. Eine Forschungsstudie über Männer im Alter zwischen 21 und 46 Jahren kam zu dem Ergebnis, daß die Krankheits- und Sterblichkeitsrate bei den Probanden, die mit ihrem Leben zufrieden waren, *zehnmal geringer* war als bei denjenigen, die besonders unzufrieden waren, wobei man sogar Faktoren wie Alkohol- und Tabakmißbrauch, Übergewicht und erblich bedingte Langlebigkeit statistisch vernachlässigte.[2]

Oder um es bildlich auszudrücken: Wenn das Bild in Ihnen tief verankert ist, daß Sie ein schwerbeladener Esel sind, den man nur liebt, solange er sich abrackert – der je schwerer die Last ist, desto mehr geschätzt wird –, kann das bei Ihnen zu Krankheiten führen. Zum Kranksein entscheidet man sich eben nicht bewußt, sondern Ihr Organismus reagiert vielmehr auf die Tatsache, daß er nicht frei ist, so zu leben, daß er nicht krank wird – ja durch die Erkrankung schützt er sich vielleicht sogar vor weitaus schlimmeren Gefahren. Das Bild selbst ist nicht Ihre «Schuld», sondern für Sie die beste und kreativste Möglichkeit, mit der Familie oder anderen Verhältnissen und Situationen umzugehen, in denen es Ihnen unmöglich scheint, einfach als der geliebt zu werden, der Sie sind. Das kann genausogut auch ein Bild sein, das von Ihrer

Familie und Ihrem Kulturkreis sanktioniert und verstärkt wurde. Schließlich sind Sie ja nicht für Bakterien und Viren verantwortlich, aber auch nicht für den Konkurrenzstreß an Ihrem Arbeitsplatz oder für die Tatsache, daß die Menschen sich in unserer Gesellschaft so sehr mit ihrer Arbeit identifizieren, daß viele kurz nach der Pensionierung sterben, weil sie sich nutzlos vorkommen.

Wenn Sie allerdings erkannt haben, welch ungeheuren Druck innere Bilder wie äußere Zwänge auf uns ausüben, dann sind Sie in der wunderbaren Lage, zurücktreten, Ihre Einstellung und Ihr Verhalten überdenken und einen neuen Weg in die Zukunft ausprobieren zu können. Dann erst haben Sie wirklich eine Wahl. Vielleicht wollen Sie ja lieber mal ein Pfau oder eine Katze sein statt immer nur der Esel. Oder Sie nehmen sich vor, sich künftig selbst ein paar Gesundheitstage zu verschreiben, um wieder zu neuen Lebenskräften und -freuden zu kommen, so daß Sie nicht mehr so oft krank sein müssen.

Damit will ich nicht sagen, daß Sie nie wieder krank werden, wenn Sie nur die richtige Einstellung oder das richtige Bild von sich haben, oder daß die richtige Einstellung oder das richtige Bild Sie auf magische Weise kurieren wird. Wer das glaubt, wird geradezu zwangsläufig sowohl seine Allmachtsgefühle wie seine Selbstvorwürfe verstärken. Nein, ich will damit etwas ganz anderes sagen: Wenn es für Sie besonders wichtig ist, gesund zu werden oder zu bleiben, dann müssen Sie vor allem jene Aspekte Ihrer Beziehung zu sich selbst wie zur Welt zu verstehen und gegebenenfalls zu ändern bereit sein, bei denen Sie auch wirklich etwas bewirken können. Anders gesagt: Sie müssen herausbekommen, wo Sie feststecken, und eine Möglichkeit finden, das Problem zu lösen und auf eine Weise weiterzukommen, die für Sie gesünder ist als zu erkranken. Auf diese Weise geben Sie Ihrem Organismus zumindest eine Chance, zu wählen und sich zu wehren.

Körper, Seele und Geist

Als vielschichtige Organismen können wir mit der Gesundheit wie mit dem Prozeß des Heilens auf höchst unterschiedliche Weise umgehen. Um gesund zu werden oder zu bleiben kann man zum Beispiel regelmäßig meditieren und sich entspannen sowie sein Verhaltensmuster im Hinblick auf Körperübungen, Diäten und/oder die Arbeit verändern. Und wenn wir eine Krankheit los werden wollen, können wir auch Arzneimittel nehmen, uns operieren lassen und alles in Anspruch nehmen, was die moderne Medizin zu bieten hat. All das trägt entschieden zum Heilungsprozeß bei, und keine dieser Möglichkeiten sollte übergangen werden.

Doch letztlich beruht alles, was wir dabei tun, auf unserem Bewußtsein: auf dem Willen zu leben und uns weiterzuentwickeln, auf dem Wissen, was es bedeutet, gesund zu sein, und ob wir wirklich gesund sein wollen, und auf dem inneren Anreiz, den lebenswichtige Entscheidungen für uns darstellen, seien sie nun gesundheitsfördernd oder gesundheitsschädlich. Wenn beispielsweise eine Krankheit die zweckmäßigste Reaktion auf ein scheinbar unlösbares Problem darstellt, werden keine Medikamente oder Kuren etwas nützen, und die Medizin wird auf verlorenem Posten stehen.

Brave Mädchen sterben jung

Vor ein paar Jahren mußte ich wegen Darmblutungen ins Krankenhaus. Ich arbeitete ausgiebig an meinen inneren Bildern, um der Krankheit auf den Grund zu kommen und mir eine Vorstellung davon zu machen, wie ich mir selbst helfen und mich davor bewahren könnte, erneut zu erkranken. So fand ich beispielsweise heraus, daß es mir keine Freude bereitete, wenn ich mir vorzustellen versuchte, ich sei gesund, denn das hieß nur, daß ich mir wieder viel zu viele Sachen aufhalsen würde. Ich arbeitete so lange weiter, bis mir ein Bild von einem Leben kam, das wirklich lebenswert war. Nach dieser Erfahrung war ich sehr verändert, als ich das

Krankenhaus wieder verließ: Ich war zwar geheilt, aber noch geschwächt – doch schon lange nicht mehr hatte ich so viel Hoffnung gegenüber dem Leben empfunden.

Ein paar Monate später war ich noch immer ohne Energie und schlief täglich nur ein paar Stunden, als ob ich eine Grippe hätte, die nie wieder verschwinden wollte. Ich suchte erneut den Arzt im Krankenhaus auf, der mir erklärte, physisch sei mit mir alles in Ordnung, das müsse etwas mit meinem «Geist» zu tun haben – eine verblüffende Bemerkung für jemanden, der sich weigerte auch nur zu glauben, zwischen Streß und Krankheit bestünde ein Zusammenhang. Ich ging wieder nach Hause und versenkte mich immer tiefer in mich, um zu verstehen, was mich davon abhielt, gesund zu werden.

Schließlich kam mir das Bild einer «Heldin» meiner Kindheit, aus Louisa May Alcotts Roman *Betty und ihre Schwestern,* den ich damals verschlungen hatte. Meine Lieblingsfigur war Betty, ein kleines, engelhaftes Mädchen, das immer nur süß und brav ist und immer bei Mami bleibt und sich um sie kümmert. Und diese Betty starb, bevor sie zwanzig war. Jetzt begann ich zu verstehen, daß ich mir unter «brav» bildlich vorstellte, so hart im Dienst der anderen zu arbeiten, daß ich davon krank wurde und es erst dann wirklich verdiente, daß sich andere um mich kümmerten. Und dazu kam dann noch ein Klischee, daß mich offenbar geprägt hatte: «Brave Mädchen sterben jung.» Gesund zu sein, hieß das, war aus Sicht meines Unbewußten beinahe unmoralisch – man konnte nicht gleichzeitig gesund und ein guter Mensch sein.

Und als mir klar war, daß ich tatsächlich zwischen beidem die Wahl hatte, entschied ich mich sogleich dafür, lieber gesund als gut zu sein. Wie durch Zauberkraft kehrte meine Energie bald darauf zurück, und seitdem habe ich nie wieder einen Rückfall gehabt, noch bin ich eigentlich jemals ernstlich krank geworden. Wenn ich allerdings wieder einmal auch nur den leichtesten Anflug einer Grippe verspüre, sage ich mir, wäre alles gut, würde auch ich gut drauf sein. Und dann nutze ich diese Gelegenheit, mein Leben zu betrachten und zu sehen, welche Veränderungen ich anstreben muß, damit die Krankheit überflüssig wird.

Positiv gesund sein

Gesund zu sein heißt nicht einfach, nicht krank zu sein. Das wird Ihnen sofort klar, wenn Sie sich einmal all die sogenannten gesunden Menschen in Ihrer Umgebung anschauen und dabei feststellen, wie ungesund und unglücklich viele von ihnen aussehen. Ich höre noch, wie eine Jugendfreundin einst zu mir sagte: «Mein Vater ist nach einem Herzanfall tot umgefallen – und dabei ist er erst vierzig und nie auch nur einen einzigen Tag in seinem Leben krank gewesen.» Damals hatte mir dieser Blitz aus heiterem Himmel einen nachhaltigen Schock versetzt, und auch mir schien dieser Tod furchtbar ungerecht zu sein. Aber es kann durchaus so gewesen sein, daß der Vater meiner Freundin nicht wirklich gesund war und daß sein Zusammenbruch gerade auf die Tatsache zurückzuführen war, daß er «nie krank gewesen war»: Weil ihm die «Sicherung» Krankheit fehlte, brach sein gesamter Organismus mit einem Schlag zusammen.

Was heißt es dann aber, bei bester Gesundheit zu sein? Gesundheit im besten Sinne hat etwas Positives, Ästhetisches an sich. Wenn wir wirklich gesund sind, ist es geradezu ein Vergnügen, uns zu sehen und mit uns zusammenzusein, weil wir ein Gefühl der Erneuerung verströmen. Wir kümmern uns um unseren Körper, und unser Körper kümmert sich um uns, so daß wir schön anzusehen sind und uns auch so fühlen, und das hat nichts mit unserem Alter, unserem Gewicht oder gutem Aussehen im üblichen Sinn zu tun. In einem tieferen Sinn kümmern wir uns um unsere Beziehung zur Welt, so daß wir ihr mit dem gleichen gesunden Wohlgefallen begegnen, mit dem sich auch die Welt uns gegenüber verhält.

Redewendungen wie «kerngesund» oder «bei blühender Gesundheit» sein oder «vor Gesundheit strotzen» weisen deutlich auf diesen wahren Gesundheitszustand hin. Sie vermitteln den Eindruck, daß wir mit unserem inneren Quell der Lebensenergie verbunden sind, die ungehindert durch uns hindurch und hinaus in die Welt strömt, und zugleich für die lebenspendenden Kräfte der Natur und der Menschen offen und empfänglich sind. In der ungesunden und schwierigen Welt, in der wir leben, werden wir es nicht oft erfahren, kerngesund zu sein, aber je öfter wir diesen Zustand erfahren, desto besser wird unser Leben sein.

Passive und aktive Bildarbeit

Wenn wir die Bildarbeit dazu nutzen, mit Gesundheit und Krankheit umzugehen – ob wir nun wirklich krank sind oder uns einfach nicht ganz wohl fühlen –, müssen wir für Bilder empfänglich sein, die die tiefen geistigen und körperlichen Vorgänge in uns sichtbar machen, und zugleich mit Bildern auf eine aktive Weise arbeiten, die unser Potential vergrößert, kerngesund zu werden und zu bleiben.

Auf einer passiven Ebene müssen wir uns Bildern öffnen, die uns mitteilen, was in unserem unbewußten Körper und in unserer unbewußten Seele vorgeht. Wie stets müssen wir unsere zutiefst unbewußten Annahmen zu verstehen und sie im Licht unseres reifen, bewußten Wissens zu überprüfen suchen. Aber wir können von unseren Vorstellungsbildern auch direkte Informationen über unser physisches Wohlergehen beziehen. Dabei kann man nicht nur Krankheitsprognosen stellen, indem man die Bilder kranker Menschen untersucht, sondern es gibt auch Tausende von dokumentarisch erfaßten Fallstudien, denen zufolge der unbewußte Körper durch einen inneren Berater ein Bild oder eine Botschaft aussendet, das oder die dem leidenden Menschen vermittelt, was ihm fehlt, während seine Ärzte immer noch vor einem Rätsel stehen.

So hat sich beispielsweise auf Anraten eines Arztes, der an den Wert von Vorstellungsbildern glaubte, ein kleiner Junge mit einem als unheilbar geltenden Hirntumor bildlich vorgestellt, wie er den Tumor mit kleinen Raketen beschoß. Eines Tages verkündete der Kleine, er habe eine Reise durch seinen Kopf in einem Raumschiff unternommen und sei nirgendwo auf den Krebs gestoßen. Auch wenn das zunächst niemand glauben wollte, hatte er doch völlig recht: Der Krebs war verschwunden.[3] Jean Houston[4], die auf dem Gebiet der Erweiterung unseres seelischen Horizonts wie der Entwicklung einer bewußten Kreativität Pionierarbeit geleistet hat, erzählt von einem schönen Beispiel aus ihrer eigenen Biographie. Als sie im Alter von 23 Jahren schwer erkrankte und die Ärzte eine Grippe diagnostizierten, erschien ihr in ihrem Fieberwahn eine Gruppe von Damen mit Blumenhüten, und diese Damen sagten ihr, sie solle ihre Mutter bitten, daß man bei ihr einen Bluttest vornähme. Ihre Mutter veranlaßte den Test und zu aller Überraschung stellte sich heraus, daß das Mädchen schwere Gelbsucht hatte.

Innere Bilder oder innere Berater können uns oft auch ganz spezielle Ratschläge erteilen, wie wir uns selbst heilen oder welche Diätpläne wir befolgen, welche gymnastischen Übungen wir ausführen oder welche Medikamente wir einnehmen, aber auch welche kleineren oder größeren Veränderungen wir an unserer inneren Einstellung vornehmen sollen. Immer wieder haben sich diese Ratschläge des unbewußten Körpers als bemerkenswert treffsicher herausgestellt.

Als ich um einen gerade verstorbenen Familienangehörigen trauerte, teilte mir mein innerer Gesundheitsratgeber mit, daß es in dieser Trauerphase um meine körperliche Gesundheit nicht zum besten stünde und daß ich auf Salz, Zucker, Koffein und Alkohol verzichten sollte, die mich nur vorübergehend «high» machen würden, und statt dessen Vitamine und Ginseng einnehmen müsse. Wenn mir irgendein Arzt etwas Derartiges verschrieben hätte, dann hätte ich es – flapsig ausgedrückt – bestimmt «mit einer Prise Salz» genommen. Aber dieser Rat war so eindringlich, daß ich ihn einfach befolgen mußte. Nach ein paar Tagen war ich nicht nur wieder körperlich bei Kräften, sondern auch mein emotionales Gleichgewicht schien wiederhergestellt zu sein.

Wenn wir uns selbst heilen wollen, sollten wir auch Botschaften empfangen, die uns sagen, wie es wäre, bei blühender Gesundheit zu sein, und was wir tun müssen, dahin zu gelangen und es zu bleiben. Dabei finden wir oft heraus, was uns daran hindert, gesund sein zu wollen sowie ein Modell oder Muster einer blühenden Gesundheit zu schaffen, das vielleicht etwas vollkommen Neues für uns darstellt.

Schmerzlicher, aber nicht weniger wichtig ist die entgegengesetzte Exploration – also herauszufinden, wie es wäre, unheilbar krank zu sein, zu sterben, am eigenen Begräbnis teilzunehmen, sein Leben mit anderen Augen zu betrachten und dann tatsächlich nach diesen Erkenntnissen zu leben. Wenn Sie sich alldem in Ihrer Vorstellungskraft stellen, kann das eine schreckliche Erfahrung sein, aber wenn Sie sich wieder in Ihr Alltagsleben stürzen, können Sie ja bewußt dafür sorgen, daß Ihnen all das im wirklichen Leben niemals passiert, sofern es von Ihnen abhängt. Das ist besonders wichtig, wenn Sie sich irgendwelche Sorgen über Ihren Lebensstil oder über die Möglichkeit machen, Opfer lebensbedrohlicher Krankheiten oder Unfälle zu werden.

Normalerweise reicht passive Bildarbeit vollkommen aus, um uns bei guter Gesundheit zu halten. Aber es ist ebenso nützlich, aktiv mit Bildern zu üben, die eine Heilung und ein gesundes Leben ermöglichen. Solche Bilder sind gewissermaßen neue Programme, die ein Heilungs- und Gesundheitsmuster anbieten, auf das unser unbewußter Körper ansprechen und das er sich zu eigen machen kann und das auch unser bewußtes Selbst anleiten wird, für unser Leben Entscheidungen zu treffen, die wirklich gesund sind. Im Grunde bietet jede friedvolle Bildarbeit eine Gelegenheit für jene tägliche Entspannung, die so heilsam für Körper, Seele und Geist ist.

Kerngesund werden: Übungsaufbau

Der Bildarbeitsprozeß, den ich Ihnen nun empfehlen möchte, besteht nicht so sehr aus einer Abfolge einzelner Schritte in einer einzigen Übung, sondern vielmehr aus einer Reihe von Übungen. Sie versetzen Sie in die Lage, nacheinander herauszufinden, was gerade in Ihnen vorgeht, was Sie daraus lernen können, wenn Sie sich vorstellen, unheilbar krank zu sein, was Sie davon abhält, kerngesund zu sein, und wie Sie heilende Bilder erzeugen können. Wie immer sollten Sie vor jeder Übung einen Freiraum schaffen und sich entspannen und sie damit abschließen, daß Sie Ihren Dank abstatten, reflektieren, vorausschauen und wieder auftauchen.

Das Aufbauschema:

Vorbereitung: Einen Freiraum schaffen und sich vor jeder Übung entspannen

1. Wie ist mein derzeitiges Befinden? Gut oder schlecht? Was hat das zu bedeuten?
2. Wie würde das sein, wenn ich unheilbar krank wäre, sterben würde und dann eine neue Chance bekäme?
3. Wie würde es sein, wenn ich kerngesund wäre?
4. Heilende Bilder erzeugen
5. Dank abstatten, reflektieren, vorausschauen und nach jeder Übung auftauchen

---

Kerngesund werden: Grundübungen

Vorbereitung: Einen Freiraum schaffen, sich entspannen

1. *Wie ist mein derzeitiges Befinden? Gut oder schlecht? Was hat das zu bedeuten?* Es gibt eine ganze Reihe von Möglichkeiten, wie wir mit Hilfe von Bildarbeit etwas über unseren derzeitigen Zustand erfahren können. Hier ein paar Beispiele:

a) *Das Bild als Metapher.* Konzentrieren Sie sich auf irgendeinen Bereich Ihres Körpers, der erkrankt ist oder in dem eine Funktionsstörung besteht, oder einfach auf Ihr allgemeines körperliches Befinden, wenn Sie kein spezifisches Problem haben. Sagen Sie sich: Ich würde gern das Bild eines Tieres, einer Pflanze oder eines Gegenstandes bekommen, das meine Krankheit/meinen Gesundheitszustand/Leber/Herz/Magen darstellt oder was in diesem Augenblick meines Lebens gerade nicht richtig funktioniert (das Entsprechende benennen).

Sobald das Bild aufgetaucht ist, arbeiten Sie daran, wie es im 5. Kapitel beschrieben ist. Rechnen Sie damit, daß das Bild möglicherweise nicht nur Ihre körperliche Verfassung benennt und beschreibt, sondern zugleich auch eine Metapher Ihres emotionalen und geistigen Befindens darstellt.

b) *Das Haus der Gesundheit/das Haus der Krankheit.* Lassen Sie ein Bild vom Haus der Gesundheit kommen. Betrachten Sie es von allen Seiten und gehen Sie dann hinein. Wie ist es? Wie fühlen Sie sich darin? Im Haus der Gesundheit werden Sie einem oder mehreren Gesundheitsratgebern begegnen. Wer sind sie? Sprechen Sie mit ihnen und bitten Sie sie darum, Ihnen ihre Ansicht über Ihr derzeitiges gutes/schlechtes Befinden mitzuteilen und was Sie tun müssen. Bitten Sie sie um ein möglichst detailliertes Gesundheitsprogramm, das Körper, Seele und Geist umfaßt.

Sie können natürlich auch ein Bild vom Haus der Krankheit kommen lassen, es betrachten, hineingehen und die Ratgeber aufsuchen. Was sollen sie Ihnen über Ihr Leben sagen und was sollen Sie nun tun? Auch diesmal sollten Sie ins Detail gehen.

c) *Die Engel der Krankheit* (falls Sie krank sind). Sie kriegen gerade noch mit, wie zwei Engel der Krankheit oben auf einem Berg sitzen und sich flüsternd über Sie unterhalten. Was sagen sie? Fragen Sie sie, warum die Krankheit Sie heimgesucht hat und was Sie daraus lernen sollen, so daß Sie leben können, ohne krank sein zu müssen. Die Antwort kann verbal oder bildlich sein. Wenn Sie sie nicht verstehen, bitten Sie die Engel, Ihnen dabei behilflich zu sein.

d) *Das Bild malen.* Nehmen Sie ein Blatt Papier und Stifte und malen Sie ein Bild von Ihrer Krankheit/Ihrem Gesundheitszustand. Arbeiten Sie sich durch das Bild, wie Sie es bereits mit der Übung «Das Bild als Metapher» (siehe 5. Kapitel) getan haben. Konzentrieren Sie sich zunächst auf das Bild als umfassende Vorstellung und dann auf einzelne Bildaspekte. Sie können auch eine Unterhaltung zwischen verschiedenen Teilen des Bildes herbeiführen.

2. *Wie würde es sein, wenn ich unheilbar krank wäre?* Stellen Sie sich vor, Sie hätten erfahren, daß Sie unheilbar krank seien und nur noch eine Woche zu leben hätten. Was für eine Krankheit haben Sie? Wie fühlen Sie sich dabei? Was geschieht in dieser einen Woche? Stellen Sie fest, wie Sie sich gegenüber Ärzten verhalten, gegenüber den Menschen, die Sie besuchen, und gegenüber all den Menschen, die in Ihrem Leben für Sie von Bedeutung waren. Von wem möchten Sie sich verabschieden, und was möchten Sie dabei sagen?

Sie sterben. Wie ist das? Ihr Geist schwebt nach oben, und Sie schauen sich von oben an, was passiert. Wie reagieren andere Menschen darauf? Wie fühlen Sie diese Reaktionen? Sie nehmen an Ihrer eigenen Beerdigung teil und hören sich an, was man über Sie sagt. Was fühlen Sie dabei? Was steht auf Ihrem Grabstein? Was würde besser passen und die ganze Wahrheit über Ihr Leben ausdrücken? Was würden Sie am liebsten auf Ihrem Grabstein stehen haben?

Schauen Sie nun auf Ihr Leben zurück. Wenn Sie es noch einmal leben müßten – was würden Sie an Ihren Einstellungen und/oder Entscheidungen ändern? Und am wichtigsten: Wie würden Sie dafür sorgen, daß Sie diesmal lange und glücklich leben und im hohen Alter eines ganz natürlichen Todes sterben? Stellen Sie sich nun vor, Sie würden erwachen und ganz am Anfang stehen, und alles wäre nur ein Traum gewesen. Überlegen Sie sich nun, was Sie tun müssen, damit dieser Alptraum ganz bestimmt nicht wahr wird.

3. *Wie würde es sein, wenn ich kerngesund wäre?* Lassen Sie ein Bild von sich kommen, bei dem Sie kerngesund sind. Wie sehen Sie aus? Wie empfinden, handeln, verhalten Sie sich gegenüber der Welt? Warum lohnt es sich, morgens aufzustehen? Wenn es Ihnen Schwierigkeiten bereitet, das Bild eines befriedigenden, gesunden Lebens zu finden, nehmen Sie sich Zeit und arbeiten Sie sich durch Ihre Gefühle, bis Sie eine Möglichkeit sehen, sich ein kerngesundes Leben vorzustellen, das zu führen ein Vergnügen ist.

Anmerkung: Wenn Sie wollen, können Sie auch das Bild vom Privatkino aus der Übung «Das Leben ändern» (10. Kapitel) anwenden. Dabei lassen Sie zuerst ein Bild von sich kommen, wie Sie sich gerade befinden, und dann ein anderes, wie Sie sein werden, wenn Sie gesund geworden sind.

---

4. *Heilende Bilder.* Ein paar Vorschläge:

a) Nachdem Sie zuerst ein Bild von Ihrer Krankheit oder von Ihrem derzeitigen Befinden haben kommen lassen, sollten Sie nun ein (realistisches oder symbolisches) Bild des Heilungsverlaufs auftauchen lassen. Sie können sich beispielsweise vorstellen, wie Ihre weißen Blutkörperchen arbeiten und wie die Giftstoffe Ihren Organismus auf natürliche Weise verlassen. Oder Sie können tief einatmen und sehen oder spüren, wie sich Ihr ganzer Körper mit strahlendem Licht und Liebe füllt, und wenn Sie wieder ausatmen, sehen und fühlen Sie, wie alle Giftstoffe Ihren Körper mit Ihrem Atem und durch die Poren Ihrer Haut verlassen. Oder Sie können in heilkräftigem Wasser schwimmen oder in einem Brunnen mit heilendem Licht baden. Wichtig ist dabei, daß dieses Bild stärker wird als das Ihrer Krankheit und daß es auf natürliche Weise funktioniert, um Sie zu heilen und den Giftstoffen zu erlauben, Ihren Körper zu verlassen. Vielleicht wird Ihnen das nicht auf Anhieb gelingen, weil sich in Ihren gegenwärtigen Bildern eben auch Ihre gegenwärtige Einstellung ausdrückt, aber wenn Sie in dieser Weise weiterarbeiten, sollten positivere Einstellungen und Bilder auftauchen.

b) Stellen Sie sich vor, daß Ihr Körper und Ihr Geist auf natürliche Weise ein strahlendes Leuchten aussenden, das Ihren derzeitigen Zustand ausdrückt, das Sie umhüllt und schützt. Spüren Sie, daß diese Lichthülle getrübt, zerrissen oder sonstwie beschädigt ist. Beheben Sie diesen Schaden und sorgen Sie dafür, daß Ihr inneres Wesen wieder auf diese natürliche Weise strahlend leuchtet.

c) Stellen Sie sich vor, Sie sind von einem Kreis Menschen umgeben, von denen Sie geliebt werden. Das können lebende oder tote Menschen, ja sogar imaginäre Gestalten sein, solange Sie nur das Gefühl haben, daß Sie ihnen wirklich am Herzen liegen. Bitten Sie sie, Ihnen heilende Liebe und Strahlung aus ihren Köpfen und Herzen zu senden. Nehmen Sie diese Liebe und Strahlung dankbar entgegen und ganz in sich auf. Sobald dies geschehen ist, können Sie all diesen Menschen Ihre eigene heilende Liebe und Strahlen senden. Und vielleicht möchten Sie sich nun gern zu ihnen in diesen heilenden Kreis gesellen.

d) Nehmen Sie sich das Bild aus der 3. Übung vor (in dem Sie kerngesund sind) und üben Sie nun, diese kerngesunde Person *zu sein*. Verbringen Sie einen Tag oder übernehmen Sie eine vor Ihnen liegende schwierige Aufgabe als diese gesunde Person. Seien Sie sich bewußt, daß diese kerngesunde Person Ihr wahres Ich ist und daß es nun an Ihnen ist, dieses wahre Ich wirklich werden und gedeihen zu lassen.

e) Wenn Sie sich einen heiligen Bezirk oder einen Ort des Friedens für sich selbst geschaffen haben, so wie es in der Entspannungsübung im 4. Kapitel beschrieben ist, sollten Sie nun einige Zeit in diesem Bereich verbringen und die Ruhe genießen und das Gefühl für eine Beziehung zum Universum, die hier auf eine so natürliche Weise existiert.

f) Stellen Sie sich vor, wie Sie um sich herum eine Pyramide errichten, und spüren Sie ihre heilende und zentrierende Kraft.

Anmerkung: Ganz gleich, ob Sie ernstlich krank sind, kränkeln oder sonstwie unpäßlich sind – verbringen Sie auf jeden Fall täglich ein paar Minuten damit, mit heilenden Bildern oder mit Bildern eines kerngesunden Lebens zu arbeiten. Damit bewirken Sie zweierlei: Sie regen Ihre unbewußte Seele und Ihren Körper an, sich neuen und gesünderen Mustern zuzuwenden, und Sie praktizieren damit zugleich eine Form der Meditation oder Entspannung, die für die Gesundheit und das Gesundwerden unerläßlich ist (wie wir bereits im 5. Kapitel gesehen haben). Diese Übungen sind auch sehr wichtig, wenn Sie sich «am Boden» und verletzbar fühlen oder ganz allgemein irgendeine Art heilsamer Zuwendung benötigen. Sobald Sie das Gefühl haben, daß es Ihnen irgendwie nicht gutgeht, sollten Sie sich zuerst selbst heilen, bevor Sie ausziehen, die Welt in Ordnung zu bringen. Ja selbst wenn Sie glauben fit zu sein, lohnt es sich, mit diesen Übungen zu arbeiten: Zuweilen gewöhnen wir uns nämlich auch an desolate Zustände, so daß wir gar nicht mehr merken, daß etwas nicht mit uns stimmt – und darum müssen wir uns immer wieder vor Augen holen, über welches innere Potential wir eigentlich verfügen.

Zum Abschluß

In gewisser Hinsicht haben alle Bildarbeitsübungen damit zu tun, daß wir vollkommen gesund werden. Wenn Sie Ihre Ängste und

Alpträume fallenlassen, Ihre Beziehungen in Ordnung bringen und sich richtig von Menschen und Dingen verabschieden können und auf diese Weise kreativ werden und Erfüllung finden, dann sind Sie viel besser dafür gerüstet, ein langes, glückliches und gesundes Leben führen zu wollen – und auch führen zu können. Und immer wenn Sie mit diesen Gesundheitsübungen arbeiten, sollten Sie danach nicht nur gesund sein, sondern auch glücklicher leben können.

Den folgenden Bericht hat Jane, eine meiner jungen Bildarbeitsschülerinnen, eigentlich nicht dem Thema Gesundheit gewidmet gehabt, sondern der allgemeinen Bedeutung der Bildarbeit für ihr Leben. Aber er liest sich wie die Geschichte einer inneren Reise zur Gesundung:

«Es hat den Anschein, als ob sich unter all den Samen, die in uns besonders in den frühen Jahren gelegt werden, auch einige schlechte Körner befinden und in uns laut rumoren und oft noch lauter werden, wenn wir heranwachsen. Doch wenn wir mit Hilfe der Bildarbeit wieder zu unseren Wurzeln zurückfinden und uns über die Ursachen dieser Störung klarwerden, dann sind wir offenbar in der Lage, den Lärm abzustellen und ein Gefühl des Friedens in diesem Bereich zu hinterlassen. Wir fühlen uns unglaublich erleichtert, und ein Stein fällt uns vom Herzen, nachdem wir uns erfolgreich mit solchem ‹schlechten Samen› befaßt haben. Und je mehr ‹schlechte Samen› oder Störungen bearbeitet werden, desto ruhiger wird es in uns und desto leichter wird unser Sein.»

Vielleicht liegt es ja an diesen «lauten Samen», daß wir krank werden, und diese innere Ruhe und Leichtigkeit des Seins umschreibt in gewisser Weise, was es heißt, gesund zu sein.

12. *Der Traum als Wende: Heute nacht hab ich merkwürdig geträumt...*

Wenn wir mit Vorstellungsbildern arbeiten, zwängen wir uns in unseren Taucheranzug und tauchen so tief, wie wir es wagen, nach den versunkenen Schätzen des Meeres. Aber es gibt auch großartige Schätze, die das Meer preisgibt und aus seinen Tiefen an unsere Strände wirft – nämlich unsere Träume. Viele Menschen riskieren nur einen flüchtigen Blick auf dieses merkwürdige Strandgut und werfen es gleich wieder ins Meer zurück, weil sie keine Ahnung haben, was es mit ihnen zu tun haben könnte. Aber da Sie ja inzwischen schon einiges an Bildarbeit geleistet haben und wissen, wie stark das Meer des Unbewußten unser Leben beeinflußt, werden Sie zweifellos für diese unerbetenen Gaben dankbar sein und sich gern die Zeit nehmen, um dahinterzukommen, warum sie Ihnen überreicht wurden und was Sie damit anfangen können.

Ein großer Vorzug der Arbeit mit Träumen besteht darin, daß wir sie für das «einzig Wahre» halten dürfen: Weil sie unaufgefordert zu uns kommen, sind sie ganz eindeutig Botschaften aus unserem tiefen Unbewußten und nicht irgend etwas, was wir uns mit unserer bewußten Intelligenz zusammengereimt haben. Aber oft scheinen sie auch noch qualvoller unserem Verständnis entzogen zu sein als die Bilder, nach denen wir selbst tauchen und mit denen wir arbeiten. Denn während die Bilder, die bei der Bildarbeit kommen, normalerweise eine Bedeutung haben, die wir intuitiv kennen, ist dies bei Träumen nicht immer der Fall.

Es gibt viele Theorien darüber, was Träume «wirklich sind»: Man hat sie für die Folgen von Verdauungsstörungen gehalten, für nicht verarbeitete Informationen aus unserem persönlichen Seelencomputer, für die Enthüllung unserer verborgensten Ängste und Wünsche, für eine Methode der Problemlösung, für eine Botschaft von anderen – lebenden oder toten – Menschen oder für eine Vorwegnahme der Zukunft. Es kann durchaus möglich sein, daß Träume all dies – und noch viel mehr – zum Ausdruck bringen.

Die Zukunft vorwegnehmen

Vieles spricht beispielsweise dafür, daß sich in Träumen zuweilen unsere Zukunft spiegelt. Im Lauf der Jahre habe ich viele Gruppen von ganz normalen Collegestudentinnen nach ihren Träumen befragt und dabei herausgefunden, daß es in jeder dieser Gruppen von zehn bis fünfzehn Studentinnen stets die eine oder andere gab, die mir von Träumen berichtete, die ein zukünftiges Ereignis mit einer Genauigkeit vorwegnahmen, die nicht allein auf Zufall beruhen konnte.

Ein Studentin zum Beispiel, die regelmäßig mit ihrer Freundin zur Arbeit fuhr, hatte davon geträumt, daß sie beide auf dem Weg zur Arbeit an einer bestimmten Kreuzung einen unbedeutenden Zusammenstoß mit einem Lastwagen hatten und daß der Lastwagenfahrer den Kopf zum Fenster herausbeugte und sie beide anbrüllte. Der Traum beunruhigte sie etwas, und sie erzählte ihrer Freundin davon, aber dann fuhren sie doch wie immer zur Arbeit – und stießen an derselben Kreuzung wie im Traum mit einem Lastwagen zusammen. Doch das war noch nicht alles: Der Fahrer, der sich aus dem Fenster zu ihnen herunterbeugte, hatte dasselbe Gesicht und brüllte ihnen dieselben Worte zu wie der Traumfahrer.

Aber nur manche Träume nehmen die Zukunft vorweg. Wenn Sie zum Beispiel einen Alptraum haben, ist das fast mit Sicherheit eher ein Ausdruck Ihrer Ängste als eine Vorausdeutung eines realen zukünftigen Unglücks. Menschen, die «Zukunftsträume» hatten, berichteten mir, daß sich diese Träume von normalen Träumen deutlich unterschieden. Im allgemeinen sind Träume, die sich auf die Zukunft beziehen, viel realistischer und bilden oft Szenen ab, bei denen der Träumende eher Zuschauer als Mitwirkender ist und nach denen er gewöhnlich mit dem Gefühl aufwacht, sie hätten sich an einem ganz realen Ort wirklich ereignet. Diese Träume sind also in gewisser Hinsicht eher als Visionen zu bezeichnen.

Die mehrdimensionale Traumwirklichkeit

Träume kann man sich wohl am besten als Tor zur mehrdimensionalen Welt unseres unbewußten Selbst vorstellen, von dem wir im 2. Kapitel gesprochen haben. Sie vermitteln uns einen Zugang zu unseren zahllosen Potentialen, zu denen die meisten von uns in unserem wachen Alltagsleben keinen Kontakt haben, wenn wir uns auf die materielle und soziale Wirklichkeit konzentrieren.

Daher hat das, was uns der Traum mitteilt, vielleicht etwas mit Krankheiten oder anderen Problemen unseres unbewußten Körpers zu tun, mit tabuisierten, verdrängten Gedanken und Gefühlen, mit dem intuitiven Wissen des universalen Unbewußten oder noch nicht zugänglichen Dateien des alltäglichen Unbewußten oder mit allem zusammen. Das bedeutet, daß unterschiedliche Träume auch auf sehr differenzierte Weise gedeutet und daß die meisten Träume auch auf mehreren Ebenen verstanden werden können.

Bildarbeit beschränkt sich im allgemeinen darauf, unsere Beziehung zum Leben mit Hilfe von Bildern zu verstehen und zu transformieren, und in diesem Sinn werden wir in diesem Kapitel mit den Träumen umgehen. Vielleicht noch mehr als andere Bilder führen uns Traumbilder auf wunderbare Weise genau das Dilemma vor Augen, das wir in diesem Augenblick unseres Lebens etwa fast gelöst haben oder noch lösen müssen. Nach meiner Erfahrung symbolisieren Träume, in die man sich vertieft, stets eine Wende, und je unangenehmer sie sind, desto wichtiger können sie sein.

Wenn man sich in einem Traum verliert

Vor ein paar Monaten träumte ich, ich würde mit der Bahn fahren und müßte die Toilette aufsuchen. Irrtümlicherweise nahm ich an, ich müßte deswegen aussteigen, zur letzten Station zurückkehren und in eine andere Bahn umsteigen, um meine Fahrt fortzusetzen. Ich wußte nicht, wo ich mich befand oder wie die letzte Haltestelle hieß. Verzweifelt hielt ich nach einem Plan der Londoner U-Bahn Ausschau, fand aber einfach keinen und war zutiefst verwirrt und frustriert.

Traumarbeit

Ziemlich verstört wachte ich auf und überlegte, was dieser Traum wohl zu bedeuten habe. Ich beschloß, mit den verschiedenen

Symbolen des Traums zu arbeiten – genau so, wie wir es im 4. Kapitel getan haben: also jeder Aspekt des Traums zu «werden» und mit meinem Traum-Selbst zu sprechen.

Der Plan sagte mir, er würde sich mir deshalb entziehen, weil ich ihn nicht brauchte – ich hielt nämlich nicht nur nach dem falschen Plan Ausschau (denn der Plan mit dem Londoner U-Bahn-Netz hatte mit dieser Bahn absolut nichts zu tun), sondern ich brauchte auch überhaupt keinen Plan, weil ich mich auf mein tieferes Selbst verlassen konnte, das den Weg schon finden würde. *Der Zug* erklärte mir, ich hätte doch eine Fahrkarte gekauft und wüßte also, wohin ich fahren würde. *Die Toilette* schließlich versicherte mir, daß es sehr gut sei, mir auf dieser Reise Zeit zu lassen, daß es aber nicht erforderlich sei, deswegen auszusteigen und zur Station vorher zurückzukehren. Ich müßte mich bloß entspannen und mich ganz dem Zug überlassen.

Nachdem ich mich allseits hatte beruhigen lassen, kehrte ich in den Traum zurück und träumte weiter. Ich stieg erneut in den Zug ein und entspannte mich, und plötzlich fiel mir mein Reiseziel wieder ein: Ich fuhr zu einer Konferenz zwischen dem Universum und den Nationen, auf der ich das Universum vertreten sollte. Ich brauchte daher auch keinen offiziellen Plan, um zu wissen, wo ich mich befand und woher ich kam. Statt dessen mußte ich mich mit all meiner Energie auf die vor mir liegenden Aufgaben vorbereiten.

Dieser Traum hatte noch ein Nachspiel, das mir wieder einmal bestätigte, wie erstaunlich dicht doch unser Unbewußtes mit der wirklichen Welt verwoben ist, und das mich vermutlich den Traum noch ernster nehmen ließ. Am darauffolgenden Tag fuhr ich nämlich mit der realen Bahn und dachte über den Traum nach, als eine Frau zu mir kam und sagte, sie sei im falschen Zug, ob ich ihr helfen könne. Als sie mir erklärt hatte, wohin sie fahren müsse, sagte ich ihr, sie solle an der nächsten Station umsteigen. «Aber ich habe doch meinen U-Bahnplan nicht dabei und weiß nicht, wo ich bin», rief sie ganz aufgeregt. Ich starrte sie an, als wäre sie eine Halluzination, und sagte langsam: «Für diesen Zug brauchen Sie keinen U-Bahnplan.» Wie sich herausstellte, hatte sie geglaubt, sie müsse zur letzten Station zurückfahren – die zufällig Water*loo* hieß! – und könne die U-Bahn nehmen. Ich konnte sie endgültig davon überzeugen, daß sie keinen Plan brauche und auch nicht zur letzten Station zurückfahren müsse, um an ihr Ziel zu gelangen. Während wir uns dann noch über ihre Reisepläne unterhielen, war ich doch ein wenig erleichtert, als sich herausstellte, daß sie zu einem Kurs und nicht zu einer Konferenz fuhr.

Wendepunkte

Mein Traum wollte mir zwei Dinge zu verstehen geben, nämlich daß ich bereits eine Wende in meinem Leben vollzogen hatte und eine weitere Veränderung würde vollziehen müssen. In früheren Träumen war ich herumgehetzt, angetrieben von dem Bedürfnis, den Erwartungen anderer Menschen zu entsprechen. Nun sah ich, daß ich weitergekommen und sozusagen «am Zug» war – kurz davor, meine eigene Richtung zu finden.

Aber dennoch hemmte ich diesen Schwung immer wieder durch Zweifel, kam von meiner eigenen Spur ab, um mich von anderen bestätigen zu lassen, was vollkommen irrelevant war, und am Ende kam ich mir dann ganz wirr und verloren vor. Nun konnte ich genau sehen, wie wichtig es war, damit aufzuhören, an mir selbst zu zweifeln, und mich darauf zu verlassen, daß ich den richtigen Weg eingeschlagen hatte, der mich auch an mein Ziel führen würde. Es war an der Zeit, daß ich mir über meine Absichten klarwurde, sie ernst nahm und mich auf das einstellte, was vor mir lag. Die Vorstellung, das Universum bei einer Konferenz mit den Nationen vertreten zu müssen, war eine ziemlich bombastische Metapher für das, was ich auf meinem eigenen bescheidenen Weg zu tun hatte, aber ich war doch sehr dankbar für die Klarheit, die sie mir bescherte.

Dieser Traum, oder vielmehr die Traumarbeit, die ich darauf verwendete, stellte für mich einen entscheidenden Wendepunkt in der Entwicklung dessen dar, was ich mir für mein weiteres Leben vorstellte und was ich für mich für richtig hielt und effizient planen und umsetzen wollte. Erst vor kurzem hatte ich zum erstenmal geträumt, ich würde selbst am Steuer eines Autos sitzen, und das hat mich darin bestärkt, daß ich dabei bin, mein Leben selbst in die Hand zu nehmen. Ich muß allerdings betonen, daß es erst ein Anfang ist, denn meine ziemlich verrückte Fahrweise im Traum hat mir deutlich gemacht, woran ich als nächstes zu arbeiten hatte.

Und wenn ich nun gar keine Träume habe?

Bevor wir uns der Traumarbeitsübung widmen können, müssen wir noch auf zwei mögliche Probleme eingehen: «Und was ist, wenn ich gar keine Träume habe?» und «Was ist, wenn ich mich an meine Träume nicht erinnern kann?» Das erste können wir ganz schnell abhaken, denn jeder Mensch träumt, und zwar eine ganze Menge. Wenn Sie sich an Ihre Träume nicht mehr erinnern können, mag es – nach Freud – daran liegen, daß Sie die Erinnerung daran verdrängen, aber für diese Annahme spricht nicht sehr viel. Wahrscheinlicher ist es wohl, daß Sie sehr tief geschlafen haben, und wenn Sie aus diesem Tiefschlaf wieder auftauchen, ist der Traum einfach verlorengegangen. Daher erinnert man sich oft nur an die Träume, die man frühmorgens hat, wenn man kurz erwacht und dann wieder in einen leichten Schlaf fällt. Ich habe mit Hunderten von Menschen über Träume gesprochen, und da war nur ein einziger Mann darunter, der buchstäblich nicht wußte, was ein Traum war, weil er nicht erinnern konnte, jemals einen gehabt zu haben. Wie sich herausstellte, war er ein extremer Tiefschläfer.

Die Art und Weise, wie wir erwachen und uns unmittelbar nach unseren Träumen bewegen, ist gleichfalls von entscheidender Bedeutung dafür, ob wir uns an sie erinnern können. Ernst Schachtel[1] hat darauf hingewiesen, daß wir zwar die Sprache und unsere Vorstellungen als Erwachsene leicht «im Kopf» behalten können, aber daß Traumerlebnisse vermutlich wie Kindheitserinnerungen etwas mit unserem Körper zu tun haben und in unserer kinästhetischen Erfahrung gespeichert werden. Daher scheinen Träume oft zu verschwinden oder sich aufzulösen, wenn wir uns bewegen. Und darum können wir auch einen Traum viel besser behalten, wenn wir jemandem sofort davon erzählen: Wir übersetzen ihn in einen sprachlichen Code, an den wir uns sozusagen besser rational als körperlich erinnern können. Wenn wir daher sofort nach dem Erwachen aus dem Bett springen, bevor wir unsere Träume in Worte gefaßt haben, werden wir uns später mit Sicherheit kaum noch daran erinnern.

Sprechen Sie deshalb vor dem Schlafengehen mit Ihrem Unbewußten und sagen Sie ihm, Sie wären ihm für Ihre Träume dankbar und würden sich gern daran erinnern. Wenn Sie dann erwachen und die Augen öffnen, sollten Sie sie sofort wieder schließen. Bleiben Sie liegen und erzählen Sie sich selbst oder jemand anderem Ihren Traum, indem Sie sich in das Traumer-

eignis zurückversetzen und es noch einmal erleben. Das ist die erste Stufe der Traumarbeit. Vermutlich werden Sie auch feststellen, daß dies die ideale Zeit ist, Ihren Traum fortzusetzen und daran zu arbeiten – vorausgesetzt, Sie *müssen* nicht sofort aus dem Bett springen.

Wenn Sie Ihren Traum auf irgendeine Weise festhalten können, sobald Sie erwachen, aber die Augen noch immer geschlossen halten, dann ist es viel leichter, sich an ihn zu erinnern und ihn zu bewahren. Legen Sie also vor dem Einschlafen Block und Bleistift neben das Bett oder stellen Sie einen Kassettenrekorder in Reichweite auf. Wenn Sie erwachen, versuchen Sie sachte und mit geschlossenen Augen an den Block oder den Rekorder zu gelangen und jedes Traumfragment festzuhalten, an das Sie sich erinnern können. Es ist gar nicht so einfach, die Augen zuzubehalten, wenn man erwacht. Daher sollten Sie sie einfach wieder schließen, wenn Sie merken, daß Sie sie geöffnet haben. Diese Technik ist reine Übungssache, geben Sie also nicht gleich auf, wenn Sie damit nicht sofort zurechtkommen. Im Lauf der Zeit werden Sie feststellen, daß Sie sich an immer mehr Träume erinnern, und daß Ihr Kontakt zur Welt der Träume immer besser wird.

Wenn Sie an einem Traum arbeiten wollen, muß er nicht unbedingt vollständig oder gerade geträumt worden sein. Sie können jeden Traum oder auch nur Traumfragmente erkunden, was Ihnen gerade einfällt. Besonders gut eignen sich immer wiederkehrende Träume, die sozusagen ständig «an Ihre Tür klopfen» und Ihnen etwas Wichtiges zu sagen versuchen, was Sie nicht hören wollen. Wenn Menschen an einem Traum arbeiten, den sie mehr als einmal haben, dann ist die Botschaft meiner

Erfahrung nach sehr intensiv, und in allen mir bekannten Fällen ist dieser Traum später nie wiedergekehrt. Dafür kommt es oft vor, daß der nächste neue Traum eine neue Phase in der Entwicklung der betreffenden Person zum Ausdruck bringt.

Denken Sie immer daran, daß beunruhigende Träume keine «schlechten Träume» sind, denn sie verweisen lediglich darauf, was als nächstes ansteht. Voller Kraft sind auch angenehme Träume, da sie oft ein Stadium repräsentieren, das wir akzeptieren müssen – und wenn wir es wünschen, finden wir immer einen Traum oder Beweis, uns weiterzuentwickeln.

Träume als Wendepunkte: Übungsaufbau

Wenn Sie mit Träumen als Wendepunkte arbeiten wollen, schlage ich Ihnen vor, daß Sie dabei genauso vorgehen, wie ich bei dem oben dargestellten Traum. Sie treten in den Traum ein, spüren den Gefühlen und Beziehungen nach, die dahinterstehen, und erleben ihn noch einmal. Dann betrachten Sie den Traum von oben und von allen Seiten, kommunizieren mit den verschiedenen Aspekten des Traums und mit dem Traum als Ganzem, damit Sie so noch tiefer seine Bedeutung ausloten. Mit dieser Methode sind Sie ja bereits von Ihrer Arbeit mit Bildern her vertraut, wie wir sie im 5. Kapitel beschrieben haben.

Dann kehren Sie in den Traum zurück, nehmen in sich als Traum-Selbst all das auf, was Sie aus den verschiedensten Perspektiven und Traum-Seinsweisen erfahren haben, und durchleben ihn noch einmal mit einem neuen Ansatz. Sie verlängern den Traum in die Zukunft hinein, sollten Ihr Wissen aber dann auch wieder auf Ihr gegenwärtiges Leben übertragen und sich überlegen, wie Sie dieses besondere Wissen gerade jetzt nützen müssen.

Das Aufbauschema:

Vorbereitung: Einen Freiraum schaffen, entspannen

1. In den Traum eintreten
2. Den Traum untersuchen
3. Die Traumbilder werden
4. Die verschiedenen Perspektiven integrieren
5. Den Traum erfolgreich noch einmal erleben und fortsetzen
6. Dank abstatten, reflektieren, vorausschauen und auftauchen.

Wenn Sie selbst nicht in diesem Traum auftreten sollten, können Sie sich als Traum-Selbst auch mit einem anderen Aspekt des Traums identifizieren. Sollte es vorkommen, daß keines der Traumsymbole Sie zu repräsentieren scheint oder Sie das Gefühl haben, wirklich nichts weiter als ein Zuschauer gewesen zu sein, ignorieren Sie alle Traum-Anweisungen, die für Sie nicht relevant sind. Aber auch dann können Sie in den Traum eintreten, ihn studieren, zu den verschiedenen Bildern werden, den Traum verlängern, am Ende danken, reflektieren, vorausschauen, wieder auftauchen.

Träume als Wendepunkte: Grundübung

Vorbereitung: Einen Freiraum schaffen, entspannen

1. *In den Traum eintreten.* In welcher emotionalen oder sinnlichen Atmosphäre oder vor welchem Hintergrund spielt sich der Traum ab? Fällt Ihnen dazu ein Name oder Begriff ein? Ist es etwas Vertrautes? Treten Sie jetzt in den Traum ein und spüren Sie die Atmosphäre. Durchleben Sie den Traum von Anfang bis Ende oder das Fragment, an das Sie sich noch erinnern können. Arbeiten Sie mit einem Führer, dann erzählen Sie dieser Person Ihren Traum so, als ob er sich gerade ereignen würde. Versuchen Sie Gefühle, Beziehungen und allgemeine Szenerie wiederzuerkennen. Was kommt Ihnen daran vertraut vor?

2. *Den Traum untersuchen.* Stellen Sie sich vor, der Traum spiele sich auf einer Bühne ab. Gestatten Sie Ihrem Geist, sich über Ihren Körper zu erheben und Traum wie Traum-Selbst von oben zu betrachten. Was stellen Sie dabei fest? Welche Einstellung hat das Traum-Selbst gegenüber dem Leben? Mit welcher Einstellung oder persönlichen Eigenschaft könnte das Traum-Selbst im Traum glücklicher sein? Was würden Sie dem Traum-Selbst zuflüstern, wenn Sie es könnten? Betrachten Sie den Traum und das Traum-Selbst nun von links, rechts, hinten, von vorn und von unten. Registrieren Sie, was Ihnen dabei aus dem jeweiligen Blickwinkel einfällt. Sie können sogar körperlich um den Traum herumgehen und ihn «in die Mitte nehmen», so daß Sie ihn wirklich von allen Seiten betrachten können.

3. *Die Traumbilder werden.* Was ist das Auffällige an diesem Traum? (Das kann eine Person, eine Szene, ein Gebäude, ein Gegenstand oder auch ein Ereignis sein.) Treten Sie nun in dieses Bild ein, entweder in Gedanken oder indem Sie es sich bildlich auf einem Stuhl gegenüber vorstellen und die Plätze tauschen. Sprechen Sie als dieses Bild über sich selbst, über Ihren Standpunkt und auch über die Ansicht, die Sie vom Traum-Selbst haben.

Werden Sie jetzt nacheinander jeder wichtige Aspekt Ihres Traums. Was empfinden und nehmen Sie als dieser jeweils wahr? Was möchten Sie dem Traum-Selbst sagen? Lassen Sie es gegebenenfalls zu Unterhaltungen kommen (zwischen dem Traum-Selbst und irgendeinem dieser Aspekte oder auch zwischen den verschiedenen Aspekten). Jeder Aspekt des Traums – eine Person, ein Stuhl oder eine plötzliche Bewegung – hat etwas mitzuteilen, worauf Sie als Traum-Selbst oder als Träumer hören sollten.

Sprechen Sie nun zu dem Traum als Ganzem: «Traum, was willst du mir sagen?» Werden Sie der Traum und antworten Sie. Es kann für Sie auch ganz nützlich sein, den Traum zu verlängern. Was wäre dann passiert, wenn Sie nicht aufgewacht wären?

4. *Die verschiedenen Perspektiven integrieren.* Wenn Sie das Gefühl haben, aus den verschiedenen Blickwinkeln genügend erfahren zu haben, sollten Sie jetzt dieses Wissen in Ihrem Traum-Selbst, dem Hauptdarsteller, wieder zusammenführen. Kehren Sie nun in den Traum als dessen Hauptfigur zurück. Schauen Sie sich die anderen Perspektiven und Protagonisten an und denken Sie darüber nach, was jeder einzelne Ihnen mitgeteilt hat. Berücksichtigen Sie auch, was Sie aus der Fortführung des Traums erfahren haben. Was wissen Sie jetzt über die Art und Weise, wie Sie in der Traumwelt leben und wie Sie darin leben können? Bitten Sie Ihr Unbewußtes, diese verschiedenen Erfahrungen und Perspektiven aufzunehmen und zusammenzuführen. Lassen Sie sie in aller Ruhe in sich einsinken.

Versuchen Sie nun möglichst klar in Worte zu fassen, was Sie alles wahrgenommen und – sofern ein Traum Sie nicht völlig befriedigt hat – welche neue Einstellung oder persönliche Eigenschaft Sie brauchen, um diesen Traum so zu erleben, daß Sie sich am Ende wirklich besser fühlen.

5. *Den Traum erfolgreich noch einmal erleben und fortsetzen.* Versuchen Sie nun den Traum mit dieser neuen Einstellung oder persönlichen Eigenschaft noch einmal zu erleben. Sollte es Ihnen

zu große Mühe bereiten, sich vorzustellen, daß Sie nun ganz anders im Traum handeln, sagen Sie sich einfach: Was würde ich tun, wenn ich diese Eigenschaft wirklich hätte oder wenn ich wirklich genauso wäre? Wenn Sie irgendwo nicht weiterkommen, steigen Sie aus dem Traum aus und versuchen herauszufinden, ob Sie noch irgend etwas anderes benötigen, um weiterzukommen. Versuchen Sie den Traum möglichst so zu erleben, daß er Ihnen gefällt.

Verlängern Sie nun den Traum in die Zukunft hinein. Was geschieht als nächstes? Was werden Sie danach tun? Was ist jetzt anders als vorher, als Sie zum erstenmal den Traum fortgesetzt haben (Schritt 3)?

Überprüfen Sie jetzt das Ergebnis von all den Standpunkten, die Sie zuvor eingenommen haben. Was denken die anderen Traumgestalten? Wie sieht dieser neue Traum von oben, unten und von den verschiedenen Seiten her aus? Probieren Sie gegebenenfalls weitere Veränderungen aus.

6. *Dank abstatten, reflektieren, vorausschauen und auftauchen.* Wenn Ihnen der Traum gefällt, danken Sie Ihrem Unbewußten für dieses Geschenk und Ihrem bewußten Selbst, daß es sich so große Mühe gegeben hat. Bitten Sie Ihr Unbewußtes, Ihr neues Wissen aufzunehmen und Ihnen bald einmal einen neuen Traum anzubieten, der Ihr neues Entwicklungsstadium repräsentiert.

Denken Sie vor und nach dem Auftauchen darüber nach, wie Sie dieses neue Wissen auf Ihr Leben anwenden können. Gibt es einen Bereich in Ihrem Leben, wo Sie sich gegenüber der Welt so verhalten wie in Ihrem Traum? Könnten Sie nun anders handeln? Oft gibt es nämlich einen ganz bestimmten Lebensbereich, der genauso Ihre Aufmerksamkeit erfordert.

Sie sollten Ihr Erlebnis auch aufschreiben, den Traum malen, tanzen oder in sonst einer Form zum Ausdruck bringen. Jede neue Ausdrucksform bietet Ihnen genauso wie jede neue Perspektive etwas, was für Sie von Nutzen sein kann.

Anwendungsbereiche

Diese Methode können Sie auch auf ein Erlebnis anwenden, das Sie im wirklichen Leben gehabt haben und über das Sie nicht glücklich gewesen sind, besonders wenn es Ihrer Meinung nach typisch für eines Ihrer Verhaltensmuster war. Wieder einmal hetzen Sie sich ab, um den Zug zur Arbeit zu erwischen. Sie haben Angst, zu spät zu kommen, und fühlen sich auch nicht vorbereitet. Oder Sie erleben wieder einmal, daß Sie sich über jemanden ärgern, weil er Sie im Stich gelassen hat, und daß Sie dabei all das dumme Zeug daherreden und sich hinterher mies fühlen.

Ganz gleich, worum es sich handelt – gehen Sie damit genauso um wie mit einem Traum. Kehren Sie zu dem Ereignis in Ihrer Vorstellung zurück, erleben Sie es noch einmal und versuchen Sie, Ihre Gefühle wiederzuerkennen. Betrachten Sie die Szene aus allen möglichen Blickwinkeln. Werden Sie die verschiedenen Aspekte und Menschen in dieser Situation und sprechen Sie mit sich. Treten Sie nun im Geist wieder in die Situation ein und führen Sie dieses Wissen in sich zusammen. Wenn Sie sich darüber im klaren sind, mit welcher persönlichen Eigenschaft oder Einstellung Sie mit einer solchen Erfahrung besser umgehen können, erleben Sie alles noch einmal nach. Freuen Sie sich darüber, wenn es sich so abspielt, wie Sie es wollen, und daß Ihnen die Art gefällt, wie Sie damit umgehen. Nehmen Sie sich fest vor, daß Ihnen künftig diese neue Handlungsweise zumindest als Alternative zur Verfügung stehen wird, wenn Sie wieder einmal in eine derartige Situation geraten.

Zum Abschluß

Eines der wichtigsten Elemente der Bildarbeit besteht darin, daß wir neue Modelle oder Muster dafür schaffen, wie wir sein könnten. Indem wir den Traum oder ein reales Erlebnis aus verschiedenen Blickwinkeln betrachten, wird uns die Richtschnur, die gegenwärtig unsere Einstellung und unser Verhalten leitet, bewußt, und damit kann sich auch eine neue Richtschnur oder ein neues Verhaltensmuster in uns heranbilden. Ja wenn wir den Traum oder die reale Lebenserfahrung noch einmal nacherleben, wird uns dabei nicht nur das Alternativmodell klar, sondern wir absolvieren damit gleichsam einen «Probelauf». Und es wird uns so viel leichter fallen, automatisch auf diese neue Art und Weise zu handeln, selbst wenn wir unter Streß stehen.

Ein weiterer Vorzug besteht darin, daß wir uns letztendlich auch nach den negativsten Erfahrungen noch wohl fühlen können.

Normalerweise werden wir ja nach einem beunruhigenden oder verwirrenden Erlebnis – sei es im Traum oder im wirklichen Leben – die Unruhe und das Unbehagen nie ganz los. Und auch wenn wir rein rational meinen, daß auch die schlechtesten Erfahrungen im Grunde positive Herausforderungen und Lektionen für uns seien, ist uns damit noch lange nicht geholfen.

Aber wenn wir in beschriebener Weise daran arbeiten und alle Begebenheiten am Ende positiv nacherleben, dann stecken wir die beunruhigende Erinnerung an diese Erlebnisse nicht einfach weg, sondern wandeln sie wirklich in etwas Positives um.

Und nun kann sich einmal Ihr Unbewußtes bei Ihrem bewußten Selbst für dieses herrliche Geschenk bedanken.

13. Wie ich mich den anderen darstelle: Wenn die Welt eine Bühne ist – warum kriege ich keine bessere Rolle?

Meine Freundin Clare sagte mir einmal, wir müßten uns nicht nur entscheiden, welche Rolle wir im Leben spielen wollten, sondern uns auch darum kümmern, daß wir das richtige Textbuch, das richtige Kostüm und das richtige Bühnenbild bekämen. Als echtes Kind der sechziger Jahre fand ich diese Vorstellung natürlich leicht schockierend. Warum sollte ich eine Rolle spielen, wenn ich genausogut ich selbst sein konnte?

Langsam, aber sicher bin ich dann darauf gekommen, daß die Rolle, die wir spielen, im Idealfall tatsächlich ein Weg ist, wir selbst zu sein. Genauso wie unsere Sprache unser Denken ordnet, so regeln auch Rollen als *Sprache der sozialen Beziehungen* die Art und Weise, wie wir uns auf der Bühne der Gesellschaft selbst darstellen und uns gegenüber anderen verhalten. Wenn wir uns mit anderen Menschen außerhalb unseres intimsten Freundeskreises verständigen wollen, müssen wir diese Sprache einigermaßen fließend beherrschen, damit wir durch sie unserer inneren Kreativität Ausdruck geben können. Sonst würde man uns – und wir würden uns selbst – nicht für Kinder der Natur halten, sondern für soziale Analphabeten.

Rollen sind eigentlich so etwas wie Rahmen für Beziehungen und Modelle dafür, wie wir uns selbst sehen, uns anderen darstellen und mit ihnen kommunizieren. Einige dieser Rollenbeziehungen sind berufsbedingt: Arzt und Patient, Sozialarbeiter und Betreuter. Andere sind persönlicher Natur: Mutter und Kind, Schwester und Bruder, Freunde. Und manche Rollen spiegeln bestimmte Charakterzüge: der «liebenswerte Rebell», der «selbstlose Engel», der «Vorgesetzte» oder «der Fußabtreter«. Jede Rolle kann ganz unterschiedlich interpretiert und gespielt werden, und die Art und Weise, in der wir sie spielen, wird zu unserem «Markenzeichen». Und unabhängig davon, ob wir uns unserer Rollen nun bewußt sind oder nicht, werden andere Menschen darauf reagieren und ihrerseits in eine Rolle schlüpfen, die die unsere ergänzt und ihr entspricht. Wenn ich beispielsweise «den Fußabtreter» spiele, darf ich mich nicht darüber wundern, wenn jemand anderes liebevoll auf mir herumtrampelt.

Als soziale Wesen müssen wir alle akzeptieren, daß es außer dem «Sein» auch den «Schein» gibt. Wir sind keine reinen Verstandeswesen, sondern verfügen vielmehr sowohl über eine innere Erlebniswelt als auch eine äußere Person. Wenn wir uns als Person nicht klar definieren und es selbst in die Hand nehmen, wie wir «scheinen» wollen, überlassen wir es anderen, uns zu definieren und daraus Schlußfolgerungen zu ziehen, die uns vielleicht nicht gefallen. Um dann herumzujammern: «Warum nimmt man mich nicht ernst, liebt/respektiert/mag man mich nicht?»

Das soll nun nicht heißen, daß wir unsere Rollen als Masken verwenden sollen, die unser wahres Selbst verbergen (das wir nicht für gut genug halten – genausowenig wie Frauen sich nur deshalb schminken sollten, um hinter dem Make-up ein Gesicht zu verbergen, das sie für häßlich halten). Ihr wahres Selbst ist genauso wie Ihr natürliches Gesicht an sich akzeptabel und liebenswert, und je klarer es zum Vorschein kommt, desto anziehender werden Sie für andere Menschen sein. Rollen sind somit eine Art Medium, durch das Sie Ihr authentisches Selbst in der Gesellschaft ausdrükken können – ja, durch das Sie jenes innere Selbst, auf das Sie doch so stolz sind, schmücken und zelebrieren können.

Vom Kellerkind zur Modefrau

Auch ich war, soweit es die Sprache der sozialen Rollen betraf, einmal fast eine Analphabetin, und da ich davon ausging, daß stets jeder «er selbst» war, glaubte ich alles, was man mir sagte. Wenn ich jemanden fragte: «Wie geht's dir?» und zur Antwort bekam: «Gut», dann nahm ich das für bare Münze – und wunderte mich immer nur darüber, daß es allen anderen so viel besser zu gehen schien als mir. Und wenn mir ein anderer von seinem Urlaub erzählte und mir dabei nur von den tollen Erlebnissen vorschwärmte, meinte ich, der ganze Urlaub sei so gewesen – und da schnitten natürlich meine Ferien viel schlechter ab.

Bei der Kleidung war es nicht anders: Wenn ich eine andere Frau in schönen Kleidern sah, hatte ich einfach keine Ahnung, wieviel Aufwand dahintersteckte – ich glaubte nämlich, diese Frau gäbe sich ganz natürlich, weil das nun einmal ihre Art sei. Wenn ich dagegen wie ein armes Kellerkind aussah, mußte das wohl daran liegen, daß ich es auf irgendeiner inneren Ebene auch war, und dagegen konnte ich einfach nichts tun. Und dennoch verletzte es mich immer, wenn die Leute zu mir in einer Mischung aus respektvoller Sympathie und Mitleid sagten, es sei für mich wohl ganz nebensächlich, wie ich angezogen sei.

Im Grunde hatte ich keine Ahnung, daß es andere Menschen für ganz legitim hielten, nach außen hin das Beste aus sich zu machen. Wenn ich daher mein Gesicht mit den Masken anderer Menschen verglich, zog ich dabei immer den kürzeren. Ich war überzeugt, daß ich von Natur aus einfach nicht so gut war wie sie. Es wäre mir nicht im Traum eingefallen, mir in dieser Hinsicht mehr Mühe zu geben, denn eigentlich wollte ich mich ganz einfach von meiner schlechtesten Seite zeigen, um sicherzugehen, daß mich die anderen mochten, wie ich «wirklich» war. Soweit es meine Persönlichkeit betraf, gab es für mich nur Alles oder Nichts: Entweder man hatte «es» oder man hatte es eben nicht.

Darum war es für mich eine ebenso erstaunliche wie befreiende Erfahrung, als ich dahinterkam, daß die Rollen, die die Menschen in ihrem Leben spielten, nichts weiter waren als eben das: Rollen. Man übernahm sie, und sie waren einem wichtig. Genauso waren die Kleider, die eine Frau trug, nicht einfach «aus dem Kleiderschrank herausspaziert», wie mir meine Freundin Clare drastisch klarmachte, sondern sorgfältig ausgewählt worden, damit sie genau dem Bild entsprachen, das sich ihre Trägerin von sich selbst machte und das sie nach außen vermitteln wollte. Wenn ich mir Menschen ansah, nahm ich an, ihr Wesen zu erblicken. Clare sah – ihre Selbstdarstellung, und wenn die gut war, bewunderte sie sie auch.

All diese Einsichten kamen mir allerdings sehr spät – eigentlich habe ich erst seit vier oder fünf Jahren sozusagen meine »soziale Jungfräulichkeit» verloren –, und ich mußte mich darum beeilen, um die verlorene Zeit wieder wettzumachen. Doch plötzlich kam mir der Gedanke, daß ich in all den Jahren auch ein hartes Stück Arbeit geleistet hatte – nämlich mein inneres, authentisches Selbst zu erkunden. Denn da ich nur gut aussehen konnte, wenn ich mich auch tatsächlich gut fühlte, hatte ich ganz schön an mir arbeiten müssen, einfach um nicht ständig in Verlegenheit zu geraten. Und darum bin ich eigentlich sehr dankbar für diesen Entwicklungsprozeß, denn hätte ich früher schon gewußt, wie ich mich bewußt darstellen sollte, dann hätte ich vielleicht einen leichteren, aber weniger befriedigenden Weg eingeschlagen. Aber da ich nun all das hinter mir hatte, stellte ich mir vor, daß die Sache mit der sozialen Rolle eigentlich relativ einfach sein und ich mit geringem Aufwand noch recht weit kommen müßte. Und so war es auch.

Ich beschloß, nicht mehr das «Kellerkind» darzustellen und mich nicht mehr selbst als solches zu sehen, so daß ich mich auch nicht mehr entsprechend kleiden mußte. Ich wollte jetzt eine Art «modebewußte Individualistin» sein – eine Frau also, die sich offenbar in der Mode auskannte, aber sie nur dazu benutzte, um ihre eigene Persönlichkeit zu unterstreichen. Ich bekam einen Blick für das, was andere Frauen trugen, wobei ich darin eine bewußte Wahl erkannte, die auch ich treffen konnte. Statt mir immer wie ein Mauerblümchen vorzukommen, wenn ich eine gutgekleidete Frau sah, war ich nun begeistert – sie war für mich eine Anregung, keine Bedrohung.

Um so auszusehen, wie ich es wollte, mußte ich auch abnehmen. Und wieder fand ich heraus, daß ich meinen Neid in Willen transformieren konnte. Als ich einmal am Strand einer griechischen Insel saß, an dem sich eine Menge herrlich schlanker Frauen tummelten, während ich mich für unglaublich fett und unattraktiv hielt, kam mir plötzlich die Erleuchtung: Wenn ich ihre Schlankheit bewunderte, mußte ich sie doch nicht beneiden – ich konnte mir doch einfach vornehmen, wie sie zu werden. Also rechnete ich mir noch an Ort und Stelle aus, wie viele Pfunde ich in den nächsten drei Jahren verlieren müßte. Und daran hielt ich mich auch. Es war zwar unglaublich schwer, aber nicht unmöglich. Es mußte einfach die wichtigste Sache auf der Welt sein, und für ein paar Monate im Jahr war es das auch. Ich war absolut entschlossen, etwas nicht schlecht zu finden, das zu ändern ja in meiner Macht lag.

Mit Hilfe meiner Intuition und der Bildarbeit (die ich für meine Arbeit als Tiefenpsychologin entwickelt hatte) brachte ich mir auch bei, wie ich abzunehmen und mich besser anzuziehen hatte. Ich ließ ein Bild von mir selbst kommen, wie ich sein wollte, und sah eine schlanke, aktive Frau vor mir. Das Bild machte mir klar, daß das Abnehmen nicht bloß ein Weg war, attraktiv auszusehen und anderen zu gefallen, sondern auch um mich körperlich besser zu fühlen und genauso zu sein, wie ich eigentlich von Natur aus war. Dann blickte ich zurück und sah, wie ich es geschafft hatte: mit einer Obst- und Gemüsediät. Und so sollte es sein – ich mußte es nur noch tun.

Ich brachte mir selbst bei, wie ich in einen Laden zu gehen und meine Intuition zu benutzen hatte, um genau die richtigen Kleider und Accessoires auszusuchen, die mir stehen würden. Und wenn ich dann etwas anprobierte, sagte mir meine innere Begleiterin, eine ägyptische Königin, was sie davon hielt. Wenn sie mit dem Daumen nach unten zeigte, verließ ich den Laden gleich wieder, auch wenn ich nicht wußte, warum sie es tat. Wenn sie mir zuraunte, das wäre eine Sünde wert, kaufte ich es. Glücklicherweise erwies sich, daß sie genauso wie ich eher einen individuellen als einen teuren Geschmack hatte.

Meine Metamorphose hatte gerade erst vor ein paar Monaten begonnen, als mich eine junge, gutgekleidete Kellnerin fragte, was ich von Beruf sei. Später gestand sie mir, sie hätte gedacht, ich würde eine Boutique besitzen. Eine Studentin erkundigte sich, wo ich diese extravaganten Kleider herhätte, eine Friseuse ließ sich von mir die Adresse des Ladens geben, in dem ich meine Handtasche gekauft hatte, und ein Mann, mit dem ich mich während eines Flugs unterhielt, wollte wissen, ob ich in der Modebranche tätig sei. Jede dieser Begegnungen schmeichelte mir mehr, als wenn man meinen psychologischen Scharfsinn mit dem Freuds verglichen hätte. Aber so ist das eben immer, wenn man eine neue Rolle beherrscht, an die man sich vorher nie herangewagt hätte. Und wer will schon Freud sein, wenn man als modebewußt gelten kann?

Das soziale Selbst

Es wird wohl nicht so viele Menschen geben, die so unglaublich naiv sind, wie ich es war, aber die meisten erfahren doch auch das

Gefühl, jemandem nicht gewachsen zu sein, der seine gesellschaftliche Rolle besser spielt als sie und daher selbstsicher und selbstbewußt zu sein scheint. Andererseits riskieren viele Menschen den Verlust ihres inneren Orientierungssinns, wenn sie ihre Rolle zu gut und zu lange gespielt haben. Wenn Sie zum Beispiel das Dilemma von Innen und Außen auf diese Weise erlebt haben, werden Sie vermutlich stets davon ausgegangen sein, daß wir einfach eine Rolle spielen *müssen,* während Sie erst später im Leben entdeckt haben, wie wichtig es ist, wirklich und wahrhaftig Sie selbst zu sein. Aber wie auch immer – das Problem ist stets das gleiche: Wie können Sie ganz Sie selbst sein und doch eine befriedigende und Ihnen angemessene Rolle auf der großen Bühne des gesellschaftlichen Lebens spielen?

Die Antwort scheint paradox: Je mehr wir bewußt lernen, gesellschaftliche Rollen zu beherrschen, und zwar nicht aus Angst, sondern weil wir uns freiwillig dazu entschieden haben, desto leichter wird es für uns, ganz wir selbst zu sein. Denn dann lassen wir uns nicht mehr von Menschen einschüchtern, die uns die Schau zu stehlen scheinen. Wenn wir uns selbst für Schüler halten, können wir den Menschen dankbar sein, die klüger zu sein scheinen als wir: Sie sind unsere Lehrer, ganz gleich, ob sie es wissen oder nicht. Und sobald wir einmal eine gesellschaftliche Rolle sicher beherrschen, können wir auch im sozialen Sinn selbstbewußt genug entscheiden, wie, wann und wo wir diese Rolle spielen oder ob wir sie überhaupt noch übernehmen wollen.

Denken Sie daran, daß Sie jede Rolle spielen können, auch wenn einige davon schwierig oder ausgesprochen unbefriedigend sein mögen. Die Tatsache, daß jemand eine bestimmte Rolle besser spielt als Sie, besagt nur, daß diese Rolle dem anderen leichtfällt, während ihm wiederum eine andere Rolle, die Sie mit besonderem Geschick spielen, unerreichbar erscheint. Im Grunde geht es nur darum, wie gern Sie eine Rolle spielen und wie hart Sie dafür arbeiten wollen. Je schwerer es ist, eine Rolle zu erlernen, desto wichtiger muß es für Sie sein, sich alle Mühe zu geben. Aber das liegt ganz bei Ihnen.

Wichtig ist es auch, zu erkennen, daß jede Rolle auch mit bestimmten gesellschaftlichen Wert- und Vorurteilen besetzt ist, weil sie aktuelle soziale Einstellungen und Institutionen symbolisiert. Wenn Sie einerseits die *femme fatale* spielen wollen, andererseits darunter eine «dumme, hilflose, schöne Frau» verstehen, dann müssen Sie sich nicht wundern, wenn Sie sich bisher vor dieser Rolle gedrückt haben. Und wenn Sie mit der Rolle des «souveränen und respektierten Lehrers» die Vorstellung von autoritärem Kasernenhofgehabe verbinden, dann ist das vielleicht die Ursache dafür, warum Sie sich entschieden haben, den «weichen, netten Typen» zu spielen – etwas, was Ihnen vielleicht auch nicht allzusehr zusagt.

Aber auch Rollen können immer wieder neu interpretiert werden. Warum sollten Sie nur deshalb auf eine attraktive Rolle verzichten, weil Sie es nicht mögen, wie sie konventionellerweise gespielt wird? Es liegt ganz bei Ihnen, sie neu zu gestalten, so daß sie spiegelt, wie Menschen sich Ihrer Ansicht nach zueinander verhalten sollten. So könnten Sie beispielsweise die attraktive, sexy *femme fatale* in sich entdecken, die zugleich intelligent, selbstbewußt und stark ist. Oder diesen starken, selbstsicheren Lehrer, der ein offenes Ohr für seine Schüler hat, aber sich nicht minder seiner eigenen Bedürfnisse und Erwartungen bewußt ist.

Einige der Rollen, die Sie derzeit gewöhnlich spielen, verschaffen Ihnen vermutlich nicht das, was Sie gern möchten. Dazu gehören vielleicht Rollen, die Sie in Ihren intimsten Beziehungen übernehmen: Das «arme Kind», der «kühle Diplomat», der «liebenswerte Narr» oder der «aufopferungsvolle Engel» gehören gewissermaßen zum klassischen Repertoire. Machen Sie sich bewußt, über welche Rollen Sie nicht mehr glücklich sind. Dann versuchen Sie herauszubekommen, welche Rollen Sie attraktiv finden und durch welche Sie wahrscheinlich das bekommen, was Sie wollen. Sobald Sie soweit sind, sollten Sie diese Rollen unbedingt übernehmen und sie mit vollem Einsatz auf Ihre Weise spielen – die Weise also, die Ihnen gefällt und bei der Sie sich wohl fühlen.

Und je wohler Sie sich bei diesem Rollenspiel fühlen, desto stärker werden Sie spüren, daß es nicht nur *eine* Möglichkeit gibt, «wirklich Sie selbst» zu sein, sondern daß Ihr inneres Selbst viele Gesichter hat und daß Sie erst ein paar davon kennengelernt und aufgezeigt haben.

Auch Neid kann helfen

Angesichts all der sozialen Prägungen, die uns fast unvermeidlich dazu nötigen, bestimmten Erwartungen entsprechen zu wollen, fällt es uns nicht immer leicht herauszufinden, welche Rollen wir wirklich spielen wollen. Am besten ist es, wenn wir uns auf zwei Gefühle verlassen: unsere innere Abwehr und den Neid.

Manche Dinge, die andere Menschen über uns sagen, kommen uns so furchtbar vor, daß wir uns dagegen zur Wehr setzen wollen, während andere Dinge, die nicht weniger negativ sind, uns überhaupt nicht berühren. Fragen Sie sich: Was ist für Sie das Schlimmste, was man über Sie sagen kann? Und nun wenden Sie einen kleinen Trick an und überlegen sich: Muß ich das auch weiterhin für furchtbar halten, oder ist das etwas, gegen das ich etwas tun kann und will? Entscheiden Sie sich für letzteres, ist das ein ausgezeichneter Ansatzpunkt, einige neue Fähigkeiten zu entwikkeln.

Nun zum Neid. Meine Freundin Debby meinte einmal, Neid empfinde man, wenn man sieht, wie jemand etwas tut oder hat, was man selbst tun oder haben könnte, sich aber nicht gönnt. Wenn Sie also dieses grünhäutige Monster für Ihre Zwecke einspannen, können Sie auch jede Rolle in Ihrem Leben spielen. Lernen Sie einfach, sich bei Ihrem Neid dafür zu bedanken, wenn er Sie auf etwas aufmerksam macht, was Sie gern wollen, aber sich nicht einzugestehen wagen, und entscheiden Sie dann, was Sie damit anfangen wollen.

Allerdings werden Sie von Ihrem Neid und von Ihrer inneren Abwehr gegen bestimmte Dinge nur in einem recht allgemeinen Sinn aufmerksam gemacht, so daß Sie leicht in die Irre geführt werden können. Wenn Sie beispielsweise reiche Menschen beneiden und niedergeschlagen sind, wenn man Sie für arm hält, werden Sie sich vielleicht eingestehen – wenn Sie es nicht ohnehin schon getan haben –, daß Sie gern reich wären. Und doch kann es sein, daß das Geld an sich gar nicht der springende Punkt ist. Sie müssen also schon ein wenig tiefer gehen, um herauszufinden, warum es für Sie denn so beneidenswert ist, wenn jemand viel Geld hat. Weil es das Gefühl vermittelt, frei zu sein? Weil Sie sich selbst verwöhnen wollen? Weil es Ihnen gesellschaftliches Ansehen verschafft? Wenn Sie genau herausfinden, worauf Ihr Neid oder Ihre Abwehr Sie aufmerksam machen will, können Sie sich um das bemühen, was Sie wirklich wollen.

Sie möchten das Recht genießen, sich selbst zu verwöhnen? Fragen Sie sich, wie Sie das tun könnten, ohne reich zu sein. Sie wollen gesellschaftlich angesehen sein? Lassen Sie doch einfach zu, daß Sie gesellschaftliches Ansehen gewinnen. Sie wollen frei sein? Nehmen Sie sich doch die Ihnen mögliche Freiheit. Suchen Sie sich eine Rolle aus und probieren Sie sie: das verwöhnte Kind oder die wichtige Persönlichkeit oder der freie Geist, und finden Sie heraus, wie Sie sie am besten spielen können. Denken Sie daran, daß gute Schauspieler ihre Rollen auch deshalb so überzeugend darstellen, weil sie sich aller möglichen Requisiten dabei bedienen. Wenn Sie einmal sicher sind, welche Rolle Sie spielen wollen, stellen Sie vielleicht fest, daß Sie sie nur dann zu Ihrer Zufriedenheit spielen können, wenn Sie mehr Geld verdienen. In diesem Fall sollten Sie sich das 14. Kapitel vornehmen, das sich mit Zeit und Geld befaßt.

Zielvorstellungen und Bilder

Im wirklichen Leben wie auf der Bühne spielt man Rollen am besten dann, wenn man sie von innen heraus nach außen entwikkelt – nicht umgekehrt. Eine Rolle ist schließlich keine leere Hülse oder ein attraktives Bild, sondern etwas Gestaltetes, in dem gewisse Absichten und Beziehungen zum Ausdruck kommen. Oder wie es der bedeutende russische Regisseur Stanislawski einmal beschrieben hat: «Nur eins kann verlockend sein für unseren schöpferischen Willen und uns anziehen, und das ist ein reizvolles Ziel, eine kreative Zielvorstellung... Erst die Zielvorstellung erfüllt das Wesen einer Rolle mit pulsierendem Leben.»[1]

Denken Sie beispielsweise an den «guten Onkel Doktor». Wenn Sie, als junger Medizinstudent, glauben, Sie müßten eigentlich nur wie ein Arzt aussehen und sich auch so anhören, sich entsprechend anziehen und sich überhaupt wie ein erfolgreicher Arzt benehmen, dann würden Sie zwar das Rollenbild übernehmen, doch nicht die für diese Rolle so charakteristische Zielvorstellung. Ihre Patienten werden dann vielleicht denken: «Dieser Arzt sieht ja beeindrukkend aus», aber besser fühlen werden sie sich deshalb noch lange nicht.

Wenn Sie die Rolle allerdings wirklich richtig spielen wollen, müssen Sie sich auch auf die in ihr verkörperten Intentionen einlassen. Dem wahrhaft um das Wohl und Wehe seiner Patienten besorgten Arzt ist nämlich zutiefst daran gelegen, leidenden Menschen den Eindruck zu vermitteln, daß er ihnen zuhört, sich um sie kümmert und sie versteht und daß sie sich entspannen und ihrem Doktor vertrauen können, um so den natürlichen Prozeß ihrer Heilung zu fördern. Bei diesem Arzt wird ein Patient erleichtert aufseufzen und das Gefühl haben: Diesem Menschen kann ich vertrauen. Und das gilt auch für jede andere Rolle. Der Auftritt folgt immer aus der inneren Zielsetzung, nicht umgekehrt.

Arthur beispielsweise wollte immer schon Partymittelpunkt sein. Er beobachtete andere Menschen, die diese Rolle beherrschten (wie sein Freund Alan), und probierte sie nachzuahmen, aber es wollte ihm nie wirklich gelingen. Dann versuchte er es mit der Bildarbeit. Er stellte sich vor, wie er in Alans Körper schlüpfte und sich fragte: «Was will ich eigentlich *tun,* wenn ich der Mittelpunkt der Party bin?»

Ihm wurde klar, daß er sich eigentlich überhaupt nicht darum bemühte, Partymittelpunkt zu sein, sondern daß er nur die anderen amüsieren und unterhalten wollte, damit *sie* sich entspannen konnten und fröhlich waren. Als er das begriff, entdeckte Arthur auch, daß es *ihm* Vergnügen bereitete und er ein Talent dafür *besaß*, andere zu amüsieren, und von da an freute er sich auf jede Party, weil sie ihm Gelegenheit bot, eine Facette seines Wesens auszudrücken, von deren Existenz er bis dahin nichts geahnt hatte.

Eine Rolle verkörpern

Sobald Ihnen Ihre innere Zielsetzung klar ist, müssen Sie wie jeder Schauspieler herausfinden, wie Sie Ihre Rolle am besten spielen. Am wichtigsten ist dabei das, was Stanislawski eine «durchgehende Leitlinie» nannte: das Handlungsmuster also, das Ihren inneren Intentionen Ausdruck gibt. Ihre durchgehende Leitlinie sind Ihre aktiven Bemühungen, Ihr Ziel zu erreichen. Darüber hinaus müssen Sie bei dem Hindernislauf, den das Leben nun einmal darstellt, damit rechnen, daß Sie sowohl mit widrigen Umständen wie mit Menschen konfrontiert werden, deren durchgehende Leitlinie der Ihren vielleicht gänzlich zuwiderläuft. Und gerade dieser Konflikt zwischen Ihrer Leitlinie und dem Gegenspiel der Welt macht das Drama des Lebens aus.

Last, but not least kommt es darauf an, *wie* Sie Ihre innere Zielsetzung und Ihre Leitlinie verkörpern, wie Sie in dieser Rolle aussehen. Hierbei ist es wichtig, daß Sie so viel wie möglich in Erfahrung bringen – wie sich andere Menschen anziehen, vor welchen Kulissen sie gut wirken und so weiter. Am unbestechlichsten aber ist immer noch Ihr inneres Auge: Wenn Sie so aussehen, wie Sie Ihre Rolle empfinden, dann sind Sie auf dem richtigen Weg.

Fähigkeiten übertragen

Die meisten Fähigkeiten, die mit einer neuen Rolle verbunden sind, sind nichts weiter als altes Können, in einem neuen Kontext präsentiert. Es ist viel leichter herauszufinden, auf welchem Gebiet Sie ein Könner sind, und dieses dann auf Ihre neue Rolle zu übertragen, als sich darum zu bemühen, Neues zu erlernen. Auf diese Weise tritt die durchgehende Leitlinie wie von selbst und stark zu Tage.

So suchte der arbeitslose Jimmy beispielsweise verzweifelt einen neuen Job. Ihm war klar, daß er dabei wie ein «selbstbewußter Mann auf dem Weg nach oben» auszusehen hatte. Doch jedesmal wenn er zu einem Vorstellungsgespräch gebeten wurde, bekam er es mit der Angst zu tun und vermasselte es. Als ich ihn fragte, wann er denn sonst das Gefühl habe, selbstbewußt aufzutreten, erwiderte er: «Wenn mich ein Freund um Rat bittet.»

Nun versuchten wir gemeinsam, genau herauszufinden, wie sich Jimmy verhielt, wenn er sich selbstbewußt fühlte – was er sagte, was er tat und was er dabei empfand. Worin unterschieden sich die beiden Szenarios von Anfang an? Beim Vorstellungsgespräch kam Jimmy sich wie ein Angeklagter vor, doch wenn ihn ein Freund aufsuchte, hatte er das Gefühl, gebraucht zu werden. «Wenn du das Gefühl hättest, von deinem künftigen Vorgesetzten gebraucht zu werden, was würdest du dann tun?» fragte ich ihn. Und sogleich hatte Jimmy einen Handlungsablauf vor Augen, an den er sich halten konnte. Womöglich *war* er ja der Mann, den sein Gesprächspartner brauchte.

Selbstdarstellung: Übungsaufbau

Die Übung zur Selbstdarstellung beginnt damit, daß Sie sich eine Rolle aussuchen, die Sie interessiert und die Sie für Sie für richtig halten. Ihren stehen dazu verschiedene Wege offen: Indem Sie feststellen; wen Sie beneiden; wobei Sie sich nicht wohl fühlen; was Sie davon abhält, zu bekommen, was Sie wollen; oder welche Rolle für Sie die größte Herausforderung wäre. Als nächstes sollten Sie diese Rolle studieren, wenn sie von anderen Menschen gespielt wird. Beobachten Sie, wie sie diese Rolle spielen, schlüpfen Sie in die Schuhe dieser Leute, finden Sie heraus, welches Ihre Intentionen sind, und stellen Sie möglichst viele Fragen. Denken

Sie gegebenenfalls auch an einen Bereich Ihres Lebens, in dem Sie bereits die Fähigkeiten zeigen, die für diese Rolle erforderlich sind, und finden Sie heraus, wie Sie diese Fähigkeiten übertragen können. Dann stellen Sie sich wie bei der Übung «Das Leben ändern» (10. Kapitel) eine Filmleinwand vor. Sehen Sie zuerst sich darauf, wie Sie jetzt sind, und dann, wie Sie in Ihrer neuen Rolle sein werden. Probieren Sie diese Rolle aus, suchen Sie sich einen inneren Begleiter und schauen Sie zurück, um zu sehen, wie Sie die neue Rolle gemeistert haben. Am Ende statten Sie wie immer Ihren Dank ab, reflektieren, schauen voraus auf die Konsequenzen, die diese Rolle für Sie in Zukunft haben wird, und tauchen wieder auf.

Das Aufbauschema:

Vorbereitung: Einen Freiraum schaffen und entspannen
1. Eine neue Rolle wählen
2. Die Rolle studieren
3. Fähigkeiten übertragen
4. Die Rolle werden
5. Einen inneren Führer finden
6. Zurückschauen
7. Dank abstatten, reflektieren, vorausschauen und auftauchen

---

Selbstdarstellung: Grundübung

Vorbereitung: Einen Freiraum schaffen und entspannen

1. *Eine neue Rolle wählen.* Hier ein paar Möglichkeiten, wie Sie sich leichter für eine Rolle entscheiden können, die Sie besser spielen wollen.

a) *Das grünhäutige Monster.* Schauen Sie in Gedanken zurück: Welche Menschen haben Sie beneidet? Was war an ihnen so beneidenswert? Geben Sie den Rollen, die diese Personen gespielt haben, einen Namen.

b) *Vom Tellerwäscher zum Millionär.* Denken Sie daran, als Ihnen jemand zuletzt das Gefühl vermittelt hat, wirklich «das letzte» zu sein. Beschreiben Sie das Bild, das Sie von sich selbst hatten.

Geben Sie ihm einen Namen. Wie sieht das entgegengesetzte Bild aus? Gefällt es Ihnen? Geben Sie ihm einen Namen.

c) *Die Idealbesetzung.* Denken Sie an ein Ziel, das Sie gern erreichen möchten, wobei Sie sich nicht sicher sind, ob es Ihnen auch gelingt. Welche Person könnte das schaffen? Geben Sie Ihrer Rolle einen Namen.

d) *Die größte Herausforderung.* Was wäre für Sie die schwierigste Rolle der Welt? Würde sie Ihnen gefallen? Probieren Sie sie doch einmal in Ihrer Phantasie aus. Geben Sie ihr einen Namen.

2. *Die Rolle studieren.* Wenn Sie sich eine Rolle ausgesucht haben, beginnen Sie mit dem Rollenstudium. Man hat Sie offiziell damit beauftragt, diese bestimmte Rolle zu analysieren. Sie untersuchen das Wesen dieser besonderen Rolle, die Texte, den Stil, die Kostüme und den Hintergrund sowie ihre inneren Zielsetzungen und Handlungsabläufe. Wen kennen Sie persönlich oder haben Sie irgendwo gesehen, dem Sie diese Rolle zutrauen?

Wenn Sie an eine bestimmte Person denken, stellen Sie sich vor, wie sich Ihr Geist über ihr und um sie herum bewegt. Was nehmen Sie dabei wahr? Werden Sie nun diese Person und versuchen Sie herauszufinden: Worin besteht meine Intention oder mein Ziel, wenn ich in dieser Rolle agiere? Was macht diese Rolle zu dem, was sie ist? Worin besteht der für mich charakteristische Handlungsablauf, wenn ich dieses Ziel erreichen will? Wie werde ich mit Widerständen fertig? Wie kann ich dafür sorgen, daß ich die Rolle auch äußerlich verkörpere? Stellen Sie sich diese Fragen als jede Person, die Sie sich als Idealbesetzung dieser Rolle vorstellen können.

Wenn Sie im Alltagsleben mit anderen Menschen zusammenkommen, achten Sie auf Menschen, die diese Rolle spielen. Suchen Sie sich Ihre »Stars« aus – je nachdem, wie attraktiv oder beneidenswert Sie sie finden. Nehmen Sie an, daß sie etwas tun, was man lernen kann, und fangen Sie an, sich dabei zu beobachten. Was tun sie? Wie ziehen sie sich an? Wie bewegen sie sich? Stellen Sie sich vor, Ihr Geist tritt in ihren Körper ein: Was für ein Gefühl haben Sie dabei, diese Person zu sein? Was wollen Sie zustande bringen? Worin besteht das Wesen dieser Rolle? Was ist das Besondere an ihr?

Lernen Sie Fragen zu stellen. Wenn sich Ihre Freunde unter den Menschen befinden, die diese Rolle nach Ihrer Auffassung besser spielen als Sie, fragen Sie sie, wie und warum ihnen das gelingt. Sie werden sich mit Sicherheit geschmeichelt fühlen, daß sie von einem Forscher-Fan interviewt werden. Kennen Sie jemanden, der etwas von Kostümen und Requisiten versteht? Bitten Sie darum, daß man Sie zu den Einkäufen mitnimmt. Und fordern Sie Ihre guten Freunde auch auf, Ihnen ganz ehrlich und so detailliert wie möglich zu sagen, wie sie Ihre Selbstdarstellung fanden und was Sie ihrer Ansicht nach anders machen könnten.

3. *Fähigkeiten übertragen.* Warum ist diese Rolle so schwer? Erinnern Sie sich an andere Situation oder an einen anderen Bereich Ihres Lebens, in dem Sie Ihr ganzes Können entfalten. Wie haben Sie in der früheren Situation agiert – was war damals Ihre Leitlinie? Worin unterschieden sich die beiden Situationen? Wenn sie sich nicht unterscheiden: Wie würden Sie das gleiche in der neuen Situation tun? Erarbeiten Sie sich Ihre neue durchgehende Leitlinie.

4. *Die Rolle werden.* (Beachten Sie, daß die Schritte 4, 5 und 6 eine Kurzversion der Übung «Das Leben ändern» aus dem 10. Kapitel sind.) Stellen Sie sich vor, Sie sitzen in Ihrem Privatkino. Lassen Sie ein Bild von sich auf der Leinwand kommen, wie Sie gerade jetzt in Ihrem Alltagsleben sind. Wie sind Sie angezogen, wie bewegen Sie sich, wie verkehren Sie mit anderen, wie schmücken Sie Ihr Heim usw.? Was scheint Ihr Hauptziel im Leben zu sein (im Hinblick auf Ihre Handlungsweise)? Welchen Namen würden Sie dieser Rolle geben? Gefällt sie Ihnen? Danken Sie der Person auf der Leinwand für ihren Auftritt und lassen Sie das Bild nach links wandern und von der Leinwand verschwinden.

Lassen Sie nun ein Bild von sich auf der Leinwand kommen, das Sie in Ihrer neuen Rolle zeigt. Schauen Sie es sich genau an. Treten Sie dann in das Bild – seien Sie der Akteur. Stellen Sie fest, wie Sie gekleidet sind, wie Sie sich bewegen, wie Sie sprechen und was Sie sagen. Denken Sie darüber nach, wie Ihr Haus ist und welche Orte Sie gern aufsuchen. Stellen Sie fest, was Sie von anderen Menschen halten und wie Sie mit ihnen umgehen. Wenn Sie ursprünglich eine ganz bestimmte Situation vor Augen hatten – z. B. ein Vorstellungsgespräch oder eine Party –, dann stellen Sie sich nun vor, Sie seien in dieser Situation und spielten diese Rolle. Denken Sie an Situationen oder Menschen, mit denen Sie nur schwer fertig werden, und üben Sie, wie Sie damit umgehen würden. Übertreiben Sie ruhig Ihr Rollenspiel, so daß Sie wirklich auf den Punkt kommen, und nehmen Sie sich dann wieder zurück. Lassen Sie sich dabei eventuell von einem Freund helfen.

5. *Einen inneren Führer finden.* Lassen Sie den Namen oder das Bild eines Experten oder Führers auftauchen, der Ihnen als Berater für diese Rolle besonders hilfreich wäre. Das kann eine reale Person sein, die Sie kennen, eine historische Gestalt oder auch eine mythologische Heldin. Fragen Sie sie, was sie von Ihnen in Ihrer gegenwärtigen Rolle halten und was Sie tun müßten, um diese neue Rolle gut zu verkörpern. Der Rat sollte möglichst detailliert sein.

6. *Zurückschauen.* Schauen Sie in der Rolle dieses neuen Akteurs auf die Person zurück, die Sie waren, oder auf die Rolle, die Sie bisher gespielt haben. Wie haben Sie diese neue Rolle zu spielen gelernt? Welche inneren und äußeren Veränderungen mußten Sie herbeiführen? Wenn Sie der Person, die Sie waren, einen Rat geben könnten – was würden Sie ihr sagen?

7. *Dank abstatten, reflektieren, vorausschauen und auftauchen.* Danken Sie all Ihren Beratern für ihre Hilfe – auch den Menschen, die Sie am meisten beneidet haben. Denken Sie darüber nach, was Sie bei diesem Prozeß gelernt haben. Schauen Sie vor und nach dem Auftauchen voraus und überlegen Sie sich, ob es irgendwelche Veränderungen gibt, die Sie gern in Ihrem Leben vornehmen würden, und wie Sie das anstellen könnten. Wenn Sie diese Rolle öfter spielen würden: Bräuchten Sie dann andere Kleider, ein anderes Haus, einen anderen Bekanntenkreis? Oder müßten Sie dann einfach nur anders gehen und anders sprechen? Sie müssen sich nicht sofort dazu entschließen, irgend etwas zu verändern. Machen Sie sich einfach Gedanken darüber und fragen Sie sich, ob Ihnen irgendeine von diesen Veränderungen mehr Spaß machen würde als Ihr jetziges Leben. Nehmen Sie sich vor, täglich – oder vor wichtigen Anlässen – ein paar Augenblicke damit zu verbringen, sich bildlich vorzustellen, diese Rolle zu spielen und ein Gespür für Ihre Leitlinie zu bekommen.

In Zukunft: Bevor Sie sich einem wichtigen oder schwierigen Ereignis aussetzen, klären Sie, welche Rolle Sie spielen wollen, und versuchen Sie, rasch ein Bild davon kommen zu lassen, wie Sie diese Rolle spielen und welches Ihre Leitlinie ist. Es sollte eine Rolle sein, bei der Sie sich wohl fühlen und die Ihnen verschafft, was Sie in dieser Situation wollen. Und wenn Sie einmal eine Wahl treffen müssen, die mit dieser Rolle zusammenhängt, halten Sie einen Augenblick inne und versetzen Sie sich in den Protagonisten, den Sie ja nun schon kennen. Seien Sie für einen Augenblick er oder sie. Versuchen Sie zu verstehen, welche Wahl diese Person treffen würde. Oder sagen Sie einfach: «Wenn ich X wäre, würde ich...» Sie können auch mit Ihrem Berater sprechen: «Was würdest du tun, oder was würdest du mir empfehlen zu tun?» Sie müssen diesem Rat ja nicht folgen, aber wenn er Ihnen gefällt, nehmen Sie ihn einfach an.

Zum Abschluß

Spielen sollte Spaß machen, auch das Rollenspiel. Wenn Sie lernen, wie Sie auf der gesellschaftlichen Bühne des Lebens erfolgreich agieren können, dann ist das eine selbstgestellte Herausforderung, ohne daß dabei Ihr innerer Wert auf Herz und Nieren geprüft wird. Und je besser Sie lernen, Rollen bewußt zu verkörpern, desto seltener werden Sie wahrscheinlich auf die Schau hereinfallen, die andere abziehen, und desto besser werden Sie die wahren Qualitäten, an denen Ihnen wirklich gelegen ist, erkennen und achten.

Vor allem sollten Sie stets daran denken, daß das Leben zwar eine Bühne, aber die Bühne nicht das Leben ist: Auch wenn es Ihnen Spaß macht, in eine Rolle zu schlüpfen, sobald Sie die Bühne betreten, sollten Sie sie doch genauso gern wieder ablegen, wenn Sie die Bühne verlassen. Denn wenn Sie die Rolle nicht mehr fallenlassen können, wenn Sie es wünschen, wird sie Ihnen keinen Spaß mehr machen und zum Abwehrpanzer werden. Genießen Sie also Ihren Auftritt und den Applaus, aber vergessen Sie dabei nicht, daß Ihre Freunde Ihnen lieber nahe sein wollen, als von Ihnen beeindruckt zu werden. Und lassen Sie sich niemals allzusehr auf eine Rolle festlegen, damit sie nicht zur einzigen Rolle wird, in der man Sie erleben will oder die Sie spielen können.

Suchen Sie sich Ihre Rollen sorgfältig aus. Probieren Sie jede aus. Wenn Sie Ihnen nicht gefällt, reicht das völlig. Erfolgreiche Schauspieler wie Sie müssen auch nicht jede Rolle annehmen, die man ihnen anbietet – sie können sich die aussuchen, die ihnen gefallen, die eine Herausforderung darstellen und ihnen die beste Gelegenheit bieten, die ganze Skala ihrer Begabung und ihrer geistigen Möglichkeiten zum Ausdruck zu bringen.

14. *Wie Sie mit Zeit und Geld besser umgehen können: Mangel und Überfluß*

Früher war Zeit für mich so etwas wie eine bedrohliche fremde Gewalt, die mich durch dunkle Straßen verfolgte. Immer hatte ich viel zuviel zu tun, und jede Nacht ging ich mit dem Gefühl zu Bett, versagt zu haben, weil ich nicht genug geschafft hatte. Im Grunde war Zeit für mich ein Synonym für die Erwartungen anderer und die Versagensangst, ihnen nicht gerecht zu werden – obwohl ich mir doch das meiste, was ich zu tun hatte, selbst ausgesucht hatte. Stets war ich von der fixen Idee besessen, daß irgend jemand, ja vielleicht sogar jeder andere es schneller und besser als ich schaffte. Eifrig las ich alle möglichen Interviews mit vielbeschäftigten Leuten, um herauszufinden, wie sie bloß mit ihrer Zeit zurechtkamen, und ich hoffte, daß das ein wenig auf mich abfärben würde. Während einer besonders fürchterlichen Phase wachte ich eines Morgens auf, und da kam mir eine so naheliegende und simple Idee, daß ich mich nur darüber wunderte, warum sie mir nicht schon früher gekommen war: Eigentlich müßte ich mich nur teilen.

Wenn ich es mir allerdings so recht überlegte, wurde ich eigentlich mit allem fertig, was ich zu tun hatte, und konnte letztendlich auch alle Termine einhalten, die ich mir gesetzt hatte – obwohl ich wirklich viel zuviel am Hals hatte. Außerdem stellte ich fest, daß ich die Dinge gern vor mir herschob, bis ich in Panik geriet, weil ich sicher war, ich würde es nie mehr schaffen und alles sei sowieso schon zu spät. Dann raffte ich mich auf und erledigte alles noch in letzter Sekunde. Und schließlich wurde mir auch eins bewußt: Wenn ich vielleicht mit einem Projekt hätte sogar früher fertig werden können, wurde ich unruhig, und dann gelang es mir doch tatsächlich, alles durcheinanderzubringen oder die Sache so lange hinauszuzögern, daß ich sie am Ende doch erst in letzter Sekunde beendete.

Unklarkeiten, Widersprüche und Konflikte

Die meisten Menschen haben eine unklare, widersprüchliche, ja konfliktgeladene Einstellung gegenüber Zeit und/oder Geld. Beide sind von großer Bedeutung in unserer Gesellschaft, sind zutiefst verbunden mit unserem Selbstverständnis und unserem gesellschaftlichen Ansehen, repräsentieren sie doch die Erwartungen und die Belohnungen, die die Gesellschaft für uns bereithält. Außerdem werden sie in der Optik unserer Sprache und unserer kulturellen Werte von Natur aus verzerrt dargestellt. Daher spiegelt und verstärkt sich in unserer Beziehung zu Zeit und Geld im allgemeinen jede Unklarheit und Zweideutigkeit, mit der wir den Erwartungen der Welt gerecht zu werden und ihre Belohnungen entgegenzunehmen suchen.

Solange wir uns der komplizierten, gesellschaftlich tradierten Einstellung gegenüber Zeit und Geld nicht bewußt sind – ebensowenig wie der inneren Entscheidungen, die wir in dieser Hinsicht bereits in unserer Jugend getroffen haben, und der zwiespältigen Gefühle, die wir dabei täglich empfinden –, werden wir ganz unkritisch davon ausgehen, daß die Welt voller unabänderlicher «Tatsachen» und Einschränkungen ist, gegen die wir in gewisser Hinsicht nicht angehen können: «Was soll's – der Tag hat schließlich auch nur 24 Stunden.» Oder: «Ich werde nie genug Geld haben.» Doch sobald wir uns der hier zugrundeliegenden Dynamik bewußt werden, können wir vielleicht auch zu neuen Einstellungen gelangen, die die «Tatsachen» zu verändern vermögen und es uns ermöglichen, unsere Grenzen zu überschreiten.

Haben und Nichthaben

Es ist symptomatisch, daß die Definitionen von Zeit und Geld in unserer Sprache, die unsere westliche technokratische Gesellschaft spiegelt, jeweils Sammelbegriffe sind – von Dingen oder Waren –, die Begrenztheit zum Ausdruck bringen. Beides kann verschwendet, verbraucht, verloren, gespart, verwaltet, gestohlen oder übertrieben zur Schau gestellt werden. Manche Menschen haben davon mehr als andere, und man kann sich schuldig fühlen oder sich schämen, wenn man zuviel oder zu wenig davon hat oder wenn beides der Fall ist. Es hängt ganz von Ihrem sozialen Umfeld ab, ob es für Ihr Selbstverständnis und für Ihre Selbstdarstellung gefährlich ist, «wohlhabend» oder ein «Habenichts» zu sein.

Außerdem besteht eine komplexe Beziehung zwischen Zeit und Geld: Zeit ist Geld, und Geld ist Zeit, so daß uns Zeit Geld kostet, und wenn wir Geld haben, können wir uns Zeit kaufen. Andererseits scheinen manche Menschen zuviel Zeit zu haben, die sie scheinbar nicht in Geld umtauschen können (z. B. Arbeitslose), während andere zuviel Geld haben, was für dessen Besitzer noch lange keine Garantie ist, auch genug Zeit zu haben (z. B. für erfolgreiche, aber überarbeitete Unternehmer). Darüber hinaus wächst in bestimmten Kreisen, wie zum Beispiel unter Freiberuflern, das gesellschaftliche Ansehen, je weniger Zeit man hat, weil man dann offenbar sehr gefragt ist. Für andere hingegen, beispielsweise für reiche Erben, ist ein Übermaß an Freizeit – also die Tatsache, daß sie zuviel Zeit haben – der eigentliche Beweis für echten Erfolg.

Doch für mich wie für viele Menschen, mit denen ich gearbeitet habe, bedeuten Zeit und Geld etwas ganz anderes, wenn wir uns über unsere Beziehung zu ihnen klarwerden: Für uns sind sie keine Waren oder Güter, sondern Lebensenergie, die wir als uns gehörig anerkennen und bewußt und angemessen einsetzen müssen, um gut zu leben, schöpferisch tätig zu sein und unseren Beitrag zum Gemeinwohl zu leisten.

Zum richtigen Verständnis von Zeit und Geld gelangen wir, wenn wir alle Zweideutigkeit und Unsicherheit hinter uns gelassen haben. Dann haben wir eher das Gefühl, beides im Überfluß als zu wenig davon zu besitzen. In diesem Fall bedeutet Überfluß nicht ein Zuviel, sondern vielmehr ein Genug. Es bedeutet auch nicht, daß jemand anders weniger hat, weil ich mehr habe – nein, es ist genug für alle da. Und sobald wir spüren, daß für uns alle genug da ist, merken wir auf einmal, daß wir ebensogern geben wie nehmen.

Dieses Gefühl des Überflusses spiegelt unser Selbstwertgefühl und sowohl unser Selbstvertrauen wie Vertrauen in die eigenen Möglichkeiten und verstärkt sie zugleich, was uns wahrhaft kreativ mit der Welt umgehen läßt. Das bedeutet, daß wir Zeit und Geld weder sparen noch verschwenden, verlieren oder damit protzen, sondern daß wir beides gewissermaßen »recyceln«.

Verstehen Sie mich nicht falsch: Damit will ich keineswegs sagen, daß wir vollkommen frei und selbstbestimmt sind, noch will ich unterstellen, daß Arbeitslose «selbst daran schuld sind», daß ihre Firma sie nicht mehr braucht und darum in eine Lage gebracht hat, in der sie zuviel Zeit und nicht genug Geld haben. Wir können in vieler Hinsicht nicht frei über Zeit und Geld verfügen, und unsere Gesellschaft ist zutiefst von der Kluft zwischen «Gespickten» und «Habenichtsen» geprägt. Dennoch kann kein Zweifel daran bestehen, daß sich uns neue Möglichkeiten auftun, wenn wir unsere eigenen inneren Widersprüche verstehen und auf alles Zweideutige verzichten.

Das Haus der Zeit

Während einer besonders umtriebigen Phase in meinem Leben, als ich mit meinen Zeitproblemen einfach nicht fertig wurde, kam mir auf einmal die Erleuchtung. Damals wurde ich nämlich nachts immer davon wach, daß ich mir Sorgen machte, ob ich mit einer bestimmten Sache auch rechtzeitig fertig würde, oder daß ich mir selbst heftige Vorwürfe machte, nicht genug getan zu haben. Ich wurde dabei das Gefühl nicht los, diese Situation sei eine Herausforderung für mich, aus der ich etwas lernen müsse, aber ich kam einfach nicht dahinter, was es sein könnte.

Plötzlich kam mir die Idee, in mir müsse ein innerer Zauberkünstler stecken, der das alles irgendwie schaffen würde. Doch wie bei allen guten Zaubertricks war es keine Hexerei, auch wenn das Publikum es gern glauben wollte, sondern schlicht *Können.* Auf diese Weise schaffte ich es also immer, rechtzeitig fertig zu werden, auch wenn es vollkommen unmöglich schien. Demnach wurde ich nachts nicht von dem so selbstsicher wirkenden Magier geweckt, sondern von dem ewig mißtrauischen Publikum in mir. Sobald ich den Zauberkünstler veranlaßt hatte, die Leute in Sicherheit zu wiegen, konnte ich nachts wieder ruhig schlafen.

Vor noch nicht allzulanger Zeit erkannte ich, daß mein Verhältnis zur Zeit noch besser sein könnte und daß die Zeit weder ein beschränktes Gut war, von dem ich nie genug hatte, noch ein bedrohlicher Fremdling, der mir (Versagens-)Angst einjagte. Und so beschloß ich, mir ein «Haus der Zeit» zu schaffen und es immer wieder aufzusuchen, um meine ganze Situation neu zu verstehen.

Wie sich herausstellte, war mein Haus der Zeit ein imposantes, erhabenes Gebäude, so etwas wie eine Kathedrale. Und hier lernte ich Pater Zeit kennen. Er war eine beeindruckende, ehrfurchtgebietende, prächtige Gestalt. Das Gefühl altehrwürdiger Größe, das er vermittelte, rührte mich fast zu Tränen. Auf einmal war ich zutiefst davon durchdrungen, daß er buchstäblich seit Anbeginn der Zeit existiert hatte und alles andere als ein trivialer Fremdling war.

Ich trug ihm mein Problem vor und bat ihn, mir zu helfen. Darauf sagte er mir: «Es ist unmöglich, daß du nicht genug Zeit hast, denn du *bist* die Zeit. Zeit heißt Lebenszeit. Dein Problem besteht in Wirklichkeit darin, daß du immer versuchst, die Zeit zu betrügen. Du spielst Verstecken mit der Zeit – und damit mit dir selbst. Du mußt dich einfach entscheiden, wie du deine Zeit – oder anders gesagt: deine Energie nutzen willst. Sobald du weißt, was du tun willst, mußt du bloß die entsprechende Datei für diese Aufgabe öffnen und alles weitere dem Programm deiner Vorstellungskraft überlassen. Es wird auf ganz natürliche Weise erledigt werden. Außerdem wirst du feststellen, daß du ein paar andere Dateien schließen willst, die schon zu lange geöffnet waren – besonders diejenigen, die deine Angst speichern, nicht genug Zeit zu haben.»

Dieses bewegende Erlebnis änderte mein Verhältnis zur Zeit grundlegend. Heute kommt mir die Zeit eher wie eine Hand vor, die sich fest in meine eigene Hand schmiegt und perfekt dazu paßt.

Mit meiner Zeit kann ich machen, was ich will, nicht was mir ein außenstehender Arbeitgeber oder Kritiker vorschreibt. Ich muß mir auch nicht mehr jedesmal wie ein Versager vorkommen, wenn ich nicht genug schaffe – vielmehr muß ich mir nur darüber klarwerden, daß ich es aus irgendeinem Grund bewußt versäumt habe, mir genug Zeit zu lassen. Ich verstehe jetzt auch nicht nur vom Intellekt, sondern auch vom Gefühl her, daß die Zeit nicht linear ist und daß die Zeitmenge, die mir in Form von Stunden, Tagen oder Wochen zur Verfügung steht, nichts damit zu tun hat, ob und wie gut ich meine Arbeit erledigen werde. Es geht einfach darum, die Datei zu öffnen: sich bewußt vorzunehmen, eine Sache zu *tun*. Der Rest geschieht wie stets ganz von selbst, trotz aller Aufregungen. In einem tieferen Sinn habe ich meinen Frieden mit der Zeit geschlossen.

Janets Haus des Geldes

Janets Verhältnis zum Geld mußte unbedingt in Ordnung gebracht werden. Sie, eine sehr willensstarke Frau, wollte sehr viel mehr Geld als bisher verdienen, weil es für sie ein Mittel war, einen Lebensstil und eine Selbstachtung zu erreichen, wie sie sie für angemessen hielt. Allerdings hatte sie eine merkwürdige Art, mit Geld umzugehen, die ihr viel Kummer bereitete: Sie gab an einem einzigen Tag so viel Geld aus, daß sie sich am nächsten nicht einmal das Nötigste leisten konnte. Ganz allgemein hatte sie ein vages Gefühl der Unsicherheit und Schuld, wenn es um Geld ging. Während eines Bildarbeitskurses zum Thema Zeit und Geld beschloß sie, das Haus des Geldes aufzusuchen.

Janets Haus des Geldes war ein wunderschönes Gebäude, mit goldschimmernden Wänden, die aus lauter Münzen zu bestehen schienen und in ein strahlendes Licht getaucht waren. Janet sah sich alles an und lächelte glücklich. Aber dann entdeckte sie einen ziemlich streng blickenden Mann in einem korrekten Anzug hinter einem Schreibtisch. Sie hatte Angst, näher zu treten. Doch gleich darauf sah sie einen bärtigen alten Mann, der ein wenig wie Methusalem aussah und offenbar ein freundliches Gesicht hatte.

Janet sprach mit diesem alten Mann und erfuhr, daß er Joseph hieß. Sie fragte ihn, was er von ihrem Verhältnis zum Geld halte und was sie daran ändern könne. Als sie dann Joseph wurde, sagte dieser zu Janet, ihr Hauptproblem bestehe darin, daß sie nicht daran glaube, jemals genug Geld zu haben, und dies hänge damit zusammen, daß sie nie genau wußte, wieviel sie gerade hatte und was sie ausgeben konnte. Diese Unkenntnis sei gefährlich für sie. Er versicherte ihr, daß sie immer genug Geld haben würde und sich keine Sorgen zu machen bräuchte, aber sie müsse unbedingt genau hinsehen, was sie tat.

Erfreut und ziemlich erleichtert war Janet nun in der Lage, auf den Mann im Anzug zuzugehen, der Michael hieß. Michael erklärte ihr streng, sie habe eine Neigung zur Verschwendung, und das Geld rinne ihr nur so durch die Finger. Im Laufe des

Gesprächs stellte sich heraus, daß Michael zwar von ihr verlangte, sie müsse genau darüber Buch führen, was sie ausgäbe, aber dann wollte er ihr nicht sagen, wieviel Geld ihr zur Verfügung stünde, weil er befürchtete, daß sie es dann gleich ausgeben würde. Er gab zu, ihr absichtlich den Eindruck vermittelt zu haben, daß es sein Geld sei, was er ihr freundlicherweise in kleinen Raten zuteile, obwohl es doch in Wahrheit ihr Geld sei, weil er ihr nicht zutraute, damit umgehen zu können.

Janet mußte daran denken, daß sie schon als Kind mit ihrem Taschengeld nicht klargekommen war, und wurde langsam ärgerlich. Sie forderte Michael auf, ihr zu sagen, wieviel Geld sie hätte, und es ihr zu überlassen, was sie damit machen wollte. Solange sie nicht für sich selbst verantwortlich sein dürfe, würde sie wahrscheinlich auch unverantwortlich handeln.

Als sie die Rollen tauschten, erwiderte Michael, er wäre dazu bereit – allerdings nur unter der Bedingung, daß sie fünfzehn Prozent von ihrem Geld sparen würde, egal wieviel das sei. Janet wollte das Angebot schon akzeptieren, hielt dann aber inne und dachte noch einmal darüber nach. Sie sei durchaus bereit, Geld zu sparen, verkündete sie dann, aber so, wie sie es für richtig halte. Nach langem Hin und Her erklärte sich Michael schließlich damit einverstanden: Er würde ihr Auskunft geben und ihr auch ihr Geld anvertrauen und ihr glauben, daß sie sich nun wie ein erwachsener Mensch verhalten würde. Sie war begeistert und versprach, noch in derselben Woche ihre Buchhaltung in Ordnung zu bringen. Dann bedankte sie sich bei Michael und sagte, sie würde bei Gelegenheit wieder auf ihn zukommen, weil sie ihn als Berater schätze.

Das Bild als Metapher

Es gibt eine ganze Reihe von Möglichkeiten, unser Verhältnis zu Zeit und Geld zu erkunden, wobei wir dabei meist auf die in anderen Kapiteln dargestellten Übungen zurückgreifen können. Einige Vorschläge sind auf S. 256ff. bei den Varianten aufgeführt.

Die Übung «Das Bild als Metapher» aus dem 5. Kapitel stellt eine besonders wirkungsvolle Methode dar: Indem Sie ein Bild kommen lassen, das Geld oder Zeit darstellt sowie Ihr Verhältnis dazu, können Sie erkennen, wie sich Ihre tief verwurzelten Einstellungen und Verhaltensweisen in diesem Bild spiegeln.

Jake beispielsweise war dabei, sich beruflich grundlegend umzuorientieren, doch die notwendige Entscheidung fiel ihm sehr schwer: Sollte er nicht besser weiterhin in der Sozialfürsorge tätig bleiben oder doch in die freie Wirtschaft gehen, wo er zwar viel besser bezahlt werden, aber sich auch eher entfremdet fühlen würde? Ihm kam das Bild eines Münzstapels, der zu ihm sagte: «Ich bin die Energie und die Kraft, und ich hätte gern, daß all die lieben Menschen mehr Gebrauch von mir machen würden. Allerdings befinde ich mich neben einer Kläranlage, und die Menschen riechen den Gestank und denken, er stammt von mir. Ich gebe es ja nicht gern zu, aber es hat ganz den Anschein, als ob diese Kläranlage in der Tat etwas mit mir zu tun hat, denn sobald ich mich davon entfernen will, scheint sie mir zu folgen.»

Oder nehmen Sie Alan. Er war ein leidenschaftlicher Musiker, wußte aber nicht, wie er sich vermarkten und mit seiner Musik Geld verdienen sollte. Alan kam das Bild eines Triangels, der völlig von den Menschen abhing, die ihn spielten. Ja, er hatte nicht einmal im Griff, welchen Klang er von sich gab, denn je nachdem, wo und wie er angeschlagen wurde, produzierte er Mißtöne oder Wohlklänge.

Als Jake und Alan an ihren Bildern arbeiteten, wurde es für sie möglich, Entscheidungen zu treffen, die spiegelten, was sie wirklich wollten, statt daß sie sich weiterhin mit ihren ungelösten Konflikten herumschlagen mußten.

Die Zukunft vorwegnehmen

Wenn Sie hier die Übung «Mein künftiges Selbst» aus dem 9. Kapitel anwenden, können Sie von Ihrem künftigen Ich erfahren, was sie tun müssen.

Alan versetzte sich fünf Jahre voraus, in eine Zeit, in der er ein gutes Verhältnis zu Zeit und Geld hatte. Er entdeckte, daß er inzwischen ein erfolgreicher Musiker geworden war. Dann sprach er zum jüngeren Alan und erklärte ihm, er müsse anfangen, in seinem Leben initiativ zu werden. – Er dürfe nicht mehr der Triangel sein, der darauf wartet, von anderen angeschlagen zu werden. Und dann ging er ins Detail: Er sagte dem jüngeren Alan genau, welche Leute er anrufen, welche Briefe er schreiben und wie er seine Einstellung verändern müsse. Er wußte, was er zu tun hatte – weil er es bereits getan hatte.

Haus der Zeit und Haus des Geldes: Übungsaufbau

Wenn Sie ein eigenes Haus der Zeit oder des Geldes haben wollen, müssen Sie ein Bild des Hauses der Zeit oder des Geldes kommen lassen, es erkunden, herausfinden, wem Sie darin begegnen, mit diesen Personen sprechen und sie fragen, was Sie von Ihnen und Ihrer derzeitigen Situation halten und was sie Ihnen für die Zukunft raten würden. Wie immer schließen Sie die Übung damit ab, daß Sie Ihren Dank abstatten, reflektieren und vorausschauen, wie Sie Ihre neuen Einsichten anwenden werden.

Das Aufbauschema:

Vorbereitung: Einen Freiraum schaffen, entspannen
1. Ein Bild vom Haus der Zeit oder des Geldes kommen lassen
2. Das Bild studieren
3. Mit den Wesen sprechen, denen Sie begegnen
4. Sich einer Lösung nähern
5. Dank abstatten, reflektieren, vorausschauen und auftauchen

Es kann durchaus sein, daß Sie Wesen begegnen werden, mit denen Sie nicht gerechnet haben: Meine Bildarbeitsstudenten sind mit blutenden Märtyrern, Bettlern, Kindern und Hunden ebenso zusammengekommen wie mit weisen Menschen, die ihre Häuser des Geldes und der Zeit bewohnten. Denken Sie immer daran, daß diese Personen sowohl Berater wie Aspekte von Ihnen selbst sind. Erweisen Sie ihnen Ihren Respekt, aber scheuen Sie sich auch nicht, mit ihnen zu streiten, falls Sie anderer Ansicht sind als sie. Manchmal können Sie Ihre wahre Lage nur dadurch erkennen, daß Sie sich einer Herausforderung stellen.

Haus der Zeit und Haus des Geldes: Grundübung

Vorbereitung: Einen Freiraum schaffen und entspannen

1. *Ein Bild vom Haus der Zeit oder des Geldes kommen lassen.*

2. *Das Bild studieren.* Wie sieht es aus? Lassen Sie Ihren Geist aufsteigen und es von oben betrachten, dann von allen Seiten und von unten. Was nehmen Sie aus den verschiedenen Blickwinkeln wahr? Treten Sie nun in das Bild ein. Was empfinden Sie, wenn Sie dieses Haus betreten? Was können Sie darin sehen, riechen, hören oder sonstwie sinnlich wahrnehmen? Wem begegnen Sie dort?

3. *Mit den Wesen sprechen, denen Sie begegnen.* Gehen Sie auf jedes Wesen zu, das Sie dort sehen. (Sind es mehrere, sprechen Sie abwechselnd mit jedem.) Denken Sie daran, daß er oder sie sowohl ein Berater/eine Beraterin wie auch ein Aspekt von Ihnen selbst ist. Fragen Sie ihn oder sie, was sie oder er von Ihrem gegenwärtigen Verhältnis zur Zeit oder zum Geld hält, und bitten Sie ihn oder sie um einen Rat, der Ihnen nützlich sein könnte.

Dann tauschen Sie die Rollen und werden diese Wesen und antworten. Haben Sie gehört, was diese Person Sie gefragt hat? Was sehen Sie an der Person, die Sie in Ihrem Haus aufsucht? Wie verhält er oder sie sich gewöhnlich? Welchen Rat können Sie ihr oder ihm bieten?

4. *Sich einer Lösung nähern.* Setzen Sie Ihre Erkundungen fort. Wenn Sie sich nicht einigen können, achten Sie darauf, ob Sie sich auch klar ausdrücken. Am Ende sollten Sie etwas Praktisches vereinbaren, was Sie als Nächstes tun sollten.

5. *Dank abstatten, reflektieren, vorausschauen und auftauchen.* Danken Sie dem oder den Wesen. Reflektieren Sie vor und nach dem Auftauchen, was diese Erfahrung für Sie bedeutet, und klären Sie, was Sie über Ihre gegenwärtigen Einstellungen und Verhaltensweisen und Ihre zukünftigen Möglichkeiten erfahren haben. Schauen Sie voraus und überlegen Sie sich genau, wie Sie weiter vorgehen werden. Denken Sie daran, daß Ihnen diese hilfreichen Wesen auch weiterhin als Berater zur Verfügung stehen können, wenn Sie wieder einmal verunsichert sind.

Varianten

Das Bild als Metapher: Sagen Sie sich zunächst: «Ich möchte gern das Bild eines Tieres, einer Pflanze oder eines Gegenstandes kommen lassen, das das Geld (oder die Zeit – je nachdem) und mein Verhältnis zu ihm (ihr) in diesem Augenblick meines Lebens darstellt.» Dann arbeiten Sie alle beschriebenen Schritte durch.

Das Vorauswissen kreativ anwenden. Stellen Sie sich folgendes vor: Ich bin in einem Raumschiff und verlasse die Erde. Ich werde irgendwann wieder zur Erde zurückkehren, und zwar in fünf Jahren (oder sonst einer Zeit) von jetzt an. Nun ist es fünf Jahre (oder X Wochen, Monate etc.) später, und es gefällt mir, wie ich mit meiner Zeit oder meinem Geld umgehe. Was gefällt mir daran so gut? Wie habe ich das geschafft?

Wenn Sie kein Bild bekommen, bei dem Sie sich wohl fühlen, fangen Sie so an: «Ich finde es schrecklich, wie ich damals mit meiner Zeit oder meinem Geld umgegangen bin«, und schauen Sie bis zu jenem Zeitpunkt zurück, von dem an es für Sie nicht mehr so gut lief. Jetzt sollte es Ihnen eigentlich möglich sein, ein positives Bild zu bekommen und beide zu vergleichen.

Schauen Sie nun auf die Person zurück, die Sie vor fünf Jahren waren. Was genau haben Sie seitdem getan, um zu Ihrer derzeitigen Situation zu gelangen, ganz gleich, ob es etwas Positives oder Negatives war? Welchen Rat können Sie ihm oder ihr geben, damit die kommenden Jahre leichter werden? Versteht er oder sie das? Wenn nicht, sollten Sie dafür sorgen, daß es verstanden wird.

Ambivalenz. Denken Sie entweder an Ihre Zeit oder Ihr Geld und versuchen Sie herauszufinden, ob Sie scheinbar oder tatsächlich in diesem Augenblick Ihres Lebens «gespickt» (Sie haben genug/zuviel Zeit oder Geld) oder ein «Habenichts» sind (Sie fühlen sich zu kurz gekommen und haben nie genug).

1. Seien Sie dieser «Gespickte» oder «Habenichts». Wie ist das? Beschreiben Sie sich selbst. Beklagen Sie sich eventuell bitter darüber. Übertreiben Sie, um dieses Gefühl voll auszukosten.

2. Lassen Sie auf dem Kissen/Stuhl gegenüber das Bild von jemandem auftauchen, der das genaue Gegenteil von Ihnen ist. Das kann eine reale oder auch eine imaginäre Person sein. Wie sieht diese Person aus? Was möchten Sie ihr sagen?

3. Tauschen Sie nun die Plätze und werden Sie dieser Gegenspieler. Wie ist das? Wie sieht die Person Ihnen gegenüber (Ihr

ursprüngliches Selbst) aus? Setzen Sie die Unterhaltung fort, indem Sie ständig die Plätze tauschen.

4. Neben Ihnen beiden sitzt auf einem dritten Kissen ein kluger Beobachter, der diesem Dialog folgen kann und vesteht, was da vor sich geht. Werden Sie der Betrachter und registrieren Sie, was Sie dabei wahrnehmen.

5. Kehren Sie nun wieder zum ursprünglichen Dialog zurück und kommen Sie zu einer Entscheidung.

6. Reflektieren Sie, was Sie erfahren haben und worin die Konsequenzen für die Zukunft bestehen.

Das Leben ändern. Überlegen Sie, worin Sie Ihr Verhältnis zu Zeit oder Geld am liebsten ändern würden. Finden Sie nun heraus, was es bedeuten würde, diese Veränderung vorzunehmen:

1. Stellen Sie sich vor, Sie sitzen in Ihrem Privatkino. Lassen Sie auf der Leinwand ein Bild von sich kommen, wie Sie gerade jetzt sind, also bevor Sie diese Veränderung herbeigeführt haben. Was sehen Sie? Was empfinden Sie? Danken Sie dieser Person, daß Sie in dieser schwierigen Welt ihr Bestes getan hat.

2. Lassen Sie nun ein Bild von sich kommen, wie Sie sein werden, nachdem Sie diese Veränderung vollzogen haben. Gehen Sie zur Leinwand und treten Sie in das Bild ein. Wie gefällt Ihnen das? Seien Sie einen Tag lang diese Person. Schauen Sie zurück und stellen Sie fest, wie und wann Sie es geschafft haben, dorthin zu gelangen.

Fristen. Was würden Sie tun, wenn Ihnen wirklich eine klare Frist gesetzt wäre. Wenn Sie nur noch einen Tag, eine Woche, ein Jahr oder fünf Jahre zu leben hätten? Wie würden Sie Ihre Zeit und Ihr Geld verwenden? Kehren Sie nun zu Ihrem gegenwärtigen Leben zurück. Wie können Sie mehr aus dem machen, was Ihnen wichtig ist, auch wenn Sie nicht wissen, wie lange Sie noch zu leben haben?

Zeit und Geld in Hülle und Fülle. Was wäre, wenn Sie alle Zeit und alles Geld dieser Welt hätten? Sie haben das ewige Leben, und Ihre Geldmittel sind unerschöpflich. Was würden Sie tun? Wie würden Sie Ihre Zeit und Ihr Geld verwenden? Kehren Sie nun zu Ihrem gegenwärtigen Leben zurück. Wie können Sie das, was Sie gerade erfahren haben, auf ein eingeschränktes Leben projizieren?

Die Vergangenheit. Lassen Sie ein Bild von sich kommen, wie Sie damals waren, als Ihnen zum erstenmal dieses Problem bewußt wurde (z. B. als Sie sich zum erstenmal unter Zeitdruck fühlten oder bettelarm vorkamen). Was geht hier vor? Vollziehen Sie noch einmal diese Erfahrung.

Stellen Sie sich nun vor, daß Ihr kluges und reifes Ich zurückkehren und dem jüngeren Ich helfen kann. Was können Sie dem jüngeren Ich raten, damit es sich anders verhält? Lassen Sie das jüngere Ich es ausprobieren. Kehren Sie jetzt in die Gegenwart zurück und sehen Sie zu, wie Sie es im richtigen Leben tun.

Zum Abschluß

Zeit und Geld sind viel zu wichtig für uns, als daß wir uns von den verzerrten Ansichten der Gesellschaft wie von unserer eigenen Zwiespältigkeit beherrschen und einschränken lassen dürfen. Sobald wir mit Zeit und Geld richtig umgehen können und begriffen haben, daß sie Energieformen sind, die uns zur Verfügung stehen, wenn wir sie für die richtigen und achtenswerten Zwecke brauchen, dann haben wir eine Menge geschafft, um unser Verhältnis zu uns selbst und zu unserer Kreativität wie zur Gesellschaft in Ordnung zu bringen.

15. *Über das eigene Selbst hinaus: Weise Wesen, andere Dimensionen*

Zum erstenmal erlebte ich Vorstellungsbilder außerhalb der besonderen Welt der Träume in Gestalt jener seltsamen und verrückten Bilder, die mir gewöhnlich kamen, wenn ich im Bett lag, in diesem halbbewußten, hinüberdämmernden Stadium zwischen Wachen und Schlafen. Wenn ich zum Beispiel dachte: «Ich halte das für untragbar», dann sah ich plötzlich eine Tragbahre vor mir, oder nachdem mir ein Aufsatz fürs College zu lang geraten war, sah ich, wie ich einen großen Pfannkuchen/Aufsatz für einen kleinen Teller zusammenfaltete.

In dieser zwielichtigen Welt des Halbschlafs sah ich manchmal sogar Dinge im Zimmer, die gar nicht vorhanden waren, wie ich genau wußte. Am meisten erschreckten mich diese schwarzen, spinnenähnlichen Insekten, die in der Luft hingen. Aber als ich merkte, daß mir diese Bilder nicht wehtaten oder meinen bevorstehenden Wahnsinn signalisierten, fühlte ich mich in ihrer Gesellschaft allmählich wohler. Ja, ich faßte mir ein Herz, streckte sogar meine Hand aus und berührte eins. Zu meiner Verblüffung zerfiel es zwischen meinen Fingern zu Staub, genauso als ob es aus einem echten, sehr empfindlichen Material bestünde. Als mir wieder einmal so ein Bild kam, tat ich dasselbe – mit demselben dramatischen Ergebnis.

Das veranlaßte mich, einmal über diese Bilder nachzudenken. Waren sie bloß Produkte unserer Einbildungskraft? Oder waren sie irgend etwas Greifbares, etwas Reales? Oder waren sie gar Botschaften, die nicht nur aus unserem Unbewußten auftauchten, sondern aus einer Dimension jenseits davon, die nicht weniger real ist, aber anderen Gesetzen gehorcht?

In diesem Kapitel wollen wir uns auf das Gebiet der Spekulation begeben, befassen wir uns darin doch mit Bereichen, die sehr viele Deutungen zulassen und über die viele Menschen ganz dezidierte Ansichten haben. Doch wir wollen hier nicht irgendeine endgültige «Wahrheit» herausbekommen oder preisgeben, sondern Sie sollen ermutigt werden, bis an die Grenzen vorzustoßen, die Sie davon abhalten, sich (und Ihre Bilder) voll zu entfalten. Indem Sie das Unmögliche probieren, gelingt Ihnen vielleicht zumindest das Unwahrscheinliche. Und vielleicht eröffnet sich Ihnen dadurch auch ein Zugang zu einer Dimension oder einem Teil Ihrer selbst, die oder der Ihnen ein Gefühl des Friedens, der Liebe, der Weisheit und der Harmonie vermittelt, Ihre Lebenserfahrung transformiert und vertieft.

Die Wirklichkeit der Bilder

Bilder besitzen natürlich eine echte Kraft in unserem Leben, wenn sie für uns Leitbilder sind, so daß wir unser Leben ändern können, indem wir unsere Bilder verändern. Wenn sie aber irgendwie auch objektiv real wären, dann hieße das, daß wir auch direkt in – passiven wie aktiven – Kontakt mit den Bildern anderer Menschen treten könnten.

Wenn dem so ist, dann hinterlassen Menschen vielleicht «Bildfelder», in die wir intuitiv eintreten und aus denen wir Wissen schöpfen können, wenn wir uns auf die Stühle dieser Menschen setzen, ihre Häuser betreten oder ihre Sachen berühren. Allgemeiner gesagt: Indem wir Bilder von anderen Menschen oder über sie empfangen, erhalten wir echte Informationen, die unser eigenes Wissen übersteigen. Oder wir bekommen Hilfe von Menschen, die über Fähigkeiten verfügen, die wir brauchen. Oder wir können aktiv mit ihnen auf eine Weise kommunizieren, die nichts mit Sprache, Berührung oder physischer Nähe zu tun hat, ja, sie sogar heilen, wenn sie krank sind, indem wir ihre Bilder in unserer Vorstellung heilen.

Darüber hinaus gestatten Bilder uns vielleicht nicht nur, mit anderen Menschen in Kontakt zu treten, sondern sie dienen uns auch als ein Fenster in eine oder mehrere Dimensionen jenseits unserer Alltagswirklichkeit. Vielleicht gibt es ja Quellen der Weisheit, Kraft und Liebe, die unser eigenes Wissen übersteigen, so daß wir mit dieser höheren Weisheit und Liebe in Kontakt treten können, wenn wir uns bildlich ein weises, liebevolles Wesen vorstellen.

Gleichermaßen kann es auch sein, daß Zeit und Raum in anderen Dimensionen unbegrenzt sind, so daß alle gegenwärtigen, vergangenen und künftigen Lebewesen, Gegenstände und Ereignisse *gleich-zeitig* miteinander verbunden sind. Indem wir uns die

Zukunft bildlich vorstellen, können wir uns in sie hineinversetzen und sie sogar beeinflussen (über diese Möglichkeit haben wir ja bereits in früheren Kapiteln gesprochen). Und wenn wir uns direkt hineinversetzen, erfahren wir nicht nur etwas über andere Menschen, sondern auch über Gegenstände und Ereignisse, die physisch für uns unerreichbar sind. Und wenn es wirklich so ist, wie manche Menschen glauben, daß Tiere, Pflanzen und Gegenstände über eine Art Aura oder Verstand verfügen, dann können wir in unserer Vorstellung genauso «mit ihnen sprechen» und etwas von ihnen erfahren, wie es zwischen Menschen möglich ist.

All das sind Möglichkeiten, wie man über das persönliche Selbst hinausgelangen oder, mit anderen Worten: wie man das Reich des «Transpersonalen» erschließen kann. Zu einer Weltsicht, die das Transpersonale mit einbezieht, gehört auch oft der Glaube, daß wir uns nicht allein in einer gleichgültigen Welt abmühen. Vielmehr leben wir im Kontext eines Universums oder eines oder vieler höherer Wesen oder eines höheren Selbst, das man getrost als grundgütig ansehen kann und das uns beschützt, uns führt oder in gewisser Hinsicht für uns (und andere) handelt, zumindest langfristig gesehen. Wenn wir uns mit transpersonalen Vorstellungsbildern beschäftigen wollen, dann ist es sicherer, wenn wir das unter diesen Annahmen tun, so daß wir die Kraft der Bilder nicht mit unserer eigenen Kraft verwechseln und sie damit mißverstehen und mißbrauchen.

Träume, Visionen, Intuition und Fügungen

Es gibt viele verbürgte Geschichten von Träumen oder Visionen, in denen die Zukunft vorhergesagt wurde; von Menschen oder Tieren, die ein intuitives Gespür für Ereignisse, auch für Krankheit oder Tod, haben, die Menschen widerfahren, die sich an einem ganz anderen Ort befinden; von wundersamen Fügungen, die man offenbar nicht einfach dem Zufall zuschreiben kann; von Menschen mit übernatürlichen Fähigkeiten, die von Dingen berichten, von denen sie unmöglich gewußt haben können; und von Menschen, denen plötzlich großartige Erkenntnisse zufließen, die sie als von außen kommend erleben und die ihr Leben grundlegend verändern. Und es gibt zahllose Menschen, die das wundersame Wirken eines höheren Wesens hautnah erlebt haben. Jeder, der sich auch nur im geringsten für derartige Dinge interessiert, hat bestimmt schon von solchen außergewöhnlichen Ereignissen gehört oder sie sogar selbst erlebt.

Ganz gleich, ob man nun die Realität von Ereignissen und Erfahrungen dieser Art leugnet oder sie akzeptiert – beides ist letztlich eine Glaubensfrage. Jedenfalls läßt sich offenbar die Prämisse gar nicht so leicht beiseite schieben, daß zumindest einige Menschen zuweilen Grenzen überschreiten, die wir in unserer Alltagswirklichkeit für unantastbar halten.

Müssen wir nun aber derartige Erfahrungen als ein besonderes Geschenk ansehen, für das wir nur dankbar sein können, wenn es uns einmal in den Schoß fallen sollte? Oder könnten wir solche Erlebnisse immer wieder haben, wenn wir uns nur richtig darauf einstimmen? Ich jedenfalls vermute, wenn gelegentlich seltsame und wunderbare Dinge passieren können, dann können wir wohl auch dafür sorgen, daß sie *öfter* passieren. Damit aber dehnen wir zumindest unsere Suche so weit aus, um zu den Bereichen in uns vorzustoßen und sie uns zunutze zu machen, von deren Existenz wir so gut wie nichts wissen.

Mit weisen und liebevollen Wesen zusammenkommen

Ich begann nur deshalb mit weisen Menschen in meinen Bildern zu sprechen, weil ich so enttäuscht darüber war, daß ich ihnen nicht im wirklichen Leben begegnete. Immer wieder mußte ich erleben, daß von mir bewunderte Menschen stets gerade dann starben oder sich zurückzogen, wenn ich dachte, ich könnte meine Forschungen mit ihnen gemeinsam betreiben. Das letztemal war es Frank Lake, ein Pionier auf dem Gebiet des Wiedererlebens der eigenen Geburt: Als ich hoffte, mit ihm zusammenarbeiten zu können, las ich in einer Zeitschrift, daß er gerade gestorben war.

Statt mich nun meiner Frustration und meinem Bedauern hinzugeben, beschloß ich, in meiner Vorstellung mit ihm zu sprechen und ihn zu bitten, mir zu helfen, etwas im Geist zu tun, was ich von ihm nun nicht mehr persönlich erbitten konnte. Mit «seiner» Hilfe erfuhr ich das unvergeßliche Gefühl, wie ich zum Augenblick meiner Empfängnis zurückkehrte und diesen Moment als einen leuchtenden Lichtblitz und als eine umfassende Erfahrung von Welthaltigkeit erlebte, in der ich die Welt *war.*

Habe ich mich wirklich Frank Lake auf eine Weise anvertraut, die jenseits meines psychischen Fassungsvermögens oder meines

Bedürfnisses lag, mit meiner Enttäuschung fertig zu werden? Vielleicht ist das gar nicht so wichtig. Fest steht für mich nur eins: Indem ich die Möglichkeit akzeptierte, das tun zu können, war ich in der Lage, etwas zustande zu bringen, was bis dahin offenbar weit über meine Grenzen hinausgegangen wäre. Die Begegnung mit realen wie idealen weisen Menschen gehört zu den unverzichtbaren «Touristenattraktionen» auf den transpersonalen Reisen in die innere Welt, denn wir alle wollen und brauchen mehr Weisheit, Liebe und Kraft, als wir selbst zur Verfügung haben.

Kein Zweifel, wir können Erkenntnisse gewinnen und tiefreichende Erfahrungen machen, die den Alltag weit übersteigen, indem wir in unserer Vorstellung mit Menschen oder Wesen kommunizieren, die über außergewöhnliche oder ideale Eigenschaften verfügen. Viel schwieriger aber scheint es zu erkennen, ob wir über uns selbst hinausgelangen können, vor allem wenn wir überhaupt nicht wissen können, worin die Grenzen von «uns selbst» wirklich bestehen.

Möglicherweise ermutigt uns das Gespräch mit einer Person, die wir bewundern, oder das Kreieren eines Idealtypus und der Glaube an ihn dazu, über uns selbst hinauszuwachsen und ein Niveau zu erreichen, von dem wir normalerweise nicht einmal zu träumen wagen, solange wir uns nur für ganz gewöhnliche Sterbliche halten. Von daher stellt diese weise Person, die wir uns vorstellen, eine Möglichkeit dar, uns das «alltägliche Unbewußte» unserer ungenutzten Potentiale ins Bewußtsein zu rufen (siehe 3. Kapitel) – so wie alle möglichen Heldengeschichten Menschen tagtäglich veranlassen können, über ihre normalen Grenzen hinauszugelangen und Dinge zustande zu bringen, die sie für unmöglich gehalten haben.

Ja, vielleicht bekommen wir nicht nur Zugang zu unserem persönlichen alltäglichen Unbewußten, sondern auch zu einer Art «Überbewußtsein», das mit C. G. Jungs kollektivem Unbewußten verwandt sein könnte. Vielleicht sind wir alle auf irgendeiner Ebene weise, stark, gut und erleuchtet oder haben ein höheres Selbst oder eine geistige Dimension, die uns in positive Richtungen lenkt, aber von dieser höheren Ebene oder diesem höheren Selbst sind wir wie durch eine Art Schleier getrennt. In diesem Falle würde die Personifizierung eines weisen, liebevollen oder starken Wesens dazu beitragen, diesen Schleier zu lüften, damit wir Regionen von uns erreichen, mit denen wir normalerweise nicht kommunizieren. Dies kommt dann eher einem Blick in den

Spiegel gleich, der uns zeigt, wie wir tief innen sind. Dann wird in diesem weisen Wesen der Reflex eines Aspekts von uns selbst sichtbar, den wir direkt nicht erkennen können.

Ich mag die Geschichte des Sufimeisters Pir Vilayat Khan, wie er im Himalaja auf «Gurujagd» war. Drei Tage war er schon in Schnee und Eis unterwegs und hatte sich eine Lungenentzündung geholt, als er schließlich den weisen Mann in seiner Höhle sitzen sah. Der weise Mann bedeutete ihm, daß er nicht eintreten solle, also setzte sich Pir Vilayat Khan in den Schnee und meditierte. Als er die Augen öffnete, sah er, wie ihn der weise Mann anlächelte. «Warum bist du einen so weiten Weg gegangen, um zu sehen, was du sein solltest?» fragte er. «Um zu werden, was ich bin, muß ich mich selbst in einem anderen sehen», erwidert Pir Vilayat Khan.[1]

Es kann allerdings auch sein, und viele Menschen glauben das, daß transpersonale Erfahrungen nicht nur Aspekte von uns selbst sichtbar machen, sondern wirklich Möglichkeiten darstellen, über das eigene Selbst hinauszugelangen. Vielleicht gibt es ja wirklich eine allgemeine oder universale Quelle der Weisheit, Kraft, Güte und des Lichts im Universum, die weit über unsere persönliche Existenz oder unser persönliches Selbst, ja sogar über unser höheres Selbst hinausreicht. Und vielleicht gibt es auch eine Dimension jenseits unserer Alltagsexistenz, in der Vergangenheit, Gegenwart und Zukunft eins sind, was die Fähigkeit erklären würde, die Zukunft zu sehen. Dann stellt die weise Person oder der Geist, die oder den wir in unserer Einbildungskraft erleben, eine Art symbolischen Fokus dar, mit dessen Hilfe wir diese ganze Quelle oder Dimension jenseits von uns wahrnehmen und erfahren.

Es gibt sehr viele verschiedene Vorstellungen von dieser Quelle, dieser Dimension jenseits von uns: Gott, Engel, Weise, höhere Wesenheiten u.a.m. Doch diese Vorstellungen schließen einander nicht aus. Ja, meiner Ansicht nach sind sie alle auf die eine oder andere Weise wahr: Wir haben tatsächlich mehr Möglichkeiten, als uns bewußt ist. Wir haben ein spirituelles oder universales Unbewußtes, zu dem wir Kontakt aufnehmen müssen. Es gibt tatsächlich eine jenseitige Dimension, die in unseren Vorstellungsbildern symbolisch sichtbar werden kann. Und es gibt nun einmal weise Wesen oder den Ursprung oder das höhere Wesen. Ich glaube, daß die ganze Wahrheit unser gegenwärtiges Verständnis übersteigt, so daß all diese Bilder Versuche darstellen, das Unsagbare zu benennen oder das nicht Faßbare zu greifen. Wir sollten aber auch daran denken, daß wir keine «reine» Auskunft erhalten, wenn wir mit weisen Wesen sprechen, sondern das, was wir erfahren, wird durch unsere Sprache ausgedrückt, durch unsere eigenen Grenzen und sogar durch unsere eigenen Vorurteile in gewisser Weise «verformt». Und so wie wir uns in diesen Aspekten entwickeln, so werden sich auch unsere transpersonalen Erfahrungen verändern.

Wie auch immer wir diese grundlegenden Erfahrungen deuten, die aus einer anderen Welt zu stammen scheinen, verfügen wir doch ganz offensichtlich über das Potential, weiser zu sein, mehr lieben und mehr Kraft haben zu können, als uns bewußt ist – entweder von uns aus oder dank unserer Fähigkeit, mit einem Urquell der Weisheit, Liebe und Kraft kommunizieren zu können. Und vielleicht kommt es dabei gar nicht so sehr darauf an, ob wir eine Frage selbst beantworten können oder dazu einen Experten zu Rate ziehen müssen, solange wir nur die Antwort finden und sie zu gebrauchen wissen.

Kommunikation jenseits individueller Grenzen

Charakteristisch für Fähigkeiten, die die alltägliche Realität übersteigen, ist es, daß sie nicht auf unsere fünf Sinne angewiesen sind, ja nicht einmal auf körperliche Nähe. Zweifellos kann es eine mediale Kommunikation zwischen Menschen wie zwischen Menschen und Tieren geben, vor allem wenn sie eng miteinander verbunden sind oder zur selben Familie gehören. Kinder können unbewußte und bewußte Gedanken ihrer Eltern empfangen, eineiige Zwillinge wissen oft, was dem anderen passiert, und Tiere reagieren sehr häufig auf den Augenblick, in dem ein geliebter Mensch an einem weit entfernten Ort in Not ist oder stirbt. Nachdem ich fünf Jahre nichts mehr von einer Freundin gehört hatte, hob ich den Telefonhörer ab, um sie anzurufen – und vernahm nur das Besetztzeichen, weil sie, wie sich dann herausstellte, im selben Augenblick mich anzurufen versuchte. Jeder kennt derartige Koinzidenzen. Wenn es eine ganz natürliche Kommunikation auch ohne Worte oder körperliche Anwesenheit gibt, dann müßte es uns doch auch möglich sein, Botschaften nur mit Hilfe eines sechsten Sinns oder der Intuition zu empfangen oder zu senden.

Wir haben bereits in früheren Kapiteln über die Möglichkeit gesprochen, daß wir uns passiv in andere Menschen hineinversetzen können, um etwas über ihre Gefühle, Gedanken, ihre Gesundheit oder andere Aspekte ihres Körpers, ihrer Seele und ihres Geistes zu erfahren. So können wir uns beispielsweise auf die betreffende Person konzentrieren und ein Bild kommen lassen, das sie darstellt oder das, was sie in diesem Augenblick wissen muß (siehe 4. Kapitel, Anwendungsbereiche). Oder wir können ganz körperlich die Rollen tauschen und auf dem Stuhl des andern und damit in dem Bild sitzen, das wir voneinander haben (siehe 5. Kapitel); wir können uns vorstellen, in den Körper des anderen zu schlüpfen und zu empfinden, wie wir uns darin fühlen; oder wir können mit dem höheren Selbst einer anderen Person kommunizieren und mit ihm darüber reden, was mit ihr los ist, wessen sie sich selbst vielleicht gar nicht bewußt ist. Einige dieser Verfahren funktionieren zumindest teilweise deshalb, weil wir uns in die Bildfelder anderer Menschen einstimmen können. Alle erweitern zumindest unsere Empfänglichkeit für das, was einer anderen Person geschieht, und zwar jenseits unseres bewußten Wissens und vielleicht auch jenseits dessen, was wir normalerweise durch unsere fünf Sinne erfahren.

Mit Hilfe der Bildarbeit sind wir auch in der Lage, aktiv Botschaften auszusenden, die sich entweder nur mit Mühe oder überhaupt nicht auf den üblichen Wegen übermitteln lassen. Ich weiß noch, wie ich das gleich nach der Geburt meiner Tochter Chloe tat. Damals machte ich gerade einiges durch in meinem Leben und fühlte mich außerstande, ihr die reine Liebe zu geben, die sie brauchte. Daher sprach ich stumm mit ihr, von Geist zu Geist, und sagte ihr, wie sehr ich sie liebte und wie traurig ich wäre, daß ich so deprimiert sei und meine Liebe nicht genügend zum Ausdruck bringen könne.

Offenbar hatten wir eine tiefe Verbindung zwischen uns hergestellt: Ich konnte sie sogar ohne Worte bitten, nicht aufzuwachen und mich zu wecken, bevor ich nicht ein wenig geschlafen hatte – und sie hielt sich immer daran! Diese Verbindung bestand anscheinend auch noch Jahre später zwischen uns, denn Chloe sagt nicht nur merkwürdige Sachen, an die ich zwar gedacht, über die ich aber nicht mit ihr gesprochen hatte – nein, ich stellte auch fest, daß auch Chloe neun von zehn Mal wach war, wenn ich nachts aufwachte, obwohl sie sich in einem anderen Zimmer befand und wir einander nicht gehört haben konnten. Ich weiß noch immer nicht, wer da wen geweckt hat.

Als einer meiner Studenten gerade Vater geworden war und sich Sorgen darüber machte, daß ihn sein Studium und seine Arbeit so sehr in Anspruch nahmen und ihm nicht genug Zeit ließen, sich mit dem Baby zu beschäftigen, empfahl ich ihm, das gleiche wie ich zu tun: «Sprich mit dem Baby und erklär's ihm – und zwar nicht mit lauten Worten. Kommuniziere einfach mit ihm.» Zwei Jahre später erzählte er mir, daß dies ihm nicht nur seine eigene Angst genommen habe, sondern daß es zwischen ihm und dem Kind noch immer eine besondere Verbindung zu geben schien, so daß sie sich auch ohne Worte miteinander verständigen konnten.

Ich habe mich längst daran gewöhnt, mich dieser Form der «stummen» Kommunikation immer dann zu bedienen, wenn ich mich um die Beziehung zu jemandem oder um seine Gesundheit und sein Wohlbefinden kümmern muß, aber nicht die normalen Wege der mündlichen oder schriftlichen Kommunikation benutzen kann, weil der andere entweder zu klein ist, um die Worte zu verstehen, oder zu weit weg ist, um mich zu hören, oder einfach nicht zuhören will. Ich versetze mich dann in diese Person, stelle sie mir bildlich vor, spreche mit ihr, und sage ihr, was ich ihr sagen will, und höre mir ihre Antwort an. Zuweilen, wenn es erforderlich ist, sende ich auch einen Strahl heilsamer Liebe aus. Danach fühle ich mich immer besser, und ich habe beim nächsten Wiedersehen den Eindruck, daß dieser Mensch anders aussieht und daß sich unsere Beziehung ein wenig geändert hat. Ich weiß natürlich nicht, ob das daran liegt, daß ich mich im Hinblick auf den anderen geändert habe, oder ob bei ihm etwas passiert ist, aber nach meinem Gefühl hat sich diese Kommunikation auf uns beide ausgewirkt.

Ich halte diese Methode für besonders sinnvoll, wenn ich mit den negativen Gefühlen, der Krankheit oder den Problemen eines anderen Menschen so beschäftigt bin, daß sich diese schlechten Gefühle auf mich übertragen haben: Ich mache mir Sorgen um den andern, und diese Sorgen beeinträchtigen mich so sehr, daß ich ihm nicht helfen kann. Statt mich nun weiterhin schlecht zu fühlen, sende ich dem anderen Menschen heilsame Energie oder eine liebevolle Botschaft, und diese «Tat» scheint mir Frieden zu bringen. Wenn wir Energie aktiv ausstrahlen, ist es offenbar viel schwieriger, irgend etwas Negatives aufzunehmen. So können wir uns gleichzeitig schützen und dem andern etwas Positives zugute kommen lassen.

Mit passiver und aktiver Bildarbeit heilen

Um auf die Heilung eines anderen Menschen Einfluß zu nehmen, kombiniert man die passive und die aktive Methode miteinander, so daß man passiv ein Bild vom seelischen und körperlichen Zustand des anderen bekommen kann, dieses Bild dann aktiv heilt – und damit hoffentlich auch die andere Person. In gewisser Hinsicht ist das eine Erweiterung der (im 11. Kapitel dargestellten) Übung über Gesundheit und Krankheit, bei der Sie sich selbst heilen können, indem Sie sich einen Kreis von liebenden Menschen um sich vorstellen, die liebende und heilende Energie auf Sie ausstrahlen.

Dieses und ähnliche Heilverfahren werden seit sehr langen Zeiten von Heilern in der Fernheilung angewandt. Die Fähigkeit, auf diese Weise Heilung zu erzielen, beruht auf der in vielen Religionen und Kulturen verbreiteten Annahme, daß Bilder von Menschen, Ereignissen und Dingen zu einer faßbaren Realität anderer Art gehören und daß die Arbeit mit Bildern sich ganz real auf das auswirkt, was sie darstellen. Das Heilen ist natürlich eine komplizierte Wissenschaft, und das Verfahren, das ich hier vorschlage, nur ein kleiner Teil davon.

Wenn ich diese Methode anwende, bemühe ich mich später, möglichst herauszufinden, ob sich bei der Person, die ich zu heilen versucht habe, irgend etwas geändert hat. Immer dann, wenn ich während des Heilens ein ganz besonders deutliches Gefühl hatte, ein Gefühl, das ich inzwischen klar erkennen und von anderen Gefühlen unterscheiden kann, hat die betreffende Person gewöhnlich irgendeine positive Veränderung erfahren, und zwar im allgemeinen kurz nach meiner Bildarbeit.

Während ich beispielsweise einmal mit dem Bus zur Arbeit fuhr, machte ich mir große Sorgen um eine Freundin, die seinerzeit große seelische Probleme hatte, fühlte mich aber absolut außerstande, ihr zu helfen. Das einzige, was ich wirklich für sie tun konnte, war, sie mir vorzustellen, ihr meine liebende Energie zu senden und sie in meiner Vorstellung zu heilen, und das tat ich denn auch. Später sprachen wir darüber, und sie erzählte mir, daß sie etwa im selben Augenblick eine wichtige Wende in ihrer Therapie erlebt habe. Als ich vor kurzem versuchte, «bei» einer Patientin zu sein, die vor einer schweren Operation stand, spürte ich ihre Spannung und bemühte mich, sie in meiner Vorstellung zu entspannen. Ich bin sicher, daß ich nicht die einzige war, die ihr in diesem Augenblick alles Gute wünschte. Später erzählte sie mir, daß sie gefühlt hatte, wie andere Menschen an sie dachten, und daß ihr ganzer Körper plötzlich von Wärme erfüllt war.

Es ist tatsächlich eine sehr gute Idee, wenn Sie stets überprüfen, ob Ihre innere Erfahrung irgendeine äußere Wirkung gezeitigt hat oder nicht. Sie können das ja mehr oder weniger diskret tun, wenn es nicht anders geht, muß die betreffende Person nicht erfahren, warum Sie sich bei ihr nach ihrem Befinden erkundigen. Dies ist auch – abgesehen von der für Sie damit verbundenen Bestätigung – eine Möglichkeit, zwischen inneren Erfahrungen, die wirklich eine transpersonale Kraft haben, und den schlichten freundlichen und guten Wünschen zu unterscheiden. Ein ständiges Feedback stellt für Sie nämlich eine Art Training dar, so daß Sie allmählich die unterschiedlichen Gefühle erkennen und unterscheiden können, die Ihre erfolgreichen Heilversuche wie auch Ihre erfolglosen Bemühungen begleiten.

Wessen Kraft ist das?

Wenn vom Heilen die Rede ist, wird man zuweilen gefragt, ob wir Menschen gleichermaßen auch durch «Schwarze Magie» oder «Voodoo» schaden können, wobei ja ebenfalls das Bild der Person eine Rolle spielt, der man etwas antun will. Üblicherweise heißt es dann, daß wir anderen Menschen gar nicht schaden können oder wollen, wenn wir in Kontakt mit jener Bewußtseinsebene stehen, auf der wir Menschen heilen. Ich persönlich bin da nicht so sicher, ob dies immer der Fall ist, denn immerhin wurden Menschen schon in Trance versetzt, damit sie Handlungen begingen, die anderen Schaden zufügen sollten. Andererseits glaube ich wirklich, wenn wir uns nur tief genug in uns versenken, dann werden wir feststellen, daß wir mit allem und jedem im Universum verbunden sind – und wenn wir dann einem anderen schaden, schaden wir eigentlich auch uns selbst.

Vergessen Sie übrigens nie, daß Sie ja nicht mit Ihrer eigenen Kraft heilen, sondern daß dies *durch* Sie geschieht. Sie fungieren dabei im Grunde als ein Kanal für die Heilkraft, die universal ist und keinem einzelnen «gehört». Am besten schützt man sich beim Heilen vor irgendwelchen Allmachtsgefühlen, die wie jede absolute Macht nur korrumpieren können, indem man bewußt einen höheren Geist anruft, der andere heilt oder durch Sie handelt, um zu heilen. Sie können dabei zu Gott beten oder – je nachdem, woran Sie glauben – Ihren Wunsch an irgendein anderes gütiges und heilendes Wesen oder eine Gottheit richten, das oder die für Sie etwas Besonderes bedeutet.

Denken Sie auch daran, daß der Ausgang dieses Prozesses nicht von Ihnen abhängt. Ja, nach Alice Bailey, weltweit bekannt als Heilerin, Mystikerin und Medium, kann das Heilen einer Person zuweilen sogar zum Tod führen statt zur Genesung – wenn das für diesen Menschen richtig ist.[2]

Sich in Gegenstände versetzen

Immer wieder spreche ich auch mit Gegenständen und Lebewesen, die mir etwas bedeuten. Der Gang durch ein Museum ist für mich wie ein Besuch bei Freunden: Hier gibt es bestimmte Statuen, Gemälde oder Fotos, mit denen ich rede, von denen ich einen Rat erbitte und Botschaften erhalte (natürlich ganz diskret). Nicht weniger unterhaltsam ist für mich auch ein Spaziergang im Park, wobei ich am liebsten mit Bäumen plaudere.

Als ich in Ägypten war, saß ich einmal auf einem Hotelbalkon gegenüber einer der großen Pyramiden und versetzte mich in sie. Diese Pyramiden waren mir immer wie riesige, dumpf vor sich hinbrütende Wesen erschienen, wie versteinerte Dinosaurier aus grauer Vorzeit, die noch immer die Kraft hatten, zu erwachen und auszubrechen. Ich hatte auch das deutliche Gefühl, daß die Pyramiden eine Art heiliger und magischer Gebilde waren, was mir inzwischen von vielen Fachleuten bestätigt wurde. Auch heute noch lasse ich zuweilen das Bild kommen, im Innern einer Pyramide zu sein, um so zu meiner Mitte zurückzugelangen und geheilt zu werden.

Damals in Ägypten versuchte ich herauszufinden, wofür die Pyramiden *wirklich* da waren. Die Botschaft, die ich «von der Pyramide» erhielt, überraschte mich: Sie waren nicht in erster Linie Grabstätten für die Pharaonen, sondern fast das genaue Gegenteil war der Fall – damit die Pyramiden vollkommen waren, benötigten sie den Leichnam eines Pharaos. Allem Anschein nach dienten sie als eine Art rituelles Monument einem magisch-mystischen Zweck. Der Vorgang des Erbauens war seinerseits ein heiliges Ritual gewesen, und die letzte Stufe dieses Prozesses hatte darin bestanden, daß in die Pyramide der Leichnam eines Pharaos, also einer Gottheit, eingeschlossen wurde. Es stimmt zwar, daß diese Theorie noch in keinem Standardwerk vertreten wird – aber vielleicht haben die Ägyptologen ja in letzter Zeit nicht mit den Pyramiden gesprochen.

Manchmal spreche ich nicht mit einer Statue oder einem Baum, sondern lasse meinen Geist in sie eintreten, um ein Gefühl dafür zu bekommen, wie sich die Welt aus ihrem Blickwinkel ausnimmt, so wie ich es auch bei einem Menschen mache. Als ich wieder einmal in Ägypten war, versuchte ich mich in eine Sphinx am Tempel von Luxor hineinzuversetzen, indem ich meinen Geist in ihren Steinkörper eintreten ließ. Ich erwartete, ein tiefes Gefühl der Ruhe und der Weisheit zu empfinden. Statt dessen fühlte ich mich wie im Feuer oder wie ein feuriger Engel mit lodernden Flammenflügeln, wie einer der Seraphim vielleicht. Als Sphinx sah ich mich an und sagte: «Immer versuchst du woanders oder etwas anderes zu sein oder irgendwohin zu gelangen – als ob das Leben nur dort stattfindet, wo du noch nicht bist. Doch das Gegenteil ist der Fall. Ich stehe hier nun schon seit Jahrtausenden, und die Menschen kommen zu mir. Wenn du nur einen Augenblick wirklich ruhig dastehen könntest, würde die ganze Welt in dich wie in ein Vakuum einströmen.»

Ich weiß zwar nicht, ob auch nur einer dieser Gegenstände oder eines dieser Lebewesen in Wirklichkeit einen Geist besitzt, der über mein eigenes Selbst hinausreicht, wenngleich ich das *Gefühl* habe, daß dies der Fall ist. Aber eines weiß ich bestimmt: Dies ist für mich nicht nur eine Möglichkeit, wichtige Erkenntnisse zu gewinnen, sondern mich auch in der Welt insgesamt heimischer zu fühlen.

Das Haus der Wahrheit

Es gibt noch eine andere Möglichkeit, wie Sie zu einem Wissen gelangen können, das über das Alltägliche hinausreicht: indem Sie in das Haus der Wahrheit oder das Haus des Friedens oder das Haus des Heilens oder ein anderes entsprechendes Haus eintreten, welches das verkörpert, was Sie erreichen möchten.

Ich beispielsweise suche ein Haus der Wahrheit auf, in dem sich mein ganz besonderer Thron der Wahrheit befindet, und sobald ich mich darauf setze, sinke ich in ein Wissen oder eine Wahrheit ein, dem oder der ich mich stellen muß. Hier habe ich auch eine

Führerin: eine wunderschöne ägyptische Gottheit der Wahrheit namens Ma-at, die eine Straußenfeder trägt. Ma-at, so heißt es, verkörpert alle Elemente der kosmischen Harmonie seit Anbeginn der Zeit – eingeschlossen Wahrheit, Gerechtigkeit und moralische Integrität – und richtet über uns nach unserem Tod, indem sie unser Herz gegen eine Feder aufwiegt.

Ma-at hat mir auch die Vorstellung vom «Punkt der Transformation» vermittelt, von dem im 16. Kapitel noch die Rede sein wird, wenn wir uns mit dem Thema Problemlösung befassen. Als ich wieder einmal im Haus der Wahrheit saß, erschien Ma-at und sagte mir, daß ich den Kopf hängen ließe und mich weigerte, die Wirklichkeit der Welt um mich herum zur Kenntnis zu nehmen, weil sie mir so schmerzlich vorkäme. Sie forderte mich auf, den Kopf zu heben und mich umzusehen und die wahre Natur der Welt zu erkennen.

Gewiß sei die Welt voller negativer Ereignisse, Beziehungen und Gefühle, und daraus könnten großer Pessimismus und Trauer erwachsen. Aber inmitten all dieser Negativität befinde sich ein Punkt der Transformation: die Möglichkeit, daß alles sich zum Gegenteil wenden könne. Dieser Punkt der Transformation sei nur ein anderes Wort für Hoffnung und ermögliche es uns, der Wirklichkeit um uns ins Auge zu sehen. Auf diesen Punkt der Verwandlung müßten wir unsere ganze Aufmerksamkeit und Energie richten, wenn wir positiv auf die Welt einwirken wollten. Von dieser Erfahrung war ich zutiefst bewegt, und ihr verdanke ich es, daß ich mir im Hinblick auf die harte Wirklichkeit des Lebens nichts vormache und doch die Hoffnung und die Bereitschaft nicht verliere, etwas dagegen zu tun.

Visionen und Illusionen

Dank der Gesetze der Logik können wir in der Alltagswirklichkeit zwischen Subjektivem und Objektivem, zwischen Wissenschaft und Mythos, zwischen Vernunft und Aberglaube unterscheiden. Sobald wir aber die Welt der Alltagswirklichkeit verlassen, betreten wir ein Reich, dessen Gesetze uns niemand gelehrt hat, denn die meisten von uns haben keine geistige Unterweisung erfahren, die man als Gegenstück zu unserer konventionelleren Erziehung ansehen könnte. Wie also können wir wissen, was Wahrheit ist und was Illusion?

Problematisch ist dies vor allem, wenn wir vielleicht Visionen unseres universalen spirituellen Unbewußten mit Phantasien unseres persönlichen Unbewußten verwechseln. Auch Menschen, die man für geistig verwirrt hält, scheinen oft transpersonale Visionen zu haben: Wenn die Barrieren zwischen dem Bewußtsein und dem persönlichen Unbewußten wegfallen, dann gibt es vielleicht auch keine Filter mehr zwischen dem normalen Selbst und dem höheren Selbst oder zwischen dem Selbst und jener spirituellen Dimension jenseits des persönlichen Horizonts. Umgekehrt kann es aber auch bei der Kontaktaufnahme mit unserem spirituellen Unbewußten schwierig sein, zwischen transpersonalen Visionen und persönlichen Wunscherfüllungsphantasien zu unterscheiden, ganz gleich, ob wir geistig gesund sind oder nicht.

Am ehesten können Sie sich auf Botschaften, die aus einer anderen Dimension zu kommen scheinen, verlassen, wenn Sie sie auch in der Alltagswirklichkeit als richtig empfinden. Umgekehrt sollten Sie allen «Erkenntnissen» besonders mißtrauen, bei denen Sie sich vor lauter Macht, Allwissenheit und Größe ganz «high» fühlen, statt daß sie Ihnen das Bewußtsein vermitteln, daß Sie nur Teil eines mächtigen, weisen und großartigen Ganzen sind. Denn dieser Zustand ist nicht nur an und für sich schon negativ, sondern Sie werden wahrscheinlich auch in einem hoffnungslosen «Tief» landen, wenn Sie feststellen müssen, daß Sie eben nicht jeden Kranken heilen, hinter jedes Geheimnis kommen oder die Lottozahlen exakt voraussagen können.

Oder um es in C. G. Jungs Sprache zu sagen: Durch das kollektive Unbewußte können Sie mit einem inneren Archetypus oder einem Universalsymbol in Verbindung stehen – z. B. mit dem Archetypus Gott, der einen Zugang zu einem tiefen und uralten Wissen vermittelt. Aber wenn Sie nicht erkennen, daß in uns allen ein Archetypus Gott wohnt, und sich statt dessen mit dem Archetypus identifizieren, also glauben, Gott selbst zu sein, dann ist das eine «Inflation», wie Jung es nennt, die eher eine Paranoia statt Erleuchtung zur Folge hat.[3] Alice Bailey hat das ganz praktisch ausgedrückt: Wenn Sie eine sogenannte transpersonale Vision haben, bei der Sie selbst im Mittelpunkt des Geschehens stehen – zum Beispiel als Retter der Welt –, dann ist das vermutlich eine Illusion.[4]

Einem weisen und liebenden Wesen begegnen – Botschaften und heilende Energie empfangen und senden: Übungsaufbau

An dieser Stelle mache ich Sie mit zwei wichtigen Übungen bekannt: einem weisen und liebenden Wesen begegnen und Botschaften und heilende Energie empfangen und senden. Bei den Varianten finden Sie auch eine Übung zum Haus der Wahrheit (oder des Friedens, der Liebe, der Heilung oder was auch immer Sie sich wünschen).

Es gibt eine ganze Reihe von wichtigen Bildarbeitsübungen, die von der Vorstellung ausgehen, daß Sie einem weisen und liebenden Wesen begegnen. Charakteristisch dafür ist, daß sich das Wesen oben auf einem Berg, in einer Höhle, tief im Wald oder am anderen Ufer eines Flusses befindet. Das weise, liebende Wesen kann entweder als etwas erlebt werden, das ganz anders ist als Sie, oder letztlich als Spiegelung Ihres zutiefst verborgenen Selbst. Bei der Übung «Einem weisen und liebenden Wesen begegnen» wandern Sie durch einen Wald und einen Berg hinauf und warten dort oben auf die weise, liebende Person, mit der Sie kommunizieren und durch die Sie auch einen Aspekt von sich selbst entdecken. Wenn Sie Abschied nehmen, können Sie sich auch vornehmen, daß Sie einander wiedersehen werden, und danach wie üblich Ihren Dank für dieses Geschenk abstatten, seine Bedeutung reflektieren, vorausschauen, um zu sehen, wie wichtig es für Ihr Leben ist, und schließlich auftauchen.

Vorbereitung: Einen Freiraum schaffen und entspannen
1. Das Bild vom Aufenthaltsort der weisen Person abrufen
2. Das weise Wesen finden
3. Einen Dialog mit dem weisen Wesen führen
4. Die eigenen Qualitäten entdecken
5. Abschied nehmen
6. Dank abstatten, reflektieren, vorausschauen und auftauchen

Die zweite Übung, «Botschaften und heilende Energie empfangen und senden», versetzt Sie in die Lage, die normalen Grenzen zwischen Menschen sowie zwischen Menschen und anderen Lebewesen, Gegenständen und Ereignissen zu überwinden und offen dafür zu sein, Wissen und Energie mit nichtkörperlichen Mitteln auszusenden und zu empfangen. Sobald Sie das getan haben, können Sie sich in eine Person, einen Gegenstand, eine Pflanze oder ein Tier versetzen und ein Gefühl dafür bekommen, was mit und in ihnen vorgeht; oder Sie können sie bitten, Ihnen eine Fähigkeit beizubringen oder Sie durch eine Erfahrung zu führen; oder ihnen sagen, was Sie brauchen; oder ihnen liebende Energie senden. Sie können sich auch ein Bild von ihrem oder sonst jemandes emotionalen und körperlichen Zustand machen und ihn zu heilen versuchen. Wie üblich sollten Sie dann Ihren Dank abstatten, reflektieren, vorausschauen und wieder auftauchen.

Das Schema:

Vorbereitung: Einen Freiraum schaffen und entspannen
1. Eine Dimension ohne persönliche Grenzen abrufen
2. Botschaften empfangen und aussenden
3. Heilen
4. Dank abstatten, reflektieren, vorausschauen und auftauchen

Einem weisen und liebenden Wesen begegnen: Grundübung

Vorbereitung: Einen Freiraum schaffen und entspannen

1. Das Bild vom Aufenthaltsort der weisen Person kommen lassen. Stellen Sie sich vor, Sie wandern durch einen wunderschönen Wald. Spüren Sie seinen Boden unter Ihren Füßen. Achten Sie auf die vielen Blumen, die Vogellaute und Insekten, den Wind, der Ihre Wangen fächelt, die Sonnenstrahlen, die auf den Blättern tanzen, den Duft der Nadelbäume. Während Sie so dahingehen, geben Sie sich einem Wohlbehagen hin und dem Gefühl, mit allem verbunden zu sein und in tiefem Frieden zu leben.

Jetzt sehen Sie einen Berg vor sich aufragen. Sie erreichen ihn und beginnen ihn zu besteigen, wobei Sie die Anstrengung in Ihren Beinmuskeln spüren. Sie gehen weiter, bis der Pfad zu Ende ist, und dann klettern Sie über die Felsen zum Gipfel. Während Sie sich ihm nähern, nehmen Sie ein intensives Lichtfeld wahr, das sich dort oben auszubreiten scheint. Wenn Sie den Gipfel erreichen, sind Sie in dieses Licht eingetaucht. Sie setzen sich einen Augenblick hin und betrachten die Welt um und unter sich.

2. Das weise Wesen finden. In einiger Entfernung erblicken Sie ein weises und liebendes Wesen, das bereit ist, Sie anzuhören und Ihnen zu helfen. Zunächst ist er oder sie nichts weiter als ein leuchtender Punkt. Sie gehen nun aufeinander zu. Wenn Sie überhaupt niemanden sehen, dann bedeutet das, daß Sie diesmal Ihre eigene weise Person sind und herausfinden sollen, was Sie aus sich heraus vermögen. Bitten Sie daher darum, daß Ihnen ein Bild der weisen, liebenden Person kommt.

3. Einen Dialog mit dem weisen Wesen führen. Wenn Sie in der Nähe dieses Wesens sind, versuchen Sie mit all Ihren Sinnen seine besonderen Qualitäten zu verstehen und zu erfahren. Weist es ein besonderes Licht auf? Eine besondere magnetische Kraft? Eine spezielle Form der Freude, der Weisheit, des Wissens, der Liebe, des Friedens, der Klarheit, der Freiheit oder der Unschuld? Blicken Sie ihm in die Augen und nehmen Sie die Botschaft für Sie darin wahr.

Sprechen Sie nun mit dem Wesen, grüßen Sie es zunächst und fragen Sie es nach seinem Namen. Sagen Sie alles zu ihm, was Sie für richtig halten, stellen Sie jede Frage, sprechen Sie über all Ihre Probleme. Hören Sie sich die Antwort an und führen Sie die Unterhaltung verbal und nichtverbal so lange weiter, wie Sie es für richtig halten.

4. *Die eigenen Qualitäten entdecken.* Wenn die Unterhaltung endet, stimmen Sie sich mit Ihrem ganzen Sein in dieses weise Wesen ein, indem Sie Ihre Energie seiner Energie, Ihre Wellenlänge oder Schwingung oder Geistesverfassung (wie immer Sie sich das vorstellen) der seinen, Ihr Lebensgefühl seinem Lebensgefühl anpassen. Erleben Sie seine besonderen Qualitäten in sich, als ob das weise Wesen ein Spiegel wäre, der Ihnen zeigt, wer Sie wirklich sind. Spüren Sie Ihr eigenes Licht, Ihre Freude, Ihre Kraft, Ihre Weisheit, Ihr Wissen, Ihre Liebe, Ihren Frieden, Ihre Klarheit, Ihre Freiheit oder Ihre Unschuld.

5. *Abschied nehmen.* Danken Sie dem weisen, liebenden Wesen und verabschieden Sie sich so von ihm, wie Sie es gern möchten. Fragen Sie es auch, wie Sie einander wiedersehen könnten. Wenn Sie den Berg hinuntersteigen und durch den Wald gehen, versuchen Sie festzustellen, ob und wie die Dinge anders aussehen oder ob und wie Sie sich anders fühlen.

6. *Dank abstatten, reflektieren, vorausschauen.* Danken Sie für dieses Geschenk, tauchen Sie auf und reflektieren Sie über die Bedeutung der Botschaften, die Sie von dem weisen Wesen bekommen haben, wie auch über den Wert der Erfahrung selbst. Seien Sie sich bewußt, daß Sie künftig jederzeit, wenn Sie Hilfe, Rat oder Fürsorge benötigen, zurückkehren und mit diesem weisen Wesen sprechen können – oder mit dem weisen Wesen, das Ihr wahres Ich ist.

Botschaften und heilende Energie empfangen und aussenden: Grundübung

Vorbereitung: Einen Freiraum schaffen und entspannen

1. *Eine Dimension ohne persönliche Grenzen abrufen.* Versuchen Sie eine der beiden Möglichkeiten:

a) Sagen Sie sich: «Ich zähle jetzt rückwärts von zehn bis eins, und mit jeder Zahl fühle ich mich tiefer und tiefer entspannt und mehr und mehr in Kontakt mit einer Dimension, in der alles und jeder, Vergangenheit, Gegenwart und Zukunft miteinander verbunden sind und in der ich Bilder, Botschaften und heilende Energie jedem senden und von jedem empfangen kann, einfach indem ich beschließe, es zu tun. Zehn, neun, acht...»

b) Stellen Sie sich vor, Sie verlassen mit einem Raumschiff die uns bekannten Dimensionen von Zeit und Raum. Sie landen in einer Dimension, in der alles und jeder, Vergangenheit, Gegenwart und Zukunft miteinander verbunden sind und in der Sie Bilder, Botschaften und heilende Energie von jedem empfangen und an jeden senden können, indem Sie einfach beschließen, dies zu tun.

2. Botschaften empfangen und aussenden. Lassen Sie Ihre Seele und Ihre Gefühle zur Ruhe kommen. Lassen Sie das Bild einer Person kommen, über die Sie etwas wissen oder mit der Sie kommunizieren wollen, oder sonst einer lebenden oder bereits verstorbenen Person, die eine gewisse Eigenschaft, Können, Wissen oder Erfahrung besitzt, all das, was Sie gern haben möchten.

Betrachten Sie das Bild dieser Person, stellen Sie eine tiefe Verbindung zwischen sich und ihr her und warten Sie ab, ob weitere Bilder oder Gedanken auftauchen. Versuchen Sie, Ihren Geist über dem Bild, neben, vor und unter ihm schweben zu lassen, um es genauer zu erkunden. Versetzen Sie sich in die andere Person, indem Sie ihr Ihre Energie, Wellenlänge, Schwingungen oder Geistesverfassung (wie immer Sie das verstehen) anpassen. Sprechen Sie mit der Person, wobei Sie mit Worten, Bildern oder anders nichtverbal kommunizieren. Sie können sie um Informationen bitten oder ihr sagen, wie sie Ihnen gefällt, oder sie ersuchen, Ihnen etwas beizubringen oder Sie in einem Lernprozeß zu führen. Warten Sie ihre Erwiderung ab.

Versuchen Sie auch, in den Körper der Person einzutreten, empfinden Sie, wie es ist, sie zu sein, und erlangen Sie durch diese direkte Erfahrung das Können oder das Wissen, das Sie benötigen.

Wenn Sie fertig sind, danken Sie der Person und verabschieden sich von ihr, wobei Sie vielleicht ein Wiedersehen verabreden. Sie können der Person auch Ihre Liebe und Ihre guten Wünsche übermitteln.

Das gleiche Verfahren können Sie natürlich auch gegenüber

einem Gegenstand, einer Pflanze oder einem Tier anwenden. Sie können es entweder in deren Gegenwart tun – indem Sie den realen Gegenstand, die Pflanze oder das Tier genau studieren, mit ihm reden und «in es eintreten» – oder indem Sie ein Bild davon kommen lassen.

3. Heilen. Denken Sie an eine Person, um die Sie sich Sorgen machen – vielleicht an jemanden, der gesundheitliche oder seelische Probleme hat. Das kann die gleiche Person wie oben sein, muß es aber nicht. Bitten Sie um Bilder, die mit dem emotionalen und körperlichen Zustand dieser Person zu tun haben. Mustern Sie das Bild ihres Körpers von Kopf bis Fuß, stellen Sie jede Anomalie fest wie dunkle, gebrochene, offenbar kranke Bereiche. Treten Sie in ihren Körper ein und empfinden Sie, wie das ist.

Wenn Sie äußerlich wie innerlich irgendein Problem ausmachen, versuchen Sie das Bild zu heilen, wie Sie es für richtig halten. Sie können ein heilendes, liebendes Wesen bitten, einen heilsamen Strahl der Liebe zu schicken. Oder Sie können selbst ein heilendes Licht aussenden oder das eigene natürliche Licht der Person wiederherstellen. Oder Sie können einen verzerrten Muskel wieder strecken oder das verknotete Gewebe im emotionalen Körper wieder entwirren. Schließen Sie die Übung wie bei der im 10. Kapitel beschriebenen Übung «Das Leben ändern» damit ab, daß Sie das Bild der geheilten Person in eine Seifenblase oder einen Ballon stecken, um die Heilung bitten und sie auch wieder «loslassen» – weil Sie wissen, daß es nun nicht mehr allein in Ihrer Macht steht und daß Sie die Heilung nun dem Universum, Gott, den Geistern oder wem oder was auch immer überlassen müssen, der oder das jenseits Ihrer Möglichkeiten liegt. Sie können einfach sagen: «Ich bitte darum, daß dies geschieht, und ich lasse es los», und dann geben Sie die Blase oder den Ballon frei, bis sie verschwinden. Sie können auch hinzufügen: «Und so ist es», wenn Sie wollen – in der Dimension, in der Vergangenheit, Gegenwart und Zukunft eins sind, ist diese Heilung bereits geschehen und existiert als Möglichkeit, die nur darauf wartet, realisiert zu werden.

4. Dank abstatten, auftauchen, reflektieren und vorausschauen. Statten Sie Ihren Dank ab, wie und wem Sie es für richtig halten. Nach dem Auftauchen reflektieren Sie über die Bedeutung Ihrer Erfahrung sowie über die Konsequenzen für die Zukunft.

Schnelles Einstimmen

Wenn Sie sich in jemanden einstimmen wollen, dann dauert das nur einen Augenblick und kann erfolgen, wenn die betreffende Person körperlich anwesend ist oder nicht. Ich schlage vor, daß Sie damit auch Ihre normale Kommunikation mit anderen Menschen erweitern: Stimmen Sie sich in ihr Bild oder ihren Geist ein und senden Sie ihnen eine Botschaft oder liebende Energie. Wenn Sie ein Kind zu Bett bringen, einen Freund besuchen oder an jemanden denken, um den Sie sich Sorgen machen, dann halten Sie einen Moment inne, stimmen sich auf ihn/sie ein und senden Sie ihm/ihr eine Botschaft oder Energie. Man weiß nie, wieviel Gutes man auf diese Weise bewirken kann – mit Sicherheit aber erweist man sich dabei selbst etwas Gutes.

Varianten

Zum Haus der Wahrheit (der Liebe, des Friedens, der Weisheit, der Macht, des Heilens usw.) gehen. Lassen Sie ein Bild vom Haus der Wahrheit (oder was Sie erkunden wollen) kommen. Wie sieht das Haus aus? Lassen Sie Ihren Geist aufsteigen und es von oben betrachten, dann von allen Seiten und von unten. Was nehmen Sie aus den verschiedenen Blickwinkeln wahr? Treten Sie nun ein. Was haben Sie für ein Gefühl, wenn Sie in diesem Haus sind? Was können Sie um sich herum sehen, riechen, hören oder sonstwie sinnlich wahrnehmen? Gibt es hier einen bestimmten Platz für Sie oder bestimmte Werkzeuge oder Instrumente, die Sie benutzen sollen? Finden Sie es heraus, und wenn es der Fall ist, untersuchen Sie diesen Platz oder probieren Sie diese Werkzeuge und Instrumente aus.

Gehen Sie auf jeden zu, den Sie darin sehen. Versuchen Sie herauszubekommen, wer das ist, und reden Sie mit ihnen über Ihr Leben und über das, was Sie brauchen. Bitten Sie sie um Antwort. Sie können sich entweder einfach anhören, was sie zu sagen haben, oder die Rollen tauschen und «sie» werden und die Unterhaltung so lange führen, wie Sie wollen. Danken Sie dem oder den Wesen. Denken Sie daran, daß Sie diese hilfreichen Wesen auch weiterhin als Berater rufen können, wann immer Sie das Gefühl haben, ihre Hilfe zu brauchen.

Zum Abschluß

Das Reich des Transpersonalen ist nicht jedermanns Geschmack. Aber das Bewußtsein, daß alles, was wir erleben, eine zusätzliche Dimension hat, die über das offen zutage Tretende hinausreicht, kann auch für die größten Skeptiker das Leben um etwas Magisches bereichern. Zumindest werden wir wieder einmal daran erinnert, was für Potentiale die alltägliche Wirklichkeit doch bereithält, die nur darauf warten, realisiert zu werden. Im besten Falle aber bekommt dadurch alles, was wir tun, eine tiefere Bedeutung, und wir werden erst richtig gewahr, wer wir sind und wohin wir gehen.

VIERTER TEIL

Den eigenen Weg finden

16. Ein Selbsthilfe-Kurzprogramm: Probleme bewältigen, Fähigkeiten verbessern

Vor einigen Jahren erzählte mir meine Schwester Shira, daß sie sich bei einem wirklich schwierigen Problem immer sage: «Zu jedem Problem gibt es eine Lösung», und danach könne sie sich in aller Ruhe den nächsten Schritt überlegen. Ich probierte das selber aus und entdeckte, daß auch ich auf diesem Weg eine Problemlösung ansteuern konnte – nach dem Motto: Nur keine Panik! Aber dann kamen mir doch Zweifel. Läßt sich denn wirklich jedes Problem lösen? Mit Sicherheit nicht, genausowenig, wie sich jede Krankheit heilen läßt.

Meiner Ansicht nach ist es nicht so wichtig, ob es für ein Problem eine *Lösung* gibt, sondern ob es dabei einen *Punkt der Transformation* und *Aufhebung* gibt. Immer existiert irgendein Ansatz, ein Weg oder eine Perspektive, so daß wir weiterkommen: Das ist der Punkt der Transformation. Sobald wir diesen Punkt gefunden haben, können wir den Weg frei machen zur Aufhebung oder Bewältigung – das heißt, zu einer angemessenen Klärung eines verworrenen Bildes. Statt Punkt der Transformation kann man auch *Hoffnung* sagen und statt Aufhebung *Frieden*.

Wenn wir nach einer Lösung für ein Problem suchen, zielen wir im Grunde auf einen festgelegten Endpunkt ab, den wir als «erwünscht» definieren. Wenn wir jedoch den Punkt der Transformation und Aufhebung suchen, bemühen wir uns darum, die innere Eigendynamik der Situation zu erkennen und uns ein klares Bild von ihr zu machen, ganz gleich, ob uns diese Dynamik dorthin trägt, wohin wir ursprünglich gelangen wollten. Oder um es mit dem alten, weisen chinesischen *I Ging. Das Buch der Wandlungen* zu sagen: «Ein Licht wird aus Ereignissen erstrahlen, durch die der Weg zum Erfolg erkannt werden kann.»[1]

Wenn Sie beispielsweise mit einem Beziehungsproblem nicht weiterkommen, dann kann der Punkt der Transformation bedeuten, daß Sie sich und Ihren Partner auf neuartige Weise akzeptieren und daß Sie beide zusammenbleiben können oder daß Sie zu einer neuen Einstellung finden, die es Ihnen beiden ermöglicht, einander loszulassen. In beiden Fällen können Sie das Problem bewältigen und wieder weiterkommen. In diesem Sinne «weiterzukommen» hieße dann für jemanden, der schwerkrank ist, wieder gesund zu werden – aber auch, daß er akzeptiert, sterben zu müssen.

Vielleicht wäre es daher besser, nicht vom Lösen von Problemen zu sprechen, sondern von ihrer Transformation und Aufhebung oder Bewältigung. Wie transformieren wir Probleme oder wie bewältigen wir sie, so daß wir vorankommen und uns neu orientieren können? Diese Frage können wir uns immer dann stellen, wenn wir Mühe haben, weiterzukommen, und das kann alle Bereiche unseres Lebens betreffen – vom ganz Persönlichen über das Berufliche bis zum Spirituellen.

Hinter Gittern

Julie war eine bekannte und erfolgreiche Unternehmensberaterin, die beruflich wie privat sehr gefragt war. Sie nahm ihre Verpflichtungen äußerst ernst und versuchte jedem gerecht zu werden. Aber sie fand auch, daß sie sich nicht genug Zeit nahm, für sich wie für ihren Partner, und am Ende war sie stets gestreßt und müde, statt sich wohl zu fühlen. Wenn sie ihren Terminkalender ansah, fragte sie sich, wie sie ihr Leben anders organisieren sollte: Wie konnte sie den Erwartungen der anderen gerecht werden und zugleich an sich denken?

Sie ließ ein Bild kommen, das ihr Verhältnis zu Erwartungshaltungen darstellte: Vor ihr tauchte eine Gefängniszelle auf, und sie selbst saß hinter Gittern. Die Gitterstäbe reichten allerdings weder ganz bis zur Decke hinauf noch hinunter bis zum Fußboden, und außerdem gab es in der Zelle ein Fenster, so daß sie erleichtert war, es nicht schlimmer getroffen zu haben.

Was konnte sie tun? Julie entschloß sich, die Gitterstäbe einzuschmelzen und daraus eine hübsche Skulptur zu gießen. Und das tat sie dann auch, und diese schnelle und kreative Lösung gefiel ihr über alle Maßen. Aber nach ein paar Augenblicken merkte sie, daß sie mit dieser Lösung nicht zufrieden war: Sie hatte wieder einmal versucht, das Problem auf ihre gewohnte effiziente Art anzugehen, statt sich darum zu bemühen, es wirklich zu bewältigen. Die Skulptur war zwar hübsch, aber sie bestand ja immer noch aus Eisen. Sie brauchte also eine Verwandlung in einer völlig anderen Richtung.

Plötzlich entdeckte sie, wie sie an dem Gitter rüttelte und dahinterkam, daß die Zelle überhaupt nicht abgesperrt war. Das war Julies Punkt der Transformation. Sie stieß die Tür auf und lief hinaus auf ein weites Feld, und dort sang, tanzte und malte sie. Sie fühlte sich wie zu Hause und war entspannt und fröhlich. Jetzt hatte sie dieses Gefühl, etwas wirklich bewältigt zu haben.

Als Julie das Bild auf ihr Leben rückprojizierte, sah sie, daß sie ihren Terminplan überhaupt nicht neu zusammenstellen konnte, damit sie selbst mehr vom Leben hatte. Auch wenn die Gitterstäbe wie eine wunderschöne Skulptur aussehen, bleiben sie doch immer Gitterstäbe. Sie mußte sich auf das konzentrieren, was sie wirklich tun oder haben wollte und was ihr im Leben am wichtigsten war, und dann würde sich alles andere auch richtig einpassen.

Julie merkte plötzlich: Wonach sie sich am meisten sehnte, aber wofür sie sich überhaupt keine Zeit nahm, weil sie allen Erwartungen der anderen gerecht werden wollte, war, ihrer Kreativität Ausdruck zu geben. Sie beschloß, aufs Land zu ziehen und zu tun, was sie schon immer hatte tun wollen – Bücher zu schreiben. Sie kommt weiter mit ihren Freunden zusammen und hält auch Seminare, aber nur wenn es in ihren gesamten Lebensplan paßt. Dann aber ist sie viel fröhlicher als früher.

Der Augenblick der Transformation ist tatsächlich oft von fröhlichem Gelächter begleitet, da wir dann nämlich unsere Anspannung und Verwirrung verlieren und sogar die lustige Seite des Problems sehen, das uns so viel Mühe bereitet hat. Wenn Boris, einer meiner Bildarbeitsstudenten, Probleme hatte, suchte er am liebsten sein Haus der Wahrheit auf, wo er mit so herausragenden Gestalten wie Sokrates, Jung und anderen bedeutenden

Gurus zusammentraf. Als die Beziehung zu seiner Freundin ein einziges Chaos wurde und ihn quälte, ging er wieder einmal in sein Haus der Wahrheit, weil er sich einen weisen Rat erhoffte. Zu seiner Überraschung begegnete er darin nicht einem der großen Philosophen und Psychologen, sondern dem Hollywoodproduzenten Cecil B. De Mille. Boris war zwar enttäuscht, fragte aber dennoch den Produzenten, was er mit seiner Liebesbeziehung anfangen solle. Cecil B. De Mille nahm die Zigarre aus dem Mund, blies einen Rauchring zur Decke und sagte: «O Mann! Du glaubst wohl, dein Leben sei einer der großen Hollywood-Hits? Mann, das ist nichts weiter als eine zweitklassige Schmonzette.» Boris mußte lachen. Er erkannte, daß er wieder einmal etwas zu dramatisch empfunden hatte, und versprach, sein Leben nie wieder zu ernst zu nehmen.

Boris bekam keine gebrauchsfertige Lösung serviert, aber dafür erlebte er einen echten Punkt der Transformation. Mit dieser neuen Leichtigkeit konnte er seine Situation mit anderen Augen sehen und sein Problem selbst bewältigen.

Ein Problem bewältigen: Übungsaufbau

Der erste Schritt bei der Bewältigung eines Problems besteht in einer Art Vertrauenssprung. Ich meine damit, daß wir innehalten und fest daran glauben müssen, daß es bei jedem Problem einen Punkt der Transformation gibt – wir müssen ihn nur finden. Vor diesem Vertrauen schwindet unsere Angst, und es gestattet uns, «unsere Denkkappe aufzusetzen». Wenn wir innehalten, sollten wir uns auch einen Augenblick Zeit nehmen, um uns zu entspannen und tief auf das Problem zu konzentrieren.

Der zweite Schritt besteht darin, daß wir das Problem aus einem oder mehreren neuen Blickwinkeln betrachten. Wenn sich ein Problem einfach lösen ließe, wäre es keins.

Wir müssen uns daher folgende Frage stellen: «Wie kann ich das Problem so rekonstruieren, daß ich einen befriedigenden Weg erkenne, wie ich weiterkommen kann?» (wobei wir daran denken sollten, daß selbst ein Begriff wie «befriedigend» von dem Blickwinkel abhängt, aus dem wir das Problem betrachten). Jede Bildarbeitstechnik, die Sie bisher angewandt haben, läßt sich hier gut gebrauchen.

Der dritte Schritt besteht darin, den Punkt der Transformation auszumachen – den Fortschritt oder Ansatz, der eine Klärung und Bewältigung ermöglicht. Natürlich kann es mehr als nur einen Ansatzpunkt geben, und dann müssen Sie sich den befriedigendsten aussuchen, was wiederum von Ihrem Blickwinkel abhängt.

Ich habe diesen ganzen Prozeß zwar in einzelne Schritte aufgegliedert, aber er muß sich nicht zwangsläufig so geordnet abspielen. Besonders der Augenblick der Bewältigung/Aufhebung folgt oft auf eine Phase des Wartens, eine «Inkubationszeit», in der sich Ihre Kreativität innerlich aufladen kann. Der Augenblick der Erkenntnis kommt dann vielleicht beim Baden, nachdem Sie das Ganze «überschlafen» haben oder während Sie mit etwas völlig anderem beschäftigt sind. Dann aber sollten Sie diese Erkenntnis festhalten, «Ich hab's!» sagen – und sich auch nach ihr richten.

Das klingt alles ganz einfach, und im Prinzip ist es das ja auch. In gewisser Hinsicht ist es Ihr Vertrauen, das alles so leicht macht. Die Mühe, die es uns bereitet, ein Problem zu lösen, hat sehr viel mit Angst zu tun, oder anders gesagt: mit dem Gefühl der Erstarrung, der Lähmung oder der Panik, daß wir mit dem Problem nicht weiterkommen und das Problem nicht mit uns – und das für immer und ewig.

Ganzheitliche, kreative Problemlösungen

Diese einfache Struktur bedarf einer nicht unwichtigen Ergänzung: Wir wollen unsere Probleme nicht auf *irgendeine*, althergebrachte Weise bewältigen. Zum einen kann es manchmal neue Probleme mit sich bringen, die schlimmer sind als das alte, wenn wir einfach über das alte hinweggehen – besonders wenn wir bedenken, wie sich unser Verhalten auf andere Personen und Situationen auswirkt und nicht bloß auf uns. So hatte Ellen (siehe 7. Kapitel) zwar gemeint, daß sie ihr Eheproblem dadurch gelöst hätte, indem sie ihren Mann von heute auf morgen verließ, ohne richtig von ihm Abschied zu nehmen. Aber durch diesen plötzlichen Ausbruch hatte sie nicht nur ihrem Partner sehr weh getan, sondern sich auf lange Sicht auch selbst den Weg dazu verbaut, sich frei von Schuld zu fühlen und ihre neue Beziehung unbeschwert zu erleben.

Zum anderen ist uns nur vorläufig geholfen, wenn wir über ein Problem einfach hinweggehen, während wir damit menschlich keinen Schritt weiterkommen. Julie, die Unternehmensberaterin, hätte ja beispielsweise ihren Terminkalender neu gestalten und sich dadurch ein wenig mehr Zeit für sich selbst verschaffen können – aber dann wäre es ihr nur unwesentlich besser gegangen: Sie wäre weiter gestreßt und unglücklich gewesen.

Es genügt auch nicht, ein Problem einfach zu transformieren, sondern dies muß auf ganzheitliche wie auf kreative Weise geschehen.

Ein ganzheitlicher Zugang der Problemtransformation bezieht den gesamten Kontext, die Vernetzung der Menschen und Vorgänge mit ein, die dieses Problem betrifft. Dabei müssen wir das Problem aus allen möglichen Perspektiven betrachten, denn so stellen wir am ehesten alle Implikationen fest, die uns von unserem beschränkten persönlichen Standpunkt aus entgehen würden.

Das Problem beispielsweise, ob man eine Autobahn durch eine Stadt führen sollte, kann auf sehr unterschiedliche Weise betrachtet werden – aus dem Blickwinkel der Hauseigentümer, der Autofahrer, der Stadtverwaltung, der Umweltschützer, der Fußgänger oder der Radfahrer. Nicht anders stellt sich auch ein Eheproblem verschieden dar: für den Mann, die Frau, die Kinder, die Familie als Ganzes, die Nachbarn oder auch für die Geliebte des Mannes und/ oder den Liebhaber der Frau.

Um zu einer ganzheitlichen Lösung zu kommen, müssen Sie zuerst alle diese Standpunkte einbeziehen, dann zu Ihrem eigenen Blickwinkel zurückkehren und sich für den weiterführenden Weg entscheiden, der Ihnen derzeit richtig erscheint.

Bei einer kreativen Problembewältigung müssen wir unsere gewohnten Denk- und Reaktionsweisen ändern und für das Problem einen neuen Zugang finden. So erweitern wir nicht nur die Möglichkeit der Transformation des Problems an sich, sondern auch für uns selbst als diejenigen, die das Problem bewältigen.

Normalerweise gehen Sie vielleicht Probleme an, indem Sie eher die praktischen als die emotionalen Konsequenzen im Auge haben, eher die langfristigen als die kurzfristigen Auswirkungen, eher den geradlinigen, sicheren als den riskanten und Mut erfordernden Weg oder eher den komplizierten als den einfachen Zugang in Erwägung ziehen. Jemand anderes geht vielleicht mit dem gleichen Problem auf eine radikal andere Weise um, nicht weil er ein anderes materielles Interesse daran hat oder einen anderen Standpunkt einnimmt, sondern einfach weil er sich Problemen von Haus aus auf andere Weise nähert.

Um zu einer kreativen Lösung zu kommen, müssen Sie Ihr Annäherungspotential erweitern und das Problem von einer völlig neuen Warte aus betrachten. Vielleicht taucht ja die Lösung danach nicht sofort auf, sondern erst nach jener «Inkubationszeit», in der Sie geduldig abwarten und dem Unbewußten Zeit lassen. Aber diese Lösung wird dann wahrscheinlich etwas so Schönes und Richtiges an sich haben, was kreative Menschen immer meinen, wenn sie von einem kreativen Durchbruch sprechen.[1]

Die Bildarbeit eignet sich geradezu ideal für ganzheitliche und kreative Problembewältigungen, weil sie uns buchstäblich in die Lage versetzt, unseren Blickwinkel dramatisch zu verändern, und weil die metaphorische und intuitive Kraft der Vorstellungsbilder die Wege, sich einem Problem zu nähern, vervielfacht.

Dieses Kapitel will zur Selbsthilfe anregen, weil es noch einmal die verschiedenen, Ihnen bereits vorgestellten Methoden anspricht, wie Sie ein Problem lösen können, so daß Sie sich daraus Ihre eigene Übung zusammenstellen können.

Das allgemeine Aufbauschema, das ich Ihnen zur Bewältigung von Problemen vorschlagen möchte:

1. Schaffen Sie sich einen Freiraum und entspannen Sie sich.
2. a) Rücken Sie das Problem in die richtige Perspektive.
   b) Rücken Sie sich selbst in die richtige Perspektive.
3. Lassen Sie ein Bild kommen und vertiefen und erkunden Sie es, bis Sie den Punkt der Transformation erreichen oder weitergelangen.
4. Statten Sie Ihren Dank ab, reflektieren Sie, schauen Sie voraus, tauchen Sie auf und setzen Sie die neuen Erkenntnisse um.

Wie Probleme leichter bewältigt werden können: Grundübung

1. Schaffen Sie sich einen Freiraum und entspannen Sie sich. Halten Sie zunächst inne, wenn Sie wirklich weiterkommen wollen. Nehmen Sie sich die Zeit, um eine der (im 4. Kapitel vorgestellten) Entspannungsübungen anzuwenden – oder sonst eine Technik, die bei Ihnen funktioniert, selbst wenn es nur ganz kurz dauert.

Das erfüllt einen doppelten Zweck. Erstens gewinnen Sie dadurch leichter das Vertrauen, daß Sie einen Punkt der Transformation finden werden und darum das Problem nicht lösen *müssen*, was ja nur Ihre Neugier und Ihre Kreativität behindern würde. Dann ist Ihre Einstellung: «Ich möchte wissen, was da auftauchen wird», statt: «Ich muß das ganz rasch lösen oder gar nicht.»

Zweitens gelangen Sie dadurch in jenen unkritischen, frei assoziierenden und doch hochkonzentrierten Bewußtseinszustand, der nicht nur das Arbeiten mit Vorstellungsbildern erleichtert, sondern jede Form der Problembewältigung. Er hält Sie davon ab, wie gewohnt zuerst einfach «aus dem Stegreif» zu reagieren, und regt Sie an, sich tief zu konzentrieren und Ihr Potential besser zu nutzen. Nach meiner Erfahrung genügt manchmal schon diese fokussierte Annäherung, das Problem ins richtige Licht zu rücken und mir eine neue Perspektive der Situation, einen Punkt der Transformation und einen Weg der Bewältigung/Aufhebung zu vermitteln.

Wenn Sie rückwärts zählen wollen, um die Entspannung zu vertiefen, denken Sie daran, daß Sie dabei Worte verwenden sollten, die sich auf die entsprechende Aufgabe beziehen, z. B.: «Ich zähle jetzt von zehn bis eins, und mit jeder Zahl bin ich mehr und mehr entspannt, mehr und mehr in Kontakt mit meinen Möglichkeiten, mehr und mehr in der Lage, mein derzeitiges Problem zu bewältigen.»

2. a) Rücken Sie das Problem in die richtige Perspektive. Wo ist Ihr Problem? Befindet es sich in Ihrem Umkreis? Ist es in Ihnen? Lastet es auf Ihnen? Wo immer es sich auch befindet – versuchen Sie es irgendwo anders hin zu verlagern und einen neuen Blickwinkel einzunehmen. Am besten ist es vermutlich, wenn Sie sich ein Bild davon machen und es nach außen verlagern. Wenn es mehr als einen Aspekt hat, sollten Sie das mit einem Bild von jedem Aspekt tun. Betrachten Sie das jeweilige Bild dann von allen Seiten, von oben und von unten. Jede dieser Perspektiven wird Ihnen eine neue Einsicht vermitteln. Zumindest aber wird dadurch das Problem «in die richtige Perspektive gerückt».

2. b) Rücken Sie sich selbst in die richtige Perspektive. Lassen Sie Ihren Geist aus sich heraustreten und Sie von oben, von der Seite, von unten usw. betrachten. Versuchen Sie zu begreifen, was mit dieser Person (Ihnen) los ist. Was können Sie über ihre Energie, ihre Beziehung zur Welt, zum Problem, oder was Ihnen sonst noch einfällt, herausfinden? Vermitteln Sie der Person eine Botschaft, die ihr helfen kann.

3. Lassen Sie ein Bild kommen und vertiefen und erkunden Sie es, bis Sie den Punkt der Transformation erreichen oder weitergelangen. Jetzt haben Sie Gelegenheit, selbständig Ihre Kreativität einzusetzen. Hier ein Überblick über einige Möglichkeiten, wie Bildarbeit für die Bewältigung von Problemen eingesetzt werden kann.

a) Verwenden Sie ein Bild, das das Problem darstellt: der metaphorische Zugang. Dabei lassen wir eine Metapher kommen, auf die wir uns wirklich konzentrieren. Diese Methode ist im 5. Kapitel ausführlich dargestellt. Hier noch einmal eine kurze Zusammenfassung:

Sagen Sie sich selbst: «Ich möchte gern das Bild eines Tieres, einer Pflanze oder eines Gegenstands haben, das irgendwie das Problem (hier könnten Sie es auch beim Namen nennen) darstellt, wie es derzeit beschaffen ist.»

Sobald das Bild kommt, studieren Sie es und treten dann in es ein: Werden Sie das Bild. Finden Sie heraus, wie es ist, es zu sein. Stellen Sie sich Fragen wie: «Was ist gerade los? Wie lange ist das schon so? War es einmal anders, und wenn ja: wann und wie? Was kommt dann? Was muß ich tun, um einen Schritt weiterzukommen? Was ist richtig?» (Mit anderen Worten: Versuchen Sie, mehr über die Gegenwart, Vergangenheit und Zukunft des Bildes zu erfahren.)

Versuchen Sie das Bild auch von oben, von allen Seiten und von unten zu betrachten, andere Blickwinkel einzunehmen. Wenn Sie nicht wissen, wie es weitergehen soll, können Sie auch sagen: «Es sind jetzt X Monate (Jahre) vergangen, und ich habe mein Problem bewältigt. Wie habe ich das geschafft?» (Darüber später mehr.)

Schauen Sie nun auf das Problem zurück. Projizieren Sie Ihr neues Wissen darauf.

Sie können sich auch drei oder vier Aspekte des Problems ausdenken. Wenn Sie zum Beispiel ein Buch schreiben wollen, können Sie dieses Problem aufteilen in den Aufbau eines Kapitels, den ersten Absatz, das Ende und das zentrale Thema. Lassen Sie dann drei oder vier Bilder davon auftauchen, sehen Sie sich an, wie sie sich verbinden und wieder neue Verbindungen eingehen, sprechen Sie mit jedem, betrachten Sie die Szene aus den verschiedenen Blickwinkeln und versuchen Sie schließlich die Geschichte, die dabei entsteht, zu begreifen (wie wir es im Anhang an der

Geschichte vom Hund, der Möhre und dem Samowar demonstrieren).

b) Verwenden Sie ein Bild, das das Problem darstellt: der Analogzugang. Dabei suchen wir uns gezielt als Analogie zu unserem gegenwärtigen Problem eine Situation oder ein Problem aus, die oder das wir erfolgreich bewältigt oder worin wir vielleicht nie ein Problem gesehen haben, und vergleichen und projizieren dann zurück, um herauszubekommen, was wir daraus lernen können:

Denken Sie an das Problem. Was ist daran so schwierig? Denken Sie an eine andere Situation oder an ein anderes Thema, mit der oder dem Sie erfolgreich umgehen. Nehmen wir zum Beispiel an, Sie studieren und können sich nicht gezielt und systematisch auf ein Examen vorbereiten: Denken Sie an ein Gebiet, wo Ihnen genau das überhaupt nicht schwerfällt. Wenn Ihnen nichts einfällt, lassen Sie sich jemand anderen einfallen, bei dem es so ist. Oder nehmen wir an, Sie wissen nicht, ob Sie vorpreschen oder sich zurückhalten sollen. Denken Sie an eine ähnliche Situation, in der Sie das genau gewußt haben. Projizieren Sie das nun auf Ihr derzeitiges Problem zurück, wobei Sie alle Einzelheiten der erfolgreich bestandenen Situation oder des erfolgreich bewältigten Problems berücksichtigen und dabei jeweils an das entsprechende Detail der gegenwärtigen Situation oder des gegenwärtigen Problems denken und wie Sie es besser machen könnten. (Beispiel: «Ich kann eine Party hervorragend vorbereiten und organisieren.» Betrachten Sie sich: die Art, wie Sie das Essen zubereiten, Ihre eigenen Talente einsetzen, wie Sie das Ganze aufbauen usw., und beziehen Sie es auf die Ausgangsproblematik. Beschränken Sie sich dabei nicht auf vordergründige Details.)

c) Verwenden Sie ein Bild, das andere darstellt, die Probleme lösen können. Dabei geht es um andere Blickwinkel, aus denen das Problem betrachtet werden könnte – von jemand anderem, der eine andere Perspektive einnimmt oder etwas weiß oder kann, was Sie nicht haben, wissen oder können:

Lassen Sie ein Bild von jemandem auf dem Stuhl gegenüber auftauchen, der sich auf diesem Gebiet auskennt oder in der Lage ist, das Problem anders oder besser als Sie zu bewältigen. (Das kann Einstein sein, Ihre Mutter, ein weiser Mensch, Hercule Poirot, Ihr Dozent, Ihr Kind oder der beste Arzt der Welt.) Lassen Sie das Bild ganz deutlich werden. Tragen Sie Ihr Problem vor. Tauschen Sie nun die Rollen und seien Sie diese Person. Finden Sie heraus, wie Sie das Ganze sehen und was Sie vorschlagen würden.

Setzen Sie die Unterhaltung fort, bis Sie das Gefühl haben, es wirklich verstanden zu haben.

Sie können diese Technik auch mehrfach anwenden: Fragen Sie eine Reihe von Experten nach ihrer jeweiligen Ansicht – vielleicht einen Freund, der zu Ihnen hält, einen außenstehenden, objektiven Berater oder ein Kind mit seinem in der Regel völlig anderen Blickwinkel.

Noch einmal: Es ist nicht nötig, wenn Sie das beunruhigt, die Person auf dem Stuhl gegenüber wirklich zu sehen und die Plätze mit ihr zu tauschen. Dadurch wird das Ganze aber effizienter. Sie können sich ja die Person auch nur vorstellen und sich anhören, was sie zu sagen hat. Gut ist es auch, wenn Sie sich zusätzlich in Ihrer Vorstellung an einen Ort begeben, der mit dem Experten zu tun hat: Sie können also beispielsweise Ihren weisen Menschen auf einem Berggipfel aufsuchen oder den Finanzberater in seinem Büro.

Denken Sie auch daran, daß Sie vermutlich nicht richtig ins Bild eingetreten sind, wenn die betreffende Person etwas sagt, was Sie ohnehin erwartet haben – es sollte schon etwas Überraschendes sein. Sonst hätten Sie nämlich nur eine Karikatur entworfen, statt ein wirkliches Bild zu schaffen. Wenn Sie sich nur kurz innerlich beraten wollen, können Sie sich auch sagen: «Wenn ich (der beste Therapeut der Welt, der beste Berater der Welt, mein Hausarzt, Einstein usw.) wäre, dann würde ich...», und dann sehen, was sich ergibt.

d) Verwenden Sie ein Bild, das andere zeitliche Gegebenheiten repräsentiert – zum Beispiel die Zeit, wenn das Problem bereits bewältigt oder die Entscheidung gefallen ist oder bevor es dazu kam. Da Bilder eher räumliche als zeitliche Konstrukte sind, können Sie jede Zeit als gegenwärtig erleben. Sie können sich also beispielsweise in die Zukunft versetzen und Ihre Gegenwart von dort aus betrachten. Aber Sie können sich auch in die Zeit versetzen, bevor Sie dieses Problem hatten – das ist besonders bei emotionalen Belastungen wichtig, weil Sie dann zuweilen zum erstenmal wieder ein Gefühl der Freiheit haben. Hier ein paar Übungen, bei denen Zeit und Zeitlinien auf unterschiedliche Weise eine Rolle spielen:

(1) Lassen Sie ein Bild von sich kommen, wie Sie sein werden, nachdem Sie dieses Problem bewältigt haben. (Wenn Ihnen das zu schwer ist, probieren Sie es doch mit dem im 10. Kapitel vorgestellten Raumschiff-Trick: Stellen Sie sich vor, Sie befin-

den sich in einem Raumschiff und verlassen die Erde. X Jahre später kehren Sie zurück, nachdem Sie mit diesem Problem klargekommen sind. Was geschieht dabei?) Schauen Sie nun zurück und stellen Sie fest, wie und wann Sie es bewältigt haben.
(2) Wenn es sich um ein allgemeineres Lebensproblem handelt, z. B. wohin ich gehe, was ich wirklich will, versetzen Sie sich einfach in die Zukunft (siehe 10. Kapitel), indem Sie sich folgende Anweisung geben: «Es ist jetzt fünf Jahre später, ich bin achtzig (oder was immer), und mein Leben gefällt mir. Warum gefällt es mir? Wie habe ich das geschafft?» (Wenn Sie kein Bild bekommen, das Ihnen dieses Wohlbefinden vermittelt, beginnen Sie so: «Mein Leben ist schrecklich» und schauen Sie zurück bis zu dem Punkt, wo es schiefging. Dann sollte Ihnen eigentlich das positive Bild kommen, das Sie dann mit dem anderen vergleichen. Oder probieren Sie es wieder mit dem Raumschiff-Trick.)
(3) Stellen Sie sich vor, daß vor Ihnen eine Linie verläuft, die die Zeit darstellt. Diese Linie kann auch Ihr Leben darstellen oder die Zeit vom Beginn bis zur künftigen Vollendung eines kreativen Vorhabens oder den Anfang und das Ende/die Aufhebung eines Problems. Betreten Sie die Linie und bewegen Sie sich in die Vergangenheit zurück, als es das Problem noch nicht gab, und voraus in die Zukunft. Unterhalten Sie sich mit den verschiedenen Formen Ihres Selbst, wenn sie auftauchen, und helfen Sie einander mit Ihren jeweiligen Potentialen. Verlassen Sie die Linie wieder und versuchen Sie die Geschichte als Ganzes sowie die entscheidenden Punkte und Ereignisse zu verstehen. Beachten Sie, wie das Ereignis, auf das es besonders ankommt, so verändert werden muß, daß daraus eine bessere Geschichte entsteht – daß sich also das Problem wirksam bewältigen läßt.

e) Verwenden Sie ein Bild, das einen Ort darstellt, an dem Sie das Problem bewältigen können. Es gibt verschiedene innere Plätze, an denen es Ihnen leichter fallen wird, das Problem aufzuheben. Hier einige, an denen Sie auch noch kreativ sein können:
(1) Lassen Sie ein Bild eines Hauses der Wahrheit kommen, eines Hauses des Geldes, der Zeit, der Gesundheit oder des Schlafs – mit anderen Worten: irgendein Bild, das genau das darzustellen scheint, was Sie zur Bewältigung eines Problems oder des Themas dieses Problems brauchen. Dieser Ort eignet sich gut zur Betrachtung des Problems, und vermutlich werden Sie dort auch auf Experten treffen. Sie können es auch mit dem

Haus von Jane, von Alan, oder wie immer Sie selbst heißen, probieren und sich anschauen, was dort passiert.

(2) Lassen Sie das Bild eines idealen kreativen Arbeitsplatzes kommen. Wie sieht er aus? Finden Sie heraus, welche Werkzeuge er Ihnen zur Verfügung stellt – vielleicht eine magische Leinwand, eine magische Quelle, die alles Unreine abwäscht, oder einen Kalender mit allen Daten der Vergangenheit, Gegenwart und Zukunft oder was auch immer. Warten Sie, bis sich die Tür auftut und zwei Führer, ein Mann und eine Frau, auftauchen, die Ihnen helfen werden. Begrüßen Sie sie, lernen Sie sie kennen, bitten Sie sie um das, was Sie benötigen, und danken Sie ihnen für alles, was sie Ihnen bieten.

(3) Begeben Sie sich an den Zufluchtsort, den Sie sich in Ihren Entspannungsübungen im 4. Kapitel geschaffen haben.

(4) Stellen Sie sich vor, Sie sitzen auf einer Schaukel, die Sie vielleicht schon als Kind gehabt haben. Während Sie darauf schaukeln, bitten Sie darum, daß das Gefährt Sie dorthin befördert, wo Sie am besten Ihr Problem erforschen und bewältigen können. Lassen Sie sich aus der Schaukel katapultieren, reisen Sie durch Zeit und Raum und landen Sie irgendwo. Wo sind Sie? Setzen Sie die Erkundung fort.

f) Verwenden Sie ein Bild, das darstellt, wie Sie Ihr Bestes tun, oder bekommen, was Sie wollen. Das ist besonders hilfreich, wenn Sie Ihre Fähigkeiten oder Ihre Situation verbessern wollen. Lassen Sie ein Bild auf einer Leinwand auftauchen, oder wo immer es für Sie am besten ist, das Sie zeigt, wie Sie gerade sind. Stellen Sie fest, wie sich diese Person verhält, und akzeptieren Sie sie so, wie sie ist. Lassen Sie dann dieses Bild verschwinden und dafür ein anderes kommen, auf dem Sie das, was Sie tun wollen, perfekt tun oder die Eigenschaft besitzen, die Sie haben wollen, oder das bekommen, was Sie wollen. Stellen Sie fest, wie sich diese Person verhält. Treten Sie ins Bild ein und seien Sie diese Person. Erkunden Sie, was für ein Gefühl es ist, diese Person zu sein, und akzeptieren Sie das Gefühl. Schließlich treten Sie wieder aus dem Bild heraus, geben es in eine Blase oder einen Ballon, bitten darum und nehmen sich vor, daß es so sein möge, und überlassen es dem, was Ihr bewußtes, steuerndes Selbst übersteigt. Begreifen Sie nun, wie es weitergeht.

4. Statten Sie Ihren Dank ab, reflektieren Sie, schauen Sie voraus und tauchen Sie wieder auf. Danken Sie, wie immer am Ende Ihrer

Bildarbeit, Ihrem Bewußtsein und Ihrem Unbewußten, setzen Sie Ihren bewußten Verstand ein, Ihre neuen Erfahrungen zu verstehen und auf die Situation, in der Sie sich befinden, zu projizieren, schauen Sie voraus, um zu sehen, wie Sie das umzusetzen beabsichtigen, und tauchen Sie wieder auf. Dann müssen Sie sich festen Willens und beharrlich von jenem Bild oder Ihrem erweiterten Wissen leiten lassen.

Zum Abschluß

Wenn Sie ein Problem bewältigen, eine Schwierigkeit überwinden, eine wichtige Entscheidung treffen oder eine Fähigkeit verbessern wollen, müssen Sie einen möglichst weiten umfassenden Blickwinkel einnehmen und sich der verschiedensten Zugänge bedienen. Sie können dabei ein Bild verwenden, das das Problem zeigt, oder eine Person, die Probleme hervorragend bewältigen kann, eine Zeit, da das Problem längst bewältigt ist, einen Ort, an dem Sie das Problem leichter bewältigen können, oder sonst eine Verfahrensweise, die für Sie am besten geeignet ist. Da gibt es buchstäblich so viele Perspektiven, wie Sie sich nur vorstellen können. Wenn Sie sie lange genug ausprobiert haben, kehren Sie zu Ihrem eigenen Standpunkt zurück und entscheiden sich für die bestmögliche Lösung und den für Sie besten Weg, den Sie künftig beschreiten werden.

Epilog

Auf Ihrer Reise in die Welt der inneren Bilder sind Sie nun schon ein schönes Stück vorangekommen. Sie haben Gebiete durchquert, die zweifellos seltsam, schmerzhaft, beängstigend und verwirrend waren. Vielleicht haben Sie gelegentlich alle Hoffnung fahren lassen und aufgeben wollen. Und dann wieder waren Sie vermutlich erstaunt darüber, wie tief Ihr Verständnis und wie großartig Ihre Vision war und was für Möglichkeiten in Ihnen schlummerten, von denen Sie zuvor nicht einmal zu träumen wagten. Und vielleicht ist nun der Augenblick da, zurückzuschauen und zu sehen, wie weit Sie inzwischen gekommen sind, und vorauszuschauen und zu sehen, welche Herausforderungen und Veränderungen Sie noch erwarten.

Erleben Sie diese Erkundung der Welt der Bilder als ein Vergnügen ganz eigener Art und erkennen Sie dabei, daß Ihre innere Welt genausoviel Aufmerksamkeit verdient wie die äußere Welt. Denken Sie aber immer daran, daß Ihnen die Bildarbeit in erster Linie dabei behilflich sein soll, *hier und jetzt* besser leben zu können.

Man spricht oft vom «Weg» der Selbstentwicklung. Aber die Selbstentwicklung im allgemeinen und die Bildarbeit im besonderen sind an sich nicht der Weg des Lebens – es sind Mittel, die uns auf diesem Weg sicher geleiten.

Eine Zeitlang sind wir glücklich auf unserem Lebensweg, doch dann stellen wir auf einmal fest, daß wir aus irgendwelchen (äußeren oder inneren) Gründen verwirrt sind und uns unwohl oder verloren fühlen – wir haben unseren Pfad verlassen. Dann wenden wir uns nach innen und erschließen neue Quellen oder entwickeln eine andere Einstellung, um wieder zurückzufinden. Das funktioniert für eine Weile ganz gut, bis wir unseren Weg erneut verlieren und ihn erst mit weiterer Bildarbeit wiederfinden und von neuem beschreiten können.

Wir gehen ein Stückchen weiter und scheinen uns in einer Sackgasse zu befinden. Welche entscheidende Abzweigung haben wir übersehen? Wieder betreiben wir Bildarbeit, um zu Kreuzungen zu gelangen und eine Wahl zu treffen, die uns den Weg wieder freimacht. Und so geht das immer weiter. Darum müssen wir uns darüber im klaren sein, wenn wir vom Weg abweichen oder in eine Sackgasse geraten, so ist das keine persönliche Fehlleistung, sondern Teil unseres Lernprozesses – solange wir uns bewußt sind, daß wir immer die Möglichkeit haben, zu einem Weg zurückzufinden, der für uns der richtige ist. So fällt es uns von Mal zu Mal leichter, und es wird ein immer tieferes und befriedigenderes Erlebnis, wenn wir auf unserem Weg weitergehen.

Lassen Sie auch andere an Ihren neuen Fähigkeiten teilhaben. Wenn Sie nicht schon selbst damit begonnen haben, sollten Sie nun vielleicht versuchen, eine Bildarbeitsgruppe mit gleichgesinnten Menschen am Arbeitsplatz oder im privaten Kreis zu gründen. Wenden Sie die Bildarbeit in der Schule, bei Sitzungen oder im Krankenhaus an. Sprechen Sie mit Ihren Kindern, Freunden, Kollegen oder Patienten darüber und bringen Sie sie ihnen bei. Sorgen Sie dafür, daß es für andere Menschen genauso selbstverständlich ist, vor einer wichtigen Entscheidung ein Bild zu befragen, wie sich rein rational über das Pro und Contra klarzuwerden. Der uralten Sprache unserer inneren Bilder sollte endlich wieder Gehör verschafft und der ihr gebührende Platz in unserem Alltagsleben eingeräumt werden.

Anhang

I. Der Hund, die Möhre, der Samowar und das Fischerboot

Als ich dieses Buch zu schreiben begann, wußte ich nicht, wohin ich damit gelangen würde, und um überhaupt einen Anfang finden zu können, versuchte ich es mit Bildarbeit. Mir war klar, daß ich ein Bild brauchte, das das Buch als Ganzes symbolisierte: seinen Inhalt, den Aufbau des ersten Kapitels und meine eigene Vorgehensweise. Ich ließ verschiedene Bilder auftauchen, sah ihnen dabei zu, wie sie immer mehr zueinander in Beziehung traten, betrachtete sie aus den verschiedensten Blickwinkeln, sprach mit ihnen und erforschte ganz allgemein ihre Bedeutung.

Diese Bilder waren der Hund, die Möhre und der Samowar (nach denen die Einführung benannt ist) sowie ein Fischerboot. Als sich der Wirbel der Bilder wieder gelegt hatte, sah ich, wie der Hund – eine aufgeweckte und lebhafte Promenadenmischung – im Boot saß, eifrig an der Möhre herumknabberte und darauf wartete, daß der Samowar zu sieden begann. Dann bemerkte ich, daß ein Mann im Boot lag und schlief. Plötzlich reizte es den Hund, den Mann zu überraschen, und er zog das Boot aufs Meer hinaus.

Der Mann erwachte, ärgerte sich, konnte aber nichts unternehmen, da er keine Ruder dabei hatte, um ans Ufer zurückzugelangen. Schließlich fand er sich damit ab, daß er auf See war und einen Gefährten dabei hatte, den er normalerweise nicht mitgenommen hätte (er mochte lieber gepflegte, stubenreine Hunde) – aber dann fand er noch eine Menge Spaß mit diesem Hund. Er gab ihm noch eine Möhre und eine Tasse Tee, als er merkte, daß der Hund den Samowar für ihn in Gang gesetzt hatte, und dann überlegten sie gemeinsam, wohin sie fahren wollten.

Als ich mit dem Hund sprach, der offenbar das erste Kapitel repräsentierte, gab er mir ganz genau zu verstehen, was darin stehen müsse, und nannte mir auch die Überschriften in der richtigen Reihenfolge. Das waren so hervorragende Anhaltspunkte, daß ich beim Schreiben immer wieder auf sie zurückkam, selbst wenn ich gelegentlich davon abwich, und letztendlich genauso vorging, wie er es mir vorgeschlagen hatte.

Die Möhre, die offenbar den Inhalt des Buches darstellte, gab mir: Vitamin A, damit ich auch nachts Bilder sehen oder schaffen konnte, den «Biß», den das theoretische Konzept haben muß, damit sich eine klare Struktur ergibt; das Aroma, das aus der Fülle persönlicher Erfahrungen kommt (eigentlich hatte ich nur Fallbeispiele von Patienten und Studenten verwenden wollen und keine aus meinem Leben); ein leuchtendwarmes Orange, das mein Schreiben durchtränkte, und diesen einzigartigen Duft der Selbstfindung.

Der Samowar (der tatsächlich genauso aussah wie der alte Teekessel meines russischen Großvaters in New York) repräsentierte offenbar mich selbst. Ich benötigte also Wasser (meine eigene klare Kreativität, statt den Inhalt anderer Bücher); eine eigene Energiequelle, so daß das Wasser sieden und summen konnte; und Tee (eine Zutat, die das Wasser erst schmackhaft machen und uns alle wachhalten würde).

Mit dem Mann war vermutlich das ganze Buch gemeint, und daß er im Boot schlief, stand offenbar für den Schreibprozeß. Als ich all diese Einsichten, Vorschläge und Richtlinien verinnerlicht hatte, begann ich zu schreiben. Das Lustige daran ist, daß mir der Hund nicht nur den Aufbau des Kapitels besorgte, sondern mich doch tatsächlich damit überlistete, daß er das Boot viel früher aufs Meer hinauszog, als es irgendjemand erwartet hätte. Nachdem ich das erste Kapitel geschafft hatte, verstand ich nicht, warum ich so lange dazu gebraucht hatte. Ich sprach mit einem Freund über diesen ersten Entwurf, und er meinte, daß ich nicht bloß ein erstes Kapitel geschrieben hätte – sondern vermutlich ein Viertel des Buches.

Wie der Hund war auch dieses Kapitel weder «gepflegt» noch «stubenrein», aber es war immerhin die Basis für den Rest des Buchs. Und natürlich gefiel es mir über alle Maßen, daß mein Boot wirklich schon flottgemacht war.

II. Die Geschichte der Schnecke

Hier der vollständige Text der Geschichte, die ich mir bei der im 5. Kapitel beschriebenen Übung vorstellte:

1. *Ich lasse das Bild kommen.* Das Bild, das vor mir auftaucht, stellt eine Schnecke dar. Ich stelle fest, daß diese Vorstellung nicht gerade aufregend ist, und wünsche, ich könnte Ihnen etwas Spannenderes erzählen. Aber ich akzeptiere es und danke meinem Unbewußten, weil ich weiß, daß sich daraus mehr ergeben wird, als es zunächst den Anschein hat.

2. *Ich studiere das Bild.* Ich sehe, wie die Schnecke über eine weite Grasfläche kriecht. Sie schaut so winzig aus und das Gras so hoch. Ich fühle, wie sie sich langsam voranbewegt, und empfinde es als hoffnungsloses Unterfangen, irgendwohin zu gelangen, aber ich weiß nicht, ob die Schnecke das genauso sieht. Ob sie irgendwelche Geräusche von sich gibt, kann ich nicht hören. Als ich meinen Standort verändere und die Szene von oben betrachte, stelle ich plötzlich fest, daß auf dieser riesigen Grasfläche auch noch andere Schnecken herumkriechen, daß aber diese kleine Schnecke sie nicht sehen kann, weil sie – für die Begriffe einer Schnecke – zu weit weg sind. Die anderen aber scheinen zu wissen, daß die kleine Schnecke da ist, und versuchen sie irgendwie zu ermutigen, auch wenn sie von alldem nichts merkt. Als ich das Bild von allen Seiten betrachte, begreife ich, daß die kleine Schnecke schon einen weiten Weg hinter sich hat und daß sie nicht mehr so weit zu kriechen hat. Als ich mich unter die Erde begebe und nach oben schaue, sehe ich, wie verletzlich die Schnecke ist, und nun kommt sie mir ausgesprochen tapfer vor, wie sie sich so unermüdlich weiterarbeitet. Ich frage mich, ob sie jemals zur Ruhe kommen wird.

3. *Ich werde das Bild, dringe tiefer ein und erkunde es.* Ich werde die Schnecke. Mühsam quäle ich mich über diese weite Grasfläche. Mein Dasein hat etwas mit Unbeweglichkeit zu tun – tief in meinem Innersten bin ich völlig unbeweglich, und muß mich zugleich doch weiterbewegen. Es gefällt mir, wie schützend mich das hohe Gras umgibt – das vermittelt mir ein Gefühl der Sicherheit und auch den Eindruck, daß ich alles auf meine Art und in meinem Tempo machen kann. Ich liebe den Anblick des blauen Himmels über mir, oder genauer: was ich davon sehen kann. Immer wenn ich nach oben schaue, empfinde ich so etwas wie Hoffnung. Auch der Geruch und der Geschmack des Grases gefallen mir. Ich halte meine unmittelbare Umgebung für ganz

natürlich und nahrhaft. Allerdings fühle ich mich ziemlich einsam, und es erschreckt mich auch ein wenig, wie weit ich schon gekommen bin und wie weit ich noch zu kriechen habe.

Ich kann mir ein Lächeln nicht verkneifen, denn ich habe ein kleines Geheimnis: Ich sehe zwar wie eine Schnecke aus, bin aber ein sehr tiefgründiges, weises Wesen, und es ist schön, daß ich daran denken muß. Doch während ich dies sage, stelle ich mir lebhaft vor, wie ich zertreten werde, und daran wird mir klar, daß ich innerlich zwar ein tiefgründiges, weises Wesen sein mag, aber körperlich noch immer so verletzlich wie eine Schnecke bin, die man sorglos oder absichtlich grausam zertreten kann.

Direkt um mich herum gibt es keine anderen von meiner Art, aber ich spüre, daß es auf der Welt noch andere Schnecken gibt, gar nicht einmal so weit von mir weg. Und ab und zu scheine ich eine Art intuitive Botschaft zu empfangen, nur ganz schwach und wie im Traum, die mir Mut macht, weil sie mich wissen läßt, daß ich nicht allein bin und daß es sich lohnt weiterzukriechen. Es hört sich an wie die Melodie eines fernen Liedes oder Tempelgesangs. Vielleicht kommen wir am Ende unseres Wegs alle zusammen. Ich hoffe es jedenfalls.

Ich bemerke, wie wunderbar anmutig ich mich bewege, und ich bin glücklich, wenn ich meinen Körper so fühle. Außerdem stelle ich fest, daß ich zwar nicht besonders schnell und weit vorankomme, dafür aber um so mehr Zeit habe, meine unmittelbare Umgebung, dieses herrliche Gras, auf eine wunderbar sinnliche Weise wahrzunehmen, und darüber bin ich unbeschreiblich froh, solange ich mir über mein Ziel keine Gedanken machen muß. Ich gebe Geräusche von mir, aber sie scheinen eine Art Ultraschallaut zu sein, die niemand außer vielleicht jene anderen Schnecken zu hören vermag. Ich stoße auch noch einen anderen Laut aus – eine Art Aufschrei –, der ein bißchen lauter ist und den ich immer dann von mir gebe, wenn ich Angst habe oder physische Gefahr oder Schmerz verspüre.

Wenn ich so darüber nachdenke, habe ich das Gefühl, daß tief in mir auch eine Art Hilflosigkeit und Hoffnungslosigkeit steckt, ein vages Gefühl, daß ich mich zu langsam bewege und darum niemals weit genug kommen werde, damit sich all das wirklich lohnt – und doch kann ich nicht einfach stehenbleiben. Ich spüre, daß mit den Erwartungen, die ich an mich selbst und ans Leben stelle, etwas nicht stimmt, denn da ich nun einmal von Haus aus eine Schnecke bin, kann ich ihnen gar nicht gerecht werden. Ich frage mich, ob es anderen Schnecken anders ergeht und wie es sich bei Tigern und Gazellen verhält.

4. *Ich gehe der Vorgeschichte nach.* Ich spüre, daß es nicht immer so war. Ja, komischerweise habe ich das Gefühl, als ob es da so etwas wie eine vage Erinnerung an ein Vorleben gäbe – als ob es einmal eine Zeit gegeben hätte, da ich ein Löwe oder Tiger oder sonst ein wildes Tier war und Dschungel und Steppen durchstreifte und mir nicht vorstellen konnte, jemals so klein und langsam zu sein, ja, daß ich auf so jemanden herabgesehen hätte.

Als Schnecke in diesem Leben wiederum habe ich das Gefühl, als ob es eine Zeit gegeben hätte, da ich sogar noch kleiner und schwächer war, nämlich als ich noch am Anfang meiner Reise stand und mir angesichts der Ungeheuerlichkeit meines Vorhabens fast die Tränen kamen, und daß ich in diesen ersten Tagen oder Monaten oder Jahren immer wieder nahe daran war, aufzugeben und zu sagen: Das ist unmöglich, ich kann nicht mehr.

Dann ist mir, als hätte ich vor ein paar Jahren zurückgeschaut und gemerkt, wie weit ich trotz aller Klagen doch eigentlich schon gekommen war, weil ich einfach weitergekrochen war, während ich jammerte und mich ängstigte. Und damals, vor drei oder vier Jahren, faßte ich neuen Mut und sagte hocherhobenen Hauptes zu mir: «Ich werde weiterleben, auch wenn ich noch nicht ganz sehe, wie, aber ich sehe immerhin, wie weit ich inzwischen gekommen bin, auch wenn ich das zuerst nicht geglaubt hätte.»

Und seitdem bin ich nicht mehr ganz so hoffnungslos, und in mir wächst eine Freude, sogar meine Reise macht mir Spaß, und es bereitet mir eine heimliche Befriedigung, das Gras so intensiv zu spüren, weil ich so langsam vorankomme. Ja ich habe sogar das Gefühl, in diesen letzten paar Jahren schneller geworden zu sein, weil ich mich mit mehr Energie und weniger Angst und Verwirrung bewege.

Um Gewißheit zu bekommen, lasse ich meinen Geist über mich aufsteigen und auf mich hinabschauen, und da sehe ich auf einmal, daß ich in den letzten drei, vier Jahren etwa ein Drittel der Gesamtstrecke zurückgelegt habe. Ich bin schon ein bißchen erstaunt, daß ich so schnell geworden bin, aber es kam mir auch viel leichter und weniger gefährlich vor als früher.

5. *Ich mache meine Möglichkeiten ausfindig.* Ich kann nicht erkennen, was als nächstes kommt. Ich habe das Gefühl, als ob ich mich immer weiter so dahinquälen müßte, und bei allen ausgleichenden Freuden bin ich mir doch bewußt, wie hoffnungslos dies alles ist.

Was hält mich auf? Ich habe das Gefühl, daß mich mein Wesen und meine Größe aufhalten – ich bin einfach nicht so gebaut, um irgend etwas anderes tun zu können, und die Welt ist eben zu groß.

Aber wenn ich das ändern könnte – wie wäre es dann? Ja, dann würde ich eine spezielle Schneckenfortbewegungstechnik lernen, so daß ich mit großer Geschwindigkeit dahinsausen könnte, ohne zu vergessen, dabei durchs Gras zu rollen, um höchste Lust aus dieser Sinnesfreude zu beziehen. Ich probiere das aus und finde es großartig.

Ich schaue von oben hinunter und sehe, daß die Schnecke nicht erkennt, wie sich der Boden tatsächlich auf Rollen bewegt, wie ein riesiges Förderband oder einer jener Rollstege am Flughafen, und daß sie sich auf diesen Steg stellen und sich mit großer Freude und Anmut befördern lassen könnte. Ich flüstere der Schnecke zu, sie solle die richtige Spur ausfindig machen und sich darauf begeben.

Nun versetze ich mich wieder in die Schnecke zurück und stelle mir vor, es sei fünf Jahre später. Ich erkenne, daß ich für die Verhältnisse einer Schnecke geradezu Lichtjahre in dieser Zeit zurückgelegt habe, und zwar ohne große Anstrengung, weil ich meinen kleinen Motor ständig verbessert, die richtige Rollspur für mich gefunden und ganz allgemein Spaß an diesem Vorgang gehabt habe. Außerdem bin ich den anderen Schnecken näher gekommen, jetzt befinden wir uns auf Rufweite voneinander, und es macht uns einfach Spaß, so auf dieser Strecke herumzurollen, und sobald wir einen neuen Trick herausgefunden haben, wenden wir ihn gemeinsam an. Hin und wieder komme ich einer der Schnecken sogar so nahe, daß ich sie herzlich umarmen kann, und die Wärme dieser Umarmung beflügelt uns noch lange. Ich schaue auf jene Zeit vor fünf Jahren zurück (auf die Gegenwart), und ich erkenne, wie ich mich an die Überzeugung geklammert habe, daß Schnecken keinen Spaß haben und sich nicht schnell bewegen könnten und daß das Gras so unendlich weit ist, daß das Ganze hoffnungslos sei. Doch sobald ich mich von dieser Überzeugung gelöst hatte, verwandelte ich mich total. Warum ist es eigentlich so still? frage ich mich. Und ich erkenne, daß es jetzt so still ist, weil ich mich nicht mehr dazu zwingen muß, mich mit aller Kraft weiterzubewegen, und mein ganzes Wesen auf eine harmonische, organische Weise hüpfend vorankommt und ich meine ganze Kraft darauf verwende, bessere Fortbewegungsmittel ausfindig zu machen.

6. Ich statte meinen Dank ab. Ich versetze mich wieder in die

Schnecke hinein, wie sie in der Gegenwart ist. Als Schnecke lächle ich vor mich hin und kann es offenbar kaum erwarten, daß es losgeht. Noch habe ich diesen Motor nicht in mir, aber ich spüre, daß es eines Tages soweit sein wird, und so werfe ich ein wenig von dieser Hoffnungslosigkeit ab, die mich angesichts dieser ungeheuren Reise befallen hat. Ich bin neugierig, wie ich mich ändern werde, und freue mich schon darauf. Und besonders gefällt mir die Vorstellung, daß ich einmal mit den anderen Schnecken dahinrollen werde, statt immerzu nur auf meinem einsamen kleinen Weg dahinzukriechen. Für diese herrliche Gabe danke ich meinem Unbewußten.

7. *Ich reflektiere.* Als ich die Geschichte der Schnecke auf mein eigenes Leben übertrage, erkenne ich, wie stark ich die innere Ruhe empfinde, die sich gegen mein Bedürfnis zu behaupten scheint, immer weiter im Leben voranzukommen, und zugleich merke ich, wie tief die Hoffnungslosigkeit verwurzelt ist, daß die Aufgaben, die ich mir stelle oder die mir das Leben auferlegt, immer so gewaltig zu sein scheinen. Daß mich das Gras schützt, bedeutet, daß ich hier an meinem Schreibtisch sitze und dieses Buch schreibe, und das wiederum schützt mich vor der Welt. Aber ich empfinde auch die Einsamkeit dieser kreativen Tätigkeit. Und während ich so zurückschaue, weiß ich, wie sehr ich mich in den letzten paar Jahren verändert habe und wie weit ich inzwischen gekommen bin, und da überrascht es mich eigentlich, wie hoffnungslos die Schnecke noch immer ist und wie langsam sie sich vorkommt, wenn doch jeder immer zu mir sagt, daß ich so ein unglaubliches Tempo vorlegen würde.

Ich sehe schon, daß ich auf andere Weise vorankommen muß: indem ich mir solch einen Motor einbaue, also auf meinen tiefen inneren Antrieb und Willen zurückgreife, statt mich zu zwingen, irgend etwas zu tun, und indem ich auch die Wege im Leben ausfindig mache, die mich am schnellsten voranbringen, statt mir immerzu das Leben schwerzumachen. Und jetzt erkenne ich auch, daß ich den Menschen näherkommen muß, die den gleichen Weg eingeschlagen haben, statt mich damit zu begnügen, ihnen ferne Botschaften zuzusenden.

Wichtig scheint für mich auch der Aspekt zu sein, daß das Leben der Schnecke Spaß machen muß – auch mir gefällt die Vorstellung, herumzutollen und dennoch voranzukommen, viel besser als der Gedanke, wie ein Eisenbahnzug mechanisch dahinzurasen: Das ist zwar effizienter, macht aber eben viel weniger Spaß. Ich finde es schön, daß ich meine Ruhe habe und dennoch vorankomme und noch mehr darüber nachdenken muß, wie das der Schnecke gelingt.

Es berührt mich auch sehr, daß ich in einem früheren Leben größer und stärker und schneller gewesen bin, und ich bin dankbar dafür, nun die Vorstellung ausprobieren zu dürfen, daß es auch schön sein kann, klein zu sein. Ich spüre, daß ich sehr stolz – zu stolz gewesen sein muß, so daß ich andere verletzt habe. Und ich stelle mir vor, daß das nicht buchstäblich etwas mit einem früheren Leben zu tun hat, sondern mit einem anderen Aspekt von mir, den ich zuweilen auslebe. Ich muß lächeln, da mir einfällt, daß ich mich bisher nur einmal als Schnecke gesehen habe, nämlich als ich große Mühe hatte, die Führerscheinprüfung zu bestehen, und dieses Problem zu bewältigen suchte. Meine letzte Prüfung hatte ich nämlich fast schon bestanden – als ich am Ende doch noch gegen die Leitplanke am Parkplatz des Testcenters knallte. Als mir danach das Bild der Schnecke in den Sinn kam, schien es mir bedeuten zu wollen, daß ich langsam, aber sicher und bis zuletzt vorsichtig fahren müßte. Leider fiel ich bei der nächsten Prüfung wieder durch – weil ich zu langsam fuhr! Wie gut wäre es da doch gewesen, wenn ich diesen Motor schon in meiner Schnecke gehabt hätte.

8. Ich schaue voraus. Was stellt dieser Motor dar? Wie kann ich ihn in mein Leben einbauen? Ich komme zu dem Schluß, es hat etwas damit zu tun, daß ich meinen inneren Antrieb finde und daß ich mich jedesmal, wenn ich unsicher werde und irgendwelchen Erwartungen gerecht zu werden versuche, auf diese langsame, aber beständige und ein wenig hoffnungslose Art und Weise der ursprünglichen Schnecke bewege. Wenn ich mir hingegen ausmale, was ich will, und mich darum bemühe, egal ob es «gut» oder «schlecht» ist, verspüre ich diese aktive Antriebskraft.

Ich erkenne, daß die ursprüngliche Schnecke irgendwelchen Erwartungen gerecht werden will, auf diesem Weg weiterzugehen und «dorthin zu gelangen». Die «motorisierte» Schnecke hingegen sieht ihren Lebenssinn darin, sich selbst vollkommen zum Ausdruck zu bringen, was immer sie selbst auch sein mag – und ganz egal, ob dies nun besonders «nett» oder «perfekt» oder «akzeptabel» ist. Mit anderen Worten: Ich muß mich wirklich erst einmal meinem «Schatten» stellen – jenem Aspekt von mir, der eben nicht so nett ist, aber dennoch zu mir gehört –, ehe ich einen Motor bekomme.

Außerdem wird mir klar, wie wichtig es ist herauszufinden, welche Vorhaben mir das Gefühl vermitteln, als ob ich mich auf einem Rollsteg befände und vorankommen würde, und welche mir eher Mühe bereiten. Ich unterziehe meine Pläne diesem «Rollstegtest»: Habe ich das Gefühl, spielend leicht voranzukommen? Glücklicherweise habe ich es beim Schreiben dieses Buchs – also auf geht's!

Vier Monate später

Beim Überarbeiten des Buchs stelle ich fest, wie wichtig das Bild der Schnecke für mich während der letzten paar Monate gewesen ist, wie oft ich mich in dieser Zeit in die Schnecke versetzt habe, um zu erfahren, wie es ihr geht, und wie wichtig dieses Bild für mein Leben geworden ist, wenn ich Erwartungen abwehren und meine eigene innere Bewegung herausfinden wollte. Und während ich mich gerade jetzt wieder in die Schnecke versetze, habe ich das Gefühl, daß sie sich ganz beschwingt voranbewegt, beinahe mit kleinen Trippelschrittchen, kurz innehält und sich umschaut und dann wieder lostrippelt. Ja, ich komme mir jetzt eher wie eine flinke kleine Maus als wie eine Schnecke vor.

Es macht mir nun überhaupt nichts mehr aus, wie weit ich noch zu gehen habe, da ich mein ganzes Leben sowieso unterwegs sein muß. Es macht mir Spaß, wie ich beim Gehen ein wenig auf dem Gras herumtrample. Ich weiß, daß ich noch immer keinen Kontakt zu den anderen Schnecken aufgenommen habe, aber sie scheinen mir nun näher zu sein, und ich kann tatsächlich schon hören, wie sie einander und mich rufen. Ich trau mich das noch nicht. Vielleicht hab ich Angst, daß mein kleines, selbstgenügsames Leben zerbricht. Aber ich weiß, daß ich die anderen rufen werde, schon bald.

Eines Tages, wenn die Sonne scheint und sie mir noch näher gerückt sind, werde ich einfach nach ihnen rufen und mich zu ihnen gesellen, so daß wir zusammen spielen können. Danach wird es leichter sein. Ich werde auf meinem Weg weitergehen können, aber wenn ich mich einsam fühle, macht es mir keine Mühe, sie zu rufen, weil ich weiß, daß sie gern mit mir zusammensein wollen.

Habe ich schon meinen Motor? Ja, gewiß. Aber er läuft noch sehr langsam, da ich mich erst daran gewöhnen muß. Wie bin ich dazu gekommen? Der Motor war die ganze Zeit da, stand aber still. Das Leben hatte mich so sehr in Anspruch genommen, daß es mir gar nicht in den Sinn gekommen war, es könnte irgendeine Kraft auch in mir sein. Jetzt, da ich weiß, daß ich meinen eigenen Motor habe, macht mir das Leben mehr Spaß: Meine Kraft mißt sich mit der Kraft des Lebens, ohne daß es dabei einen Sieger geben muß – Hauptsache, wir haben unseren Spaß miteinander.

III. Kommunikationsprinzipien

Die im folgenden aufgeführten Prinzipien der Kommunikation haben sich als sinnvoller Rahmen erwiesen, in dem Unterhaltungen während der Bildarbeit geführt werden können. Sie sind vor allem bei den im 6. und 7. Kapitel behandelten Übungen über Beziehungsprobleme sowie bei der Übung «Mit dem Kind in sich reden» im 8. Kapitel anzuwenden. Sie eignen sich natürlich auch vorzüglich für Ihre Beziehungen im «wirklichen Leben». Probieren Sie doch das eine oder andere oder alle aus, wenn Sie wieder einmal nicht weiterkommen, Sie werden schnell merken, wie wichtig diese Prinzipien sind.

Wenn Ihnen die folgenden Beispiele ein wenig zu gestelzt klingen, dann liegt das bloß daran, daß ich mich bemüht habe, den springenden Punkt möglichst deutlich herauszuarbeiten. Das schlimmste ist, wenn Menschen so miteinander kommunizieren, als ob sie gerade ein Lehrbuch über gute Kommunikation verschluckt hätten.

Nicht «du», sondern «ich» sagen

Das ist eine der wichtigsten und schwierigsten Regeln. Sie beruht im Grunde darauf, daß Sie stets nur von Ihren eigenen Erfahrungen und Gefühlen sprechen, statt die andere Person festzunageln. Sagen Sie daher lieber «Ich finde, daß ...» statt «Du bist».

Wenn jemand Sie verletzt hat, reagieren Sie normalerweise meist mit Vorwürfen darauf. Dann werden Sie beispielsweise sagen: «Du hast überhaupt kein Herz» oder «Du denkst immer nur an dich selbst und nie an andere» oder «Du bist wirklich ein Schwein» oder wie immer Sie über jemanden herzuziehen pflegen. Am schwersten und härtesten sind jene Vorhaltungen, die mit «Du hast ja noch nie ...» oder «Immer bist du ...» beginnen. Diese Vorwürfe haben eine Schutzfunktion, denn wir glauben, daß wir unsere Gefühle erst dann äußern dürfen, wenn wir sie auch rechtfertigen können. Indem wir dem anderen Vorwürfe machen, legitimieren wir unsere eigenen Gefühle. Aber dieser Schutz hat auch etwas Gefährliches, und zwar sowohl in unseren inneren Dialogen wie in den Unterhaltungen mit anderen Menschen. Wir sollten derartige Vorwürfe gerade in unseren inneren Zwiegesprächen unterlassen, denn dabei geht es in erster Linie um Gefühle, und diese Bezichtigungen halten uns einfach davon ab, daß wir auf sie eingehen und damit klarkommen. Und was unsere «äußeren»

Unterhaltungen betrifft: Niemand mag es, wenn man ihn angreift, und darum ist es nicht weiter überraschend, wenn er sich dann wehrt oder zurückschlägt. Die meisten Streitereien spielen sich im Grunde so ab.

Sagen Sie also lieber: «Es tut mir weh» oder: «Ich ärgere mich» als: «Du bist gemein». Geben Sie der betreffenden Person möglichst auch zu verstehen, welche bestimmte Handlung oder Einstellung dieses Gefühl in Ihnen hervorgerufen hat. Das könnte sich dann im Prinzip etwa so anhören: «Als du x getan hast, habe ich y empfunden. Es wäre mir lieber, wenn du z tun würdest.» Also zum Beispiel: «Wenn du mich ignorierst, tut mir das wirklich weh. Wenn du mich doch wenigstens zur Kenntnis nehmen könntest, auch wenn du keine Zeit hast, mit mir zu sprechen.» Oder: «Als du letzte Woche so betrunken zu mir gekommen bist, war ich wirklich wütend über dich und wollte dich nie wieder sehen. Es wäre mir lieber, du würdest die Verabredung absagen, als betrunken zu mir zu kommen.» Wie wir später bei dem Prinzip «Genau zuhören» noch sehen werden, empfiehlt es sich auch, den anderen zu fragen, warum er so gehandelt hat. So finden sie heraus, welches Bild oder welche Ansicht er von der Welt oder von Ihnen hat, das oder die ihn so handeln ließ, so daß Sie einen Anhaltspunkt dafür bekommen, wie sich derart schmerzliche und unproduktive Interaktionen aus eigener Kraft verändern lassen.

Negative und positive Gefühle

Denken Sie stets daran, daß Sie in allen wirklich wichtigen Beziehungen fast mit großer Sicherheit sowohl positive wie negative Gefühle haben. Immer da, wo beispielsweise Zorn oder Groll Ihr vorherrschendes Gefühl ist, sollten Sie also auch unbedingt die liebevollen Gefühle zeigen. Und wo Sie nichts weiter als Liebe empfinden, sollten auch die negativen, destruktiven Gefühle in Betracht gezogen werden. Wäre Ihre Beziehung absolut unzweideutig, würden Sie sich vermutlich jetzt nicht damit befassen wollen.

Probieren Sie es doch einmal mit dieser Grundformel: «Ich ärgere mich über dich/hasse dich/bin wütend über dich, weil du *x* getan hast/bist.» (Versuchen Sie sich fünf bis zehn Sätze auszudenken, die so beginnen.) «Ich mag dich wegen *y*.» (Formulieren Sie weitere fünf bis zehn Beispielsätze.)

Die Gefühle hinter den Gefühlen

Denken Sie daran, daß die offensichtlichen Gefühle nicht immer auch die eigentlichen Gefühle sein müssen: Wir haben oft Gefühle, die relativ angenehm für uns sind und in die wir uns flüchten, wenn wir mit anderen Gefühlen konfrontiert werden, die uns unerträglich vorkommen. Bei vielen Menschen kaschiert der Zorn eine Hilflosigkeit, die sie sich nicht einzugestehen wagen. Oder die Angst kaschiert und überstrahlt den Zorn, wenn wir schon sehr früh gelernt haben, daß es gefährlich oder schlecht ist, zornig zu sein. Lernen Sie Gefühle zu durchschauen, um zu sehen, ob sich dahinter nicht anderes versteckt.

Fragen Sie sich: «Was steckt hinter diesem Empfinden?» Oder stellen Sie sich die Szene bildlich vor, in der Sie zum erstenmal das Gefühl gehabt haben, das Sie derzeit beherrscht, und machen Sie ausfindig, was Sie unmittelbar davor spürten: Das ist dann wahrscheinlich das ursprüngliche Gefühl. Vielleicht waren Sie beispielsweise einen Augenblick lang schockiert und verletzt und im nächsten Moment wütend. Also sind der Schock und das Verletztsein die Gefühle, die Sie zuerst untersuchen müssen. Fragen Sie sich daher: «Was habe ich kurz vor diesem Gefühl empfunden?»

Genau (oder aktiv) zuhören und positiv kommunizieren

Genau zuhören bedeutet, daß Sie wirklich zu verstehen versuchen, was eine andere Person zu Ihnen sagt, auch wenn Sie damit nicht einverstanden sein müssen, es Ihnen nicht gefällt oder Sie den damit verbundenen Ansprüchen nicht genügen wollen. Das ist schwerer als es klingt, denn die meisten von uns haben sich seit langem daran gewöhnt, eine Kommunikation abzublocken, wenn sie uns irgendwie bedrohlich vorkommt – vor allem wenn wir dabei den Eindruck haben, wir müßten etwas tun oder fühlen, was wir nicht tun oder fühlen wollen.

Setzen Sie sich nur mal eine halbe Stunde an einen Spielplatz und lauschen Sie den Unterhaltungen zwischen den Müttern und ihren Kleinen – dann wissen Sie, wie früh das beginnt. «Du sollst doch nicht so wütend sein.» – «Du kannst doch noch gar keinen Hunger haben.» – «Was fällt dir ein, so etwas zu deiner Mutter zu sagen!» – «Sei doch nicht so dumm. So schlimm war's doch gar nicht.» All diese Sätze besagen, daß die Gefühle des Kindes nicht respektiert werden und daß sie in Wirklichkeit ausdrücken wollen: «Ich möchte nicht, daß du wütend bist.» – «Wenn du Hunger hast, muß ich dich füttern – und ich will dich jetzt nicht füttern.» – «Ich ärgere mich, wenn du mich nicht magst.» Oder: «Ich fühle mich schuldig, wenn du das empfindest.»

Genaues Zuhören ist nur möglich, wenn wir das Gehörte von allen Implikationen trennen. Mit anderen Worten: Wir sind bereit, den Standpunkt des anderen wirklich anzuhören, zu verstehen und sogar nachzuvollziehen, aber wir lassen keinen Zweifel daran, daß wir nach wie vor einen völlig anderen Standpunkt vertreten oder weiterhin auf unseren Forderungen beharren, die für den anderen unannehmbar sind. Darauf beruht auch die positive Kommunikation: Ich verstehe deinen Standpunkt, und ich habe noch immer das Recht, einen eigenen zu haben.

Oft teilen Ihnen Menschen ihren Standpunkt erst mit, wenn Sie sie danach fragen. Machen Sie es sich daher zur Gewohnheit, andere zu fragen, welche Überzeugung sie veranlaßt, das und das zu tun, zu sagen oder zu fühlen: Selbst wenn Sie damit nicht einverstanden sind, gibt es für den anderen irgendeinen bestimmten Grund dafür, und wenn Sie den verstehen, können Sie einander näherkommen. Selbst wenn man Sie für einen unfähigen Idioten hält, macht es doch nichts aus, wenn Sie herauszufinden versuchen, warum der andere so über Sie denkt. Vielleicht wird Sie die Antwort überraschen, und Sie werden verblüfft feststellen, wieviel leichter es ist, diese Ansicht zu ändern, sobald Sie wissen, woher sie kommt. Hier ein typischer Dialog:

Jean: Ich bin wütend auf dich, weil du mich verletzt hast.

Jerry: Du hast überhaupt kein Recht, auf mich wütend zu sein. Schau dir doch an, was du mir getan hast. Du hast dir das alles selbst zuzuschreiben.

Jean: Wie kannst du mir nur so etwas sagen – nach allem, was ich für dich getan habe?

Versuchen Sie einmal diese typische unfruchtbare Kommunikation durch die folgende positive Kommunikation zu ersetzen, indem Sie genau zuhören:

Jean: Ich bin wütend auf dich, Jerry, weil du mich verletzt hast. Als du einfach den Hörer aufgelegt hast, kam ich mir so gedemütigt vor. Warum hast du das nur getan?

Jerry: Ich kann ja verstehen, daß du dich über mich ärgerst, und es tut mir leid, daß ich dich verletzt habe. Das hab ich wirklich nicht gewollt. Aber ich war genauso verletzt, als du mir gerade dann nicht helfen wolltest, als ich dich wirklich gebraucht habe, und da war ich so sauer, daß ich den Hörer hingeknallt habe. Es wäre so schön, würdest du mir künftig mehr zur Seite stehen.

Jean: Ich habe gar nicht gemerkt, daß dich das so kränkt. Tut mir leid. Ich weiß, du hättest es gern, wenn ich dir mehr helfen würde, und ich mach dir deswegen auch keinen Vorwurf. Aber ich bin nun mal nicht der hilfsbereite Typ, den du in mir gern sehen würdest. Was sollen wir deiner Ansicht nach tun?

Mit anderen Worten: Sie reflektieren zunächst genau den Standpunkt des anderen und machen ihm dann Ihren eigenen Standpunkt klar. Sie müssen dem anderen nicht recht geben. Indem sie ihn akzeptieren und ihm zuhören, verändern Sie den Tenor der Unterhaltung: Aus einem Kampf auf Biegen oder Brechen wird gemeinsames Bemühen. Weicht Ihr Standpunkt von dem des andern ab, bitten Sie ihn um einen Vorschlag, wie es nun weitergehen soll.

Was es heißt, genau zuzuhören, habe ich zum erstenmal erfahren, als mein Sohn Ari etwa fünf Jahre alt war. Wir wollten spazierengehen, doch wir waren kaum zwei Minuten unterwegs, als Ari sagte: «Ich hab Hunger.» Ich war darüber natürlich nicht gerade begeistert, sondern ziemlich sauer, denn wir waren ja gerade erst aufgebrochen, und ich wollte nicht schon wieder umkehren. Normalerweise würde sich unsere Unterhaltung so abgespielt haben:

Ich: «Du kannst doch noch gar keinen Hunger haben.»
Ari: «Ich hab aber Hunger und möchte was essen.»
Ich: «Nein, jetzt gehen wir noch nicht heim.»
Ari: «Ich will aber...»
Statt dessen versuchte ich es diesmal mit genauem Zuhören:
Ich: «Du hast also Hunger.»
Ari: «Ja, und du?»
Ich: «Nicht viel.»
Ari: «Hmm.»

Und dann setzten wir unseren Spaziergang fort.

Ein letztes Wort: Man kann es nicht oft genug betonen, daß genaues Zuhören und positive Kommunikation keine Techniken, sondern eine bestimmte Art des Herangehens und eine Einstellung darstellen. Genaues Zuhören bedeutet, daß Sie sich wirklich bemühen, sich den Standpunkt des anderen anzuhören und ihn zu verstehen und als wichtig zu akzeptieren. Und indem Sie positiv zu verstehen geben, was Sie wollen, vermitteln Sie dem andern das Gefühl, daß auch Sie das Recht auf einen eigenen Standpunkt und eigene Bedürfnisse haben. Sonst wäre das nämlich nichts weiter als eine Form der Manipulation.

Zwischen Ich und Du unterscheiden

Die meisten unserer wichtigen Beziehungen haben etwas Verwirrendes, weil sich dabei für uns bis zu einem gewissen Grade die Grenzen zwischen uns und dem anderen verwischen. Das hat zur Folge, daß sich unsere Gefühle oder Handlungen direkt aus den Gefühlen oder Handlungen des anderen zu ergeben scheinen. In diesem Falle sagen wir dann: «Du gibst mir das Geühl, *x* zu sein» oder: «Ich muß *x* tun». Das ist auch einer der Gründe, warum wir nicht gern genau zuhören: «Ich möchte gar nicht wissen, was du fühlst, weil ich dann *x* empfinden/tun muß.»

Verschaffen Sie sich darüber Klarheit, was Sie wollen und fühlen und was der andere will und fühlt. Machen Sie sich dann bewußt, daß Sie beide schließlich nicht wie durch eine Nabelschnur miteinander verbunden sind, auch wenn es Ihnen vielleicht so scheint, und daß jeder lernen kann, wie er auf den anderen reagieren will. Versuchen Sie doch cinmal Ihre Sprache zu ändern, so daß sie die Tatsache spiegelt, daß Ihre Gefühle nicht die des anderen verursachen und auslösen, und daß jeder von uns sich frei entscheiden kann. Probieren Sie es doch einmal damit: «Ich brauche das, und ich möchte gern, daß du es mir gibst» (aber du mußt es nicht). «Du erwartest das von mir, und vielleicht werde ich es auch tun» (oder auch nicht). «Du fühlst dies, und dann fühle ich das» (aber ich könnte lernen, anders zu reagieren).

Ein klarer Standpunkt

Es gibt noch einen anderen Grund, warum wir den Standpunkt des anderen nicht akzeptieren können: weil er so absolut zu sein scheint. Jean bildet sich ein, daß Jerry von ihr die totale Hingabe erwarte, während ihm doch vielleicht schon ein Lächeln genügt. Oder Jerry bildet sich ein, daß Jean jeden Tag angerufen werden will, und Jean hätte dies tatsächlich gern, aber sie wäre auch schon zufrieden, wenn er sie nur einmal in der Woche anriefe. Darum ist es so wichtig, daß jeder deutlich zu erkennen gibt, was er vom anderen möchte und was er ihm geben will:

Jerry: Ich ärgere mich darüber, daß du mich immer zurückweist, wenn ich Hilfe brauche. Ich wollte, du wärst etwas hilfsbereiter. (Das ist zu unspezifisch.)

Jean: Was meinst du mit hilfsbereit?

Jerry: Wenn ich dich um Hilfe bitte, dann möchte ich, daß du bereit bist, dich wirklich um mich zu bemühen. Wenn zum Beispiel mein Auto kaputt ist oder ich krank bin, dann brauche ich wirklich Hilfe, und darum hätte ich es eben gern, wenn du bereit wärst, sie mir zu geben, wenn ich dich darum bitte.

Jean: Eine derartige Verpflichtung könnte ich nicht eingehen.

Jerry: Und wozu wärst du dann bereit?

Jean: Ich bin bereit, dir wirklich zuzuhören, wenn du um Hilfe bittest, ich würde dich verstehen wollen und dir schon sagen, ob und wie ich dir helfen kann. Ich möchte mich nur nicht darauf festnageln lassen, dir helfen zu müssen, und darum hast du auch vermutlich den Eindruck, ich hätte kein Verständnis für dich.

Jerry: Das hört sich gut an. Laß uns das doch mal probieren.

Wo liegen die Gemeinsamkeiten?

Auch wenn die Differenzen, die Sie mit dem anderen haben, noch so groß sind, läßt sich doch normalerweise herausfinden, was Sie miteinander gemeinsam haben, so daß sich jene Differenzen nur als verschiedene Wege zum gleichen Ziel erweisen. Auch wenn Sie sich beispielsweise noch so sehr mit Ihrem Partner über die Erziehung Ihres Kindes in die Haare geraten, sollten Sie immer eins sagen: «Die Erziehung unseres Kindes liegt uns beiden am Herzen. Wir scheinen nur unterschiedliche Ansichten darüber zu haben, was das Beste für es ist.» Oder wenn Sie sich mit Ihrem Chef nicht über die Unternehmenspolitik einigen können, sollten Sie stets eines zu bedenken geben: «Sie und ich, wir wollen doch beide nichts weiter als den Erfolg der Firma – deshalb streiten wir uns ja auch. Wir haben unterschiedliche Meinungen darüber, wie wir ihn erreichen können. Lassen Sie uns doch versuchen, diese unterschiedlichen Meinungen zu verstehen und dann eine Möglichkeit der Zusammenarbeit zu finden.» Sobald Sie sich so verhalten, werden Sie feststellen, wie die Spannung zwischen Ihnen beiden allmählich nachläßt, und dann können Sie damit beginnen, zusammenzuarbeiten, statt sich bloß in die Haare zu geraten.

Zum Abschluß

Kommunikationsregeln stellen im Grunde Möglichkeiten dar, mit uns selbst und anderen aufrichtig umzugehen. Sie sollen uns dabei helfen, daß man uns zuhört und wir anderen zuhören und auf uns selbst hören. Es sind keine Techniken, wie wir uns selbst durchsetzen können, obwohl wir wahrscheinlich viel eher bekommen, was wir wollen, wenn wir sie anwenden – und das gilt auch für die Person, mit der wir kommunizieren.

Wenn ich Seminare über Selbstbehauptung abhalte, beginne ich immer mit der Grundannahme, daß wir uns bemühen müssen, positiv und effizient zu kommunizieren, was auch bedeutet, daß es nicht unser Ziel sein kann, daß einer daraus als Sieger hervorgeht. Aus dieser Voraussetzung ergeben sich die folgenden vier Prinzipien, die für alle oben beschriebenen Kommunikationsregeln gültig sind:

A. Ich habe ein Recht, zu sein, wer ich bin, zu fühlen, was ich fühle, zu glauben, was ich glaube, und zu wollen, was ich will.
B. Ich habe nicht unbedingt ein Recht, auch zu bekommen, was ich will.
C. Du hast ein Recht, zu sein, wer du bist, zu fühlen, was du fühlst, zu glauben, was du glaubst, und zu wollen, was du willst.
D. Du hast nicht unbedingt ein Recht, auch zu bekommen, was du willst.

Anmerkungen

Einführung

1) C. G. Jung: «Kommentar», in R. Wilhelm: *Das Geheimnis der Goldenen Blüte*, 1987.
2) M. D. und N. Samuels: *Seeing with the Mind's Eye*, 1975.
3) O. C. Simonton, S. Mathews-Simonton und J. Creighton: *Übungen zur Entspannung und Visualisierung nach der Simonton-Methode*, 1982.
4) R. Assagioli: *Handbuch der Psychosynthesis*, 1978. P. Ferrucci: *Werde, was du bist. Selbstverwirklichung durch Psychosynthese*, 1984. H. Leuner , *Lehrbuch des Katathymen Bilderlebens*, 1985.
5) F. S. Perls; *Gestalt-Therapie in Aktion*, 1986.
6) R. Bandler und J. Grinder: *Metasprache und Psychotherapie*, 1981. W. Luthe: *Autogenic Therapy*, 1969. M. H. Erickson: *Hypnotherapie*, 1981. J. Silva und P. M. Miele: *The Silva Mind Control Method*, 1978. O. C. Simonton u. a., a.a.O. J. Wolpe: *Praxis der Verhaltenstherapie*, 1972.
7) F. Perls, a.a.O.
8) R. Bandler u. a., a.a.O
9) J. Silva u.a., a.a.O.
10) D. Spangler: *The Laws of Manifestation*, 1975.

1. Kapitel

1) E. Kübler-Ross, Vortrag auf der Conference of the European Association of Humanistic Psychology, 1977.
2) C. G. Jung: *Die Beziehungen zwischen dem Ich und dem Unbewußten*, in: GW, Bd. 7, 1981.
3) B. Klopfer: «Psychological Variables in Human Cancer», in *Journal of Projective Techniques*, Bd. 21, 1957. J. T. Jaffe und D. E. Bresler: «The Use of Guided Imagery as an Adjunct to Medical Diagnosis and Treatment», in *Journal of Humanistic Psychology*, Bd. 20, 1980. O. C. Simonton u. a., a.a.O.
4) E. Schachtel: *Metamorphosis*, 1959.
5) M. Cole und S. Sribner: *Culture and Thought*, 1974. G. H. Mead: *Geist, Identität und Gesellschaft aus der Sicht des Sozialbehaviourismus*, 1968. B. L. Whorf: *Sprache, Denken, Wirklichkeit*, 1972.
6) M. S. Gazzaniga und J. E. Ledoux: *The Integrated Mind*, 1978. S. P. Springer und G. Deutsch: *Linkes – rechtes Gehirn*, 1987.

2. Kapitel

1) B. Galyean: *Mind Sight: Learning Through Imaging*, 1983.
2) B. Galyean, a.a.O. P. Goldberg: *Die Kraft der Intuition*, 1985.
3) R. Sheldrake: *Das Gedächtnis der Natur*, 1990.

4) M. Zdenek: *Die Entdeckung des rechten Gehirns*, 1988.
5) J. Whitmore: «The Use of Imagery in Sports Education», in *Scottish Journal of Physical Education*, 1982.

7. Kapitel
1) A. Leftwich: «Death at a Distance: Reflections on the Politics of Grief», in *British Medical Journal*, Bd. 297, 1988.
2) B. S. Siegel: *Prognose Hoffnung*, 1988.

9. Kapitel
1) C. Simonton, a.a.O.

11. Kapitel
1) R. S. Desowitz: *Der Körper wehrt sich*, 1988.
2) B. S. Siegel, a.a.O.
3) Ebenda.
4) J. Houston und R. Masters: *Bewußtseinserweiterung über Körper und Geist*, 1983.

12. Kapitel
1) E. Schachtel, a.a.O.

13. Kapitel
1) K. Stanislawski: *Die Arbeit an der Rolle.*

15. Kapitel
1) P. V. I. Khan: *Introducing Spirituality into Counselling*, 1982.
2) A. Bailey: *Esoterisches Heilen*, 1962.
3) C. G. Jung, GW, 7, a.a.O.
4) A. Bailey, a.a.O.

16. Kapitel
1) P. Goldberg, a.a.O.